Anonyme Autoren

Hacker

Angriff auf unsere digitale Zivilisation

Anonyme Autoren

Hacker

Angriff auf unsere digitale Zivilisation

Diplomatic Council Publishing

1. Auflage 2021
Bücher von Diplomatic Council Publishing werden sorgfältig erarbeitet. Dennoch übernehmen Autoren, Herausgeber und Verlag in keinem Fall einschließlich des vorliegenden Werkes, für die Richtigkeit von Angaben, Hinweisen und Ratschlägen sowie für eventuelle Druckfehler irgendwelche Haftung.

© 2021 Verlag Diplomatic Council (DC) Publishing, Mühlhohle 2, 65205 Wiesbaden, Germany

Die bibliografischen Information der Deutschen Nationalbibliothek

Die Deutsche Nationalbibliothek verzeichnet diese Publikation in der Deutschen Nationalbibliografie; detaillierte bibliografische Daten sind im Internet über http://dnb.d-nb.de abrufbar.

Gedruckt in Deutschland. Printed in the Federal Republic of Germany.

Gestaltung und Satz: IMS International Media Services, Wiesbaden
Druck und Bindung: Book on Demand GmbH, Norderstedt

Print ISBN: 978-3-947818-23-5

Dieses Buch ist Julian Assange und Edward Snowden gewidmet.

Die beiden Helden haben unter Einsatz ihres Lebens aufgedeckt, dass die dreckigste Cyberspionage weder von kriminellen Hacker-banden noch von habgierigen Cyberdieben betrieben wird, sondern von staatlichen Regierungen. Diejenigen, die uns eigent-lich vor Angriffen auf unser digitales Privatleben beschützen sollten, gehören in Wahrheit selbst zu den aktivsten Hackern.

Anonyme Autoren

Bei den Recherchen zu diesem Buch haben die Autoren zuhauf erleben müssen, wie Personen, Institutionen und Unternehmen ins Visier krimineller Hacker geraten, sobald sie sich ersichtlich mit dem Thema beschäftigen. Es reizt „die Szene" offenbar, all diejenigen anzugreifen, die sich ihr nähern.

Aus diesem Grund haben sich die Autoren entschieden, ihre Namen nicht preiszugeben. Andernfalls müssten sie befürchten, dass ihre E-Mails entschlüsselt, ihre Webseiten manipuliert, ihre Konten gehackt, ihre digitalen Identitäten kompromittiert und ihre Spuren im Internet verfolgt werden. Es wäre nicht einmal nachzuverfolgen, ob es sich dabei „nur" um „Spaßhacker", kriminelle Banden oder „legale Hacker" im behördlichen Auftrag handelt.

Daher hätten die Autoren bei Nennung ihrer Klarnamen möglicherweise vorsichtiger recherchieren und sogar zurückhaltender schreiben müssen, um sich und ihre Angehörigen zu schützen. Erst durch die Anonymität wird es möglich, die Hackerszene aus der Dunkelheit zu holen, in ihrer ganzen Dimension zu beleuchten, die Missstände schonungslos aufzudecken und dabei auch die staatlichen Versäumnisse und Angriffe an den Pranger zu stellen. Gerade die Rolle der Hacker im Staatsauftrag wird häufig totgeschwiegen; in diesem Buch nicht.

Inhalt

Vorwort

Unsere zivilisierte Welt wird immer stärker von Computern durchdrungen – und damit zunehmend abhängiger. Stromversorgung, Telefonsystem, Gesundheitswesen, Transportlogistik, Polizei und Feuerwehr – nichts geht mehr ohne Computer, die alle miteinander verbunden sind.

Durch diese allumfassende Digitalisierung hat sich unsere zivilisierte Gesellschaft in eine gefährliche Abhängigkeit begeben. Denn die weltumspannenden Computernetze sind angreifbar.

Daher war es uns beim Verfassen des vorliegenden Buches wichtig, nicht nur die Hackerszene im engsten Sinne aus dem Dunkeln zu holen. Ebenso wichtig sind die Daten, die Hacker im Visier haben. Doch am allerwichtigsten sind Entwicklungen der digitalen Disruption, der Kryptowährungen, der Eroberung des Weltraums durch Datennetze, die „Versmartung" unserer Umgebung, die fortschreitende Digitalisierung des Gesundheitswesens, das Internet der Dinge, die zunehmende Abhängigkeit unserer kritischen Infrastrukturen von Computern und Software, die Künstliche Intelligenz, die biometrische Vermessung der Menschheit, das atemberaubende Wachstum der Datensilos mit Dossiers über jeden von uns, die Doppelmoral der staatlichen Behörden und Regierungen, die uns vorgeblich schützen wollen, aber in vielen Fällen ihre eigenen Bürger und andere Staaten gleichermaßen ausspionieren.

Man muss das große Ganze betrachten, um die künftigen Gefahrenpotenziale der Entwicklungen zu verstehen, die vor uns liegen. Damit verbunden werden völlig neue Hackergenerationen auf uns zukommen – von Biohackern, die in unsere Körper eindringen, bis hin zu KI-Hackern, die uns mit Künstlicher Intelligenz und damit sozusagen mit Künstlicher Kriminalität ausrauben, manipulieren und missbrauchen werden.

Nur wer diese Entwicklungen genauer kennt, ist in der Lage, die Dimension zu begreifen, in die Hacking in den nächsten Jahren und Jahrzehnten hineinwachsen wird. Hacking wird künftig kein Randphänomen unserer Gesellschaft darstellen, sondern ein ebenso dominantes Phänomen wie das Coronavirus in den Jahren 2020/21.

Im vorliegenden Buch wollen wir diese Zusammenhänge herausstellen. Es geht nicht nur um pubertierende Jugendliche, die in Computer eindringen, um sich und der Welt zu beweisen, dass sie es können. Sondern es geht um mehr, um viel mehr!

Anonyme Autoren, im Frühjahr 2021

Hacker im Wandel

Der Begriff „Hacker" hat mehrere Bedeutungen. Am boden-
ständigsten ist wohl der „Holzhacker", für den sich eine Erklärung erübrigt. Vielleicht hat nicht jeder von uns in seinem Leben schon Holz gehackt, aber jeder weiß, was es damit auf sich
hat.

In der Musik gibt es den Begriff im Sinne von „auf einem Kla-
vier hacken", das heißt, einzelne Töne hart und laut anschlagen,
ohne zusammenhängend zu spielen. Auch in der Tierwelt wird
das Wort verwendet: Vögel können mit ihren Schnäbeln hacken.
Im Sport bezeichnet das Wort „Hacker" einen groben, unfairen,
rücksichtslosen Spieler. Ebenso gibt es die Redewendung „auf
einer Tastatur hacken", wenn man schnell und wiederum grob –
früher auf einer Schreibmaschine, heute auf einer Computer-
tastatur – einen Text eintippt.

In der Welt der Technik bezeichnet das Wort Hacker in seiner
ursprünglichen Verwendung einen Tüftler im Kontext einer ver-
spielten Hingabe im Umgang mit Technik und einem besonderen Sinn für Kreativität und Originalität. Der Computeraktivist
Herwart Holland-Moritz, in der Szene besser bekannt als „Wau
Holland", Mitgründer des legendären Chaos Computer Clubs
(CCC), prägte die Formulierung: „Ein Hacker ist jemand, der
versucht einen Weg zu finden, wie man mit einer Kaffeemaschine Toast zubereiten kann".[1] Was er damit augenscheinlich
zum Ausdruck bringen wollte, war das Kreative und Experi-
mentelle am Hacken, der Versuch, die Grenzen des Machbaren
zu erkunden.

Die letzten beiden Verwendungen kommen der Interpretation
des Wortes im Sinne des vorliegenden Buches schon sehr nahe:

Ein Hacker im digitalen Zeitalter ist jemand, der durch Tricks unberechtigt in Computer oder wie man heute eher sagt in IT-Systeme eindringt (IT steht für Informationstechnologie).

Übrigens: 1988 prägte der Chaos Computer Club auch die weibliche Form, die „Haeckse".[2] Durchgesetzt hat sich dieser Begriff allerdings nicht – was möglicherweise damit zusammenhängt, dass die meisten Hacker männlich sind.

„Hacker-Angriffe auf den Bundestag", „Schützen Sie Ihre Daten vor Hackern", „Hacker knacken Konten", „Hacker infizieren Computer und Smartphones": Wann immer die Rede ist von illegalem Treiben rund um Computer, Smartphones, Internet oder sogar Industrieanlagen, ist die Rede von „Hackern". Tatsächlich sind in allen diesen Fällen jedoch Kriminelle gemeint, die Rechtsverstöße begehen. Häufig wird daher auch von Cyberkriminalität und Cyberkriminellen gesprochen. Das Wort „Cyber" drückt dabei aus, dass die Computer alle miteinander vernetzt sind und dadurch eine Art virtueller Raum bilden. Es ist ein technisches Netzwerk – in der Regel das Internet –, über das unzählige Computer miteinander verbunden sind. Jeder von uns kann mit seinem Computer oder Smartphone „ins Internet gehen", aber nur wenige legen es darauf an, sich über das Netz Zugang zu fremden Computern zu verschaffen, um diese auszuspionieren oder sogar zu manipulieren. Genau das tun Hacker – jedenfalls heute.

Ursprünglich stand der Begriff „Hacker" für etwas gänzlich anderes als Cyberverbrecher. Er bezeichnete Menschen, die mit Technikbegeisterung Gerätschaften und Software analysieren. Also von anderen Menschen entwickelte Produkte und Software in ihre Bestandteile zerlegen, um zu verstehen, wie sie funktionieren. Manchmal wurden sogar die „Erfinder" des Internets als Hacker bezeichnet, da sie neue Wege suchten und entwickelten, um besser miteinander kommunizieren zu können. Dabei standen stets Kreativität und Wissensdurst im Mittelpunkt, und nicht das Bereichern auf Kosten anderer.[3]

Denn der Begriff Hacker hatte bis in die 1990er Jahre wenig mit IT-Sicherheitsthemen zu tun. Vielmehr ging es darum, durch geschicktes Ausprobieren und allerlei Tricks die Freiheit der damals neuen Computerwelt auszunutzen.

Hackerethik

Die Ursprünge des Hacking gehen auf Computerfreaks zurück, die die damals neu aufkommende Technik als eine Chance sahen, die Welt zu verbessern. An dieser, zunächst für Außenstehende weit hergeholten Vision, hielten viele Hacker fest, als sei es eine Religion. Einschränkungen, die den Umgang mit dieser Technik verhindern konnten, waren für sie nicht akzeptabel. Ihrer Meinung nach mussten die Systeme für jedermann zugänglich und veränderbar sein. Wirkliche Innovationen konnten für sie nur erfolgen, wenn man nicht gezwungen wurde, einem Gerät oder einer Software passiv zu begegnen, sondern wenn man seiner Kreativität freien Lauf lassen konnte. Der ungehinderte Zugang zu Informationen und deren freigiebiger Austausch wurden zu den wichtigsten Leitmotiven ihres Handelns.

Doch im Laufe der Zeit glaubten viele Hacker nicht nur einen gesellschaftlichen, sondern auch einen neuen wirtschaftlichen Trend entdeckt zu haben. Der Computer wurde für zahlreiche Hacker zur Eintrittskarte in eine gewinnbringende Karriere. Kooperationen mit Unternehmen und völlig neue Produktentwicklungen machten den Weg frei in eine kommerzielle Digitalwelt. Dieser neue Trend widersprach jedoch der anfänglichen Idee. Viele Hacker sprachen vom Ende der ursprünglichen Hackerethik und erklärten, die Verwandlung ihrer Mitglieder in Geschäftsleute sei mit den traditionellen Werten der Hacker nicht mehr vereinbar. Zwischenzeitlich ist ein Milliardenmarkt daraus geworden, an dem Hacker ebenso gut verdienen wie die IT-Sicherheitsbranche.

Drei Millionen Straftaten im Internet pro Jahr

Heute ist Cybercrime in der Mitte der Gesellschaft angekommen. Längst kann nicht mehr die Rede von Einzelfällen sein, die ausschließlich diejenigen treffen, die im Internet Risiken eingehen. Neben einer Vielzahl von Einzeltätern hat auch die organisierte Kriminalität die Möglichkeiten des World Wide Web für sich entdeckt. Im Jahr 2019 wurden in Deutschland 294.655 Straftaten im Zusammenhang mit dem Internet registriert. In gut drei Viertel aller Fälle ging es um Betrug, Diebstahl oder Fälschungen.[4] Nach offiziellen Statistiken wurden 2019 rund 17,7 Millionen Menschen allein in Deutschland Opfer von Internetkriminalität.[5]

Experten schätzen, dass lediglich etwa ein Zehntel aller Cybercrimedelikte zur Anzeige gebracht werden. Die Dunkelziffer wird somit auf rund 90 Prozent veranschlagt.[6] Damit kommt man hochgerechnet auf etwa drei Millionen Internetstraftaten pro Jahr.

Fazit: Es kann jeden treffen. Jeder kann zum Opfer werden. Aus diesem Grund sollte auch jeder geeignete Schutzmaßnahmen ergreifen – Privatpersonen, Unternehmen und öffentliche Verwaltungen.

Warnung

Nachdem 2020/21 die ganze Welt im Fieber eines biologischen Virus taumelte, ist die Wahrscheinlichkeit hoch, dass die nächste Pandemie von einem Computervirus ausgelöst wird.

In einem vom Bundesnachrichtendienst (BND) als geheime Verschlusssache „VS-Geheim" klassifizierten Planungsdokument, das durch die Enthüllungen des Whistleblowers Edward Snowden bekannt wurde, hieß es bereits 2015:[7]

Cyber-Angriffe stellen durch mögliche Informationsabflüsse aus Staat und Wirtschaft, Beeinflussung, Störung oder Schädigung von Informations-, Kommunikations- oder Steuerungssystemen im öffentlichen wie im privaten Bereich hohes Bedrohungspotenzial dar und gefährden Deutschland als führendes Hochtechnologieland und wichtigen Wirtschaftsstandort. Mit den Cyber-Aufrüstungen zahlreicher Länder, darunter China und Russland, sowie krimineller und terroristischer Akteure haben die Bedrohungen deutlich an Professionalität und Quantität zugenommen. Das unaufhaltsam wachsende „Internet der Dinge" wirkt verstärkend. Unscheinbare Dinge des täglichen Gebrauchs, wie zum Beispiel fernsteuerbare Glühlampen oder Internet-Fernseher, können plötzlich von einem Cyber-Angreifer „übernommen" und zu digitalen Waffen umfunktioniert werden, und dies von jedem beliebigen Winkel des Erdballs aus.

Weitsichtiger könnte man die Gefahren einer künftigen digitalen Pandemie auch in den 2020ern Jahren kaum beschreiben. Das World Economic Forum hat in seinem „Global Risk Report 2020" Cybercrime als das zweitgrößte Sicherheitsrisiko für die Weltwirtschaft bis zum Jahr 2030 bezeichnet.[8]

Die Bandbreite illegaler Aktivitäten im bzw. mittels des Internet ist groß und reicht von der Verbreitung von Kinderpornografie im Internet über das „Phishing" persönlicher Zugangsdaten, den Handel mit Waffen und Rauschgift bis hin zu Netzwerkeinbrüchen und DDoS-Attacken, der Verbreitung von Schadsoftware und Betrug. Das Bundeskriminalamt (BKA) hat eine Klassifizierung der häufigsten Cyberstraftaten vorgenommen, die der nachfolgenden Auflistung zugrunde liegt.[9]

Identitätsdiebstahl/Phishing

Die digitale Identität umfasst alle Arten von Daten, Accounts und zahlungsrelevanten Informationen eines Nutzers. Dazu gehören beispielsweise Zugangsdaten in den Bereichen Kommunikation (E-Mail- und Messengerdienste), E-Commerce (Onlinebanking, Onlinebrokerage, Vertriebsportale aller Art wie zum Beispiel Online-Händler, Reiseportale), berufsspezifische Informationen (beispielsweise für den Online-Zugriff auf firmeninterne technische Ressourcen), E-Government (zum Beispiel die elektronische Steuererklärung), Cloud-Computing, Kreditkartendaten und Zahlungsadressen.

Cyberkriminelle versuchen, beispielsweise durch „Phishing", Zugriff auf derartige Daten zu erhalten, um sie hinterher gewinnbringend zu verkaufen oder zur Begehung weiterer Straftaten einzusetzen. Unter „Phishing" versteht man alle Versuche, zum Beispiel durch gefälschte Websites, E-Mails oder Kurznachrichten, an persönliche Daten zu gelangen, um damit einen Identitätsdiebstahl zu begehen.

Einsatz von Schadsoftware

Für das Phishing setzen Cyberkriminelle in der Regel Schadsoftware, auch Malware genannt, ein. Neue Schadsoftwareprogramme entstehen im Sekundentakt und sind darauf ausgelegt, Virenschutz-Programme zu umgehen und Sicherheitslücken auszunutzen.

Die Verbreitung von Schadsoftware erfolgt beispielsweise wie folgt:

o   Herunterladen infizierter Anhänge, die meist als Bestandteil Interesse weckender E-Mails übermittelt werden;

o   „Drive-by-Infection": Cyberkriminelle präparieren Webseiten im Internet, die Schadsoftware wird durch den Aufruf einer solchen präparierten Webseite automatisch heruntergeladen;

o   Verteilung über soziale Netzwerke, in denen infizierte Anhänge und entsprechende Links geteilt werden, oder

o   „Spear-Infection": Cyberkriminelle nehmen mittels persönlich adressierter Phishing- oder Infektionsmails gezielt zu bestimmten Personen Kontakt auf, um auf diesem Wege an Daten zu gelangen bzw. den Rechner des Opfers zu infizieren.

Infizierung des Computers

Die Infizierung des Computers erfolgt über die durch den rechtmäßigen Anwender unbemerkte Installation der Schadsoftware auf dem Rechner. Die Software kann dabei auf unterschiedlichen Wegen auf das System gelangen – durch das Öffnen von E-Mail Anhängen, durch „Drive-by-Infection" beim Aufruf infizierter Webseiten oder durch den Download von nicht verifizierten Dateien, beispielsweise in Tauschbörsen, wo die Schadsoftware, häufig als Video- oder Sounddatei getarnt, zum Download angeboten wird.

Zunehmend werden auch soziale Netzwerke zur Verteilung der Software eingesetzt. Dabei werden den Nutzern der Netzwerke von vermeintlichen Bekannten oder Freunden Nachrichten mit infizierten Anhängen zugesandt. Wenn diese aufgrund des mutmaßlich bestehenden Freundschaftsverhältnisses gutgläubig geöffnet oder entsprechende Links aktiviert werden, führt dies zur Infektion des Computers.

Schadsoftware für mobile Endgeräte

Aufgrund der rasant zunehmenden weltweiten Nutzung mobiler Endgeräte bringen Cyberkriminelle zunehmend auch speziell für Smartphones und Tablets entwickelte Schadsoftware in Umlauf, beispielsweise zur Umgehung des Mobile-TAN-Verfahrens im Onlinebanking.

Die Infektion mobiler Endgeräte erfolgt – ebenso wie beim PC – über das Herunterladen infizierter Anhänge und das Aufrufen infizierter Links und Webseiten oder aber über die Installation infizierter Apps. Es ist wohl abzusehen, dass künftig auch Schadprogramme für Wearables, also Computeruhren bzw. Smartwatches, auftauchen werden.

Social Engineering

Schwächstes Glied in einer Sicherheitskette ist meist der Mensch selbst. Dessen sind sich auch Cyberkriminelle bewusst. Durch geschickte psychologische Manipulation verleiten sie ihre Opfer zu Handlungen, die die Sicherheit ihrer Daten kompromittieren. Sie nutzen menschliche Eigenschaften wie Neugier oder Angst aus, um Zugriff auf Daten zu erhalten oder Rechner zu infizieren. Potenzielle Opfer werden beispielsweise anhand von Angaben in sozialen Netzwerken ausgewählt und gezielt kontaktiert. Beispiele für Social Engineering-Angriffe sind:

o   Versand sehr persönlicher und vertrauenserweckender E-Mails mit der Aufforderung, aus bestimmten Gründen vertrauliche Informationen preiszugeben (zum Beispiel Verifizierung des Onlinebanking-Accounts);

o   Gezielter Versand von E-Mails mit gefährlichen Anhängen an Personen, die zuvor beispielsweise über Informationen in sozialen Netzwerken als adäquates Ziel identifiziert wurden (zum Beispiel Mitarbeiter aus Finanzabteilungen in Unternehmen, Sicherheitsberater oder ähnlich);

o   Angebot einer Telefonbetreuung zur Lösung eines vermeintlichen Computerproblems: führen die Opfer die vom Täter beschriebenen Maßnahmen am Rechner oder Netzwerk durch, kann verschiedenste Schadsoftware installiert werden;

o   Anfertigung der Kopie eines bereits vorhandenen Nutzer-Accounts in sozialen Netzwerken und Versand von vertrauenserweckenden Nachrichten an dessen Freunde, beispielsweise mit der Bitte um Kontaktaufnahme über eine separate E-Mailadresse oder Handynummer: beim Klick auf die Mailadresse wird dann in der Regel Schadcode auf dem Rechner installiert, beim Versenden einer SMS an die Handynummer muss der Absender bezahlen (Bezahl-SMS).

Digitale Erpressung

Für digitale Erpressungen setzen Cyberkriminelle häufig sogenannte Ransomware ein. Dabei werden kryptografische Verfahren verwendet, um Dateien und Dokumente auf infizierten Computern zu verschlüsseln. Für die Wiederherstellung des Zugriffs wird die Zahlung eines Lösegeldes (engl. „Ransom") gefordert. Entsprechende Schadsoftware oder die für eine solche Erpressung nutzbaren kriminellen „Dienstleistungen" können in einschlägigen Foren der Underground Economy erworben werden. Somit ist für die Durchführung digitaler Erpressungen kein besonderer IT-Sachverstand mehr erforderlich.

Mittlerweile gibt es einige Varianten von Ransomware, die nicht nur lokale Dateien verschlüsseln, sondern auch Netzwerkordner angreifen. Diese Varianten zielen in erster Linie auf Unternehmen ab, in denen derartige Netzwerkordner vornehmlich genutzt werden. Während die ersten Schädlinge noch auf Zahlungsmethoden wie „Paysafecard" oder „UKash" setzten, geht der Trend seit längerem hin zur Forderung von anonymen digitalen Zahlungsmitteln, vor allem Bitcoins.

Massenhafte Fernsteuerung von Computern

„Botnet" ist ein zusammengesetztes Wort aus den englischen Begriffen „robot" und „network" und bedeutet so viel wie „ein Netzwerk aus Robotern" Man spricht von Botnetzen, wenn viele, meist mehrere Tausend Rechnersysteme mit einem Schadcode infiziert wurden und per Command & Control Server (C&C Server, Fernsteuerung) zusammengeschlossen werden, um dann von Kriminellen zur Durchführung bestimmter Aktionen genutzt zu werden.

Botnetze werden oftmals zu gezielten Angriffen auf die Verfügbarkeit von bestimmten Webseiten, sogenannte Distributed Denial of Service (DDoS)-Angriffe, oder zum massenhaften Versand von Spam-Nachrichten, also Werbemails eingesetzt. Gleichzeitig bietet der in der Regel unbemerkt für den Anwender aufgebrachte Schadcode die Möglichkeit, die kompromittierten Systeme auszuspähen, und liefert dem Kriminellen persönliche Informationen des Anwenders (zum Beispiel Zugangsdaten zum Onlinebanking, zu sozialen Netzwerken oder zu E-Mailanbietern).

Botnetze und ihre Kapazitäten sind fester Bestandteil der Infrastruktur von Cyberkriminellen und werden mittlerweile als Ware in einschlägigen Foren der Underground Economy angeboten. Für einen relativ günstigen Preis können dort selbst weniger IT-affine Täter Botnetze mieten und Cyberangriffe erfolgreich durchführen.

Virtuelle Gewalt: Cybermobbing

Neben Datendiebstahl oder Erpressung gibt es auch weniger greifbare Delikte wie zum Beispiel Cybermobbing: Die virtuelle Gewalt wird zu einem immer größeren Problem, da die digitalen Kanäle den Tätern Anonymität garantieren, die Hemmschwelle sinken lassen und eine rasend schnelle und umfassende Verbreitung ermöglichen. In der Altersgruppe der 12- bis 19-Jährigen gab 2020 jeder Dritte an, persönlich oder in seinem Umfeld bereits Erfahrungen mit Cybermobbing gemacht zu haben. Bei den älteren Teenagern unter ihnen waren es sogar knapp 40 Prozent.

Doch nicht nur unter Schülern wird gemobbt. Auch bei den Erwachsenen mehren sich die Fälle. Denn unter Mobbing fallen nicht nur Beschimpfungen und Beleidigungen oder das Verbreiten von Lügen und Gerüchten, sondern auch die Veröffentlichung peinlicher oder kompromittierender Bilder und Videos sowie Erpressung und Bedrohung. Knapp zwei Drittel der Fälle spielen sich im privaten Lebensraum ab; doch die Grenzen zum Arbeitsumfeld sind meist fließend.[10]

Daten und Hacken sind ein- und dieselbe Medaille

Die schier unbändige Datensammelwut von Staat und Wirtschaft auf der einen Seite und auf der anderen Seite das unbefugte Eindringen in Computernetze, um eben diese Daten zu stehlen, zu manipulieren und zu missbrauchen, sind zwei Seiten ein- und derselben Medaille. Wenn im vorliegenden Buch an vielen Stellen das unaufhaltsame Erfassen, Speichern und Verarbeiten unserer persönlichen Daten durch Behörden und Firmen kritisiert wird, dann dient das dem Schutz unserer Privatsphäre im doppelten Sinne: erstens vor eben diesen Behörden und Firmen, und zweitens vor Hackern, die diesen Verwaltungen und Unternehmen unsere Daten entreißen. Jedes Datensilo, das von staatlicher oder unternehmerische Seite errichtet wird – und sei es aus noch so gutem Grunde –, stellt geradezu eine Einladung an Hacker dar. Wie an vielen Stellen in diesem Buch gezeigt, ist es ein Irrglaube, dass Staat und Wirtschaft unsere Daten so gut speichern könnten, dass sie vor unbefugten Zugriffen geschützt sind. Vielmehr entstehen durch die Sammelwut immer größere Datensilos, wodurch die Verletzlichkeit unserer Privatsphäre und weit darüber hinausgehend letztlich unserer zivilisierten Gesellschaft immer mehr zunimmt. Wir steuern auf eine Computerzivilisation zu – andere sagen, wir seien schon mitten drin –, die zusammenzubrechen droht, wenn die Computernetze, die Software, die Algorithmen und die Datenberge gestört oder gar zerstört werden.

Von „Blackout" bis „Outbreak"

Unsere zivilisationskritischen Infrastrukturen – Strom, Wasser, Gas, Polizei, Feuerwehr, Rettungsdienste, Krankenhäuser, Lebensmittelversorgung, Entsorgung, Internet und so weiter – sind heute schon nur noch mit Computerhilfe funktionsfähig. Der österreichische Erfolgsautor Marc Elsberg hat bereits in seinem 2017 erschienenen Bestseller „Blackout – Morgen ist es zu spät" beunruhigend anschaulich beschrieben, wie unsere Zivilisation bei einem angenommenen großflächigen Stromausfall in Europa zerfällt.[11] Natürlich handelte es sich dabei um eine Fiktion, aber wir sind gut beraten, es zugleich als eine Warnung zu verstehen, ähnlich dem Planungsdokument des Bundesnachrichtendienstes zwei Jahre zuvor.

Sind alle diese Überlegungen Hirngespinste, bestenfalls gut für einen spannenden Thriller? Mitnichten! Wie wahrscheinlich ist es, dass diese Szenarien eines Tages Realität werden? Mindestens so wahrscheinlich wie die Pandemie 2020/21. Ein Virus, das die ganze Welt überfällt und unsere Zivilisation zum Wanken bringt, kannte man zuvor eher aus Thrillern wie „Outbreak – Lautlose Killer" des Regisseurs Wolfgang Petersen aus dem Jahr 1995. Und doch rief die Weltgesundheitsorganisation nur fünf Jahre nach Erscheinen des Films eine Pandemie aus; der unwahrscheinliche Fall war eingetreten.

Gefahr einer IT-Pandemie

Die Gefahr einer IT-Pandemie durch ein Computervirus, das unsere Zivilisation bedroht, ist mindestens ähnlich hoch. Und wie beim Coronavirus wird sich die Frage nach der Herkunft stellen: ein jugendlicher Hacker, eine kriminelle Hackerbande, vielleicht im Auftrag eines Staates, etwa Nordkorea, China, Russland oder gar die USA, ein digitaler Bankraub, der aus dem Ruder läuft, oder eine digitale Terrorattacke, ein Angriff auf die kritischen Infrastrukturen oder auf unsere digitalen Identitäten – wir wissen es so wenig, wie wir über den Ursprung des Coronavirus jemals Sicherheit erlangen werden. Doch die akuten Gefahrenherde, die potenziellen Folgen und die möglichen Schritte zur Eindämmung sind vorhersehbar. Genau wie es weit vor dem Jahr 2020 zahlreiche ernstzunehmende Warnungen vor einer globalen Virusausbreitung gab, mahnen weitsichtige Experten schon lange vor einer IT-Pandemie. Doch die Warnungen und Mahnungen werden überhört, kleingeredet oder schlichtweg nicht beachtet; die heranwachsende Generation selbstfahrender Automobile steht beispielhaft dafür.

Von autonomen Autos und digitalen Identitäten

Wenn wir bei künftigen Autogenerationen von „autonomem Fahren" sprechen, dann meinen wir eigentlich „vernetztes Fahren". Während wir bei Flugzeugen und Eisenbahnen längst davon ausgehen, dass ein Hackerangriff auf deren Infrastrukturen das jeweilige Verkehrsmittel lahm legt – kaum eine Weiche lässt sich noch ohne Computer stellen –, so fuhr das Auto bislang noch weitgehend ohne Anbindung an ein Computernetzwerk. Genau das wird sich mit dem selbstfahrenden Automobil ändern: eines unserer gebräuchlichsten Fortbewegungsmittel wird „ans Netz" angeschlossen – und damit für Hacker großflächig erreichbar. Natürlich werden uns die Autohersteller versichern, dass ihre Wagen unangreifbar sind. Aber ist das glaubwürdig? Eher nicht! Vielmehr stellt dieser Schritt ein typisches Beispiel dafür dar, wie wir durch technologischen Fortschritt in eine immer größere Abhängigkeit von Computern, Computernetzen, Software und Algorithmen geraten. Diese Entwicklung macht uns immer angreifbarer – nicht nur beim Auto, sondern auf beinahe allen Gebieten. Je stärker unsere Computerzivilisation wächst, desto größer wird ihre Achillesferse: Hacking.

Nun mag ein Auto, das während des Fahrens von Hackern auf einmal ferngesteuert wird, schon eine Horrorvision darstellen. Doch es bleibt nicht beim Wagen, die Digitalisierung ist längst bei uns Menschen unmittelbar angekommen. Unsere biometrische Vermessung hat sich beinahe unbemerkt in unseren Alltag geschlichen. Wenn wir etwa einen Personalausweis beantragen, zwingt uns der Staat, ein biometrisches Passfoto abzuliefern, also ihm unser Gesicht in einer von Computern automatisch lesbaren digitalen Form anzuvertrauen. Wenn wir unser Smartphone mit dem Finger oder der Gesichtserkennung entsperren, vertrauen wir Apple, Samsung oder wer auch immer der Hersteller ist, unseren Fingerabdruck bzw. unser Digitalgesicht an. Milliarden von Menschen sind mittlerweile biometrisch erfasst, die computerlesbaren Informationen über unsere Finger und unser Gesicht lagern in den Datensilos der Behörden und Unternehmen. Sie versprechen uns, gut darauf aufzupassen; doch dieses Versprechen ist hohl, weil es letztendlich nicht haltbar ist: Digitale Daten sind vor Hackern nicht zu schützen. Schon ein Angriff auf die Einwohnermeldeämter, um die Datensätze dort durcheinander zu wirbeln, könnte ins Chaos führen. Wieviel ist unsere digitale Identität noch wert, wenn unsere Namen, unsere Geburtsdaten und unsere Passfotos willkürlich vertauscht werden? Wer, wie an anderer Stelle in diesem Buch beschrieben, eine weltweit gültige digitale Identität, die möglicherweise sogar auf einem Computerchip gespeichert ist, den wir unter der Haut in uns tragen, anstrebt, scheint sich der Gefahr eines Hackerangriffs nur wenig bewusst zu sein.

Die in diesem Buch beschriebenen spektakulärsten Fälle markieren lediglich den Anfang einer Hackerwelle, die – wenn wir nicht aufpassen – unsere computerbasierte Zivilisation ernsthaft gefährden wird. Die galoppierende Datenerfassung in beinahe allen Lebensbereichen, angetrieben vom staatlichen Kontroll- und Steuerungsinteresse bis zur Gewinnoptimierung der Wirtschaft, sorgt dafür, dass wir sehenden Auges in diese Welle hinein galoppieren. Daher ist es dringend geboten, sich nicht nur mit der Hackerwelt zu befassen, sondern mindestens ebenso stark mit der Datenwelt und vor allem mit dem Schutz unserer Daten vor der staatlichen und unternehmerischen Sammelwut zu beschäftigen. Das vorliegende Buch beleuchtet beides, Hacker und Daten, weil sie die beiden Seiten ein- und derselben Medaille sind.

Unser Recht auf unsere Daten

Konten geknackt, Daten gestohlen, persönliche E-Mails veröffentlicht, staatliche Institutionen und Firmen über das Internet angegriffen – das Spektrum der Cyberattacken ist breit. Was kaum bekannt ist: Bereits das Ausspionieren von Informationen ist strafbar.

Ausspähen ist strafbar

Das Ausspähen von Daten ist ausweislich Paragraf 202a des deutschen Strafgesetzbuches ein Vergehen, das mit Freiheitsentzug bis zu drei Jahren oder Geldbuße bestraft wird.[12] Das Gesetz schützt die sogenannte Verfügungsbefugnis über Daten, es dient der Abwehr des „elektronischen Hausfriedensbruchs".

Im Mittelpunkt geht es dabei um das Beschaffen von Daten, völlig gleichgültig, ob diese privat oder geschäftlich erhoben werden und gleichgültig, ob diese wichtig oder weniger relevant sind, ob ein Schaden entsteht oder nicht. Laut dem neuesten Wortlaut genügt nach Einschätzung der meisten Juristen bereits der Zugang zu diesen Daten; überdies will der Gesetzgeber künftig diesbezüglich noch mehr Klarheit schaffen.

Indes steht zu befürchten, dass unabhängig von der Gesetzeslage wir alle mehr oder minder rund um die Uhr abgehört, belauscht oder gefilmt werden, und zwar vom Staat genauso wie von der Wirtschaft. Genau genommen bilden Digitalwirtschaft und Regierungen eine unheilige Allianz der Datenschnüffelei, die nur ein Ziel verfolgt: den gläsernen Kunden bzw. Bürger. George Orwells Horrorvision 1984 schreitet mit großen Schritten seiner Realisierung entgegen, Erich Mielke, Hauptverantwortlicher für den Aufbau des flächendeckenden Kontroll-, Überwachungs- und Unterdrückungssystems in der DDR und Leiter des dortigen Ministeriums für Staatssicherheit (Stasi), hätte mutmaßlich seine wahre Freude daran. Der Stasi-Minister setzte damals vor allem auf menschliche Spione, die sogenannten „Informellen Mitarbeiter" oder IM.[13] Bis zu zwei Millionen der insgesamt neun Millionen DDR-Bürger im erwerbsfähigen Alter sollen in den 1980er-Jahren im weiteren Sinne in das staatliche Sicherheitsnetz von SED-Chef Erich Honecker und Stasi-Minister Erich Mielke eingebunden gewesen sein.

Heute ist diese Art von Stasi-Spitzel überflüssig, die moderne Digitaltechnik besorgt die Bespitzelung besser als jeder Mensch: Diese „Stasi 2.0" verfügt heute schon über Milliarden von Mikrofonen, Videokameras, Sensoren und sonstige Überwachungseinheiten überall auf der Welt und wird von einer immer ausgereifteren künstlichen Intelligenz geführt, die vor allem ein Ziel verfolgt: uns alle immer gläserner zu machen.

Zur Klarstellung: In vielen Fällen haben wir uns mit der Bespitzelung einverstanden erklärt, indem wir den Allgemeinen Geschäftsbedingungen von Apple, Amazon, Google, Facebook und wie sie alle heißen zugestimmt haben. Bei staatlichen Stellen wurden wir in der Regel per Gesetz zur Zustimmung verpflichtet oder es bedarf nicht einmal unseres Einverständnisses. Doch in allen Fällen werden unsere persönlichen Daten erhoben, analysiert und gespeichert. Je mehr dieses digitale Dossier über uns wächst und je umfangreicher diese Datensilos werden, desto begehrlicher und desto leichter zugänglich sind unsere Daten für Hacker. Erst die wachsende Menge an Daten, die wir selbst freiwillig herausgeben und die der Staat von uns verlangt, schaffen einen Nährboden für Hacker, die sich zu eben diesen Daten Zugang verschaffen, sie manipulieren, stehlen und uns damit Schaden zufügen. Natürlich entstehen in unserer digitalen Gesellschaft weit über persönliche Informationen hinausgehend Datenberge in den Unternehmen, den Institutionen und den öffentlichen Verwaltungen, die Hacker ebenfalls als lohnende Angriffsziele ins Visier nehmen. Man kann heutzutage keine Firma, keine Forschungsstätte und auch keine Behörde mehr betreiben, ohne Datenberge anzuhäufen. Doch so beklagenswert der Verlust von Firmen- und Verwaltungsdaten sein mag, wenn persönliche Daten gestohlen oder missbraucht werden, ist das Desaster in der Regel besonders groß. Deshalb ist es äußerst wichtig, dass nicht nur jeder Einzelne seine Daten sorgfältig schützt, sondern auch die Unternehmen und die Behörden die persönlichen Daten ihrer Kunden sicher aufbewahrt. Damit sind wir beim Datenschutz angelangt.

Datenschutz – was ist das?

Der Begriff „Datenschutz" entstand in der zweiten Hälfte des 20. Jahrhunderts. Ein interessanter Aspekt dabei ist, dass er bis heute nicht einheitlich verstanden wird. Ob diese durchaus schwammige Auslegung dieses Begriffes so gewollt ist oder nicht, bleibt an dieser Stelle reine Spekulation. Der Schutz des Rechts auf informationelle Selbstbestimmung, der Schutz vor missbräuchlicher Datenverarbeitung, der Schutz des Persönlichkeitsrechts und der Schutz der Privatsphäre gehören dabei zu den gängigen Interpretationen. Die dahinterstehende Forderung ist hingegen ziemlich klar: Datenschutz steht für die Idee, dass jeder Mensch grundsätzlich selbst entscheiden kann, wem wann welche seiner persönlichen Daten zugänglich sein sollen. Genau diese Idee wird indes jeden Tag millionenfach missachtet, verhöhnt und mit Füßen getreten – und die meisten von uns merken es nicht einmal oder es kümmert uns im Grunde auch nicht. Das wird angesichts der unaufhaltsamen rasanten Digitalisierung unserer Welt und der damit wachsenden Gefahr einer IT-Pandemie fatale Folgen nach sich ziehen.

Ausgangspunkt der weltweiten Debatte über Datenschutz waren die Pläne der US-Regierung unter Präsident John F. Kennedy, Anfang der 1960er Jahre ein nationales Datenzentrum zur Verbesserung des staatlichen Informationswesens einzurichten.[14] Das war damals in den USA durchaus dringend notwendig, denn bis heute existieren in den USA kein flächendeckendes Meldewesen und keine bundesweit geltenden Ausweise. Vor diesem Hintergrund wollte Kennedy erstmals die Daten ausnahmslos aller US-Bürger im neuen Datenzentrum erfassen. Die Pläne wurden allerdings in den nachfolgenden politischen Diskussionen als Verstoß gegen das verfassungsrechtlich postulierte „Right to be alone" betrachtet, also das „Recht auf Einsamkeit". Eine erhebliche Rolle spielte damals auch schon das im Jahre 1890 von Samuel D. Warren und dem späteren Bundesrichter Louis D. Brandeis entwickelte „Right to Privacy", nach dem jedem Menschen das Recht zusteht, selbst zu bestimmen, inwieweit seine „Gedanken, Meinungen und Gefühle" anderen mitgeteilt werden sollen.[15] Das Vorhaben scheiterte im Kongress, woraufhin die Forderung nach einer gesetzlichen Grundlage für die Verarbeitung personenbezogener Daten in den USA aufkam. Erst 1974 wurde der Privacy Act verabschiedet, der Regeln für die Bundesbehörden für den Umgang mit personenbezogenen Daten einführte und bereits die Grundprinzipien des Datenschutzes enthielt: Erforderlichkeit, Sicherheit und Transparenz. Allerdings galt das neue Gesetz nur für Bundesbehörden, nicht etwa für Unternehmen in den USA.[16]

Die amerikanische Debatte wurde in Europa verfolgt und Ende der 1960er Jahre suchte die deutsche Politik nach einem passenden Begriff. Dabei sollte die direkte Übersetzung des Wortes „Privacy" – allgemeines Persönlichkeitsrecht – vermieden werden. Erstens wegen der kontroversen Diskussionen, die seit dem 19. Jahrhundert darüber geführt wurde, und zweitens wegen seiner Sperrigkeit. In Anlehnung an den Begriff „Maschinenschutz" (Gesetzgebung zur Sicherheit von Arbeitsgerät) wurde das Wort „Datenschutz" ersonnen. Es wurde zunächst scharf kritisiert, weil schließlich nicht die Daten geschützt werden sollen, sondern die Menschen, setzte sich aber dennoch durch und ist inzwischen international gebräuchlich (Data Protection).

Im Jahre 1970 verabschiedete das Bundesland Hessen das weltweit erste Datenschutzgesetz. 1977 folgte das Bundesdatenschutzgesetz (BDSG).[17] Bis 1981 hatten alle Bundesländer eigene Landesdatenschutzgesetze. Im Zusammenhang mit der Volkszählung wurde 1983 mit der Prägung des informellen Selbstbestimmungsrechts ein Meilenstein gelegt, also dem Recht des Einzelnen, grundsätzlich selbst über die Preisgabe und Verwendung seiner persönlichen Daten zu bestimmen. 1995 wurde die Europäische Datenschutzrichtlinie 1995/46/EG verabschiedet. Am 25. Mai 2018 trat die Datenschutz-Grundverordnung (DSGVO) in Kraft.[18] Die europäische ePrivacy-Verordnung ist für die 2020er Jahre geplant.[19]

Allen Paragrafen zum Trotz werden heute jeden Tag mehr personenbezogene Daten rund um den Globus gesammelt, erfasst, verarbeitet, analysiert und zu Werbe- und Vertriebszwecken verwendet sowie gestohlen und missbraucht, als jemals zuvor. Das hat zahlreiche Gründe. Einer der wesentlichen Ursachen für diese Entwicklung liegt darin, dass der Schutz der Privatsphäre in der US-Wirtschaft bis heute keine große Rolle spielt – und damit auch bei den US-amerikanischen Digitalgiganten. Aktuell (Stand: 2021) ist der Datenschutz in den USA kaum durch gesetzliche Vorschriften geregelt. Das Hauptargument dagegen findet sich im ersten Zusatzartikel zur Verfassung der Vereinigten Staaten (First Amendment) zur Meinungsfreiheit. Zudem könnte man darauf verweisen, dass in vielen Staaten der Welt der Datenschutz als Instrument zur Unterdrückung der Meinungsfreiheit eingesetzt wird. Zwar hat der Oberste Gerichtshof der Vereinigten Staaten 1965 im Fall Grisworld gegen Connecticut entschieden[20], dass dem Einzelnen sehr wohl ein Recht auf Privatsphäre zusteht, allerdings erkennen bis heute nur sehr wenige US-Bundesstaaten dieses Recht an. Als eine der wenigen Ausnahmen gilt Kalifornien, wo das Recht auf Privatsphäre gesetzlich ausdrücklich festgelegt ist. Befinden sich nicht die Zentralen der meisten Digitalkonzerne, wie etwa Google oder Facebook, in Kalifornien und müssten daher unter diese Gesetzgebung fallen? Das trifft zwar zu, jedoch ist diese Gesetzgebung aus europäischer Sicht nahe an der Lächerlichkeit. So verpflichtet der California Online Privacy Protection Act (OPPA) die Betreiber kommerzieller Internetseiten und Onlinedienste, die über ihre Webseiten personenbezogene Informationen über Bürger aus Kalifornien sammeln, auf ebendiesen Seiten einen auffälligen Hinweis über den Umgang mit diesen Daten zu platzieren.[21] Wie die Firmen mit den personenbezogenen Daten umzugehen haben, beschreibt das Gesetz nicht, es bleibt den Unternehmen frei überlassen. Das Gesetz regelt einzig und allein, dass ein deutlicher Hinweis auf die selbstgesetzten Datenschutzrichtlinien platziert werden muss. Viel deutlicher kann man den Grundgedanken des Datenschutzes kaum mit Füßen treten. Google & Co halten sich natürlich an diese Vorgaben und nehmen sie zugleich als Masterplan für ihre Vorstellungen von Datenschutz für die ganze Welt. Das Fatale daran: Diese Datensammelwut macht uns nicht nur den Digitalkonzernen und wie an anderer Stelle in diesem Buch dargestellt wird auch den Staaten gegenüber zu gläsernen Bürgern, sondern schafft darüber hinaus auch den Nährboden für Hacker jedweder Coleur. Denn Daten, die – von wem auch immer – einmal digital erfasst und gespeichert sind, können auch gestohlen, manipuliert und missbraucht werden.

Grundrecht auf eigene Persönlichkeit

Das Recht auf die Entfaltung der eigenen Persönlichkeit (Persönlichkeitsrecht) wird als ein Grundrecht angesehen, also als ein von der Verfassung geschütztes Recht. Es sieht den Schutz der Persönlichkeit einer Person vor Eingriffen in ihren Lebens- und Freiheitsbereich dar. Außerdem definiert es zugleich die Basis für die Annahme eines Rechtes auf Privatsphäre. Die Allgemeine Erklärung der Menschenrechte der Vereinten Nationen umfasst neben mehreren grundlegenden Schutzartikeln einen eigenen Artikel zur Bewahrung des Privatlebens.

In der UNO-Resolution 217 A (III) der Generalversammlung vom 10. Dezember 1948 zur allgemeinen Erklärung der Menschenrechte, heißt es wie folgt:[22]

Resolution 217 A (III) der Generalversammlung vom 10. Dezember 1948

Präambel

Da die Anerkennung der angeborenen Würde und dergleichen und unveräußerlichen Rechte aller Mitglieder der Gemeinschaft der Menschen die Grundlage von Freiheit, Gerechtigkeit und Frieden in der Welt bildet, da die Nichtanerkennung und Verachtung der Menschenrechte zu Akten der Barbarei geführt haben, die das Gewissen der Menschheit mit Empörung erfüllen, und da verkündet worden ist, daß einer Welt, in der die Men-

schen Rede- und Glaubensfreiheit und Freiheit von Furcht und Not genießen, das höchste Streben des Menschen gilt, da es notwendig ist, die Menschenrechte durch die Herrschaft des Rechtes zu schützen, damit der Mensch nicht gezwungen wird, als letztes Mittel zum Aufstand gegen Tyrannei und Unterdrückung zu greifen,

da es notwendig ist, die Entwicklung freundschaftlicher Beziehungen zwischen den Nationen zu fördern,

da die Völker der Vereinten Nationen in der Charta ihren Glauben an die grundlegenden Menschenrechte, an die Würde und den Wert der menschlichen Person und an die Gleichberechtigung von Mann und Frau erneut bekräftigt und beschlossen haben, den sozialen Fortschritt und bessere Lebensbedingungen in größerer Freiheit zu fördern,

da die Mitgliedstaaten sich verpflichtet haben, in Zusammenarbeit mit den Vereinten Nationen auf die allgemeine Achtung und Einhaltung der Menschenrechte und Grundfreiheiten hinzuwirken,

da ein gemeinsames Verständnis dieser Rechte und Freiheiten von größter Wichtigkeit für die volle Erfüllung dieser Verpflichtung ist,

verkündet die Generalversammlung diese allgemeine Erklärung der Menschenrechte als das von allen Völkern und Nationen zu erreichende gemeinsame Ideal, damit jeder einzelne und alle Organe der Gesellschaft sich diese Erklärung stets gegenwärtig halten und sich bemühen, durch Unterricht und Erziehung die Achtung vor diesen Rechten und Freiheiten zu fördern und durch fortschreitende nationale und internationale Maßnahmen ihre allgemeine und tatsächliche Anerkennung und Einhaltung durch die Bevölkerung der Mitgliedstaaten selbst wie auch durch die Bevölkerung der ihrer Hoheitsgewalt unterstehenden Gebiete zu gewährleisten.

Artikel 1

Alle Menschen sind frei und gleich an Würde und Rechten geboren. Sie sind mit Vernunft und Gewissen begabt und sollen einander im Geiste der Brüderlichkeit begegnen.

Artikel 2

Jeder hat Anspruch auf alle in dieser Erklärung verkündeten Rechte und Freiheiten, ohne irgendeinen Unterschied, etwa nach Rasse, Hautfarbe, Geschlecht, Sprache, Religion, politischer oder sonstiger Anschauung, nationaler oder sozialer Herkunft, Vermögen, Geburt oder sonstigem Stand.

Des Weiteren darf kein Unterschied gemacht werden aufgrund der politischen, rechtlichen oder internationalen Stellung des Landes oder Gebietes, dem eine Person angehört, gleichgültig ob dieses unabhängig ist, unter Treuhandschaft steht, keine Selbstregierung besitzt oder sonst in seiner Souveränität eingeschränkt ist.

Artikel 3

Jeder hat das Recht auf Leben, Freiheit und Sicherheit der Person."

...

Artikel 12: Niemand darf willkürlichen Eingriffen in sein Privatleben, seine Familie, seine Wohnung und seinen Schriftverkehr ... ausgesetzt werden. Jeder hat Anspruch auf rechtlichen Schutz gegen solche Eingriffe oder Beeinträchtigungen."

Die Europäische Menschenrechtskonvention des Europarats, die 1953 in Kraft trat, stellte hierzu fest, es hat „jedermann ...

Anspruch auf Achtung seines Privat- und Familienlebens, seiner Wohnung und seines Briefverkehrs". Dieser Satz ist noch heute gültig und steht in Deutschland einem Bundesgesetz gleich.[23]

Im Grundgesetz (GG) der Bundesrepublik Deutschland hingegen kommen Begriffe wie Privatleben oder Persönlichkeitsrecht kein einziges Mal vor. Genauer gesagt: Im deutschen Recht ist das Persönlichkeitsrecht als solches nicht ausdrücklich geregelt. Lediglich Teilgebiete, wie die Achtung der Ehre, das Namensrecht und das Recht am eigenen Bild, sind gesetzlich geschützt.

Aus der Erkenntnis heraus, dass hier eine eklatante Rechtslücke besteht, wurde seit den 1950er Jahren in richterlicher Rechtsfortbildung – also durch eine übereinstimmende und ständige Rechtsprechung – ein allgemeines Persönlichkeitsrecht (APR) aus Artikel 1 GG (freie Entfaltung der Persönlichkeit) in Verbindung mit Artikel 1 GG (Menschenwürde) abgeleitet. Es gibt eine Fülle von Urteilen zu diesem Thema und heute gilt das APR als Gewohnheitsrecht.

Insbesondere erkannte das Bundesverfassungsgericht in einem Grundsatzurteil vom 5. Juni 1973 das Persönlichkeitsrecht als verfassungsrechtlich gewährleistetes Grundrecht an.[24] Wörtlich und durchaus weitsichtig formuliert sah es das Bundesverfassungsgericht als die Aufgabe des allgemeinen Persönlichkeitsrechts an, „im Sinne des obersten Konstitutionsprinzips der Würde des Menschen (Art. 1 Abs. 1 GG) die engere persönliche Lebenssphäre und die Erhaltung ihrer Grundbedingungen zu gewährleisten, die sich durch die traditionellen konkreten Freiheitsgarantien nicht abschließend erfassen lassen; diese Notwendigkeit besteht auch im Blick auf moderne Entwicklungen und die mit ihnen verbundenen neuen Gefährdungen für den Schutz der menschlichen Persönlichkeit."

Fazit: Das Grundgesetz kennt kein Persönlichkeitsrecht, das Bundesverfassungsgericht hingegen schon.

Ebenso weitsichtig zeigte sich das Bundesverfassungsgericht in einem Urteil vom 15. Dezember 1983, in dem es ein Grundrecht auf informationelle Selbststimmung postulierte.[25] Das Gericht begründete sein Urteil mit der Gefährdung der freiheitlichen Grundordnung durch vom Betroffenen unbeherrschte Datensammlungen unter den Bedingungen moderner Informationstechnik. Insbesondere wies das Gericht auf die Gefahr des Panoptismus hin. Dieser wenig geläufige Begriff, der Mitte des letzten Jahrhunderts von dem französischen Philosophen Michel Foucault eingeführt wurde, bezeichnet das Phänomen, dass eine Gesellschaft durch Überwachungs- und Kontrollmechanismen immer gleichförmiger wird. Fourcault sprach von einer sozialen Konformität des Individuums. Michel Foucault schrieb: „Derjenige, welcher der Sichtbarkeit unterworfen wird und dies weiß, übernimmt die Zwangsmittel der Macht und spielt sie gegen sich selbst aus; er internalisiert das Machtverhältnis, in welchem er gleichzeitig beide Rollen spielt; er wird zum Prinzip seiner eigenen Unterwerfung."[26]

Bezeichnenderweise prägte er den Begriff „Panoptimus" (übrigens angelehnt an den architektonischen Entwurf eines perfekten Gefängnisses, des „Panopticon", des englischen Philosophen Jeremy Bentham) lange vor der allgegenwärtigen Videoüberwachung der heutigen Zeit. Fourcault stellte das Phänomen der zunehmenden Gleichförmigkeit der Gesellschaft seit dem 18. Jahrhundert fest. Schule, Militärdienst und eine durch den aufkommenden Kapitalismus geförderte Anpassung des

Einzelnen an eine vorgegebene Arbeitsumgebung führen zu einer Vereinheitlichung der Gesellschaft, in der die Anpassung an die Normen wichtiger wird als die eigene Individualität.

Dabei reicht es offenbar, wenn wir damit rechnen müssen, beobachtet und bewertet zu werden, unabhängig davon, ob uns tatsächlich jemand zusieht oder ein Video von uns angefertigt wird. Schon die potenzielle Beobachtung führt dazu, dass die meisten Menschen ihr Verhalten an die normativen Erwartungen anpassen. Über einen längeren Zeitraum hinweg kommt es dadurch zu einer Verinnerlichung der erwarteten Normen. Derjenige, der die Normen aufstellt – egal, ob Staat oder Unternehmen –, muss also in der Regel gar keinen Zwang mehr ausüben, damit die Normen eingehalten werden. Wir verinnerlichen die Regeln, wenn man sie uns nur lange genug vorgibt und wir uns der Gefahr bewusst sind, dass wir möglicherweise ständig überwacht werden, und halten uns dann „von ganz allein" an diese Normen.

Daraus leitete das Bundesverfassungsgericht für sein Urteil zum Grundrecht auf informationelle Selbststimmung ab. „Wer nicht weiß oder beeinflussen kann, welche Informationen über sein Verhalten gespeichert werden, passt sein Verhalten aus Vorsicht an. Das beeinträchtigt nicht nur die individuelle Handlungsfreiheit, sondern auch das Gemeinwohl, da ein freiheitlich demokratisches Gemeinwesen der selbstbestimmten Mitwirkung der Bürgerschaft bedarf", urteilten die Richter am höchsten deutschen Gericht.

Die zentrale Stelle lautete im Wortlaut: „Mit dem Recht auf informationelle Selbstbestimmung wären eine Gesellschaftsordnung und eine diese ermöglichende Rechtsordnung nicht vereinbar, in der Bürger nicht mehr wissen können, wer was wann und bei welcher Gelegenheit über sie weiß. Wer unsicher ist, ob abweichende Verhaltensweisen jederzeit notiert und als Information dauerhaft gespeichert, verwendet oder weitergegeben werden, wird versuchen, nicht durch solche Verhaltensweisen aufzufallen. ... Dies würde nicht nur die individuellen Entfaltungschancen des Einzelnen beeinträchtigen, sondern auch das Gemeinwohl, weil Selbstbestimmung eine elementare Funktionsbedingung eines auf Handlungsfähigkeit und Mitwirkungsfähigkeit seiner Bürger begründeten freiheitlichen demokratischen Gemeinwesens ist. Hieraus folgt: Freie Entfaltung der Persönlichkeit setzt unter den modernen Bedingungen der Datenverarbeitung den Schutz des Einzelnen gegen unbegrenzte Erhebung, Speicherung, Verwendung und Weitergabe seiner persönlichen Daten voraus. Dieser Schutz ist daher von dem Grundrecht des Art. 2 Abs. 1 in Verbindung mit Art. 1 Abs. 1 GG umfasst. Das Grundrecht gewährleistet insoweit die Befugnis des Einzelnen, grundsätzlich selbst über die Preisgabe und Verwendung seiner persönlichen Daten zu bestimmen."[27]

Einschränkungen der informationellen Selbstbestimmung sind nur auf gesetzlicher Grundlage erlaubt. Ausdrücklich stellte das Bundesverfassungsgericht fest, dass es „kein belangloses Datum" gibt. Vielmehr bedarf die Verwendung aller personenbezogenen Daten einer besonderen Rechtfertigung. Das richtungsweisende Urteil des Bundesverfassungsgerichts von 1983 hatte entscheidenden Einfluss auf das Bundesdatenschutzgesetz, das 1990 novelliert wurde, auf die Datenschutzgesetze der Länder und bildet auch wesentliche Eckpfeiler der heutigen Gesetzgebung wie die Datenschutz-Grundverordnung und die e-Privacy-Verordnung. Halten wir also fest, dass der Schutz persönlicher Daten rechtlich eine solide Grundlage aufzuweisen hat. UNO, EU, Deutschland – überall wird entweder durch Gesetze oder Rechtsprechung der Privatheit eine hohe und schützenswerte Bedeutung zugemessen. Immerhin, möchte man meinen, aber sicherlich kein Schutz gegen kriminelle Hacker.

Wenn heute dennoch mehr persönliche Daten von uns erfasst, verarbeitet, gespeichert und analysiert werden als jemals zuvor in der Menschheitsgeschichte, liegt das nicht am Gesetzgeber. Es zeigt eher dessen Hilflosigkeit angesichts der aktuellen Digitalisierungswelle. Schutzgesetze kommen an ihre Grenzen, wenn die Menschen selbst überall Mikrofone und Kameras aufstellen, ihr Privatleben selbst in den sozialen Netzen ausbreiten und moderne Technologien wie die Videoüberwachung mit größter Selbstverständlichkeit zum Einsatz gelangen, um dem Ruf der Bevölkerung nach mehr Sicherheit nachzukommen. In einer digitalen Welt gibt es immer wieder und immer mehr „gute Gründe", warum persönliche Daten erfasst und – wenn man sie sowieso schon hat – auch gespeichert werden, und damit auch für Missbrauch aller Art sozusagen bereitliegen.

Dabei will uns Amazon die besten Vorschläge unterbreiten, was wir einkaufen sollten; bei selbstfahrenden Autos ist es wohl besser, möglichst vielen und präzise arbeitenden Kameras die Route erfassen zu lassen, um uns sicher ans Ziel zu bringen; um Schwerverbrechern habhaft zu werden, bietet sich die automatische Gesichtserkennung auf öffentlichen Plätzen geradezu an und vieles mehr. Bereits diese wenigen Beispiele zeigen, dass im Zeitalter der Digitalisierung ständig neue Argumente aufkommen, um mehr Daten von mehr Menschen noch besser zu analysieren. Es ist wie eine endlose Datenspirale und der Gesetzgeber scheint allen Bemühungen zum Trotz alldem eher hilflos gegenüber zu stehen. Der Digital Services Act (DSA) und der Digital Markets Act (DMA) aus dem Jahr 2020 stellten immerhin Versuche der EU-Kommission dar, wenigstens den großen Digitalkonzernen Schranken aufzuzeigen. Die 2020 aufgekommenen Monopolvorwürfe gegen Facebook & Co in den USA markierten einen ähnlichen Widerstand des Gesetzgebers gegen die scheinbar unaufhaltsame Macht der Digitalriesen. „Facebook hat seine Monopolmacht genutzt, um kleinere Rivalen zu vernichten und die Konkurrenz auszulöschen, alles auf Kosten alltäglicher Nutzer", sprach New Yorks Justizministerin Letitia James 2020 aus, was sich schon länger als Stimmungslage nicht nur in Bezug auf Facebook, sondern auch bezüglich anderer Digitalriesen wie Apple, Amazon oder Google abzeichnete.[28]

Denn es sind nicht nur die Staaten, die unsere Daten wollen, sondern in noch viel stärkerem Maße seit Jahren die Unternehmen der Digitalwirtschaft, die mit unseren Daten zu Milliardenkonzernen heranwachsen und natürlich mit immer neuen Konzepten weiterwachsen wollen. Daten sind der Rohstoff der Digitalwirtschaft. Mussten in der Vergangenheit die klassischen Rohstoffe wie Erdöl oder Holz noch der Erde entrissen werden, so stecken die neuen Rohstoffe in unseren Köpfen und werden von Digitalkonzernen somit unseren Köpfen „entrissen". Mit jeder Eingabe bei Amazon, Facebook oder Google geben wir ein Stück unseres Gehirns zur kommerziellen Weiterverarbeitung frei. In diesem Sinne produzieren wir allein für Google weit über fünf Milliarden Gedanken-Rohstoffe pro Tag – so viele Suchanfragen verarbeitet das Unternehmen täglich. Schon im Jahr 2016 verkündete Sridhar Ramaswamy, Senior Vice President Ads and Commerce (Vizepräsident für Anzeigen und Kommerzialisierung) bei Google stolz: „Jedes Jahr erhalten wir Milliarden von Suchanfragen." Das war eine Untertreibung: Seit 2018 erhält Google Jahr für Jahr mehr als zwei Billionen Suchanfragen, beinahe fünf Milliarden Anfragen pro Tag – Tendenz weiter steigend.[29] Im gleichen Maße, wie wir die Digitalmaschine mit unseren Eingaben füttern, wächst ihr Geschäft: Allein das Werbevolumen von Google lag 2019 bei knapp

134 Milliarden Dollar. und auch hier ist ein Ende des Wachstums nicht in Sicht.

Dieses Konzept – bei dem die Konsumenten aktiv dazu beitragen, den Erfolg von Unternehmen zu steigern – ist keinesfalls neu, denn es existierte bereits vor der Digitalisierung. So entwickelten etwa Supermarktketten ein vergleichbares System, indem die Kunden ihre gewünschten Produkte selbst aus den Regalen nehmen und mit zur Kasse bringen – und nicht mehr so individuell bedient werden, wie es bei „Tante Emma" der Fall war (seit langem sterben diese Tante-Emma-Läden immer mehr aus). Ob bei Bankgeschäften, an der Tankstelle oder im Rahmen der Reiseplanung – überall sind wir inzwischen selbst gefordert, Dienstleistungen zu erbringen, die früher die Anbieter für uns erledigten. Prosumer oder Prosument – also „Produzent" und „Consumer" bzw. „Konsument" in einer Person nennt man dieses Konzept.

Aber erst durch die Digitalisierung gelang es vielen Unternehmen – allen voran den Digitalkonzernen – den Verbraucher als Produzenten einzuspannen und den produzierten Rohstoff in Form von Persönlichkeitsprofilen an die werbetreibende Wirtschaft zu verkaufen. Plattformkapitalismus ist die wohl höchste Stufe dieses Konzepts: Der Anbieter stellt eine technische Plattform zur Verfügung, auf der sich Anbieter und Nutzer zusammenfinden. Dabei verdient dieser Anbieter entweder daran, indem er eine Nutzungsgebühr verlangt (etwa einen Monatsbeitrag) oder er verlangt im Falle eines Geschäftsabschlusses eine Provision oder er verkauft Nutzerdaten an Unternehmen, die dadurch wiederum passgenau Angebote entwickeln können. Dieses Konzept ist in seinen Grundzügen ebenfalls nicht neu, es hieß in früheren Zeiten Marktplatz. Schon im antiken Griechenland war die Agora der zentrale Fest-, Versammlungs- und Marktplatz einer Stadt – und zog übrigens schon damals Trick- und Taschendiebe an. Aber erst die Digitalwirtschaft führte dieses Konzept zu einer bislang nie da gewesenen Perfektion. Über die Online-Marktplätze, die Plattformen, wird alles und jedes angeboten: Lebenspartner, Meinungen, Waren aller Art. Damit sind die Marktplätze längst auch zu einem Tummelplatz für Hacker geworden.

Der Große Lauschangriff

Am 16. Januar 1998 gab der Deutsche Bundestag den Startschuss für den „Großen Lauschangriff" und am 6. März desselben Jahres genehmigte ihn der Bundesrat.[30] Die Bespitzelung ihrer Bürger war den Politikern so wichtig, dass sie hierfür eine Änderung des Grundgesetzes herbeiführten, nämlich durch Einfügung der Absätze 3 bis 6 in den Artikel 13 GG. Der Zweck dieser Änderung – besser: das Ziel – galt der akustischen Wohnraumüberwachung zu Zwecken der Strafverfolgung. Am 12. Mai 2005 erklärte das Bundesverfassungsgericht die Ausführungsbestimmungen dazu zwar für verfassungswidrig, bestätigte aber zugleich das Gesetz als grundsätzlich verfassungskonform. Demzufolge hat der Staat ein Recht darauf, seine Bürger in ihren eigenen vier Wänden zu belauschen, wenn er es für richtig hält. Genau dies war nämlich die Neuerung am „Großen Lauschangriff": die Überwachung in der eigenen Wohnung. Schon lange zuvor sah die Strafprozessordnung einen „Kleinen Lauschangriff" vor, der sich nur auf Gespräche im öffentlichen Raum sowie an allgemein zugänglichen Büro- und Geschäftsräumen bezog.

Es möge an dieser Stelle wahlweise als lustig, tragisch oder schlichtweg nur als vorausschauend anmuten, denn der Begriff „Lauschangriff" fand sich erstmals 1968 in der Donald-Duck-

Geschichte „Irrungen und Wirrungen mit einem Werwolf" in der Übersetzung von Erika Fuchs.[31] In die Politik hielt der Begriff erstmalig Einzug mit der „Lauschaffäre Traube", eine Abhöraktion des Bundesamtes für Verfassungsschutz (BfV), die den Manager und Umweltaktivisten Klaus Traube verdächtigte, mit Terroristen in Verbindung zu stehen. Diese Abhöraktion begann daher am 30. Dezember 1975 mit der Installation von Abhörwanzen in seiner Wohnung. Die Aktion war vom damaligen Bundesinnenminister Werner Maihöfer persönlich genehmigt worden. Am 28. Februar 1977 flog die Aktion auf, als das Nachrichtenmagazin *Spiegel* titelte: „Verfassungsschutz bricht Verfassung – Lauschangriff auf Bürger T."[32] Minister Maihofer erklärte im Zuge des Skandals am 8. Juni 1978 seinen Rücktritt. Damals wurde deutlich: Der Begriff „Lauschangriff" hatte längst den Weg von Donald Duck hinter sich gebracht und Einzug in das Behördendeutsch der Nachrichtendienste und Ministerien gehalten – allerdings noch nicht in die Hackerszene.

Es dauerte bis Juni 2013, als der US-amerikanische Whistleblower und ehemalige Gemeindienstmitarbeiter Edward Snowden enthüllte, dass die National Security Agency (NSA) der Vereinigten Staaten von Amerika längst den „Globalen Lauschangriff" auf die ganze Welt durchführte.[33] Schnell wurde klar: Die Überwachung umfasste praktisch alle Länder, war unabhängig von irgendeinem Verdacht und die Erkenntnisse wurden „auf Vorrat" gespeichert. Vertretungen der Europäischen Union, der Vereinten Nationen, führende Politiker, Spitzenbeamte, Führungskräfte aus der Wirtschaft – die NSA scheute beim „Globalen Lauschangriff" vor nichts und niemandem zurück. Später sollte sich Bundeskanzlerin Angela Merkel mit den Worten: „Ausspähen unter Freunden, das geht gar nicht" dagegen wehren. Aber schon am 7. Juli 2015 gab Edward

Snowden in einem Interview zu Protokoll, dass die NSA „unter einer Decke mit den Deutschen" steckt.[34]

Vom Fall Traube bis zur NSA-Affäre: Das Interesse des deutschen Staates, seine Bürger abzuhören, ist kaum zu leugnen.

Dabei scheint ein Grundpfeiler des staatlichen Abhörens – zumindest in Deutschland – nämlich die vorherige richterliche Genehmigung nach sorgfältiger Prüfung der Sachlage in jedem Einzelfall, auf tendenziell wackeligen Füßen zu stehen. In der Praxis hält sich die richterliche Kontrolle oft in Grenzen, wie Rechtsanwälte verrieten, die sich auf IT-Recht spezialisierten. Dazu ein einfaches Beispiel: Gewiefte Ermittler stellen den Antrag auf Überwachung beim Amtsgericht am Freitagnachmittag. Dann ist in der Regel kein mit der Materie vertrauter Richter mehr verfügbar, sondern nur noch der richterliche Notdienst, der meist mit jüngeren Kollegen besetzt ist. Der Jungrichter hat bei einer solchen Anfrage zwei Möglichkeiten: Entweder zeichnet er die Abhörgenehmigung ab oder am Montagmorgen fragt der Oberstaatsanwalt beim Amtsgerichtspräsidenten an, warum die Anfrage abgelehnt wurde. Daher ist anzuregen, dass jeder Richter, der eine Abhörmaßnahme genehmigt, diese nachhalten muss und einmal jährlich eine Statistik vorzulegen hat, aus der hervorgeht, ob aufgrund der Maßnahme ein Verfahren eingeleitet wurde und ob es zu einer Verurteilung kam. Dann würden die Abhörgenehmigungen sorgfältiger geprüft und für die Öffentlichkeit wäre das Verhältnis zwischen den Eingriffen in die Grundrechte der Bürger einerseits und dem Ertrag andererseits transparenter. Erfahrungen zeigen, dass es derzeit in über 80 Prozent aller Fälle, in denen Abhörmaßnahmen auf richterliche Anordnung genehmigt werden, nicht einmal zu einer Anklage kommt.

Handy-Zugriff bei Brieftaschenraub

Der Zugriff auf persönliche Mobilfunkdaten galt bis 2018 nur bei schweren Straftaten als erlaubt. Diese Rechtslage änderte der Europäische Gerichtshof (EuGH) allerdings mit einem Urteil vom 2. Oktober 2018. Demnach können die Strafverfolgungsbehörden auch bei Straftaten, die nicht von besonderer Schwere sind, auf Handydaten zugreifen.[35] Im konkreten Fall ging es um den Raub einer Brieftasche und eines Mobiltelefons. Die spanische Kriminalpolizei wollte herausfinden, mit welchen Telefonnummern das Handy nach dem Diebstahl genutzt worden war und welche Personen sich dahinter verbargen. Der zuständige spanische Ermittlungsrichter lehnte das Ansinnen der Polizisten zunächst ab, die EuGH entschied später anders.[36]

Immerhin führten die EuGH-Richter aus, dass dieser Zugang bei einer leichteren Straftat nicht zu einer schweren Beeinträchtigung des Privatlebens führen dürfe. Bei der in diesem Fall geforderten bloßen Identifikation des Diebes mit Namen und Adresse geht es hingegen nicht um besonders schützenswerte persönliche Informationen, befanden die Richter. Auf diese Daten dürfe die Polizei für den Zweck der Verhütung, Ermittlung, Feststellung und Verfolgung von Straftaten im Allgemeinen zugreifen. So nachvollziehbar das Urteil ist, verschiebt es dennoch einmal mehr die Abwägung zwischen Sicherheit und Privatsphäre zugunsten des Staates. Es steht zu befürchten, dass sich diese Verschiebung in genau diese Richtung in den kommenden Jahren immer weiter fortsetzen wird. Das Urteil markierte zugleich den Weg für das Ringen zwischen Kriminalität und Strafverfolgung im Digitalzeitalter. Der Staat sieht sich – und das ist nachvollziehbar – gezwungen, im Kampf gegen Kriminelle zusehends digitale Verfolgungsmethoden zu verwenden, weil die dunkle Seite schließlich ebenfalls ständig hochrüstet.

Wenn sich der Staat schon bei minimalen Vergehen Zugang zu den intimsten Daten seiner Bürger verschafft, ist die Riege der Hacker nicht weit entfernt. Denn der Staat *erhebt* diese Daten nicht nur, er sammelt und speichert sie auch – und baut damit Datensilos auf, die auf viele Hacker geradezu wie eine Einladung wirken. So werden die staatlichen Behörden zu Erfüllungsgehilfen der Cyberverbrecher – ungewollt, aber nicht unschuldig, denn man hätte es besser wissen müssen.

Von den Anfängen zum Milliardenmarkt

Zum ersten Mal tauchte der Begriff „Hacker" in den 1960er-Jahren am renommierten Massachusetts Institute of Technology (MIT) auf. Eine Gruppe von Studierenden, die Maschinenmodelle auseinander- und umbauten, um deren Leistung zu steigern, nannte sich so. Diese Pioniere des Hackens ließen sich von Experimentierfreude leiten, sie verfolgten weder subversive noch rebellische Ziele.

Vater des Hackens: Captain Crunch

Als „Vater des Hackens" gilt der amerikanische Amateurfunker John „Captain Crunch" Draper. Er fand 1969 heraus, dass die Spielzeugpfeife, die den Frühstücksflocken von „Cap'n Crunch" als Werbegeschenk beilag, einen Ton mit einer Frequenz von 2600 Hertz erzeugt. Diese Tonfrequenz wurde damals im Telefonnetz von AT&T verwendet, um Ferngespräche freizuschalten. Pfiff er mit der Spielzeugpfeife in den Telefonhörer, konnte er kostenlos Inlands- und sogar Auslandsgespräche führen. Diesen Trick taufte Draper „Phreaking", eine Wortkombination aus „phone" (Telefon) und „freak" (Außenseiter). Erst später sprach auch er von Hacken. Es war der Beginn einer Entwicklung, bei der die Experimentierfreude rasch in kriminelles Handeln umschlug – denn natürlich waren die Telefonate auf Kosten von AT&T schon damals alles andere als legal. Es zeigte auch schon frühzeitig die Ambivalenz des Hackens, denn natürlich mutete es geradezu heldenhaft an, wenn ein Einzelner mit einer „Frühstückspfeife" einen Konzern wie AT&T be-

trügen kann. Es war ein Verbrechen oder zumindest ein Vergehen, aber eines, das die meisten von uns eher mit einem Augen-
zwinkern belohnen, statt zu verurteilen.

1971 veröffentlicht der Yippie Abbie Hoffman in seinem Buch
„Steal This Book" und einem Rundbrief namens „Youth International Party Line" Methoden, um die Gebührenzahlung an Telefongesellschaften zu umgehen. Im selben Jahr erschien sogar
ein entsprechender Bericht im Hochglanzmagazin Esquire. Das
Hacking, damals noch „Phreaking" genannt, war in der Öffentlichkeit angekommen.[37]

Die Heldentaten von „Captain Crunch" und seinen Nachfol-
gern bewegten eine neue Generation informatikbegeisterter
Bastler dazu, den Homebrew Computer Club zu gründen. Die
Mitglieder bauten einen der ersten Personal Computer, den
Altar 8800, um und entwickelten ihn weiter. Unter ihnen waren
auch Steve Wozniak und Steve Jobs, die 1976 das heutige Welt-
unternehmen Apple gründeten.[38]

Hackertypen mit unterschiedlichen Motiven

John Draper, Steve Wozniak und Steve Jobs gehörten zu einer
Hackerkategorie, die häufig beinahe schon liebevoll als „Scriptkiddies" bezeichnet wird. Es sind überwiegend Teenager – daher der Name – die nächtelange auf der Suche nach Abenteuern
in fremde Computernetze eindringen, um sich und der Welt zu
beweisen, dass sie es können. Das ist keineswegs so harmlos,
wie es klingen mag. In der Regel bleibt es nämlich nicht beim
„Hineinschnuppern", sondern die „Kiddies" starten aus Neugier
und sicherlich auch, um für andere sichtbare Spuren ihres Tuns
zu hinterlassen. Das ist ähnlich wie jemand, der auf Neuland
stößt und eine Fahne aufstellt, um zu beweisen, dass er es ge-

schafft hat. Diese „Fahne" hat es bei Hackern aber häufig in sich, wie der Filme „WarGames – Kriegsspiele" von 1983 anschaulich darstellte; im Film löst ein „Skriptkiddie" beinahe den dritten Weltkrieg aus.[39] Zwischenzeitlich hat das Wort „Skriptkiddie" teilweise eine negative Konnotation erhalten, weil es ausdrücken soll, dass die betroffenen Jugendlichen nicht über genügend eigene Kenntnisse verfügen, sondern „nur" vorgefertigten „Skripten" folgen, um ihre Tätigkeit auszuüben.

Dennoch haftet „Skriptkiddies" nach wie vor eine beinahe schon romantische Verklärung an, genau wie den sogenannten „Hacktivisten". Diese begründen ihre Tätigkeit mit sozialen, politischen, religiösen oder anderen weltanschaulichen Motiven. Sie wollen ihre „Botschaft" in die Welt hinausschreien und manipulieren dazu häufig fremde Webseiten, um auf ihr Anliegen aufmerksam zu machen. Das klingt auf den ersten Blick harmlos, je nach Anliegen möglicherweise sogar sympathisch, doch tatsächlich sind Haktivisten ebenso gefährlich wie Scriptkiddies, wie ein einfaches Beispiel verdeutlicht. Man stelle sich einen Hacker vor, der Wahlcomputer in einem demokratischen Land manipuliert, um gemäß seiner Überzeugung derjenigen Partei zum Wahlsieg zu verhelfen, die für mehr Umweltschutz oder mehr bürgerlichem Freiheiten eintritt. Selbst wenn man das Motiv billigen würde, wäre die Wahlmanipulation niemals zu rechtfertigen, weil faire und freie Wahlen die Grundlage einer funktionierenden Demokratie darstellen; das Thema der Wahlcomputer wird an anderer Stelle in diesem Buch aufgrund seiner Wichtigkeit ausführlich erläutert.

Im Gegensatz zu den Skriptkiddies und Hacktivisten klingt die dritte Kategorie der Hacker schon dem Namen nach negativ: Es sind digitale Straßenräuber. Sie sind die gewöhnlichen Kriminellen im Cyberspace. Viele davon sind virtuelle Trick-

und Taschendiebe, Kleinkriminelle und gelegentlich auch Großkriminelle. Sie wollen über das Internet schnelles Geld machen, ihre Opfer sind ihnen egal. Sie stehen im Unterschied zu ihren Pendants auf der Straße nicht mehr in dunklen Ecken, auf Märkten oder wo immer sonst sich ein Portmonee leicht klauen lässt, sondern setzen auf technischen Möglichkeiten des Internet. Ihre Methoden tragen Bezeichnungen wie Adware, Spam, Trojaner, Phishing oder Social Engineering. Sie richten in der Summe immensen Schaden an und es ist davon auszugehen, dass sie die zahlenmäßig größte Hackergruppe darstellen. Übertroffen werden sie im Schadensumfang allerdings von der organisierten Cyberkriminalität.

Beim organisierten Cybercrime ist zu unterscheiden zwischen Kriminellen und Staaten. Das klingt merkwürdig, aber in nicht wenigen Fällen stecken hinter geplanten und großflächigen Cyberattacken keine gewöhnlichen Kriminelle, sondern Regierungen, die entweder andere Staaten angreifen wollen, Industriespionage betreiben oder – und hier schließt sich der Kreis zum „Normalkriminellen" – schlichtweg Geld erbeuten wollen, um ihre Staatsfinanzen aufzubessern. Nordkorea gilt als das beste Beispiel für die letztere Variante.

Doch wie trickreich die Regierungen Ausschau nach Nachwuchs-Hackern halten, bewiesen 2021 die USA am besten. Auf der Webseite des Weißen Hauses entdeckten Experten eine geheime Botschaft, die in den Codezeilen so versteckt war, dass sie nur von Computerfreaks gelesen werden konnte. Sie lautete: „Wenn du das liest: Wir können deine Hilfe beim Erneuern und Verbessern gebrauchen". Dahinter war ein Link verborgen, über den man direkt auf der Bewerber-Informationsseite des United States Digital Service (USDS) landete – ein ebenso raffinierter wie cleverer Weg, an fachkundiges Personal zu kommen.[40]

Die staatlichen wie die „privatwirtschaftlichen" Cybergangs sind in der Regel gut organisiert, verfügen über eine moderne technische Ausrüstung und verstehen es, ihre kriminellen Aktivitäten zu verschleiern. Häufig sind sie über Monate hinweg in fremden Computernetzen aktiv, manchmal sogar über Jahre hinweg, ohne dass es dem Opfer – ein Unternehmen oder eine Behörde – überhaupt auffällt. Industriespionage gehört zu den geläufigsten Motiven der organisierten Cyberkriminalität. In vielen Fällen stecken, wenn es keine Staaten sind, Geschäftsleute dahinter, die entweder ihre eigenen Cybertruppen beschäftigten oder Cybersöldner beauftragen.

Cybersöldner sind in der Regel junge Hackergruppen, die ihre Fertigkeiten gegen Geld für kriminelle Machenschaften zur Verfügung stellen. Eine solche Söldnertruppe steckte hinter dem erstmals im Sommer 2010 aufgetauchten Computerwurm Stuxnet.[41] Es war ein geopolitisch motivierter Angriff auf die Atomanlagen des Irans, durchgeführt durch Manipulationen an einem Industriesystem von Siemens namens Scada zur Steuerung und Überwachung von Kraftwerken. Der Auftraggeber lässt sich nur vermuten: die Vereinigten Staaten von Amerika, um zu verhindern, dass der Iran zu einer Atommacht aufsteigt. Bewiesen wurde das nie. Ebenso unbekannt ist bis heute die mit dem Politcoup beauftragte Hackergruppe. Der Cyberangriff auf das Atomprogramm eines Landes steht indes exemplarisch für die Dimension von Cyberkriminalität bis Cyberterror, die sich von den Anfängen der neugierigen Computerfreaks und der „Liebesbriefe mit Folgen" weit entfernt hat.

Liebeserklärung mit Folgen

Die erste Pandemie im Internet verursachte eine E-Mail, die sich im Mai 2000 mit dem Betreff „I love you" explosionsartig im Netz verbreitete. Der Trick: Das Programm sendete sich aus infizierten Rechnern heraus an alle E-Mail-Adressen, die in diesen Rechnern gespeichert waren. Die Empfänger bekamen den digitalen Schädling also als vermeintliche Liebeserklärung von einer ihnen bekannten Person. Doch statt lieblicher Worte löschte das Computervirus auf jedem befallenen Computer wichtige Dateien. Die Schäden wurden auf etwa 10 Milliarden Dollar geschätzt.[42] Das war erst der Anfang einer schier unüberschaubaren Flutwelle von Bedrohungen aus dem Cyberspace, deren Wurzeln schon viel länger zurücklagen.

Die berüchtigtsten Hacker

Niemand weiß, wie viele Hacker es gibt; es sind im wahrsten Sinne des Wortes unzählige. Da nicht einmal definiert ist, was ein Hacker genau ist, erübrigt sich auch die Zählung. Nimmt man nur die kriminellen Subjekte, oder auch die White-Hat-Hacker, die ihre Fähigkeiten für das Gute einsetzen? Sind Whistleblower wie Edward Snowden oder gar Julian Assange Hacker, weil sie geheime Informationen aufdecken und zur Veröffentlichung bringen? Wie sind Hacker, die im Auftrag von Staaten unterwegs sind, einzuordnen? Wenn sie aus Nordkorea kommen, mag man sie verurteilen; aber wie sind Hacker zu bewerten, die im Auftrag demokratischer Staaten Spionage betreiben, also im Grunde Demokratien schützen, oder doch nicht? Wo ordnet man Aktivistengruppen ein, die der festen Überzeugung sind, als Hacker für eine gute Sache zu kämpfen. Die nachfolgende sicherlich unvollständige Aufstellung der berühmt-berüchtigtsten Hacker ist vor diesem Hintergrund der Unschärfe in der Definition zu betrachten.

Erwähnenswert ist, dass bereits 1981 mit dem Chaos Computer Club (CCC) ein deutscher Verein gegründet wurde, der Hackern eine Heimat bieten wollte. Vor allem sollte er Hacker, die mit ihren „Tricks" an die Öffentlichkeit gehen wollten, einen Schutz vor strafrechtlicher Verfolgung geben, indem die Hacks vom Verein statt einer Einzelperson vorgestellt wurden. Der CCC beschrieb sich selbst 2021 wie folgt: „Der Chaos Computer Club e. V. (CCC) ist die größte europäische Hackervereinigung und seit über dreißig Jahren Vermittler im Spannungsfeld technischer und sozialer Entwicklungen. Die Aktivitäten des Clubs reichen von technischer Forschung und Erkundung am Rande des Technologieuniversums über Kampagnen, Veranstaltungen, Politikberatung, Pressemitteilungen und Publikationen bis zum Betrieb von Anonymisierungsdiensten und Kommunikationsmitteln." Seit 1984 führt der Club den jährlichen Chaos Computer Congress in Deutschland durch; es ist seitdem der größte Treff für Hacker und IT-Sicherheitsexperten in Europa.[43]

Hackerlegende Kevin Mitnick

Kevin Mitnick gilt als eine US-amerikanische Hackerlegende.[44] 1982 schaffte er es, in die Verteidigungszentrale North American Defense Command (NORAD) einzudringen. Ein Coup, der prompt ein Jahr später in dem Film „WarGames – Kriegsspiele" auf die Kinoleinwand kam. Der Film wurde Mitnick in gewisser Weise zum Verhängnis, weil er den US-Behörden die Gefahren für die nationale Sicherheit, die von einem einzelnen Hacker ausgehen können, verdeutlichte. Fortan galt Kevin Mitnick als ein Staatsfeind und er wurde später nach seiner Verhaftung in Einzelhaft gesteckt, „weil die Staatsanwaltschaft behauptete hatte, ich könne einen Nuklearkrieg auslösen, wenn ich nur in ein Telefon pfeife", wie er sich selbst später erinnerte. 1989 drang er in das Netzwerk des damals renommierten Computerherstellers Digital Equipment Corporation (DEC) und erstellte Kopien der DEC-Software. Er wurde festgenommen, verurteilt und inhaftiert. Doch während seiner bedingten Entlassung hackte er die Mailbox-Systeme der US-Telefongesellschaft Pacific Bell, wofür ein erneuter Haftbefehl gegen ihn erlassen wurde. Er floh, landete auf der „Most wanted"-Liste der FBI, versteckte sich zwei Jahre lang, wurde gefasst und wegen „Eindringens in einige der am besten gesicherten Computersysteme der USA" verurteilt.

Soweit bekannt nutzte Kevin Mitnick den illegalen Zugang zu Computersystemen niemals aus, um sich selbst zu bereichern oder Schaden anzurichten; er fand „nur" Freude daran, zu beweisen, dass die Hacks möglich waren, also auf die Unsicherheit der vermeintlich geschützten Computernetze aufmerksam zu machen. Er sagte einmal im Interview: „Was mich fasziniert und angetrieben hat, waren Wissensdurst, Abenteuerlust und die intellektuelle Herausforderung, es mit immer neuen Systemen aufzunehmen. Etwas Neues zu lernen, verpasste mir immer auch einen Adrenalinschub." Im gleichen Interview beschreibt Kevin Mitnicks weitere Hintergründe, die beispielhaft für viele andere Hacker seiner Generation gelten dürften und daher nachfolgend wiedergegeben werden:

„Sie müssen bedenken, dass Hacking noch nicht illegal war, als ich damit während meiner Highschool-Zeit Ende der 70er begonnen habe. Ich war bereits in jungen Jahren von Magie und Zauberei fasziniert und habe dann einen Mitschüler kennengelernt, der nur mithilfe eines Telefons „zaubern" konnte. Er hat mich im Phreaking unterwiesen, gegen das damals noch keinerlei Verbote bestanden. Damit fing alles an. ... Hacking war für mich schon immer eine Art großes Videospiel. Als ich mit 16 Jahren mit dem Phreaking begonnen habe, wollte ich lediglich einige meiner Freunde und deren Eltern mit Telefonscherzen hereinlegen. Ich habe beispielsweise die Telefone so manipuliert, dass sie wie Telefonzellenapparate funktionierten: Nach Abnehmen des Hörers ertönte eine Stimme in der Leitung, die zum Einwurf von 25 Cent aufforderte. Ich war ein junger Witzbold, der Technologie einsetzte, um Freunden und Verwandten Streiche zu spielen. Danach machte ich es mir zur Aufgabe, Sicherheitssysteme zu umgehen. Ich sah mich als eine Art Zauberer im Stile von Harry Houdini und wollte es schaffen, in abgesicherte IT-Umgebungen einzudringen. Es ging mir nicht um die Informationen, an die ich gelangen konnte, sondern um den Weg ins abgeschottete System hinein. Ich wollte hier einfach der Beste sein. Viele Jahre später ging es mir um den Zugang zu Quellcodes von mobilen Betriebssystemen, um das Innenleben von Handys besser verstehen zu können. Der Ehrgeiz, in allem was ich tat, der Beste zu werden, hat mich während meines gesamten Hackerlebens begleitet."

Das Interview fand 2014 statt; im gleichen Jahr eröffnete er „Mitnick's Absolute Zero Day Exploit Exchange", eine Art Börse, auf der Softwareschwachstellen, sogenannte Exploits, die von Herstellern noch nicht behoben sind, an den Höchstbietenden verkauft werden.[45] Im Zug des Seitenwechsels hat Minick viele Aspekte des Hackings verraten, die weit über seine Person hinaus von Interesse sind. Dazu gehören das Social Engineering und das Dumpster Diving.

Kevin Mitnick gilt als Erfinder des Social Engineering. Dabei geht es über die Ausnutzung technischer Schwächen der Computer- und Softwaresysteme hinaus darum, sich menschliche

Schwächen zunutze zu machen, um beispielsweise Passworte zu erfahren. Zum Verhältnis von Technik und Menschen stellte er 2014 klar: „Hacking umfasst beides gleichermaßen – technische Schwachstellen zu finden und den ‚Faktor Mensch' auszunutzen. Das Verhältnis liegt bei 50:50. Das hat sich nie geändert. Wenn Sie sich die großen Hacks von heute anschauen – Google, Sony, RSA – sehen Sie, dass diese prinzipiell immer noch genauso funktionieren wie die, die ich in den 70ern gestartet habe. Der erste Schritt ist das Aufspüren von Schwachstellen in Desktop-Software wie Adobe Acrobat oder Java und die Entwicklung entsprechender Malware, die diese Lücken ausnutzen kann. Mittels Social Engineering über einen Telefonanruf oder eine E-Mail wird dann ein Mitarbeiter eines dieser Unternehmen dazu gebracht, einen Link aufzurufen, über den der Schadcode geradewegs auf den Rechner bugsiert wird. Dieser öffnet die Hintertüren der betreffenden Programme, nistet sich ein und übernimmt die Kontrolle, ohne dass jemand etwas davon mitbekommt."

Einen weiteren wichtigen Aspekt, das sogenannte „Dumpster Diving", salopp formuliert „Wühlen im Papierkorb", beschrieb Kevin Mitnick 2014 wie folgt: „Es ist der Wahnsinn. Wenn ich Studenten unterrichte, mache ich mit ihnen ab und zu ‚Dumpster-Diving-Übungen'. Wir suchen uns einen Firmen-Hinterhof und durchforsten die dort abgestellten Papiercontainer. Bisher haben wir immer wertvolle Informationen gefunden. Gerade auch im Ausland wie beispielsweise in Costa Rica werden sensible Unterlagen zumeist nicht einmal geschreddert."

Phreaking, also das unbefugte Eindringen in Telefonsysteme, war zu Beginn von Mitnicks „Laufbahn" übrigens nicht ungewöhnlich bei Technikinteressierten. Die beiden Apple-Gründer Steve Jobs und Steve Wozniak gehörten ebenfalls zur Phreaking-Fraktion, wie sich Kewin Mitnick 2014 erinnerte: „Meine erste persönliche Begegnung mit Steve Wozniak hatte ich nach meiner Entlassung aus dem Gefängnis im Jahr 2000 auf einem Filmset. Die englische Produktionsfirma September Films drehte damals die Dokumentation ‚Die Geschichte des Hackings‘ und interviewte unter anderem Steve und mich. Er kannte mich aus den Medien - und natürlich wusste ich auch, wer er war. Er war ein Superheld für mich, seit ich Kind war. Er sprach mich an, dass er gerne mehr öffentliche Auftritte hätte und ich vermittelte ihm meinen Agenten, der mir damals schon erste Vorträge und Reden organisierte. Seit dieser Zeit haben wir den gleichen Agenten, sind rund um die Welt unterwegs und sprechen alle paar Wochen persönlich miteinander. Außerdem schrieb Steve die Vorworte für meine Bücher ‚Die Kunst der Täuschung‘ und ‚Das Phantom im Netz‘. Steve und ich sind auch deshalb so eng befreundet, weil wir viele Gemeinsamkeiten haben. Das geht schon bei unserer Faszination für Telefonanlagen los. Steve Jobs und er haben genau wie ich einst mit Phreaking solche Systeme manipuliert, bevor ich zum Computer-Hacking übergegangen bin. Deshalb kann er meine Beweggründe nachvollziehen, dass ich mit meinem Tun nie jemandem schaden oder bestehlen wollte." [46]

Die 414er

1982 brach eine Gruppe von sechs Teenagern in rund 60 Computersysteme von US-Forschungszentren ein. Sie nannten tsich „The 414s" in Anlehnung an die Telefonvorwahl des Ortes Milwaukee, aus dem alle sechs Jugendlichen stammen. Ein Jahr später wurden sie vom FBI gefasst und das renommierte Magazin Newsweek berichtete in seiner Coverstory „Beware: Hackers at play" ausführlich über den Fall. Damit rücken Hacker erstmals in Licht der breiten Öffentlichkeit.

Arpanet-Pionier „Dark Dante"

Lange bevor das Internet in der heutigen Form überhaupt geboren wurde, hackte sich 1983 der damals 17-jährige Kevin Poulsen unter dem Decknamen „Dark Dante" ins Arpanet ein. Beim Arparnet handelt es sich um ein vom US-Verteidigungsministerium betriebenes Vorgängernetz. Da er minderjährig war, wurde er zunächst nicht strafrechtlich verfolgt mit der Auflage, vom Hacken abzulassen. Doch Kevin Poulsen missachtete die Warnung und grub 1988 in staatlichen Computersystemen nach Informationen zum abgesetzten König der Philippinen, Ferdinand Marcos, einem damals hochpolitischen Thema, weil der Diktator nach einem Volksaufstand Unterschlupf in den USA fand. Poulsen flüchtete, hackte weiterhin Regierungsdateien, bis er inhaftiert wurde. Heute gilt er als seriöser Journalist im Bereich der Computersicherheit.[47]

Das Hacker-Manifest

Der Hacker Loyd Blankenship, in der Szene bekannt als „The Mentor", wurde berühmt mit seinem Aufsatz „The Hacker Manifesto", das er kurz nach seiner Verhaftung 1986 verfasste. Er beschrieb darin einen typischen Werdegang und das Bewusstsein der damaligen Hackergeneration. Das Manifest gilt bis heute als eine Grundlage der sogenannten Hacker-Ethik und wird daher nachfolgend im Wortlaut als deutsche Übersetzung wiedergegeben:[48]

Schon wieder einer erwischt, es steht in allen Zeitungen. „Skandal – Teenager wegen Computerverbrechen verhaftet!", „Hacker nach elektronischem Bankraub verhaftet"...

Es ist immer das gleiche mit den verdammten Jugendlichen...

Aber du, mit deiner Möchtegern-Psychologie und dem 50er Technikhirn, hast du dich je in die Lage eines Hackers hineinversetzt? Hast du dich je gewundert, was ihn zum ticken bringt, welche Kräfte ihn geformt haben, was ihn überhaupt zu einem Hacker gemacht hat?

Ich bin ein Hacker, betrete meine Welt...

Meine Welt beginnt in der Schule... Ich bin cleverer als die meisten anderen Kids. Der ganze Müll, den man uns beibringt, langweilt mich...

Es ist immer das gleiche mit den verdammten Schlaubergern...

Ich bin in der Junior High oder High School. Ich habe den Lehrern zugehört, die mir zum fünfzehnten Mal erklärt haben, wie man einen Bruch kürzt. Ich hab's verstanden. „Nein Ms. Smith, ich habe den Lösungsweg nicht aufgeschrieben. Ich hab's im Kopf gerechnet"

Immer das gleiche mit den verdammten Schülern...

bestimmt hat er's abgeschrieben...

Ich habe etwas entdeckt, den Computer. Warte mal, das Ding hier ist cool. Es tut, was ich will. Und wenn es einen Fehler macht, dann nur deswegen, weil ich es versaut habe. Nicht, weil es mich nicht mag...

...nicht, weil es sich von mir bedroht fühlt

...nicht, weil es denkt ich sei ein Klugscheißer,

...nicht, weil es keine Lust hat zu unterrichten und nicht hierher gehört.

Es ist immer das gleiche mit den verdammten Kids...

will immer nur spielen.

Und dann ist's passiert... Eine Tür zu einer Welt hat sich geöffnet...

Eilt durch das Telefonkabel wie Heroin durch die Adern eines Süchtigen fließt. Ein elektronischer Puls wurde ausgesandt, die Zuflucht von den alltäglichen Inkompetenzen ist endlich in Sicht, eine neue Plattform ist gefunden.

„Das ist es... ich gehöre hierher"

Ich kenne jeden hier... selbst wenn ich sie nie zuvor gesehen habe, nie mit ihnen gesprochen habe, und vielleicht auch nie wieder von ihnen hören werde. Ich kenne sie alle.

Es ist immer das Gleiche mit den verdammten Kids... blockiert wieder die Telefonleitung.

Ja, da kannst du deinen Arsch darauf verwetten, dass es immer das Gleiche mit uns ist!

Wir wurden mit Babynahrung gefüttert, während wir nach Steak hungerten. Die Stückchen Fleisch, die heruntergebröselt sind, waren vorgekaut und geschmacklos. Wir wurden dominiert von Sadisten oder von Phlegmatikern ignoriert. Die Wenigen, die uns etwas beibringen konnten, fanden uns willig, aber das war wie ein Wassertropfen auf einer glühenden Platte.

Das ist nun unsere Welt... Die Welt der Elektronen und der Schalter, die Schönheit der Baud. Wir nutzen ein System, das bereits existiert, ohne dafür zu bezahlen, was seinen Preis sowieso nicht wert ist, wenn es nicht in den Händen von Profitgeiern wäre. Und gerade ihr nennt uns Kriminelle?

Wir erforschen... und ihr nennt uns Kriminelle.

Wir ersuchen das Wissen... und ihr nennt uns Kriminelle.

Wir existieren ohne Hautfarbe, ohne Nationalität, ohne religiöse Vorurteile... und ihr nennt uns Kriminelle.

Ihr baut Atombomben, ihr führt Kriege, ihr mordet, betrügt und lügt uns an, und lässt uns glauben, es wäre zu unserem Wohl... und wir sollen die Kriminellen sein.

Ja, ich bin ein Krimineller. Mein Verbrechen ist Neugier. Mein Verbrechen ist, dass ich Menschen nach dem beurteile, was sie denken und sagen, und nicht nach dem, wie sie aussehen. Mein Verbrechen ist, dass ich über euch stehe, etwas, was ihr mir nie vergeben werdet.

Ich bin ein Hacker und das ist mein Manifest. Ihr könnt vielleicht mich aufhalten, aber ihr könnt uns nicht alle stoppen.

Es ist immer das Gleiche mit uns...

+++The Mentor+++

2005 wurde in dem Film „BBS: The Documentary – The Mentor" eine Dokumenation über Loyd Blankenships Leben veröffentlicht.[49]

Jugendhacker Jonathan James

Jonathan James stand geradezu exemplarisch für die Subkultur jugendlicher Hacker. Schon mit 15 Jahren gelang es ihm 1999, in die Computersysteme des Pentagon der NASA einzudringen und Zugang zu über 3.000 vertraulichen Daten von Regierungsmitarbeitern zu bekommen. „Es war ein gutes Gefühl, zu wissen, dass ich Zugang zu den Computern einiger der mächtigsten Militärs der Welt habe", sagt er dazu in einem Interview. Er fühlte sich dazu eigenen Angaben zufolge durch das Buch „Kuckucksei" inspiriert, das von der Jagd auf einen Computerhacker in den 1980er Jahren handelt.[50]

Im Jahr 2000 wurde Jonathan James – oder „c0mrade", wie er sich selbst nannte – festgenommen und zu sechs Monaten Hausarrest verurteilt mit der Auflage, in diesem halben Jahr keine Computer zu benutzen. Er war der jüngste Mensch, der jemals wegen Verstoßes gegen die US-Gesetze zur Cyberkriminalität verurteilt wurde. Da er sich nicht an die Auflagen hielt, verbrachte er die sechs Monate letztlich doch im Gefängnis.

In einem Interview im Jahr 2007 warnte Jonathan James vor der aus seiner Sicht größten Gefahr: fehlende Updates von Software. Er sagt: „Die Nutzer ignorieren die Benachrichtigungen zur Aktualisierung, so dass sie häufig mit anfälliger Software arbeiten. Ich glaube, ihnen ist nicht klar, das abgelaufene Software häufig deswegen abgelaufen ist, weil jemand einen Weg gefunden hat, damit den Computer zu übernehmen. Selbst nachdem der Hersteller eine Fehlerbereinigung herausgegeben hat, nutzen viele weiterhin die ältere anfällige Version. Manchmal (und das nicht so selten wie man annehmen könnte) nutzen Firmen veraltete und anfällige Software über Jahre hinweg, weil sie glauben ‚was nicht kaputt ist, muss man nicht reparieren'." Damit gab der junge Hacker schon damals einen Ratschlag, der bis heute gilt: Wenn es zu einer Software ein Update von Seiten des Herstellers gibt, sollte man es sofort installieren.

Als 2007 das große US-Kaufhaus TJX gehackt und private Kundeninformationen gestohlen wurden, fiel der Verdacht auf Jonathan James. Diese Tat konnte ihm niemals nachgewiesen werden. Dennoch beging er 2008 Selbstmord. In seinem Abschiedsbrief schrieb er: „Ich habe kein Vertrauen in unser ‚Rechtssystem'. Vielleicht senden meine heutigen Taten und dieser Abschiedsbrief ein stärkeres Signal an die Öffentlichkeit. Ich habe jedenfalls die Kontrolle über diese Situation verloren,

und das hier ist meine einzige Möglichkeit, die Kontrolle zu-
rückzuerlangen."[51]

Tron: Mord oder Selbstmord?

Traurigen Ruhm erlangte auch der Hacker „Tron", mit bürgerlichem Namen Boris Florici", der seit dem 17. Oktober 1998
im Alter von 26 Jahren vermisst und fünf Tage später in einem
Berliner Park erhängt aufgefunden wurde.[52] Der junge Mann
hing an einem Baum, die Füße noch auf dem Boden: Er muss
sich, den eigenen Gürtel um den Hals, mit aller Kraft nach vorn
geworfen haben, sollte es tatsächlich ein Selbstmord gewesen
sein. Seine Hackerkollegen vom Chaos Computer Club (CCC),
in dem Tron engagiert war, glaubten nicht an Selbstmord, sondern gingen davon aus, dass ihr Freund einen Mord zum Opfer
gefallen war. „Auch wenn die Anhaltspunkte für einen Suizid
überwiegen, ermitteln wir unter der Überschrift Kapitalverbre-
chen", sagte damals Kriminalhauptkommissar Klaus Ruck-
schnat, Chef der dritten Mordkommission in Berlin, deren sieben Mitarbeiter dem Fall nachspürten. Für die Fahnder stand
bald fest, dass Tron sich „mit irgend jemandem getroffen hat.
Wir wissen aber nicht, mit wem".

Tatsächlich organisierte sich zu dieser Zeit Hacking als ein
mafiöses Geschäft, weil es ähnlich hohe Gewinnspannen wie
etwa der Drogenhandel versprach. Tron gelang es, Telefon- und
Handykarten sowie Chipkarten für digitales Bezahlfernsehen
zu klonen. 1996 flog ein internationales Trio auf, das 20.000
Telefonkarten für insgesamt 1,8 Millionen Mark anbot. Der
Herstellungswert der Karten lag bei 50 Mark, alle andere waren manipulierte Telefonminuten. Die Deutsche Telekom ta-
xierte damals den Schaden durch solche und ähnliche Klonge-
schäfte auf eine „zweistellige Millionenhöhe" im Jahr, ohne dass

sie gegen die gewieften Hacker technisch vorzugehen vermochte. Doch Tron arbeitete noch an einem anderen Projekt, das ihm mutmaßlich das Leben gekostet haben könnte: Als Diplomarbeit entwickelte er ein Gerät zur „Realisierung einer Verschlüsselungstechnik für Daten im ISDN-B-Kanal". Für Verschlüsselung begann sich damals die Geheimdienste zu interessieren – und suchten dabei den Kontakt zur Hackerszene. Schon zehn Jahre zuvor hatte der Computerfreak Karl Koch aus Hannover Passwörter und Programme von Militärs, Raumfahrt- und Rüstungsfirmen an den russischen KGB gegeben – bis im Juni 1989 seine Leiche im Wald aufgefunden worden war, augenscheinlich Selbstmord. Auch im Fall Tron kam die Berliner Staatsanwaltschaft letztlich zum Ermittlungsergebnis Suizid. Mehrere Mitglieder des Chaos Computer Club warfen den Ermittlungsbehörden Fehler vor, doch ihre Bemühungen um eine Wiederaufnahme des Falles scheiterten endgültig im Oktober 2003. Der Fall Tron gilt bis heute als warnendes Beispiel für die Gefährdung von Hackern, weil sie durch ihre Tätigkeit leicht an geheime Informationen von hoher Brisanz herankommen.[53]

Dmitry Fedotov startet den Hacking-Massenmarkt

Dem Russen Dmitry Fedotov, auch als „Paunch" bekannt, gebührt die zweifelhafte Ehre, Hacking so einfach gemacht zu haben, dass es auch weniger ausgebuffte Computernutzer schafften. Unter dem Namen „Blackhole" („Schwarzes Loch") veröffentlichte er eine Softwaresammlung von „Hacker-Tools", mit der jedermann gegen eine Abogebühr von 1.500 Dollar jährlich Angriffsprogramme mieten konnte. „Paunch" lieferte auch gleich regelmäßig aktualisierte Übersichten von Schwachstellen in gängigen Softwareumgebungen mit, die es lohnte anzugreifen. Im Oktober 2012 wurde er von den russischen Behörden verhaftet.[54]

Kreditkartendieb Dmitry Smilianets

Der Russe Dmitry Smilianets hat gemeinsam mit „Kollegen" erstmals Kreditkartendaten im großen Stil geklaut und für Finanzbetrug eingesetzt. Von 2005 bis zu seiner Festnahme 2012 hat er insgesamt 160 Millionen Kreditkartendaten ausspioniert und zum Schaden der rechtmäßigen Besitzer genutzt. Der Schaden wurde auf rund 300 Millionen Dollar beziffert.

Smilianets Komplott steht exemplarisch für die Unsicherheit bei der Nutzung von Kreditkarten. Zur Klarstellung: Es geht nicht um die Unsicherheit beim Kreditkarteneinsatz im Internet, sondern generell um Kreditkarten. Die Smilianet-Bande hatte die Daten nicht von den Karteninhabern entwendet, sondern bei der US-Börse Nasdaq sowie Einzelhandelsfirmen wie 7Eleven, Carrefour und J.C. Penny zugelangt.[55]

Lucky12345 und Slavik infizieren eine Million Computer

„Lucky12345" und „Slavik" schafften es 2014 „beide" auf den ersten Platz der Cyber-Most-Wanted-Liste des FBI. Hinter beiden Kürzeln verbirgt sich ein- und dieselbe Person: Evgniy Mikhailovich Bogachev gilt als der Hintermann des Botnetzes „Gameover Zeus", das rund eine Million Computer umfasste und vor allem Zugänge zu Bankkonten ausspähte. Der Schaden wurde mit rund 100 Millionen Dollar veranschlagt. Bogachev befindet sich bei Erscheinen dieses Buches im Jahr 2021 wohl noch auf freiem Fuß.[56]

Phishing-Experte Alexey Belan

Der Lette Alexey Belan soll zwischen Januar 2012 und April 2013 die Nutzerdaten von einigen Millionen Kunden dreier US-Unternehmen gestohlen haben. Er ist nur bekannt geworden, weil ihn das FBI in die Liste der meistgesuchten Hacker aufgenommen hat.[57] Für seine Erfassung ist eine Belohnung von 100.000 Dollar ausgesetzt; daraus lässt sich schließen, dass der von ihm verursachte Schaden beträchtlich sein muss. Bei den Geschädigten soll es sich um drei große US-Unternehmen handeln, deren Namen niemals bekannt wurden. Diese Situation steht exemplarisch dafür, dass die Unternehmen in der Regel kein Interesse daran haben, die Öffentlichkeit davon erfahren zu lassen, dass sie einem Cyberangriff ausgesetzt waren. Sie befürchten vor allem einen Reputationsschaden mit Folgen, also beispielsweise, dass Kunden nicht mehr bei ihnen einkaufen, weil sie ihre Kreditkartendaten nicht sicher aufbewahrt wissen.

Homeless Hacker mit Asperger

Adrian Lamo war häufig nur mit einem Rucksack unterwegs und hatte zeitweise keine fest Anschrift, was ihm den Spitznamen „Homeless Hacker" einbrachte. Im Jahr 2001 fiel der damals 20-Jährige erstmals auf, als er bei Yahoo einem Artikel der Nachrichtenagentur Reuters ein falsches Zitat des früheren Staatsanwalts John Ashcroft hinzufügte. 2002 knackte er das Intranet der New York Times; diesmal fügte er sich zu einer Expertenliste hinzu. Auffällig war, dass der „obdachlose Hacker" häufig die Presse und die Opfer benachrichtigte, um auf den Hack hinzuweisen; in einigen Fällen half er sogar, die entdeckten Sicherheitslücken zu schließen.[58]

2010 erfuhr der 29-jährige Adrian Lamo, dass er am Asperger-Syndrom (AS), einer milden Form von Autismus, litt. Diese wird oft als „Geek-Syndrom" bezeichnet, da Personen mit AS häufig Probleme mit einfachen sozialen Interaktionen haben und sich deshalb oft merkwürdig oder hoch konzentriert verhalten. Der „Homeless Hacker" scheint damit kein Einzelfall zu sein, denn das Asperger-Syndrom ist unter den Hackern weit verbreitet. Es erklärt möglicherweise den stoischen Drang, in fremde Systeme einzudringen und sich dort „auszutoben". Eine Studie aus dem Jahre 2016 hat zutage gefördert, dass erfolgreiche Hacker wie Autisten denken: Sie neigen zum Systematisieren.[59]

Doppel-Hacker „Suppen-Nazi" Albert Gonzalez

„Soup-nazi", also übersetzt „Suppen-Nazi", Albert Gonzales gilt als einer der ersten Doppel-Hacker: Er arbeitete sowohl als Krimineller als auch als Informant für den US-amerikanischen Geheimdienst. Als Jugendlicher wurde er „unruhiger Anführer einer Gruppe von Computer-Nerds" an seiner Highschool in Miami, später trat er der kriminellen kommerziellen Seite „Shadowcrew.com" als einer ihrer besten Hacker bei. Im Alter von 22 Jahren wurde er in New York festgenommen – für Kreditkartenbetrug in Verbindung mit dem Datendiebstahl von 170 Millionen Konten. Nur wenige Menschen haben jemals mehr Finanzidentitäten geklaut als Albert Gonzales, wofür er 2010 zu 20 Jahren Haft verurteilt wurde.

Um dem Gefängnis zu entgehen, wechselte er die Seiten und half als Informant des Secret Service dabei, viele Mitglieder der Shadowcrew-Gang anzuklagen. Doch Gonzales trieb doppeltes Spiel: Während er noch auf der Gehaltsliste des Secret Service stand, stahl er gemeinsam mit Hacker-Kumpanen mehr als 180

Millionen Kreditkartenkonten. Laut New York Times handelt es sich bei seinem Angriff auf den US-Einzelhändler TJX im Jahr 2005 um den ersten schwerwiegenden Datenschutzvorfall mit Kreditinformationen handelte. Bei seiner Verurteilung 2015 wurde das Ausmaß seiner Betrügereien von der Bundesanwaltschaft als „unübertroffen" bezeichnet.[60] Die Geheimdienste wohl nicht nur in den USA hatten gelernt: Traue keinem Hacker. Dennoch kommen die Staaten nicht darum herum, letztendlich Hacker zu engagieren. Deutschland hat sogar eine eigene Behörde hierfür, wie an anderer Stelle in diesem Buch dargelegt wird.

Der dritte Weltkrieg wird (beinahe) ausgelöst

Die britischen Hacker Matthew Bevan und Richard Pryce wurden 1996 beschuldigt, beinahe den dritten Weltkrieg ausgelöst zu haben. Das Hacker-Duo war in zahlreiche militärische Netzwerke eingedrungen, darunter die Griffiss Air Force Base, die Defense Information System Agency und das Korean Atomic Research Institute (KARI). Bevan (Spitzname „Kuji") und Pryce („Datastream Cowboy"), hatten möglicherweise aus Versehen KARI-Forschungsergebnisse auf amerikanischen Militärsystemen abgelegt. Angeblich wollten die beiden „lediglich" eine UFO-Verschwörungstheorie beweisen.[61]

Ebenfalls auf den Spuren von UFOs wandelte der schottische Hacker Gary McKinnon, als es ihm 2001/2002 gelang, Zugang zu 97 US-amerikanischen Militärnetzwerken zu erhalten. Er soll den Militärs auf einer Webseite eine Nachricht hinterlassen haben: „Your security is crap" („Ihre Sicherheit ist Mist"). Dem Vernehmen nach hat er auf den US-Rechnern tatsächlich Bilder von UFOs gefunden, konnte sie aber nicht herunterladen, weil seine Internetverbindung zu langsam war.[62]

Der Nacktfoto-Hack

„Celebgate" (abgeleitet von „Celebritiy", „Berühmheit", und „Watergate", in Anspielung auf die Watergate-Affäre um US-Präsident Richard Nixon) wurde der Skandal genannt, als 2014 äußerst private Fotos von mehr als 3.000 Prominenten, darunter zahlreiche Nacktfotos, öffentlich sichtbar im World Wide Web auftauchten. Rihanna, Kate Upton, Jennifer Lawrence, Jenny McCarthy, Kirsten Dunst, Ariana Grande, Victoria Justice, Elizabeth Windstead – die Liste der Stars und Sternchen, die sich auf einmal öffentlich mehr oder minder entblößt wiederfanden, war lang. Da zunächst ausschließlich weibliche Kurven zu sehen waren, erhielt der Skandal auch den Spitznamen „Fappening", abgeleitet aus dem umgangssprachlichen Ausdruck „Fap" für die männliche Masturbation und dem Wort „Happening" („Ereignis"). Erst später kamen die Ablichtungen prominenter Männer hinzu.[63]

Die deutsch-amerikanische Schauspielerin Kirsten Dunst („Interview mit einem Vampir") reagierte bei Twitter mit einem sarkastischen „Danke, iCloud" auf die Veröffentlichung der peinlichen Fotos. Spätere Ermittlungen ergaben in der Tat, dass beinahe alle kompromittierenden Bilder aus dem Clouddienst des i-Konzerns Apple stammten. Doch es war nicht etwa iCloud gehackt worden, sondern die Prominenten waren Opfer eines groß angelegten Phishing-Angriffs geworden. Das bedeutet, sie hatten gefälschte E-Mails erhalten, in denen sie dazu aufgefordert wurden, ihre Anmeldung bei iCloud (und übrigens auch dem Google-Maildienst Gmail) zu bestätigen, indem sie ihre Daten einschließlich Passwort erneut eingeben. Offenbar waren die Promis haufenweise auf den Betrug hereingefallen. Die eingetippten Zugangsdaten gelangten nämlich nicht zu Apple oder Google, sondern zu den Hackern Ryan Collins, George G. und zwei weiteren Straftätern, die allesamt geschnappt und verurteilt wurden.[64] Apple erhöhte daraufhin das Sicherheitsniveau bei iCloud, indem der rechtmäßige Besitzer eines iCloud-Kontos seitdem eine E-Mail erhält, die über Modifikationen an seinem Account informiert, so dass er eingreifen kann, falls er diese Änderungen nicht selbst durchgeführt hat.

Doch der Spuk für die Promis endete nicht 2014. Am 15. März 2017 wurden erneut private Bilder, unter anderem von den Schauspielerinne Emma Watson („Harry Potter") und Dylan Penn („Condemned") sowie der Sängerin Fergie („The Black Eyed Peas"), veröffentlicht. Ob und wie diese in Zusammenhang mit den Veröffentlichungen von 2014 standen, konnte nie aufgeklärt werden.[65]

So oder so war der Fall für die Opfer in gewisser Hinsicht nicht mehr zurückzudrehen: Man kann nur vermuten, wie viele Menschen sich die Nacktfotos auf ihre privaten Rechner heruntergeladen haben und heute noch besitzen. Bei vielen der Promis wird das wohl ein Leben lang ein mulmiges Gefühl hinterlassen.

Jeanson James Ancheta baut eine Computerarmee

Es ist eine Sache, durch Ausnutzung einer Sicherheitslücke in fremde Computersysteme einzudringen. Doch es ist eine völlig andere Sache, viele Rechner aus der Ferne in seine Gewalt zu bringen und dadurch eine Art Computerarmee aufzubauen. Genau das tat Jeanson James Ancheta. Er erschuf ein Botnetz – also ein Netzwerk aus vielen weltweit verteilten Rechnern, die unter einheitliche Kontrolle ausschwärmen, um möglichst viele weitere Computer zu infizieren. Im Jahr 2005 hatte Jeanson James Ancheta mehr als 400.000 Computer unter sich. Er vermietete das Netzwerk an Werbefirmen, um deren Werbung zu streuen. Als er zu 57 Monaten Haft verurteilt wurde, war es der erste Fall, bei dem ein Hacker wegen Verwendung von Botnet-Technologie inhaftiert wurde.[66]

Iceman kassiert die längste Haftstrafe

Max Ray Butler, in der Szene besser als „Iceman" bekannt, erhielt 2007 mit 13 Jahren Gefängnis die längste Haftstrafe für ein Cyberverbrechen, die bis dahin jemals verhängt und absolviert wurde. Er hatte nicht nur selbst rund zwei Millionen Kreditkartendaten entwendet, sondern darüber hinausgehend einen florierenden Online-Marktplatz für gestohlene Kreditkarten eröffnet. Auf dem „Cardders Market" kauften und verkauften Kriminelle Millionen von Datensätzen, die illegal erbeutet worden waren. Vor seiner „Karriere" als Hacker und Gefängnisinsasse arbeitete Max Ray Butler übrigens als Berater für Computersicherheit. Augenscheinlich war ihm dabei klar geworden, wie unsicher die Computernetze sind, so dass sich auf der dunklen Hackerseite vermeintlich besser leben lässt.[67]

Mafiaboy weckt die Staaten auf

Dem Junghacker Michael Calce gebührt die zweifelhafte Ehre, der Gesetzgebung zur Cyberkriminalität in zahlreichen Ländern auf die Sprünge geholfen zu haben. Im Jahr 2000 fand der damals 15-jährige Jugendliche, der auch als „Mafiaboy" bekannt ist, einen Weg, die Netzwerke zahlreicher Universitätscomputer für einen konzertierten Angriff auf dieser Zeit weltweit führende Suchmaschine Yahoo zu starten. Der Trick war im Grunde recht einfach: Mafiaboy veranlasste die universitären Rechner dazu, in schneller Abfolge derart viele Zugriffe auf Yahoo vorzunehmen, dass die Server der Suchmaschine bei der Bearbeitung dieser Flut von Anfragen schlichtweg in die Knie gingen. Die Websites stürzten ab, sprich, sie waren im Netz nicht mehr verfügbar. Einen DoS-Angriff für „Denial of Service" heißt eine solche Attacke in der Fachsprache, bei dem ein Computer oder eine Website durch gezielte Überlastung unbrauchbar gemacht wird. Mafiaboy beließ es nicht bei Yahoo, sondern setzte seine universitäre Computerarmee auch gegen Amazon, CNN und eBay ein.

Die Aktion von Michael Calce fungierte wie ein Weckruf für Unternehmen und Staaten. Wenn selbst die damals bedeutendste Webseite der Welt – mit einem Wert von über einer Milliarde Dollar – so einfach außer Gefecht gesetzt werden konnte, wie sicher waren dann eigentlich Online-Dienste überhaupt? Die Bekämpfung der Cyberkriminalität stieg auf der Agenda von Firmen- und Regierungschefs weit nach oben.

Polit-Hacker Guccifer

Marcel Lehel Lazar, in der Szene besser bekannt als Guccifer, hat gezeigt, wie Hacking die politische Landschaft nachhaltig beeinflussen kann. Als erster hat er bewiesen, dass Hillary Clinton während ihrer Zeit als Außenministerin der USA einen Server für ihre privaten E-Mails nutzte.[68] Die E-Mail-Affäre belastete Clinton schwer im US-Präsidentschaftswahlkampf mit Donald Trump, aus dem Trump bekanntlich siegreich hervorging. Da der Fall besonders anschaulich beleuchtet, was Politik-Hacking bedeutet, wird er im folgenden ausführlicher dargestellt. Was war passiert?

Am 11. September 2012 wurde ein Attentat auf das US-Konsulat im libyschen Bengasi verübt, bei dem unter anderem der amerikanische Botschafter Christopher Stevens ums Leben kam. Als Motiv für den Anschlag wurde die Verärgerung über den Film „Innocence of Muslims („Die Unschuld der Muslime") vermutet. Die Frage, ob es sich damals um einen geplanten Terrorangriff oder einen spontanen Wutausbruch handelte, wurde zum heftig umstrittenen Gegenstand in der US-amerikanischen Tagespolitik.

Im Jahr 2014 ordnete das US-Repräsentantenhaus eine Untersuchung. Durch den Bengasi-Untersuchungsausschuss wurde ein privates E-Mail-Konto der US-Außenministerin Hillary Clinton entdeckt. Daraufhin übergab Clinton im Dezember 2014 rund 30.000 E-Mails aus diesem Privatkonto an das Außenministerium. Eine FBI-Untersuchung von Clintons Server ergab über 100 E-Mails mit Verschlusssachen (also nicht öffentlichen Inhalten), darunter 65 E-Mails, die als „geheim" und 22 als „streng geheim" eingestuft wurden. Weitere 2.093 nicht als klassifiziert gekennzeichnete E-Mails wurden vom Außenministerium rückwirkend als klassifiziert markiert. Indes löschte Hillary Clinton gleichzeitig etwa 32.000 E-Mails, die sie selbst als „persönlich" einstufte. Offenbar beanspruchte auch die US-Außenministerin ein Recht auf Privatsphäre. Ein Recht, das der Auslandsgeheimdienst NSA wenig achtete, wie an anderer Stelle in diesem Buch nachgewiesen wird. Ebenso offensichtlich war sich Hillary Clinton der Tücken in der digitalen Welt durchaus bewusst. Später löschte sie nämlich den gesamten Server, um die Wiederherstellung der Nachrichten zu verhindern. Bis heute ist nicht in vollem Umfang bekannt, was die Außenministerin tatsächlich vor der Welt geheim halten wollte. Aber was immer es war, es ist ihr gelungen – im Unterschied zu Millionen von Menschen, deren Recht auf Privatsphäre von den Geheimdiensten immer und immer wieder mit Füßen getreten wird.

Die konservative Juristengruppe Judical Watch reichte Klage wegen Vertuschung ein, um die Veröffentlichung der E-Mails zu erreichen. Im Präsidentschaftswahlkampf 2016 erklärte der damalige Kandidat Donald Trump, einen Sonderermittler für Clintons E-Mail-Affäre einsetzen zu wollen, nahm als Präsident jedoch zunächst davon Abstand und schaltete erst wieder eine schärfere Gangart ein, als mit Robert Mueller ein Sonderermittler gegen ihn – Trump – antrat, um der Frage nach seinen Verbindungen zu Russland während des Wahlkampfs nachzugehen. Es scheint unbestreitbar, dass Trumps Wahlkampfteam mit (nahezu?) allen Mitteln versuchte, an die privaten E-Mails Clintons heranzukommen.[69] Im Juni 2017 übergab das FBI nochmals rund 7.000 zusätzliche Dokumente von einem Laptop, den die Clinton-Assistentin Huma Abedin gemeinsam mit ihrem Ehemann Anthony Weiner benutzt hatte. Den Rechner hatte das FBI bei einer spektakulären Hausdurchsuchung in einem Anwesen von Abedins Familie in der Kleinstadt Dearborn sichergestellt. Zuvor hatte sich das Gerücht verbreitet, Anthony Weiner habe Kontakt mit der Trump-Regierung aufgenommen, um über Hillary Clinton auszupacken.[70]

Völlig losgelöst vom Inhalt der E-Mails und davon, wie relevant diese für den Bengasi-Anschlag waren, steht die gesamte Affäre beispielhaft für den Kampf um die Privatsphäre bis in die höchste Politik und wie ein Hacker, der auf geheim gehaltene Daten stößt, den Stein ins Rollen bringen konnte. Daran ändert auch der möglicherweise wohlbegründete Verdacht nichts, dass die damalige US-Außenministerin keineswegs nur privaten E-Mailverkehr über ihren privaten Account geleitet hat.

Polit-Hacker Guccifer soll übrigens nicht nur als erster Hillary Clintons Server mit privaten E-Mails entdeckt haben, sondern auch als erster Malereien des früheren US-Präsidenten George Bush an die Öffentlichkeit gebracht haben. Zudem wird ihm nachgesagt, in die E-Mail- und Facebook-Accounts des ehemaligen Vier-Sterne-Generals, Nationalen Sicherheitsberaters und Stabschef Colin Powell eingedrungen zu sein.

Hacker ohne Internet

Der russischer Hacker Vladimir Levin stahl 1995 im Alter von 30 Jahren beinahe 10 Millionen Dollar von Computern der Citybank, in dem er sie auf diverse Konten rund um den Globus überwies. Das Einzigartige an Levins Hack: Er benutzte dazu nicht das Internet. Stattdessen schlich er sich in das Telefonsystem der Bank ein und belauschte die Kunden, wenn sie ihre Kontodaten nannten, um das vermeintlich sichere Telefonbanking zu nutzen. Besonders pikant: Die Citybank war erst ein Jahr zuvor einem anderen Cyberangriff zum Opfer gefallen und hatte seitdem das Sicherheitsniveau deutlich erhöht – offenbar nicht hoch genug.[71]

Der syrische Präsident Bashar al-Assad

Soweit bekannt hat sich der syrische Präsident Bashar al-Assad niemals selbst als Hacker betätigt, aber die von ihm befehligte „Syrische Elektronische Armee" (SEA) gilt seit 2011 als eine der aktivsten politischen Hackergruppen der Welt. Ihre Aufgabe besteht nicht darin, Gelder zu erbeuten oder Militärgeheimnisse auszuspionieren, sondern Propaganda für ihren Präsident zu verbreiten und syrische Oppositionelle im Ausland anzugreifen. Hierzu ist die SEA unter anderem bei Twitter, Facebook, Linkedin, der New York Times und der Huffington Post eingedrungen.[72] Der syrische Präsident Bashar al-Assad und der nordkoreanische Diktator Kim Jong-un könnten sich wohl um den Titel „King of Hacking" streiten.

Astra, der Unbekannte

Die Identität des als „Astra" – ein sanskritisches Wort für „Waffe" – bekannten Hackers wurde nie öffentlich preisgegeben. Es soll sich um einen 58-jährigen griechischen Mathematiker, der 2008 von den Strafverfolgungsbehörden festgenommen wurde, handeln. Bemerkenswert war, dass es ihm anscheinend über ein halbes Jahrzehnt lang gelungen war, in die Computer des Industriekonglomerats Dassault Group zu gelangen und die neueste Software und Daten zu Waffentechnologien zu ergattern, die er an 250 Personen weltweit verkauft haben soll.[73] Fünf lange Jahre war die Tätigkeit von „Astra" bei der Industriegruppe nicht aufgefallen – ein Phänomen, dass es auch heute noch gibt: Die Hacker dringen ein und tummeln sich „ewig", ohne dass die angegriffene Firma die Cyberattacke überhaupt bemerkt. Der große Cyberangriff auf ein breites Spektrum von US-Behörden 2020 lief zwar nicht über Jahre, soweit bekannt, aber immerhin auch monatelang, ohne aufzufallen.[74]

Anonymous für soziale Gerechtigkeit

Die Hackergruppe Anonymous fand seit 2008 große Aufmerksamkeit, weil sie sich den Anstrich gab, für soziale Gerechtigkeit zu kämpfen. Sie ordnete sich selbst als „gute Hacker" ein. Ihre Anfänge gehen auf ein namenloses Forum des Message-Boards „4chan" im Jahr 2003 zurück und die Mitglieder von Anonymous sind weit verstreut und nur sehr lose miteinander verbunden. Daher ist auch von einem Hackerkollektiv die Rede, deren Anhänger oder Mitglieder häufig als „Anons" bezeichnet werden. Das Kollektiv trat erstmals 2008 in Erscheinung, als es die Scientology-Sekte bekämpfte, indem es deren Webseiten deaktivierte und damit Google-Suchergebnisse beeinträchtigte und die Faxgeräte der Kirche mit vollständig schwarzen Bildern überlastete. In diesem Zusammenhang liefen Gruppen von „Anons" vor verschiedenen Scientology-Zentren auf der ganzen Welt auf und trugen dabei Guy-Fawkes-Masken. Die Maske ist eine stilisierte Darstellung von Guy Fawkes, dem bekanntesten Mitglied des Gunpowder Plot, einem Versuch, das House of Lords in London am 5. November 1605 in die Luft zu jagen. Die Vorlage zur Guy Fawkes-Maske, eine Ikone der Popkultur, stammt von dem britischen Comiczeichner David Lloyd. In der Graphic Novel „V wie Vendetta" von Alan Moore erschien diese Maske 1982 erstmals als Symbol für die Idee der Revolution.[75] Das FBI und andere Strafverfolgungsbehörden konnten zwar einige der Protestler ermitteln, jedoch machten es die Masken und die fehlende Hierarchie bis heute unmöglich, Anonymous vollständig zu beseitigen.[76]

Milliardenmarkt Cybercrime

Der IT-Branchenverband Bitkom hat ermittelt, dass 2019 rund drei Viertel der deutschen Unternehmen von Angriffen durch Computerkriminalität betroffen waren. Das hängt auch damit zusammen, dass weite Teile des Mittelstands nach wie vor technisch unzureichend geschützt sind und den Datendieben, Digitalerpressern und sonstigen Cyberkriminellen wenig Widerstand entgegensetzen. Der Verfassungsschutz zählt alle drei Minuten einen Angriff auf eine Firma in Deutschland, auf 55 Milliarden Euro wird der jährliche Schaden für die deutsche Wirtschaft veranschlagt.[77] Weltweit hat die „Branche Cyberkriminalität" Schätzungen zufolge 2019 einen „Umsatz" von über sechs Billionen Dollar erbeutet. Das war mehr als der Um-

satz von Apple, Amazon, Facebook, Microsoft und Tesla zusammen.

Hilfreiche Hacker

Gibt es auch gute Hacker? Ja, die sogenannten White-Hat-
Hacker. Sie machen sich ebenso wie ihre Pendants von der
dunklen Seite auf die Suche nach Sicherheitslücken in den
weltweiten Computernetzen. Doch statt die Lücken auszunutzen, um sich zu bereichern oder anderen zu schaden, machen
sie die betroffenen Unternehmen und Behörden auf die
Schwachstellen aufmerksam. Sie helfen somit, die Cyberwelt
ein Stück sicherer zu machen. Viele Unternehmen und Behörden beschäftigen White-Hat-Hacker, um eigene IT-Systeme zu
testen. Zahlreiche White-Hats dienen als „Miet-Hacker", deren
Dienste die Firmen ähnlich wie bei Zeitarbeit mieten können.
Das ist übrigens auch der Grund, warum mittelständische Firmen viel häufiger von Hackerangriffe betroffen sind als Konzerne: Die verbrecherischen Hacker – die Black-Hats, wissen,
dass die Konzerne aufgrund der White-Hack-Tests im Durchschnitt besser gegen Angriffe geschützt sind als der Mittelstand. Es gibt White-Hats, die sich als „Hackerjäger" bezeichnen. Der Unternehmer Avi Kravitz mit seiner „Anti-Hacker-
Firma" CyberTrap [78] und der Schweizer Jonas Walker, der
Nordkorea nachspioniert[79], sind typische Vertreter dieser Szene.

Die Begriffe „White Hat" und Black Hat" sollen sich übrigens
aus alten Western ableiten. In den Filmen trugen die guten
Helden überwiegend weiße Hüte, während die Schurken an der
schwarzen Kopfbedeckung zu erkennen waren.[80]

Zwischen den schwarzen und den weißen Hackern tummeln sich die Grey-Hats. Sie dringen unbefugt und ohne Absprache mit den betroffenen Unternehmen oder Behörden in Firmennetze oder staatliche Computersysteme ein, um sich und der Welt zu beweisen, wie unsicher die Cyberwelt ist.[81] Das mag zwar unmoralisch sein, aber damit sind sie allemal ehrlicher als die staatlichen Behörden und Unternehmen, die uns glauben machen wollen, sie würden unsere Daten so sicher aufbewahren, dass sie keinesfalls in fremde Hände geraten könnten.

White, Black oder Grey Hat – diese Frage stellte sich 2021 bei der Hackergruppe Zerforschung. Sie hatte in der populären Audiochat-App Clubhouse massive Sicherheitslücken entdeckt. Doch statt diese selbst auszunutzen, setzen sie dem Anbieter der App eine Frist: Sollten bis zu einem von Zerforschung festgelegten Termin die Sicherheitsprobleme nicht behoben sein, dann – so drohten die Hacker – würden sie die Lücken en detail veröffentlichen, so dass sie von anderen Hackern ausgenutzt werden könnten.[82] Es war eine der ungewöhnlichsten Erpressungen in der Hackergeschichte, eine Erpressung, die dazu diente, eine populäre Software sicherer zu machen. Der Vorfall stand zudem exemplarisch für die Erkenntnis, dass es bei den Hackern nicht immer so einfach ist, die Guten und die Bösen zu unterscheiden.

Die spektakulärsten Fälle

Seit den Tagen von „Captain Crunch" fanden Cyberkriminelle immer neue Wege finden, im Internet Geld zu „verdienen". Alles ist gefährdet: Computer, Smartphones, Autos, Maschinen, Haussteuerungen, Videokameras und alle Geräte aus dem Internet der Dinge sind Angriffsziele. Die Methoden der Cyberkriminalität werden immer raffinierter, die Diebeszüge immer größer, die möglichen Folgen immer gravierender.

Diejenigen Institutionen, Behörden und Unternehmen, die uns glauben machen wollen, dass unsere persönlichen Daten bei Ihnen bestens aufgehoben sind, werden selbst ständig von Hackern angegriffen. Ihre, oder besser ausgedrückt, unsere Daten werden gestohlen, manipuliert, kompromittiert, ihre Systeme werden lahmgelegt, sie fallen regelmäßig auf digitale Erpressungen herein. Allein die Tatsache, dass sich die, wie man annehmen sollte, sicherste Behörde der Welt, die National Security Agency der USA, vom Mitarbeiter einer externen Beratungsfirma – Booz Allen Hamilton – Millionen von geheimen Dokumenten hat stehlen lassen (Stichwort: Snowden-Affäre), sagt im Grunde alles aus über den Schutz unserer Daten bei den staatlichen Behörden. Booz Allen Hamilton ist keine Hackergruppe, sondern zählt mit mehr als 24.000 Mitarbeitern zu den führenden Technologieberatungen der US-Regierung. Wer solche Freunde hat, braucht keine Feinde mehr.

Kommen die Feinde dennoch ins Spiel, wird es noch dramatischer. Anfang 2018 gelang es chinesischen Hackern, 614 Gigabyte an streng geheimen Informationen über das Rüstungsprojekt „Sea Dragon" der US-Navy zu erbeuten. Die Angreifer drangen in das kaum gesicherte Netzwerk einer Firma ein, die für das *Naval Undersea Warfare Center* arbeitete.[83] Dabei handelt es sich um eine militärische Organisation, die Forschung und Entwicklung für U-Boote und Unterwasserwaffen betreibt. Dem Vernehmen nach konnten die Hacker die streng geheimen Pläne der neuen Überschall-Antischiffsrakete „Sea Dragon" erbeuten, die 2020 in Dienst gehen soll. Die Marine bescheinigt dem „Seedrachen" eine „durchschlagende Offensivfähigkeit". Militärexperten stufen sie als Vorreiter einer neuen Generation hochvernetzter „intelligenter" Waffensystem ein, die von einem „dummen Träger" wie etwa auch einem Containerschiff aus gestartet werden könnten.

Dies ist möglich, weil die neue Rakete nicht vom startenden Schiff aus befehligt wird, sondern in ein komplexes Leitsystem integriert ist. Weiterhin gelangten „Signale und Sensordaten, U-Boot-Informationen zu Verschlüsselungssystemen und zu elektronischen Kriegsführung" in die Hände der Cyberkriminellen. Wenn die US-Militärs ihre eigenen Projekte derart „gut" schützen können, wie sehr liegt ihnen dann wohl der Schutz der personenbezogenen Daten ihrer Bevölkerung am Herzen?

Cyberangriffe, die bekannt werden, sind lediglich die Spitze eines Eisbergs: Die meisten Attacken inklusive Datenklau werden von den Unternehmen gar nicht gemeldet, erst recht nicht von staatlichen Einrichtungen oder gar dem Militär. Dementsprechend hoch ist auch die Dunkelziffer. Im Jahr 2015, also schon vor einiger Zeit, wurden rund 59 Millionen (!) Cyberattacken weltweit aufgedeckt. Im Jahr 2009 waren es noch lediglich 3,4 Millionen Angriffe gewesen. Man kann davon ausgehen, dass die Anzahl dieser Vergehen seitdem massiv zugenommen hat. Schreibt man lediglich die Entwicklung der vergangenen Jahre fort, kommt man auf über eine Milliarde Cyberangriffe im Jahr 2020. Untersucht man die Art und Weise der Angriffe, so lassen sich die häufigsten Ursachen für Datenschutzverletzungen herausfinden. Es sind (in dieser Reihenfolge) Datenklau, Phishing, Manipulationen und Social Engineering sowie die unsachgemäße Verwendung von Daten. Unter dem Begriff Phishing (Neologismus von fishing, engl. für ‚Angeln') versteht man Versuche, über gefälschte Webseiten, E-Mails oder Kurznachrichten an persönliche Daten eines Internetbenutzers zu gelangen und damit Identitätsdiebstahl zu begehen. Ziel des Betrugs ist es, mit den erhaltenen Daten beispielsweise Kontoplünderung zu begehen und den entsprechenden Personen zu schaden. Es handelt sich dabei um eine Form des Social Engineering, bei dem die Gutgläubigkeit des Opfers ausgenutzt wird.

Drei Milliarden Konten geknackt

Drei Milliarden (!) Nutzer-Accounts wurden im Jahr 2013 beim Online-Dienst Yahoo geknackt. Unter den gestohlenen Daten seien keine Passwörter im Klartext sowie keine Kreditkarten- oder Kontoinformationen, wiegelte das Unternehmen ab. Dennoch verschafften sich die Angreifer Zugriff auf Namen, E-Mail-Adressen, Telefonnummern sowie unkenntlich gemachte Passwörter. Ein Problem ist, dass wohl auch Antworten auf Fragen bei vergessenen Passwörtern betroffen waren, die auch auf anderen Websites vorkommen könnten.

Der Yahoo-Hack gilt bis heute als der weltweit größte bekannte Datendiebstahl der Geschichte. Bei ähnlichen Vorfällen waren „nur" 100 Millionen Datensätze (jeweils bei LinkedIn und im russischen Netzwerk Vk.com), 83 Millionen (J.P. Morgan), 80 Millionen (US-Krankenversicherung Anthem), 68,7 Millionen (Dropbox), 56 Millionen (US-Baumarktkette Home Deport), 45,6 Millionen (US-Einzelhandelskette TJX), 40 Millionen (Supermarktkette Target), 21,5 Millionen (US-Personalverwaltung), 15 Millionen (Sony Pictures) und 15 Millionen Datensätze (T-Mobile) erbeutet worden. Es kommt indes nicht nur auf die Anzahl der Betroffenen an, sondern auch darauf, welche Informationen die Datendiebe erbeuten. So gelang es Cyberkriminellen im Jahr 2017 beim Angriff auf die Wirtschaftsauskunftsdatei Equifax, die Sozialversicherungsnummern von 145,5 Millionen Amerikanern zu stehlen. Mit der Sozialversicherungsnummer kann man sich in den Vereinigten Staaten beispielsweise bei Vertragsabschlüssen identifizieren.

Die Diebe bei Yahoo kamen nicht etwa über Nacht, sondern entwendeten die personenbezogenen Daten über Monate oder gar Jahre hinweg, ohne dass es dem Unternehmen aufgefallen wäre. Yahoo wurden offenbar bereits im Jahr 2014 mindestens 500 Millionen Kundendaten gestohlen und erst als man diesem Vorfall nachging, wurde klar, dass noch 2,5 Milliarden weitere Datensätze einem Diebstahl zum Opfer gefallen waren. Über Jahre hinweg hatten also die Betroffenen nicht einmal Kenntnis davon, dass ihre Konten geknackt waren. Man könnte eigentlich annehmen, dass die Digitalkonzerne ihre Firmennetzwerke permanent und lückenlos auf ungewöhnlichen Datenverkehr und mögliche Angriffsszenarien überprüfen. Nur so können sie im Fall der Fälle Angriffe noch stoppen oder – falls es dazu zu spät ist – die betroffenen Nutzer wenigstens informieren, sodass diese beispielsweise rasch ihre Passwörter ändern können.

Im August 2018 wurde der Fall eines 16-jährigen Teenagers in Australien bekannt, der sich offenbar über einen längeren Zeitraum hinweg Zugang zu zentralen Apple-Servern verschafft hatte. Er hatte dem Vernehmen nach im Laufe eines Jahres 90 Gigabyte an Daten heruntergeladen, darunter „secure files", also vermeintliche sichere Dateien und auf Benutzerkonten von

Apple-Kunden zugegriffen. Der Fall war durch die australische Polizei an die Öffentlichkeit gelangt, Apple bestätigte ihn später.

Der Super-GAU

Wie tief die Unsicherheit sitzt, zeigten die als „Spectre", „Meltdown" und „Foreshadow" bekannt gewordenen Sicherheitsprobleme.[84] In allen drei Fällen handelte es sich um gravierende Sicherheitslücken in den Mikroprozessoren (CPU) aller gängigen Chiphersteller wie Intel, AMD, ARM, Apple, IBM und Motorola, über die Angreifer die Kontrolle über die zentralen Chips eines Computers übernehmen können. Man kann getrost vom GAU, dem „größten anzunehmenden Unfall" sprechen.

Am 1. Juni 2017 informierten jene Forscher, die diesen GAU entdeckten, die Hersteller. Am 3. Januar 2018 wurde die Sache öffentlich. Das Fatale daran war, dass es sich um grundlegende Fehler bei der Chipentwicklung handelte, die mindestens bis in das Jahr 1991 zurückreichten und mit jeder neuen Prozessorgeneration einfach übernommen worden waren.

Im Mai und Juli 2018 wurden weitere ähnliche CPU-Lücken aufgedeckt. Das heißt mit anderen Worten: Mit großer Wahrscheinlichkeit war jeder betroffen, der einen Computer, ein Smartphone oder ein Tablet benutzte. Erst seit 2019 hat Intel sogenannte Cascade-Lake-Prozessoren verfügbar gemacht, die den Spectre, Meltdown und Foreshadow zugrunde liegenden Entwicklungsfehler nicht mehr aufweisen. Für alle älteren Computermodelle empfahl das Computer Emergency Response Team (CERT) der Carnegie Mellon University – das bei Computerzwischenfällen regelmäßig mit dem US-Verteidigungsministerium und der Heimatschutzbehörde zusammenarbeitet – den Austausch der Prozessoren. Man könnte es auch anders ausdrücken: Wer einen Computer, ein Smartphone oder ein Tablet verwendete, das vor 2019 hergestellt wurde, war gut beraten, das Gerät wegzuwerfen, weil es grundlegend unsicher war.

Es ist davon auszugehen, dass die bekannt gewordenen Sicherheitslücken und Datendiebstähle nur die Spitze des Eisbergs darstellten.

50 und 533 Millionen Facebook-Konten betroffen

Im September 2018 musste Facebook ein Sicherheitsproblem mit 50 Millionen Konten eingestehen. Hacker hatten offenbar die sogenannten „Access Tokens" der Nutzer in die Finger bekommen, die dafür sorgen, dass man sich beim wiederkehrenden Besuch nicht erneut anmelden muss. Anders ausgedrückt: Wenn die Hacker diese Token haben, haben sie damit zumindest potenziell die Möglichkeit, auf die jeweiligen Konten zuzugreifen. Offenbar hatten die Angreifer die Funktion „Anzeigen aus Sicht von" missbraucht, die daraufhin zumindest zeitweise außer Kraft gesetzt wurde.

2021 wiederholte sich die Geschichte, dieses Mal allerdings mit 533 Millionen Facebook-Nutzerdaten, inklusive Telefonnummern. Die Hacker hatten die persönlichen Daten vor 2019 erbeutet, also zwei Jahre, bevor der Raubzug ans Licht der Öffentlichkeit gelangte. Besonders dreist: Die Datendiebe boten ihre Beute frei im Internet an, für 20 Dollar pro Person. Wer 10.000 Datensätze auf einmal abnahm, erhielt 5.000 Dollar Rabatt. Angeboten wurden die Daten über ein Botnetz im sozialen Netzwerk Telegram, in dem sich traditionell zahlreiche kriminelle Elemente tummeln.[85]

Das besonders Fatale am Datenklau in sozialen Netzwerken ist nicht nur, dass die Diebe die Identität des Nutzers im jeweiligen Netzwerk übernehmen können – obgleich das schon unangenehm genug sein kann –, sondern darüber hinaus, dass viele Menschen ein- und dieselben Zugangsdaten für mehrere digitale Services verwenden. Also beispielsweise kommt die gleiche Kombination aus Nutzername und Passwort zum Einsatz, um sich bei Facebook, Amazon und dem Börsenportal eToro anzumelden. Wer die Zugangsdaten bei Facebook kennt, kann also anschließend im Namen und auf Kosten des Betrogenen auch online shoppen gehen oder das Aktiendepot manipulieren.

WannaCry – Warnung für die Digitalgesellschaft

Am 12. Mai 2017 nahm die bislang größte Warnung an die digitale Gesellschaft ihren Lauf.[86] An diesem schwarzen Freitag der Digitalwelt startete unter dem Namen WannaCry ein globaler Cyberangriff, bei dem über 230.000 Computer in 150 Ländern infiziert wurden. In allen Fällen verschlüsselten die Angreifer ausgewählte Dateien auf dem Rechner und verlangten vom Benutzer, binnen einer festgelegten Frist einen bestimmten Betrag in der Kryptowährung Bitcoin zu zahlen; andernfalls drohte Datenverlust. Darüber hinaus versuchte WannaCry sofort, nachdem es sich selbst installiert hatte, so viele weitere Rechner wie möglich zu infizieren. Der Angriff wurde von der europäischen Strafverfolgungsbehörde Europol hinsichtlich seines Ausmaßes als noch nie da gewesenes Ereignis beschrieben.

So groß die weltweiten Auswirkungen waren, so klein war der Fehler, den die Angreifer gnadenlos ausnutzten und das war wiederum so bezeichnend für das staatliche Sicherheitsverständnis. Die Story hört sich ganz nach „James Bond in der Cyberwelt" an.

Die Basissoftware von Windows – das „Net Basic Input/Output System", NetBIOS – wies eine Sicherheitslücke auf, den die US-amerikanische National Security Agency NSA entdeckte.

Statt jedoch den Windows-Hersteller Microsoft sofort zu informieren, damit dieser die Lücke so rasch wie möglich beheben kann, um alle Windows-Nutzer vor Schaden zu bewahren, nutzte die NSA diese Lücke über mehr als fünf Jahre hinweg für ihre eigenen Spionageaktivitäten aus. Hierzu ließ die NSA – vermutlich von der ihr nahestehenden Equation Group – ein eigenes Angriffsprogramm mit dem Namen EthernalBlue entwickeln. Wie und in welchem Umfang die NSA die Software für Spionagezwecke einsetzte, ist bis heute unbekannt. Bekannt ist jedenfalls, dass dem Auslandsgeheimdienst der USA irgendwann klar wurde, dass man ihn bestohlen hatte: EthernalBlue war in die falschen Hände geraten.

Erst zu diesem Zeitpunkt informierte die NSA den Hersteller Microsoft über das Problem. Das Unternehmen stellte daraufhin am 14. März 2017 einen Sicherheits-Patch zur Fehlerbehebung öffentlich zur Verfügung, damals allerdings nur für die noch von Microsoft unterstützten Betriebssysteme Windows Vista, Windows 7, Windows 8.1 und Windows 10 sowie für Windows Server 2008 und jüngere Versionen.

Einen Monat nach den Updates durch Microsoft wurde EternalBlue von der Hacker-Gruppierung The Shadow Brokers öffentlich gemacht. Damit waren alle Windows-Rechner angreifbar, bei denen der Sicherheits-Patch noch nicht aufgespielt war, oder die mit einer älteren Windows-Version ausgestattet waren und bei denen die Sicherheitslücke daher gar nicht geschlossen werden konnte. Darunter fielen nicht nur Millionen von Privatpersonen und abertausende kleinerer und mittelständischer Firmen, sondern auch zahlreiche Großunternehmen.

So traf der Cyberangriff beispielsweise den spanischen Telekommunikationskonzern Telefónica, das US-amerikanische Logistikunternehmen FedEx, den französischen Automobilkonzern Renault, den japanischen Automobilhersteller Nissan in Großbritannien, den chinesischen Ölkonzern PetroChina, das russische Telekommunikationsunternehmen MegaFon und die Deutsche Bahn mit der Logistiktochtergesellschaft Schenker. Bei der Deutschen Bahn wurden rund 450 Rechner infiziert und führten unter anderem zum Ausfall von Anzeigetafeln an zahlreichen Bahnhöfen. In Russland waren mehr als 1.000 Computer im Innenministerium und das Katastrophenschutzministerium betroffen, in Rumänien das Außenministerium, in Großbritannien der National Health Service (NHS) mit mehreren Krankenhäusern. Es waren wohl schon in der ersten Angriffswelle Ziele in mindestens 99 Ländern betroffen.

In Deutschland stufte das Bundesinnenministerium den Fall als besonders schwerwiegend ein. Regierungsnetze sollen nicht betroffen gewesen sein. Der Präsident des Bundesamtes für Sicherheit in der Informationstechnik, Arne Schönbohm, ließ per Pressemitteilung erklären: „Die aktuellen Angriffe zeigen, wie verwundbar unsere digitalisierte Gesellschaft ist. Sie sind ein erneuter Weckruf für Unternehmen, IT-Sicherheit endlich ernst zu nehmen und nachhaltige Schutzmaßnahmen zu ergreifen. Die aktuelle Schwachstelle ist seit Monaten bekannt, entsprechende Sicherheitsupdates stehen zur Verfügung. Wir raten dringend dazu, diese einzuspielen."

Die unrühmliche staatliche Rolle thematisierte Deutschlands oberster IT-Sicherheitschef nicht, er schob die Schuld auf die Unternehmen, die nicht binnen weniger Wochen die Lücke geschlossen haben. Jene Lücke, die von den Geheimdiensten mehr als fünf Jahre lang verschwiegen wurden.

Erinnerte bereits die Geschichte und die Ausbreitung von WannaCry an James Bond in der Digitalwelt, so mutete die Bekämpfung beinahe ebenso abenteuerlich an. Schon am 12. Mai 2017, also nur knapp zwei Monate nach dem Ausbruch, entdeckten Sicherheitsforscher bei ihren Analysen durch Zufall eine Art „Notausschalter", der eine weitere Infektion eindämmte. Die Forscher fanden im Code der Schadsoftware einen Hinweis auf eine zu dem Zeitpunkt nicht registrierte Domain (ein „www-Name") und richteten eben diese Domain ein. Auf dem darunter betriebenen Server verzeichneten die Forscher sofort tausende Verbindungsversuche und stellten fest: Sobald die Schadsoftware den Server findet, stoppt sie die weitere Verbreitung. Ob die Cyberkriminellen einen Fehler gemacht hatten oder sich selbst einen „Notschalter" in das Programm einbauen wollten, ist bis heute unbekannt. Tatsache ist, dass es dadurch gelang, die Ausbreitung deutlich einzudämmen.

Es war kein Einzelfall, dass die Geheimdienste ihnen bekannt gewordene Sicherheitslücken für sich behielten und ausnutzten, statt den Hersteller zu benachrichtigen, damit dieser für Abhilfe sorgen kann. Microsofts Präsident und Rechtsvorstand Brad Smith verwies auf wiederholtes Bekanntwerden von Angriffsprogrammen auf solche Softwareschwächen aus den Beständen der CIA und der NSA. Er verglich dies mit dem Abhandenkommen von Marschflugkörpern aus militärischen Einrichtungen und warf „den Regierungen der Welt" vor, nicht ausreichend vor Software-Schwachstellen zu warnen, welche ihre Geheimdienste entdecken. Der Microsoft-Präsident forderte: „Wir brauchen Regierungen, die sich des Schadens für Zivilpersonen bewusst sind, der aus dem Anhäufen und Ausnutzen solcher Software-Sicherheitsprobleme entsteht."[87]

Ein Vertreter der US-Regierung schrieb die Verantwortung für „WannaCry" im Dezember 2017 Nordkorea zu. Ende 2020 wurde dieser Verdacht erhärtet. Die Hackergruppe Lazarus, die 2009 erstmals aufgefallen war, als sie die südkoreanische Regierung zu erpressen versuchte, war Recherchen zufolge im Auftrag Nordkoreas für WannaCry verantwortlich.[88] Der Angriff wurde von einem der Sicherheitsberater des US-Präsidenten als „feige", „teuer" und „rücksichtslos" beschrieben. Das könnte sogar stimmen.

WannaCry hat für jeden sichtbar demonstriert, wie Spionage – in diesem Fall durch die NSA unter Ausnutzung einer Windows-Lücke – nach hinten losgehen kann, weil eben auch die Täter diese offenen Einfallstore für Cyber-Kriminalität nutzen. Man sollte WannaCry daher als einen Weckruf für gemeinsames Handeln von Staat und Wirtschaft verstehen. Es wäre grob fahrlässig zu warten, bis die nächste vermutlich noch größere Angriffswelle auf uns zukommt. Eine Abhilfe wäre eine Selbstverpflichtung der Staaten, Sicherheitslücken nicht zu verheimlichen und umgekehrt die Pflicht der Unternehmen, auftretende Sicherheitsvorfälle zu melden.

Jahre nach dem ersten Ausbruch von WannaCry war die Gefahr im Übrigen noch längst nicht gebannt. Eternal Blue wurde weiterhin genutzt, um Rechner zu attackieren. Angreifern ist es offenbar gelungen, das aggressive Angriffsprogramm so weiterzuentwickeln, dass unter bestimmten Umständen auch Windows 8 und Windows 10 angegriffen werden konnte. So wurde die neue Variante genutzt, um Kryptomining auf fremden Rechnern durchzuführen oder für Angriffe auf Unternehmensnetzwerke beispielsweise beim Flugzeughersteller Boeing.

Im August 2018 fiel der taiwanische Prozessorproduzent Taiwan Semiconductor Manufacturing Company (TSMC) WannaCry zum Opfer. Zeitweise musste die Fertigung eingestellt werden. Das Unternehmen ging dadurch von Umsatzeinbußen in Höhe von 150 Millionen Euro aus. In den Produktionsstätten von TSMC wurden auch Chips für Apples iPhone gefertigt und die Auslieferung der damals aktuellen iPhone-Produktion wurde durch den Angriff zeitlich verzögert.

Der Stuxnet-Angriff auf die Industrie

Während WannaCry eine verheerende Wirkung entfachtete, weil es so breit wirkte, war Stuxnet so bemerkenswert, weil es präzise wie ein Skalpell funktioniere. Der Computerwurm Stuxnet befiel ausschließlich Systeme zur Überwachung und Steuerung von Industrieanlagen des Herstellers Siemens, das sogenannte Scada-System (Scada steht für Supervisory Control and Data Acquisition) mit der Modellnummer Simatic S7. Scada-Systeme kommen weltweit zum Einsatz, beispielsweise in Industrieanlagen, Kraftwerken oder Pipelines. Doch Stuxnet griff nicht nur gezielt diese Steuerungs- und Kontrollsoftware an, sondern befiel innerhalb von Scada vor allem ein Ziel: die Frequenzumrichter, die unter anderem dazu dienen, die Drehgeschwindigkeit von Motoren zu steuern. Mit dieser Präzision galt Stuxnet als einzigartig: Es ging einzig und allein darum, Industrieanlagen zu sabotieren. Zieht man die konkreten Angriffsziele von Stuxnet in Betracht, ging es wohl genauer gesagt nur um eines: das Atomprogramm des Iran zu boykottieren.

Der mit Abstand größte Teil der durch Stuxnet sabotierten Computer stand nämlich 2010 im Iran, je nach Quelle zwischen 16.000 und 30.000 Rechner allein im Iran. Außerhalb des Irans wurden ebenfalls zahlreiche Industrieanlagen von Stuxnet befallen, jedoch weitgehend ohne Folgen. So sollen in China rund sechs Millionen Computer und beinahe Tausend Anlagensteuerungen betroffen gewesen sein.[89] Siemens erhielt Befallmeldungen von 15 Anlagen, davon fünf in Deutschland, die übrigen in Westeuropa, den USA und Asien. In keinem dieser Fälle kam es jedoch zu ernsthaften Störungen – bis auf den Iran.

Der Verdacht lag daher nahe, dass Stuxnet hauptsächlich auf den Weg geschickt wurde, um das Atomprogramm des Iran auszuhebeln und dort konkret die Leittechnik der Urananreicherungsanlage in Natanz und das Kernkraftwerk Buschehr zu zerstören. Laut geheimen Dokumenten, die über die Internetplattform WikiLeaks an die Öffentlichkeit gebracht wurden, gab es in Natanz in dieser Zeit einen nuklearen Störfall. Es lässt sich nur vermuten, dass dies auf Seiten der USA oder Israels der Ausgangspunkt für die Entscheidung war, das iranische Atomprogramm mittel Cyberwaffen auszuschalten. Die damals von Wikileaks veröffentlichten Geheimunterlagen sind übrigens zwischenzeitlich nicht mehr einsehbar. Im November 2010 gestand Irans Präsident Mahmud Ahmadinedschad ein, dass der Wurm Probleme mit den Uranzentrifugen verursacht hatte. Stuxnet hatte die Geschwindigkeit der Zentrifugen manipuliert, die sehr genau bei 1064 Umdrehungen pro Sekunde liegen muss. Durch die Veränderung der Drehgeschwindigkeit wurden die Zentrifugen irreparabel beschädigt. Zum Mitschreiben: Die Softwaremanipulation hatte die Hardware zerstört. Selbst, wenn es gelungen wäre, die IT-Infrastruktur vollständig vom Befall zu säubern und erneut zum Laufen zu bringen, waren die Zentrifugen unbrauchbar geworden. Dieses im Falle „Stuxnet gegen Iran" erstmals aufgetretene Angriffsszenario lässt sich auf zahlreiche andere Industriebereiche und sogar die Consumerwelt applizieren. So wäre es beispielsweise denkbar – ein derzeit hypothetischer Fall – dass Angreifer über die Motorsteuerungssoftware von Autos die Motoren beschädigen oder gar vollständig zerstören. Angesichts des Trends zum „Connected Car" ist dieses Szenario auf jeden Fall nicht von der Hand zu weisen.

Der gezielte Angriff lenkte 2010 den Verdacht auf die USA oder auf Israel, denn die atomare Aufrüstung des Irans war beiden Ländern schon länger ein Dorn im Auge. Recherchen zufolge soll der Cyberangriff mit Stuxnet noch zu Zeiten von US-Präsident George W. Bush begonnen worden sein. Sein Nachfolger Barack Obama hatte die Geheimaktion mit dem Codenamen „Operation Olympic Games" (Olympische Spiele) dem Vernehmen nach beschleunigt, und erst in seiner Amtszeit sollen amerikanische und israelische Computerexperten mit dem komplexen Wurm fertig geworden sein. Der Entwicklungsaufwand wurde auf mindestens sechs Monate geschätzt, wobei in dem halben Jahr fünf bis zehn Hauptentwickler sowie zusätzliches Fachpersonal für die Qualitätssicherung vonnöten war.[90]Barack Obama hat augenscheinlich bei dem Programm jeden Schritt persönlich autorisiert.[91] Es sollte ein leiser Cyberangriff auf den Iran werden, der niemals für das Licht der Öffentlichkeit bestimmt war. Doch es kam anders.

Im Jahr 2013 leitete das US-Justizministerium Ermittlungen gegen den ehemals zweithöchsten Offizier der USA und späteren Stuxnet-Projektleiter General James E. Cartwright ein. [92] Der Vorwurf lautete allerdings nicht, die Stuxnet-Attacke in Auftrag gegeben zu haben, sondern im Gegenteil Details dazu an die New York Times verraten zu haben, wodurch das Sabotageprogramm überhaupt erst entdeckt wurde. [93]

Indes war schon zuvor klar, dass der Angriffscode von Stuxnet derart ausgeklügelt war, dass er unmöglich von einem Einzelnen programmiert worden sein konnte. Die Vermutung, dass ein staatlicher Geheimdienst dahinter steckte, lag von Anfang an auf der Hand.

Stuxnet, von Experten als „Hack des Jahrhunderts" eingestuft, wurde als Beginn der Cyberkrieg-Ära angesehen. Erstmals in der Geschichte zielte ein Computerangriff nicht auf Schädigung, Manipulation oder Diebstahl von Daten ab, sondern auf die Übernahme der Kontrolle über zentrale strategische Schaltstellen eines Landes. In diesem Sinne war Stuxnet tatsächlich der Vorbote des Cyberwar, sozusagen die Öffnung der „Büchse der Pandora". Doch es kam noch schlimmer.

Die verheerendste Cyberattacke aller Zeiten

Unter dem Namen „Petya" ging seit 2016 eine Gruppe von Erpressungstrojanern auf Raubzug, die ohne Wissen des Opfers alle Dateien im Computer verschlüsseln. Der Begriff „Trojaner" bezeichnet in diesem Zusammenhang eine Schadsoftware, die gezielt in einen Computer eingeschleust wird, um von innen heraus anzugreifen. „Trojaner" ist metaphorisch vom „Trojanischen Pferd" der Mythologie abgeleitet. Der Legende nach konn-

te die unbezwingbare Stadt Troja nur durch einen Trick einge-
nommen werden: Die Angreifer präsentierten den Bewohnern
ein riesiges Holzpferd als Friedensangebot. Im Inneren des
Pferdes verbargen sich jedoch feindliche Soldaten, die auf diese
Weise Zugang zum Stadtinneren erlangten.[94]

Beim Erpressungstrojaner Petya wurde der Betroffene, dessen
Festplatte durch Verschlüsselung unbrauchbar gemacht worden
war, aufgefordert, Lösegeld für eine System- bzw. Datenwieder-
herstellung zu zahlen. Petya ist ein in slawischen Sprachen wie
dem Russischen weit verbreiteter Kosename, der mit „Kleiner
Peter" oder „Peterchen" übersetzt werden könnte.[95] Im Unterschied zu früheren Angriffen mit sogenannter Ransomware
(„Erpressungs-Software") verschlüsselte der „Kleine Peter"
nicht nur einzelne Dateien auf dem Zielrechner, sondern blockiert den Zugang zum gesamten Computer.[96] Im Laufe weniger
Monate kamen 2016/17 mehrere Varianten zum Einsatz. Die
„klassische" Petya-Version war am Totenkopf-Symbol auf dem
Bildschirm zu erkennen und einer glasklaren Anweisung an das
Opfer, wie das Geld zu zahlen sei.

*Die Festplatte Ihres Computers wurde mit einem militärischen
Algorithmus verschlüsselt. Es gibt keine Möglichkeit, Ihre Daten
wiederherzustellen ohne einen Spezialschüssel. Sie können diesen Schlüssel im Darknet kaufen wie im zweiten Schritt erklärt.*

*Um Ihren Schlüssel zu kaufen und Ihre Daten wiederherzu-
stellen, folgen Sie diesen drei einfachen Schritten:*

1. *Laden Sie den Tor-Browser unter https://www.torproject.
   org/ herunter. Falls Sie Hilfe benötigen, suchen Sie auf
   Google nach „access onion page".*

2. *Rufen Sie mit dem Tor-Browser eine der folgenden Seiten auf:*
   http://petya37h5tbhyvki.onion/N19fvE
   http://petya5koahtsf7sv.onion/N19fvE
3. *Geben Sie Ihren persönlichen Entschüsselungscode hier ein:*
   (Leerfeld)
   Falls Sie Ihren Schüssel bereits gekauft haben, geben Sie ihn hier ein:
   (Leerfeld)

Das klang bedrohlich und es ist unklar, wie viel Erpressungsgeld von Opfern überall auf der Welt gezahlt wurde. Indes fand die deutsche Firma Ingenieursozietät Dipl.- Ing. Rolf B. Drescher VDI & Partner schon wenige Monate nach dem erstmaligen Auftauchen von Petya einen Weg, die gehackten Festplatten auch ohne Lösegeldzahlung wieder zu entschlüsseln und machte dieses Verfahren öffentlich. Die Erpresser rächten sich, indem sie eine Schadsoftware namens „Golden Eye" massenhaft mit der Ingenieurssozität als vermeintlichem Absender streuten.[97]

Doch die ernsthafte Krise kam nicht mit „Peterchen", sondern kurz danach mit „Nicht Peterchen", also NotPetya. Der verneinende Variante war eher ein „Großer Peter" und richtete teilweise verheerenden Verwüstungen an. Der „Große Peter" hatte es nämlich gar nicht auf Geld abgesehen, sondern war schlichtweg programmiert und auf die Menschheit losgelassen worden, um für Randale zu sorgen. Die Schäden, die NotPetya auf den befallenen Computern anrichtete, waren irreparabel, die auf den Rechnern gespeicherten Daten unwiederbringlich verloren.[98] Fachleute sprechen von einem „Wiper", einem Programm, das einzig und allein dazu dient, Datenbestände auszulöschen.[99]

Einen ähnlichen Angriff hatte es bereits 2012 gegeben, damals auf den saudi-arabischen Ölkonzern Saudi Aramco und weitere für die Öl-, Gas- und sonstige Energieversorgung der Welt wichtigen Konzerne. Damals hatte eine Hackergruppe namens „The Cutting Sword of Justice" die Verantwortung für das Schadprogramm „Shamoon" übernommen und den Angriff mit „Verbrechen und Gräueltaten" begründet, die das „saudische Regime" in den Nachbarländern, insbesondere „Syrien, Bahrain, Jemen, Libanon, Ägypten" mit Hilfe „muslimischer Ölressourcen" begangen habe.[100] Die Attacke auf Saudi Aramco war zugleich ein Angriff auf die Weltwirtschaft mit ihrer Abhängigkeit von unterbrechungsfreien Öllieferungen. Beinahe zeitgleich wurde RasGas, ein Joint Venture zwischen Quatar Petroleum und ExxonMobil, der Gasförderer des Nachbarlandes Katar, Opfer eines Cyberangriffs.[101] Doch in allen Fällen waren einzelne Firmen mehr oder minder gezielt angegriffen worden. Das war beim „Großen Peter" genauso – aber mit einem zuvor unbekannten Multiplikatoreffekt.

Bei der Verbreitung von „Nicht Peterchen" waren die Urheber überaus geschickt vorgegangen. Sie infizierten zunächst mit einem Hack die ukrainische Firma MeDoc, deren Buchhaltungssoftware auf rund einer Million Rechner in der Ukraine lief. Mit einem automatischen Software-Update von MeDoc wurde das Schadprogramm am 27. Juni 2017 mit einem Schlag auf alle diese Computer verteilt und breitete sich danach rasant weltweit aus. Es stellte ein Novum dar, dass ein Computerschädling von einem anerkannten Hersteller einer gängigen Software mit einem regulären Update unfreiwillig mit ausgeliefert wurde. Der dadurch erzielte Multiplikatoreffekt war enorm. Zu den Geschädigten zählten beispielsweise der deutsche Chemiekonzern Baiersdorf, der russische Ölproduzent Rosneft, der amerikanische Pharmakonhern Merck Sharp & Dohme, der

Lebensmittelproduzent Modelez und die dänische Reederei Maersk.[102] Das renommierte Fachmagazin *Wired* nannte es die „verheerendste Cyberattacke aller Zeiten". Die Rederei A. P. Moller-Maersk bezifferte die Kosten der Cyberattacke für den eigenen Betrieb auf bis zu 300 Millionen Dollar. Der Logistikdienstleister TNT Express kam für auf die gleiche Summe. Insgesamt gingen die durch NotPetya verursachten Schäden Schätzungen zufolge in die Milliarden. Als Verursacher wurden Cyberkrimmelle im Auftrag des russischen Militärgeheimdienstes GRU (Glawnoje Raswedywatelnoje Uprawlenije) vermutet.

Es war der NotPetya-Angriff, der einen Weckruf für viele Unternehmen rund Globus darstellte, sich besser auf Attacken auf ihre IT-Systeme vorzubereiten. Vielen Firmenverantwortlichen wurde überdeutlich vor Augen geführt, dass ihre Unternehmen weder über eine ausreichende Vorbeugung verfügen, noch über hinreichende Vorbereitungen zur Wiederherstellung der angegriffenen IT-Infrastruktur. Wichtig ist beides: Zum einen wird mit einem möglichst starken und umfassenden Schutzwall versucht, Eindringliche vor der Tür zu halten. Zum anderen gilt es, darauf vorbereitet zu sein, dass dies nicht in jeden Fall gelingt und es darum geht, zerstörte Computersysteme und verloren gegangene Daten so schnell wie möglich wieder herstellen zu können.

NotPetya hat zudem vielen Unternehmen klar gemacht, dass sie auch dann zum Opfer eines Cyberkriegs werden können, wenn sie gar nicht das eigentliche Ziel sind. So lässt sich vermuten, dass der russische Angriff auf eine ukrainische Buchhaltungssoftware primär darauf abzielte, die Wirtschaft in der Ukraine lahm zu legen. Doch die vermutlichen ungewollten Auswirkungen trafen Unternehmen beinahe aller Branchen rund um den Globus. „Kollateralschäden" nennt man das im

Militärjargon – und es steht exemplarisch dafür, dass es längst über einzelne Hackerangriffe hinaus um einen Cyberwar geht.

Die Angriffe der Cyberkriminellen auf Firmen und staatliche Einrichtungen setzen sich fort. Die Zuwachsraten sind beeindruckend oder vielleicht sollte man besser „erschreckend" sagen. Jede Sekunde geschehen Tausende von Bedrohungen im Internet. In vielen dieser Fälle stehen unsere persönlichen Daten zur Disposition, die wir einem Unternehmen oder einer Behörde anvertraut haben. In der Bundesrepublik Deutschland lag die Anzahl der Opfer von Internetkriminalität im Jahr 2020 bei rund 17,7 Millionen.

Angriffsziel Smartphone – Hackernation Israel

China, Russland und Nordkorea gelten zu Recht als die gefährlichsten Hackernationen. Beim Abhören sind die USA ganz vorne, wie wir seit den Snowden-Enthüllungen wissen, – und Israel. Wobei für das Abhören und Mitlesen von Nachrichten in Messagingdiensten naturgemäß Smartphones eine Schlüsselrolle spielen. Anfang der 2020er Jahre gab es in Israel soweit bekannt mehr als 300 auf Cybersecurity spezialisierte Unternehmen. Bei mindestens 15 dieser „Firmen" stand fest, dass sie auf der dunklen Seite werkeln: Sie programmieren Angriffssoftware für Hacker und stellen sie Kriminellen und staatlichen Geheimdiensten auf der ganzen Welt zur Verfügung.

Yotam Gutman, Vermarktungschef des israelischen Sicherheitsunternehmens Sentinel One, sprach 2021 in einem Interview sehr offen über die führende Rolle Israels bei der Cyberspionage. Einige der Passagen werden im folgenden wiedergegeben:[103]

„In unserer Konfliktregion mussten wir schlicht solche Instrumente entwickeln, um mit den Geheimdiensten die Oberhand zu gewinnen. Hinzu kommt unser gutes Bildungssystem, mit guten Universitäten, die Talente für die Branche hervorbringen. Und dann ist da noch die israelische Armee. In den Cybereinheiten lernen Soldaten in etwa vier Jahren Dinge, für die Menschen in anderen Ländern zehn Jahre brauchen."

Über die wachsende Bedeutung von Smartphoneangriffen sagte Yotam Gutman 2021:

„Als Smartphones immer beliebter wurden, wurden Angriffe auf diese Geräte wirklich wertvoll. Vor etwa 15 Jahren, im Jahr 2007 kam das erste iPhone auf den Markt. Das erste richtige Smartphone. Und es gibt keinen Zweifel, dass ab diesem Moment alle Geheimdienste der Welt versuchten, in diese Smartphones einzudringen und ihre Inhalte auszulesen."

Wie dünn die Grenze zwischen Abwehr und Angriff in der Cyberwelt ist, veranschaulichte der israelische Sicherheitsexperte anhand seiner Tätigkeit bei einem sogenannten Cyber Intelligence-Unternehmen, also einer Firma, die die Cyberverteidigung unterstützte:

„Wir arbeiteten dort an Informationsgewinnung. Im Dark Web und anderen Bereichen. Wir haben zum Beispiel für Banken gearbeitet, die wissen wollten, wer sie angreifen will. Damals wurden wir immer wieder von staatlichen Behörden aus dem Ausland kontaktiert. Die fragten: Können wir Eure Dienste nutzen? Diese potentiellen Kunden sprachen nicht von Spionage. Sie nannten das Überwachung. Da ging es um eine bestimmte Bevölkerungsgruppe. Man wolle wissen, ob die Terroranschläge plane und so weiter. Da dachte ich: Okay, vielleicht ist diese Anfrage legitim. Aber was ist, wenn sie danach die Opposition aushorchen wollen? Oder Journalisten? Und ich merkte: Sobald Du diese Behörden mit den Fähigkeiten ausstattest, können sie sie gegen jeden einsetzen.“

Es ist ein grundlegendes Dilemma der ganzen Sicherheitsbranche: Die Spionage- und sonstigen Hackerprogramme können zur Verhütung von Verbrechen genutzt werden – oder eben für das genaue Gegenteil.

Moralische Bedenken sind indes die Ausnahme. Israel ist einer der größten Exporteure von Software für den digitalen Lauschangriff. Besonders bekannt wurde die Firma NSO Group mit ihrem Hackerprogramm „Pegasus“.[104] Die Software ließ sich unter Ausnutzung mehrerer Sicherheitslücken auf über 90 Prozent aller Smartphones per Funkübertragung unbemerkt aufspielen. Einmal im Smartphone installiert, wurde dieses gläsern für den Angreifer. Das Mikrofon einschalten, Nachrichten mitlesen, Fotos ansehen und sogar die Kamera auslösen – alles war unbemerkt möglich. Die NGO Group warb übrigens auf ihrer Homepage damit, das ihre Produkte „die Welt besser und sicherer machen“ – fragt sich nur, für wen?

Immer neue Tricks

Ob Computer oder Smartphone – die Cyberkriminellen lassen sich seit Jahren immer neue Tricks einfallen. Beispiel Ransomware: Darunter versteht man so genannte Kryptoviren oder Verschlüsselungstrojaner, die eine Festplatte ungewollt verschlüsseln und dem Benutzer erst wieder Zugang gegen Zahlung eines Lösegeldes gewähren. Als eine Sicherheitsmaßnahme gegen diese Angriffsform ist zu raten, wichtige Daten über eine

Festplatte hinaus in der Cloud zu speichern, um für den Fall der Fälle noch auf die Daten zugreifen zu können. In diesem Szenario ist die Cloud sicherer als die eigene Festplatte, obgleich beim Thema Datendiebstahl die Daten auf dem eigenen Rechner sicherer sind als in der Cloud. Mit anderen Worten: Auf der Festplatte wird man leichter erpresst, in der Cloud einfacher beraubt – keine guten Alternativen.

Ein anderes Angriffsformat ist der sogenannte CEO-Fraud, also das Austricksen des Geschäftsführers (Chief Executive Officer, CEO). Hierbei geben sich die Täter – nach Sammlung von Informationen über das anzugreifende Unternehmen – als Chef gegenüber den Beschäftigten aus und veranlassen den Transfer eines größeren Geldbetrages ins Ausland. Diese Angriffswelle rollt unter anderem seit Jahren durch den deutschen Mittelstand – trotz Warnungen des Bundeskriminalamts und der Landeskriminalämter.

Seit Jahren schwappen immer neue Angriffswellen über die digitalen Kommunikationswege über uns herein, beispielsweise über WhatsApp (Facebook-Konzern) und iMessage (Apple). Ein typisches Beispiel war ein WhatsApp-Wurm aus dem Jahr 2021. Dabei wurden Nutzer mit einer vermeintlichen Gewinnspiel-Nachricht auf eine gefälschte Seite gelockt, die dem Google Play Store nachempfunden war. Dort sollten sie eine Huawei-App installieren, ebenfalls eine Fälschung, die die Registrierung bei dem Gewinnspiel vortäuschte, bei dem man angeblich die Chance auf ein neues Smartphone des chinesischen Herstellers hatte. Besonders perfide: Die Fake-App las sämtliche Kontakte aus dem befallenden Smartphone aus und schickte ihnen eine Aufforderung, ebenfalls am Gewinnspiel teilzunehmen.[105]

Apples WhatsApp-Alternative iMessage wurde über Jahre hinweg immer wieder ebenso skrupellos angegriffen. Ein besonders schockierendes Beispiel wurde 2020 aufgedeckt. Die University of Toronto veröffentlichte einen Bericht mit dem Titel „The Great iPwn", in dem sie haarklein nachwies, wie Angreifer über eine Sicherheitslücke in iMessage die vollständige Kontrolle über ein iPhone übernehmen konnten. Es lagen nicht nur alle persönlichen Daten offen, sondern das Mikrofon und die Kamera im Gerät konnte zu Abhören des Opfers und Beobachten seiner Umgebung aus der Ferne eingeschaltet werden. Die Universität kam in ihrem Report zu dem Schluss, dass über diese Lücke auch tatsächlich „stille Attacken" – also von den Opfern unbemerkte Zugriffe – in erheblichem Umfang stattgefunden haben. Zielpersonen waren demnach vor allem Journalisten und Personen des öffentlichen Lebens. Das war kein Zufall: Die Täter kamen nämlich aus staatlichen Geheimdienstkreisen, befand die Universität. Sie hatten die von dem israelischen „Sicherheitsunternehmen" NSO Group angebotene Spionagesoftware „Pegasus" eingesetzt, um die Meinungen unliebsamer Presse- und Regierungsvertreter herauszufinden.[106] Erst 2021 rüstete Apple seinen iMessage-Service mit einer technischen „Blast Door" aus, einer Panzertür. Der Begriff bezeichnet eigentlich einen Hochsicherheitsort, an dem sich Menschen vor Explosionen schützen können. Hierbei wird jede eingehende Nachricht auf ihre Gefährlichkeit hin überprüft und bei erkannter Gefahr isoliert und von der Gerätesoftware abgeschottet.[107]

Failure oder Feature – also Fehler oder Funktion? Ist es ein Hack oder eine nützliche Angelegenheit? Diese Fragen stellten sich beim sogenannten „AirPod Hack". Airpods heißen die Kopfhörer von Apple. Um Hörgeschädigten zu helfen, besitzen alle Airpods seit 2018 eine gut gemeinte Funktion: Man kann sie so einstellen, dass das Smartphone als Mikrofon genutzt wird und alles, was gesprochen wird, direkt in den Kopfhörer übertragen wird. „Live mithören" nennt Apple diesen Modus. Soweit so gut. Doch die Übertragung zwischen Smartphone und Kopfhörer erfolgt drahtlos über eine Entfernung bis hin zu etwa 12 Metern. Jetzt das denkbare Angriffsszenario: Man legt das iPhone in einen Raum („vergisst es dort"), schaltet zuvor die Funktion „Live mithören" ein, und belauscht alles, was in diesem Raum gesprochen wird, aus sicherer Entfernung im Kopfhörer. Das ist im Grunde kein Hack, sondern schlichtweg die ungewollte Ausnutzung einer vom Hersteller bereitgestellten Funktion – und kommt damit einem Hack schon sehr nahe, weil es letztendlich zu einem Angriffsszenario führt: Immerhin lassen sich mit dem Feature andere unbemerkt und aus sicherer Entfernung belauschen – und Personen ohne ihr Wissen auszuhorchen, ist llegal.

Wie leicht daraus ein Massenangriff werden könnte, wurde spätestens 2021 klar, als sich die Anleitung zu diesem „Hack" über das soziale Netzwerk TikTok großflächig verteilte. Ein Video mit genauen Instruktionen zum Missbrauch erhielt binnen weniger Wochen über eine halbe Million Likes als Zustimmung, wie viele es sich angesehen haben, ist unbekannt. Mehr als 50.000 haben es jedenfalls in ihrem Online-Freundeskreis verbreitet (geteilt). Besonders brisant: Das unbemerkte Mithören geht auch über die Apple Watch, die schließlich auch über ein Mikrofon verfügt. Statt des Smartphones „vergisst" man einfach seine Computeruhr in dem Raum, in dem man illegal mithören möchte.[108]

Man mag den „Airpod Hack" als „nebensächliche Spielerei" abtun, aber er steht exemplarisch dafür, wie Hacker vorgehen: Sie analysieren die bestehende IT-Infrastruktur und suchen nach Lücken für ihre Zwecke, die die Herstellerseite übersehen hat. Die Apple-Funktion für Hörgeschädigte stellt zwar ein vergleichsweise einfaches Beispiel dar, ist aber insofern spektakulär, als dieser „Hack" von jedermann praktisch ohne Vorkenntnisse ausgeführt werden kann. Wer es darauf anlegt, wird zum Alltagshacker, dem Phänomen „Massenhacking" wird mit solchen „Funktionen/Fehlern" Vorschub geleistet. Dennoch war der 2021 in Mode gekommene „Airpod Hack" vergleichsweise harmlos gegenüber dem ernstzunehmenden weitflächigen Cyberangriff auf die USA im Jahr zuvor.

Größter Hackerangriff auf die USA in der Krise 2020

Wie weit die Risiken von Cyberkriminalität über „bloßes Geld" hinausgehen, wurde 2020 erneut deutlich. Mitten im Krisenjahr der Coronavirus-Pandemie wurde öffentlich, dass Hacker mindestens ein halbes Jahr lang mehr oder minder freien Zugang zu zahlreichen US-amerikanischen Behördencomputern erlangt hatten. Es galt als der größte Hackerangriff auf die USA seit 2014.[109] Zwischen dem Frühjahr und Herbst 2020, also über Monate hinweg, hatten Hacker zentrale Behörden der Vereinigten Staaten von Amerika angegriffen und ausspioniert, darunter die Ministerien für Heimatschutz, Handel und Finanzen sowie das US-Verteidigungsministerium und die Atomwaffenbehörde National Nuclear Security Administration (NNSA).[110] Man kann ohne weiteres von einem GAU – dem „größten anzunehmenden Unfall" – sprechen, sieht man davon ab, dass die Eindringlinge keinen Atomkrieg ausgelöst haben.

Die kriminelle Hackergruppe hatte die Schadsoftware „Sunburst" auf Systeme von bis zu 18.000 Anwenderfirmen der Netzwerkmanagementplattform SolarWinds Orion installiert.[111] 400 der 500 größten Unternehmen der USA waren zu diesem Zeitpunkt Kunden von SolarWinds; aber auch in Deutschland war die Netzwerkmanagementsoftware bei mehreren Dax-

Unternehmen im Einsatz, darunter beispielsweise Siemens und die Deutsche Telekom. Auch im NATO-Hauptquartier in Belgien arbeitete man mit SolarWinds-Software, konnte jedoch keine Attacke feststellen oder wollte sie nicht eingestehen.

Die weite Verbreitung binnen weniger Monate war möglich geworden, weil die Angreifer äußerst clever vorgegangen waren. Sie hatten ihr Manipulationsprogramm bei der Herstellerfirma SolarWinds unbemerkt eingeschleust, so dass das Unternehmen mit jeder neuen Installation seiner Netzwerksoftware das Schadprogramm ungewollt mit verteilte. Mit anderen Worten: Die Hacker mussten nur ein einziges Unternehmen, Solar-Winds, knacken, um in zahlreiche andere Firmen einzudringen. Weder der Hersteller noch einer seiner Kunden entdeckte übrigens die fatale Sicherheitslücke, sondern es war eine darauf spezialisierte IT-Sicherheitsfirma, FireEye, die selbst betroffen war und daraufhin den „Super-Hack" öffentlich machte. Die Hacker hatten FireEye nämlich öffentlich blamiert, indem sie die sogenannten Red-Team-Tools der Firma entwendet und missbraucht hatten. Als „Red Team" (rotes Team) werden in der IT-Sicherheitsbranche die Angreifer bezeichnet, die vom „Blue Team", dem blauen Team, abgewehrt werden.[112] Es ist üblich, dass Sicherheitsunternehmen über eigene Angriffsteams verfügen, die im Auftrag von Kunden durch simulierte Attacken die Sicherheitslücken in den IT-Systemen eben dieser Kunden aufspüren. Versteht sich, dass diese Teams nicht nur über hochspezialisierte Köpfe verfügen, sondern auch über Spezialwaffen, die Red-Team-Tools. Die Hacker hatten als sozusagen den Munitionsschrank von FireEye geknackt, die Waffen entwendet und diese dann für ihren eigenen Angriff missbraucht. Dreister geht es kaum.

Wohlgemerkt: Die Sicherheitsfirma FireEye hat 2020 den Angriff erkannt, sonst niemand. Das heißt beispielsweise: Weder das Pentagon noch die NATO haben bemerkt, dass sich ein Eindringlich bei ihnen eingenistet hatte. Beruhigend ist das nicht, insbesondere auch im Hinblick auf die in diesem Buch mehrfach in Frage gestellte Sorgfalt, mit der die Behörden auf die Daten ihrer Bürger aufpassen. Wer seine eigenen IT-Systeme derart lasch beschützt, hat im Grunde die Berechtigung verloren, seinen Bürgern etwa computerlesbare Porträtfotos abzuverlangen, wenn sie einen Personalausweis beantragen, wie an anderer Stelle in diesem Buch dargestellt. Die gesetzliche Berechtigung kann er sich natürlich einräumen, aber die moralische Berechtigung ist eher zweifelhaft.

Der Einbruch und die Platzierung der Malware bei Solar-Winds erfolgte im März 2020, aufgeflogen war die Sache erst ein halbes Jahr später. Völlig unklar blieb, wie weit die Angreifer über ihre Sicherheitslücke bei den betroffenen Unternehmen möglicherweise weitere Spionage- oder sonstige Schadsoftware eingeschleust haben. Diese würde selbst dann noch funktionieren, wenn die ursprüngliche Lücke geschlossen wird. Denn wer einmal in einem fremden Computersystem drin ist, kann dort nicht nur unmittelbaren Schaden anrichten und Daten abziehen, sondern eben auch – möglicherweise an mehreren Stellen – weitere Spionage- und sonstige Manipulationssoftware anbringen in der Hoffnung, dass diese über Monate oder gar Jahre hinweg unentdeckt bleibt. Es dürfte bis zum Jahr 2030 oder sogar darüber hinaus reichen, bis das ganze Ausmaß des Angriffs von 2020 bei allen betroffenen Firmen zutage tritt.[113]

Im Herbst 2020 wurde deutlich, dass sich eine zweite, von der ersten unabhängige Hackergruppe, genannt „Supernova" im US-Behördennetz eingenistet hatte.[114] Mit anderen Worten: Die

US-Regierung war 2020 auf breiter Front von gleich zwei cyberkriminellen Gruppierungen gleichzeitig angegriffen worden
– und der Angriff war so raffiniert durchgeführt worden, dass er
über Monate hinweg nicht einmal auffiel. Die Zahl der gehackten Firmen und Ministerien wurde auf rund 300.000 (!) Opfer
geschätzt. Der Hack war ein nationaler Schock für die USA, die
sich bis dahin selbst für die Cybernation Nummer eins hielten.
Das Weihnachtsfest 2020 war für viele IT-Sicherheitsexperten
in den USA ein Albtraum – aber nicht wegen der damals gras-
sierenden Coronavirus-Pandemie, sondern weil sie auf ihren
Firmencomputern auf der verzweifelten Suche nach Schadpro-
grammen waren.[115] In Millionen von Programmzeilen herauszufinden, was von außen manipuliert wurde, war tatsächlich wie
die sprichwörtliche Suche nach der Nadel im Heuhaufen – mit
einem gewaltigen Unterschied: Im Heuhaufen ist in der Meta-
pher per Definition nur eine einzige Nadel versteckt, in der
Software wusste man nicht einmal, wie viele Schädlinge man
überhaupt suchte. Egal, wie viele „Nadeln" man fand, blieb
stets die Frage offen, ob es nicht noch eine weitere „Nadel" –
sprich Sicherheitslücke – gab.

Die für die Sicherheit zuständige Cybersecurity and Security
Agency (CISA) bescheinigte, die Hacker hätten „Raffinesse und
komplexes Handwerk" demonstriert. Es sei „extrem schwierig",
die Eindringlinge aus den Systemen zu entfernen.[116] Die CISA
sah durch die Attacken Gefahren für die Bundesregierung in
Washington, für Regierungen von Bundesstaaten und Kommunen und für die kritische Infrastruktur sowie für die Computer
des US-Finanzministeriums.[117] An dem Hack waren schätzungsweise mehr als 1.000 Programmierer gemeinsam beteiligt.
Die Angreifer hatten aus mehreren Millionen Zeilen Programmcode 4.032 Codezeilen zu ihren Gunsten umgeschrieben. Zudem
war es ihnen gelungen, die sogenannte Zwei-Faktor-Authen-

tifizierung zu überwinden.[118] Das Zwei-Fakten-Verfahren gilt „eigentlich" als sicher, deshalb wird es auch beim Onlinebanking und sonstigen besonders schützenswerten Vorgängen verwendet. Es bedeutet, dass bei jedem Zugangsversuche zu einem Onlineportal etwa am Rechner auf einem zweiten davon völlig unabhängigen Weg, häufig einem Smartphone, verifiziert wird, ob der Vorgang seine Richtigkeit hat. Beispiel: Man loggt sich am PC ins Konto ein, auf dem Smartphone erscheint eine SMS oder TAN, und nur wenn diese als Bestätigung am PC eingegeben wird, erlangt man tatsächlich Zugang zu diesem Konto. Den SolarWinds-Hackern war es gelungen, diese Sicherheitshürde, die zuvor als uneinnehmbar galt, zu überwinden. Damit muss beispielsweise Onlinebanking seit 2020 als grundsätzlich unsicher eingestuft werden.

Aufgrund der enormen Angriffsstärke kam die Vermutung auf, dass der russische Auslandsgeheimdienst SVR hinter dem SolarWinds-Hack gesteckt hat. Anders als der Militärgeheimdienst GRU, der im Zusammenhang mit Angriffen rund um die US-Wahl 2016 und den Attacken auf das deutsche Regierungsnetz 2017/18 Schlagzeilen gemacht hatte und für eher grobschlächtiges Vorgehen bekannt ist, gelten die Hacker des SVR als äußerst fähig. Ihre Angriffe sollen sich auf dem gleichen hohen Niveau wie die Attacken aus Nordkorea bewegen. Einen großen politischen Aufschrei hat die Angriffswelle des Jahres 2020 trotz ihrer geradezu ungeheuren Dimension in den USA nicht ausgelöst. Das dürfte damit zusammenhängen, dass sich die US-Regierung, Senat und Repräsentantenhaus gleichermaßen bewusst waren, dass das Ausmaß, in dem die US-Geheimdienste andere Länder angreifen, nicht geringer ist. Die jahrelange globale Bespitzelung durch den US-Auslandsgeheimdienst NSA, aufgedeckt vom Whistleblower Edward Snowden, war sicherlich nicht weniger ungeheuerlich als der Russen-

Angriff 2020. Dennoch dürfte dieser dazu führen, dass die USA und weitere Staaten ihre Schutzwälle gegen Cyberangriffe in den 2020er Jahren weiter hochziehen werden.

Die Cloud – das Paradies für Hacker

Die SolarWinds-Angriffswelle im Jahr 2020 hat möglicherweise ein Tor in die Clouds geöffnet, durch das sich über Jahre hinweg immer neue Viren, Würmer und sonstige Computerschädlinge an alle Daten heranmachen könnten, die Firmen und Verbraucher in Clouds rund um den Globus abgelegt haben. Die US-amerikanische Cybersecurity and Infrastructure Security Agency (CISA) sah 2021 jedenfalls konkrete Hinweise darauf, dass die SolarWinds-Programmierer Schwachstellen der Cloudarchitektur Azure von Microsoft ausgenutzt haben. [119] Azure hat Kunden in rund 140 Ländern. Augenscheinlich waren dabei auch Kundenkonten des Microsoft-Bürodienstes Office 365 geknackt worden, der von Millionen von Anwender rund um den Globus verwendet wird.[120] In der Coronakrise 2020/21 meldete Microsoft einen Nutzungsanstieg bei seinen Cloudservices um bis zu 775 Prozent. Allein der Videokommunikationsdienst Teams verzeichnete 44 Millionen Nutzer täglich; das entsprach über 900 Millionen Kommunikationsminuten in der Woche.[121] Die an anderer Stelle in diesem Buch diskutierte Verlagerung von immer mehr Daten in die Cloud, nicht nur bei Microsoft, sondern beispielsweise auch bei Apple und Google, erschafft geradezu ein Paradies für Hacker. So viele persönliche und betriebliche Informationen derart gebündelt – das gab es noch nie. Es ist absehbar, dass sich die Cloud in den 2020er Jahre als eines der begehrtesten Angriffsziele für Hacker erweisen wird.

Standardsoftware als Einfallstor für Verbrecher

Die SolarWinds-Attacke hat nicht nur das Tor zur Cloud aufgestoßen, sondern auch zu den sogenannten Softwarelieferketten. Denn die Täter hatten ihr Schadprogramm unbemerkt in eine Standardanwendungssoftware eingeschleust. Beim nächsten Update wurde der Schädling zusammen mit der regulären Software an alle Kunden verteilt. So mussten sich die Täter gar nicht selbst die Mühe machen, Tausende von Firmen einzeln zu knacken; der Erfolg bei einen einzigen Unternehmen – dem Softwarehersteller – war völlig ausreichend, um sich auszubreiten. Dieses Angriffsszenario lässt sich leicht auf andere bekannte Hersteller von Standardsoftware ausweiten, etwa Microsoft, Oracle oder SAP, um nur drei Beispiele zu nennen. Wie groß das Gefahrenpotenzial ist, lässt sich ebenfalls beispielhaft anhand einer Zahl umreißen: Weit über 90 Prozent (!) aller deutschen Behörden arbeiteten 2021 mit der Bürosoftware von Microsoft. Das warf nicht nur die Frage auf, ob es zu einem Datenfluss an US-Geheimdienste kommen kann – schließlich unterliegt Microsoft als US-Unternehmen der dortigen Gesetzgebung und muss gegebenenfalls Kundendaten herausgeben, wie an anderer Stelle in diesem Buch ausführlich dargestellt. Mindestens genau schwer wog die Frage, was passiert, wenn Microsoft gehackt wird und mit dem nächsten Update selbst unbeabsichtigt Schadsoftware an seine rund 1,2 Milliarden Office-Nutzer verteilt?[122] Oder etwa an alle Windows-Nutzer? Der Marktanteil von Microsoft Windows unter allen PC-Betriebssystemen lag 2020 bei über 80 Prozent weltweit.[123]

Das Problem ist beinahe unlösbar: Die Unternehmen und Behörden haben Mühe genug, ihre eigene IT-Sicherheit ständig zu überprüfen und auf den aktuellen Stand zu bringen. Doch die fortlaufende Kontrolle der Lieferkette, also der Standardsoftware, die sie einsetzen, ist praktisch unmöglich.

Schwachstellen in der Softwarelieferkette sind nicht neu. Bereits im Jahr 2000 wurden weltweit mehr als 150.000 Angriffspunkte in Standardanwendungen entdeckt. Das Wachstum an diesem grundlegenden Schwachpunkt ist immens. 2020 wurden mehr als 30 Millionen Fälle bekannt, die solche Sicherheitslücken ausgenutzt haben.[124] Dieses schier unglaubliche Volumen wird sich in Zukunft immer weniger beherrschen lassen. Jede Behörde, jedes Unternehmen und jede Privatperson setzt immer mehr Software ein. Das Paradies für Hacker wird in den nächsten Jahren so groß und verführerisch werden wie nie zuvor.

Angriff auf die Impfstoffe

Als ob es noch einer Bestätigung bedurft hätte über das Gefahrenpotential des Cyberterrorismus, musste die Europäische Arzneimittelbehörde EMA kurz vor Weihnachten 2020 einen „unrechtmäßigen Zugriff" vermelden. Die Hacker hatten Zugang zu den Impfstoffdokumenten der deutschen Firma Biontech erhalten, einem der Impfstoffe, die die Welt gegen das grassierende Coronavirus immun machen sollten. Zur Klarstellung: Die Hacker waren nicht bei Biontech selbst zu den Informationen gekommen, sondern bei der zuständigen staatlichen Zulassungsbehörde. Immerhin: Die Behörde leitete „umgehend" eine Untersuchung ein. Man muss sich die damalige Situation im Jahr 2020 vergegenwärtigen: Praktisch die ganze Welt suchte händeringend nach Impfstoffen gegen das Coronavirus, die Firma Biontech hatte endlich einen wirksamen Impfstoff gefunden und die für die Zulassung dieses Impfstoffs zuständige europäische Behörde war nicht in der Lage, die von dem Pharmahersteller eingereichten Dokumente ausreichend zu schützen. Wer hinter dem Hackerangriff steckte, wurde nicht bekannt, aber die Vermutung, dass es ein Staat war, liegt sehr nahe, beispielsweise China, Russland oder die USA, möglicherweise auch Nordkorea.[125]

Cyberattacken auf Pharmaunternehmen waren in der Pandemie 2020/21 indes keine Ausnahme, sondern die Regel. Zu den Opfern gehörten unter anderem AstraZeneka, Biontech, Johnson & Johnson, Moderna und Pfizer.[126] Mutmaßlich nordkoreanische Hacker waren wohl im Staatsauftrag auf der Suche nach Impfstoffformeln.[127]

Hinzu kam seit dem vierten Quartal 2020 eine schier unerschöpfliche Flutwelle von betrügerischen Impfversprechen, die in die elektronischen Briefkästen von Millionen von Verbrauchern gespült wurde. Mit Betreffzeilen wie „Ihr Zugang zu Impfstoff" wurden die Empfänger zum Öffnen der E-Mails verführt, in denen sich Schadprogramme verbargen.[128]

Tod aufgrund eines Cyberangriffs vermeldete im September 2020 das Universitätsklinikum Düsseldorf. Cyberkriminelle hatten rund 30 Servercomputer mit Ransomware verschlüsselt, um Lösegeld zu erpressen. In Folge dessen musste eine Patientin per Rettungsdienst nach Wuppertal verlegt werden und verstarb am Tag darauf. Die Staatsanwaltschaft ermittelte wegen fahrlässiger Tötung. Immerhin zeigten die Erpresser Herz: Nachdem sie die Polizei auf dem vorgegebenen Kontaktweg über die lebensbedrohliche Gefährdung informiert hatte, stellten die Kriminellen kostenlos einen Entschlüsselungscode zur Verfügung.[129] Sie waren sich augenscheinlich über die möglicherweise tödlichen Folgen, wenn sie ein Krankenhaus angreifen, nicht im Klaren.

Das World Economic Forum (WEF) bewertete in seinem „Global Risk Report 2020" Cybercrime als das zweitgrößte Sicherheitsrisiko für die Weltwirtschaft bis zum Jahr 2030. Die größten Cyberattacken liegen also nicht hinter uns, sondern vor uns. Weltweit hat der durch Cyberkriminalität angerichtete Schaden 2020 laut Schätzungen erstmals die Marke von einer Billion Dollar überschritten. Im Allianz-Risikobarometer 2020 bildeten Betriebsunterbrechungen, Pandemien und Hackerangriffe die Spitze der Bedrohungen für die Wirtschaft.[130]

Als ob das Risikopotenzial nicht heute schon groß genug wäre, stößt das Internet of Things, das an anderer Stelle in diesem Buch Gegenstand ist, das Tor zu Angriffsszenarien in einer neuen Dimension auf. Die intelligente Vernetzung schafft nämlich eine völlig neue Gefährdungslage. Da jeder Gegenstand mit dem Internet verbunden ist, kann auch jeder Gegenstand potenziell über das Netz angegriffen, manipuliert oder sogar zerstört werden. Die Kaffeemaschine kann beispielsweise so verändert werden, dass sie, dank Mikrofon und Kamera, als Spion fungiert, das Auto könnte den (Mit-)Fahrer zu einem „Verbrechernest" bringen, wo er vor Ort ausgeraubt wird. Die Liste der Gefährdungsszenarien ist unendlich lang. Der Maschinenbau, die Medizintechnik, braune und weiße Waren und natürlich Autos, Züge, Schiffe und Flugzeuge sind in einer neuen Dimension gefährdet, sobald sie mit dem Netz verbunden sind. Größter Risikofaktor ist dabei die Software in den Gegenständen, Geräten und Maschinen. Der Angriff von Computerpiraten auf die Kreuzfahrtbranche 2020/21 stand beispielhaft für dieses Gefährdungspotential.

Computerpiraten greifen die Seefahrt an

Mitten in der Coronavirus-Pandemie 2020/21, als Kreuzfahrt-schiffe aufgrund der Ansteckungsgefahr ohnehin als gefährlich galten, fiel für die bekannten Kreuzfahrtlinien Aida und Costa die Wintersaison aus. Doch nicht etwa wegen des biologischen Virus, sondern wegen eines Computervirus. Um im Jargon der Seefahrt zu sprechen: Computerpiraten hatten die Kreuzfahrer geentert. Die Muttergesellschaft von Aida und Costa, die Carnival Corporation, gestand offiziell ein: „Am 25. Dezember 2020 haben wir einen Ransomware-Angriff und einen unbefugten Zugriff auf unsere IT-Systeme entdeckt, der zwei unserer Marken betraf. Wir haben ein großes Cybersecurity-Unternehmen mit der Untersuchung der Angelegenheit beauftragt und die Strafverfolgungsbehörden sowie die zuständigen Aufsichtsbehörden über den Vorfall informiert."[131]

Bei Ransomware-Attacken (von engl. „ransom", „Lösegeld") wie dem Hackerangriff auf Aida und Costa schleusen die Täter Schadcode ein, um die Daten auf den Computern zu ver-schlüsseln. Für die Entschlüsselung verlangen sie Lösegeld. Zumeist werden Zahlungen in der Digitalwährung Bitcoin verlangt, sodass der Geldempfänger praktisch nicht zu er-mitteln ist. Selbst wenn die Opferfirma Kopien ihrer Daten be-sitzt, was in der Regel der Fall ist, nützt das wenig, solange die undichte Stelle und die Schadsoftware nicht gefunden und be-hoben bzw. eliminiert sind. Denn sobald die Datenkopie ein-gespielt ist, besteht nicht nur die Gefahr, dass sie vom Täter auf die gleiche Weise wie zuvor erneut gehackt werden, sondern auch, dass sich die Lösegeldforderung erhöht.

Cyberattacken dieser Art sind besonders perfide, weil das reine Wiederherstellen der Daten beispielsweise aus Backups oder der Einsatz von Ersatzsystemen nicht ausreicht, um das Problem zu beheben. Zunächst muss sichergestellt werden, dass die zugrundeliegende Sicherheitslücke geschlossen ist und der Schadcode sich nicht weiterhin in den IT-Systemen des Unternehmens versteckt. Andernfalls könnte die Attacke auch nach Wiederherstellung erneut stattfinden und die Systeme weiter lahmlegen.[132] Die Abwehr von Ransomware ist besonders schwierig, weil es weltweit weit über 100.000 unterschiedliche Schadprogramme gibt, die sich des perfiden Erpressertricks bedienen.[133] In der Seefahrt sind Ransomwareattacken schon lange gang und gäbe.

Mitte Dezember 2020 griffen Hacker die norwegische Reederei Hurtigruten mit Ransomware an. Der IT-Chef verkündete: „Dies ist ein ernster Angriff. Die globale IT-Infrastruktur von Hurtigruten scheint betroffen zu sein." Die Reederei hatte nach Entdeckung des Angriffs vorsorglich alle Systeme abgeschaltet, um weitere Schäden durch die Datenverschlüsselung zu unterbinden.[134]

Der Aida- und Costa-Mutterkonzern Carnival wurde bereits im Sommer 2020 ein Opfer mit seinen Marken Seabourn, Carnival Cruise Line und Holland America Line. Ein Jahr zuvor hatten Hacker bei Holland America Line und Princess Cruises drei Monate lang Zugriff auf E-Mail-Konten von Mitarbeitern und persönliche Daten von Gästen erhalten, darunter Namen, Sozialversicherungs- und staatliche Identifikations- sowie Reisepass- und Personalausweisnummern, Kreditkarten- und Finanzkonto- sowie Gesundheitsdaten.[135] Es war also zumindest datentechnisch betrachtet eine unfreiwillige FKK-Kreuzfahrt für die Reisenden. Es stellt ein erschreckendes Beispiel für die an vielen Stellen in diesem Buch belegte These auf: Daten, die einmal erfasst werden, aus welchem Grund auch immer, sind der Missbrauchsgefahr ausgesetzt.

A.P. Møller-Maersk, die weltgrößte Containerschiff-Reederei, war am 27. Juni 2017 von einem Angriff mit der Ransomware-ähnlichen Malware namens „NotPetya" betroffen. Den Angreifern ging es dabei nicht um Spionage oder Erpressung, son–dern Sie hatten es offensichtlich darauf angelegt, das Unter–nehmen zu zerstören, indem alle Daten gelöscht werden. Rund 600 Niederlassungen in 130 Ländern waren betroffen. Der Cyberangriff auf Maersk gilt als der folgenschwerste in der Geschichte der modernen Seefahrt; der entstandene Schaden wurde auf rund 300 Millionen Dollar beziffert.[136] Es gab viele weitere Cyberattacken, kleiner, aber für die betroffenen Unter-nehmen mit ähnlich dramatischen Folgen.

Im April 2020 wurde die Zentrale von MSC in Genf angriffen, immerhin die zweitgrößte Containerschiff-Reederei. Im Juli 2018 traf es die US-Niederlassungen von Cosco Shipping, die weltweite Nummer drei der Containerschiff-Reedereien. Die viertgrößte Containerschiff-Reederei, CMA CGM, hatte Ende September 2020 mit einer Cyberattacke zu kämpfen. Betroffen waren offenbar asiatische Niederlassungen.[137]

Um der modernen Cyber-Piraterie gegenzusteuern, gründete Kanada 2021 ein Zentrum zur Erforschung der IT-Sicherheit speziell für Schiffe, Häfen und deren Lieferketten. Denn neben Attacken über das Internet drohen Angriffe seitens der Ladung, über von Matrosen mitgebrachte Datenträger, über Hafen-systeme und sogar vernetzte Lastkraftwagen, die Ladung zu Schiffen bringen. Und ist das Schiff einmal unterwegs und ge-hackt, ist es schwierig, IT-Fachleute vor Ort zum Einsatz zu bringen.[138]

Die Seefahrt steht exemplarisch für viele weitere, um nicht zu sagen beinahe alle Branchen, die über die Jahre hinweg von Hackern unterschiedlicher Coleur angegriffen werden.

Megaleak 2021

Anfang 2021 wurden die Nutzernamen und Passwörter von rund 3,17 Milliarden Onlineaccounts von einer Unmenge von Internetseiten frei im World Wide Web angeboten. Der Megaleak basierte offenbar nicht auf einem einzelnen Angriff, sondern stützte sich auf eine Vielzahl aus früheren Lecks bekannter Accounts. Es war eine Art Sammlung der in den Jahre zuvor geknackten Logins. Die Sicherheitsbranche prägte dafür den Terminus COMB als Abkürzung für „Combination of Many Breaches", also „Sammlung vieler Datenlecks".[139]

Das neue und wenn man so will „innovative" Element des Megaleaks 2021 bestand darin, dass Milliarden von Login-Daten frei im Internet für jedermann zugänglich verfügbar waren. Zuvor waren solche wertvollen Datensätze vornehmlich in darauf spezialisierten Schwarzmarktplätzen im Darknet gehandelt worden.[140]

Besonders fatal: Viele Menschen nutzen ein- und dieselbe Kombination aus Nutzernamen und Passwort für unterschiedliche Dienste, beispielsweise die Videothek Netflix, das soziale Netzwerk Facebook und den Aktienbroker eToro. Wer also den Zugang zu einem dieser Dienste kennt, kann damit auch auf alle anderen zugreifen. Besser ist es, jeweils andere Nutzernamen und Passworte zu verwenden; das ist zwar umständlicher, aber eben auch sicherer.

Emotet: gefährliche Freunde

In den Coronakrisenjahren 2020/21 war unter dem Namen „Emotet" eine besonders perfide Angriffssoftware im Internet unterwergs. Gefälschte E-Mails, die vorgeblich von Freunden oder Kollegen kamen, überschwemmten die Netzwerke vor allem von Firmen. Da der Absender vermeintlich ein guter Bekannter ist, haben die Empfänger die E-Mails überwiegend sorglos geöffet – und sich dadurch mit einem Schadprogramm infiziert. Die Täter nutzten die Aufregung um Corona, denn die gefälschten E-Mails boten aktuelle und wichtige Informationen rund um das Virus an. Hierzu forderten sie die Opfer auf, die Anhänge zu öffnen oder Links anzuklicken. In beiden Fällen lud sich das Opfer unbemerkt einen Trojaner herunter. Dabei war Emotet in der Lage, alle gängigen Antivirenschutzprogramme zu täuschen, indem der Schadcode bei jedem neuen Abruf leicht geändert wurde. Kaum hatten die Schutzprogramme einen Schadcode erkannt und waren bereit, ihn abzuwehren, hatten sich diese leicht verändert und schlüpften durch die Sicherheitssysteme. Die Schutzprogramme liefen also den Softwaremutationen beinahe ebenso hilflos hinterher wie über Monate hinweg das biologische Coronavirus 2021 durch ständige Mutationen die Wirksamkeit der Impfstoffe in Frage stellte.

Emotet erwies sich als eine der größten Bedrohungen durch Schadsoftware weltweit. Denn sobald sich der Trojaner installiert hatte, lud er sofort weitere Betrugsprogramme wie etwa den Banking-Trojaner Trickbot nach. Diese Schadprogramme führten zum Datenabfluss und ermöglichten den Cyberkriminellen teilweise die vollständige Kontrolle über die Computersysteme. Zu den Opfern gehörte beispielsweise das Berliner Kammergericht, das selbst ein Jahr nach dem Angriff nur begrenzt arbeitsfähig war. Der Schaden wurde auf mehrere

Millionen Euro beziffert. In Neustadt am Rübenberge wurde das Rathaus komplett lahm gelegt. In vielen Unternehmen kam es zu langatmigen Produktionsausfällen, weil die Firmennetzwerke neu aufgebaut werden mussten. Denn das Fatale an Emotet war, dass man schlichtweg nicht wußte, welche weitere Software der Trojaner nachgeladen hatte. Daher sahen sich die meisten betroffenen Behörden und Unternehmen gezwungen, ihre Softwaresysteme von Grund auf neu aufzusetzen. Zu groß schien die Gefahr, dass unbemerkt noch Schädlinge im Netz verbleiben würden, wenn man probierte, die Altsysteme sozusagen zu reparieren.[141] Das Bundesamt für Sicherheit in der Informationstechnik (BSI) ging davon aus, dass die Entwickler von Emotet ihre Software und ihre Infrastruktur an Dritte untervermieteten. Diese setzten dann weitere Schadsoftware wie Trickbot und Ransomware ein, um ihre eigenen Ziele zu verfolgen. Es war also ein Cyber-Verbrechernetz zum Mieten. Mangelnde Innovationskraft kann man den Cybrerkriminellen nicht vorwerfen, wie das Beispiel Emotet erschreckend verdeutlichte. Es ging also einmal mehr „nur" um Geld.

Ransomware-as-a-Service (RaaS), also Erpressungssoftware zum Mieten, ist übrigens ein gängiges „Geschäftsmodell". Hierbei stellt der Anbieter nicht nur die Software auf dem Schwarzmarkt bereit, sondern bietet auch die entsprechende technische Unterstützung. Die Ermittlungsbehörden kamen Anfang 2021 einem besonders spektakulären Fall auf die Schliche, bei dem sich französische Cybererpresser für ihre illegalen Machenschaften die benötigte Ransomware von der ukrainischen Ransomwarebande Egregor gemietet hatten.[142] Das Mietmodell verschaffte der „Branche" neue Höhenflüge: Allein die zehn größten Ransomwareschädlinge 2020 brachten den Verbrechern dahinter rund 380 Millionen Dollar ein. Das entsprach einer Steigerung von 311 Prozent gegenüber dem Vorjahr.[143] Für die

2020er Jahre sind ähnlich starke Wachstumsraten zu erwarten, vor allem, weil die Täter zunehmend Firmen und weniger Privatpersonen angreifen, wie es in früheren Jahren der Fall war. Das hat einen einfachen Grund: Bei Unternehmen ist in der Regel mehr zu holen als im Privatbereich. Der Cybereinbruch bei den Unternehmen ist zwar schwieriger als bei privaten Rechnern. Aber die Cyberkriminellen verfügen teilweise mittlerweile über einen Grad an Professionalität, mit dem sie selbst hohe Sicherheitshürden mühelos überwinden.

Selten geht es übrigens darum, die Unternehmen zu zerstören, häufig stehen eine Erpressung oder ein Datendiebstahl im Mittelpunkt der Attacken. Denn mit entwendeten Daten, etwa Ausweis- und Kreditkartendaten, lässt sich viel Geld „verdienen". Daher fällt dem Datenschutz und vor allem der Datensicherheit eine kritische Rolle in unserer Informationsgesellschaft zu.

Wie sicher sind unsere Daten?

Ohne digitale Daten keine Hacker, oder jedenfalls kein Diebstahl, keine Manipulationen und kein Missbrauch von Daten. Doch statt sich auf diesen Grundsatz zu besinnen, wird die Datenflut immer größer – und die Sicherheit dieser Daten immer zweifelhafter.

Zweckentfremdung vorprogrammiert

Es gibt vier plus eins Gründe, warum persönliche Daten, die eine Firma oder ein Staat einmal gesammelt hat, zweckentfremdet zur Verwendung kommen: Marketing, Bequemlichkeit, Sicherheit und Verbrechensbekämpfung. Der Plus-Grund: Hacker nutzen die Daten, um uns zu erpressen, sich zu bereichern, unsere digitale Identität zu übernehmen und wer weiß schon, was künftig noch alles möglich sein wird. Dennoch wächst die Datensammelwut seit Jahrzehnten.

So wuchs die Firma Google seit ihrer Gründung am 4. September 1998 im kalifornischen Menlo Park mit einem einfachen Konzept zum Milliardenkonzern: Sie sammelt alle Daten über ihre Nutzer, derer sie habhaft wird, und verkauft diese Daten oder Analysen auf Grundlage dieser Daten an Firmen, die damit Werbung betreiben. Experten sprechen von Target Marketing, also zielgerichtetem Verkauf.

Je genauer eine werbetreibende Firma ihre potenziellen Kunden kennt, desto gezielter kann sie ihre Anzeige platzieren und desto höher sind die Verkaufschancen. Befreit von ernsthaften Datenschutzzwängen sammelt Google beinahe seit Beginn des

Internetzeitalters fast alles. Viele Mensch wissen jedoch nicht, dass jedes Wort, das irgendwer irgendwo auf der Welt in die Datensuchmaschine Google eingibt, gespeichert, analysiert und für Werbezwecke verwendet wird. Überlegen Sie sich einmal, was Sie über die Jahre hinweg im Internet gesucht haben und machen Sie sich klar, welche Informationen Sie damit über sich preisgeben: Hobbys, Reisen, Gesundheit, Kleidung, Lebensumstände, Geschäft, Amüsement und natürlich auch wirklich Privates. Möglicherweise klingt es übertrieben, doch handelt es sich dabei um die Realität: Google weiß mehr über die meisten Personen als der eigene Ehe- oder Lebenspartner. Wer sich vor Prostata- oder Brustkrebs fürchtet oder über eine Scheidung nachdenkt, informiert Google vermutlich unabsichtlich eher über seinen Gemütszustand, als den eigenen Partner, um nur wenige Beispiele zu nennen.

„Wir wissen mehr oder weniger, woran Sie denken", schwärmte Eric Schmidt schon 2015. Der Mann sollte es wissen, denn er war Aufsichtsratsvorsitzender des am 2. Oktober 2015 gegründeten Google-Mutterunternehmens Alphabet.[144]

Die scheinbare Anonymität des Internets verführt uns dazu, nach Dingen zu suchen, nach denen wir unsere Arbeitskollegen, unsere Nachbarn und häufig nicht einmal unsere Lebensgefährten wagen würden zu fragen. Diese Anonymität kommt jedoch einem Trugschluss gleich: Sobald die Google-Seite aufgerufen wird, speichert Google eine kleine Identitätsdatei auf dem Gerät des jeweiligen Nutzers ab, Experten sprechen von „Cookies". Anhand dieser Cookies kann Google haargenau verfolgen, wann jemand welche Webseiten aufgerufen hat.

Bedenklich sind dabei nicht nur jene Informationen, die man freiwillig preisgibt, sondern vor allem auch diejenigen, von denen man nicht einmal ahnt, dass man sie verrät. Beispiel Google Fotos: Wer seine Bilder bei Google speichert, vertraut dem Datenkonzern keineswegs nur seine Schnappschüsse aus dem letzten Urlaub oder sein fotografisches Arbeitsleben an. Jedes Bild besitzt zusätzlich noch so genannte Metadaten. Diese sagen aus, wann ein Foto aufgenommen wurde, mit welcher Kamera und vor allem auch, wo es fotografiert wurde. Die Auswertung dieser Metadaten ist häufig entlarvend: Wurde das Foto auf einem Camping-Platz oder in einer Fünf-Sterne-Urlaubsanlage geschossen? Handelt es sich bei der Kamera um ein neues hochpreisiges Gerät oder ein altes Billigmodell? Welche Reiseziele stehen an? Google kann anhand der Fotoreihen, verknüpft mit weiteren Informationen, die die Firma über uns alle sammelt – zum Beispiel unseren Wohnort – ziemlich genau einschätzen, wie viel Geld wir verdienen und welcher sozialen Schicht wir angehören.[145]

Seit 2020 treibt Google das Projekt „Google Lens" verstärkt voran. Der Service ist als ein allsehendes Auge konzipiert, bei dem man mit der Kamera ein Objekt aufnimmt und Google danach suchen lässt.[146] Das lästige Eintippen von Suchworten entfällt also, sehr bequem und überaus praktisch, will uns Google einmal mehr im Alltag hilfreich zur Seite stehen. Der „Nebeneffekt": Google lernt unsere Umwelt besser kennen, wenn wir von überall Fotos an die Firma schicken und sie sogar zwecks Suche damit beauftragen, unsere Bilder zu analysieren. „Mehr über das erfahren, was Sie sehen" lautete der Werbeslogan von Google 2021.[147] Das kam dem Unternehmensziel mit „Google Lens" sicherlich sehr nahe, das sich wohl treffender mit „Wir von Google wollen mehr über das erfahren, was Sie sehen".

Doch Analysen aller Art über uns erstellt natürlich nicht nur Google. Amazon, Facebook und die 200 Milliarden Dollar Jahresumsatz schwere Werbebranche sind ebenfalls mit dabei.[148] Was nämlich häufig auf Verbraucherseite nicht bedacht wird: Alle diese Unternehmen setzten mindestens bis 2021 auf sogenannte „Supercookies", im Fachjargon spricht man von Webseiten- und App-übergreifendem Tracking. Dazu ein Beispiel: Wir besuchen im Browser oder per App Facebook und sind uns bewusst, dass alles, was wir auf Facebook posten, auch gespeichert und analysiert wird. Weniger klar ist uns, das Facebook ab diesem Zeitpunkt auch Kenntnis über alle anderen Webseiten und alle Apps, die wir besuchen und nutzen, detailliert Bescheid weiß. Facebook erkennt beispielsweise, wonach wie bei Google suchen – und umgekehrt. Strafbar war das nicht, obgleich es bei genauer Betrachtung dem Hacking schon sehr nahe kommt. Der Nutzer wird digital verfolgt, seine Daten werden gegen seinen Willen abgegriffen, gespeichert und gegen Geld verkauft – doch halt, irgendwo in den Allgemeinen Geschäftsbedingungen hat er in der Regel zugestimmt, meistens aus Bequemlichkeit und „weil es alle tun" – das unterscheidet die Datenangriffe von Google, Facebook und Konsorten von einer wirklichen Hackerattacke. Und natürlich nutzen Google & Co unsere Daten nicht, um etwa in Bankkonten einzubrechen und unser Geld zu entwenden, sondern sie verkaufen „nur" unsere Daten.

Vor diesem Hintergrund war verständlich, dass es zu einem großen Aufschrei führte, als Apple 2021 die Verwendung von Supercookies auf allen seinen Geräten nicht verbieten, aber wenigstens dem Nutzer vor Augen führen wollte.[149] Mit einer einfachen Abfrage, ob man zustimmt, dass man über die Webseiten und Apps anderer Anbieter hinweg verfolgt wird, hebelte Apple die Online-Werbewelt samt Dauerüberwachung ein gutes Stück weit aus. Denn: Wer stimmt schon zu, dass seine Datenspur verfolgt wird, wenn er die Wahl bekommt, sich dagegen zu entscheiden. Firmen wie Google und insbesondere Facebook, die überwiegend von Werbung leben, die haargenau auf die Zielgruppe zugeschnitten ist, weil sie unglaublich viel über jeden von uns wissen, wurden durch das Vorpreschen von Apple 2021 in ihrer Datensammelei massiv eingeschränkt. Google gab sich beinahe klaglos drein, weil der Kampf gegen den Datenschutzvorstoß von Apple aussichtslos erschien, aber Facebook klagte den Apfelkonzern in ganzseitigen Anzeigen an, die mittelständische Wirtschaft zu zerstören – denn das Anzeigengeschäft von Facebook (und übrigens auch Google) wird überwiegend von kleineren Firmen getragen, die sich zwar keine großen Kampagnen, aber sehr wohl Kleinanzeigen in den sozialen Netzwerk und in Suchmaschinen leisten können. [150] Facebook schob in seiner Anti-Apple-Kampagne 2021 massenweise Restaurants, Friseure und sonstige Kleingewerbetreibende vor, die nun nicht mehr so gut für sich werben könnten, um davon abzulenken, wie stark der Digitalkonzern zuvor die Arg- und Sorglosigkeit der Anwender ausgenutzt hat, um sie über eigene Website bzw. App hinweg zu verfolgen. Ausgerechnet Facebook, im Wettstreit mit Google, wer die größere Datenkrake ist, wollte sich zum Beschützer der kleinen Leute aufschwingen.

Der Staat will alles von uns wissen

Doch es sind keineswegs nur die Unternehmen, allen voran Google, Facebook & Co, die in einer atemberaubenden Sammelwut alle Daten verschlingen, derer sie habhaft werden. Die Staaten sind mindestens genauso sammelwütig, wenn es darum geht, an die Daten ihrer Bürger heranzukommen. Beispiele dafür werden in diesem Buch an zahlreichen Stellen genannt; ein besonders dreistes stammt aus den Jahren 2020/21.

Heimlicher Eingriff in die Privatsphäre

2020/21, als die ganze Welt mit der Bekämpfung der verheerenden Coronavirus-Pandemie beschäftigt war, hatte die EU viel vor in Sachen Datenschutz, oder besser gesagt mit der Aushebelung des Schutzes. Der EU-Ministerrat arbeitete an einer Resolution, nach der die Betreiber von Ende-zu-Ende-verschlüsselten Diensten gezwungen werden sollen, den Behörden Generalschlüssel zu allen Kundendaten zu übergeben. Der Titel des EU-Resolutionsentwurfs „Sicherheit durch Verschlüsselung und Sicherheit trotz Verschlüsselung" ist völlig irreführend. Faktisch würde eine solche Resolution das Sicherheitsniveau in der EU dramatisch verschlechtern. Denn insbesondere europäische Datendienste wie beispielsweise TeamDrive behalten überhaupt keine Schlüssel für Kundendaten. Daher können weder sie als Betreiber noch Behörden die Kundendaten entschlüsseln. Nur dadurch ist die Privatsphäre bei der digitalen Kommunikation gewährleistet. Doch nach Resolution wären die EU-Mitgliedsstaaten in der Lage, sich mit ihren Schlüsseln jederzeit und unerkannt in private Unterhaltungen und andere verschlüsselte Übertragung einzuklinken.

Würden die Betreiber gezwungen, Generalschlüssel zu allen Kundendaten zu erzeugen und an die Behörden weiterzureichen, wäre indes nicht nur die Vertraulichkeit vorüber. Vielmehr entsteht darüber hinaus die ernsthafte Gefahr, dass diese Schlüssel bei den Betreibern oder bei den Behörden von Hackern entwendet werden. In diesem Fall würden Kriminelle auf einen Schlag Zugang zu vertraulichen Kundendaten im großen Stil erhalten.

2020/21 verblüffte neben dem Inhalt die Geschwindigkeit, mit der sich die Staaten Zugang zu den privaten Daten ihrer Bürger verschaffen wollten. Zwischen der Vorlage des Entwurfs und der geplanten Verabschiedung lagen nicht einmal ein Monat. Man konnte sich des Eindrucks nicht erwehren, dass die EU die Ablenkung der Öffentlichkeit durch die Pandemie zum Anlass nehmen wollte, das fundamentale Recht der EU-Bürgerschaft auf vertrauliche private Kommunikation außer Kraft zu setzen.

Gleiches galt für die Einführung einer einheitlichen Bürgernummer in der Bundesrepublik Deutschland 2021. Im Registermodernisierungsgesetz wurde festgelegt, dass jeder Einwohner Deutschlands eine eindeutige Bürgernummer erhält, die von möglichst allen Behörden genutzt werden sollen, um ihn eindeutig zu identifizieren. Die Argumente für die Nummerierung der Bürgerschaft lagen auf der Hand: Vereinfachung der Verwaltung, Verwechslungen werden ausgeschlossen, ein Fortschritt für das E-Government als Grundlage für einen besseren digitalen Bürgerservice. Entlarvend war indes, welche bereits verwendete Nomenklatur für die Durchnummerierung der Bevölkerung gewählt wurde: die Steuer-Identifikationsnummer.[151]

Über 50 der insgesamt rund 200 Behördenregister, die es in Deutschland gibt, sollen die 2021 neu eingeführte Bürgernummer nutzen dürfen. Dazu gehören beispielsweise das Personenstands-, das Ausländer-, das Fahrzeug-, das Fahrerlaubnis- und das Waffenregister. Der Bundestag kann künftig die Aufnahme weiterer Zentralregister beschließen. Immerhin wird in dem Gesetz die Nutzung der ID-Nummer zu anderen Zwecken außer "zur Erbringung von Verwaltungsleistungen nach dem Onlinezugangsgesetz auf Grund von Rechtsvorschriften oder mit Einwilligung der betroffenen Person sowie zum Zwecke eines registerbasierten Zensus" für unzulässig erklärt. Damit soll unter anderem eine Profilbildung verhindert werden. Und: Mit Hilfe eines Datencockpits sollen sich die Bürger einen Überblick über die Zugriffe der Behörden auf ihre Stammdaten verschaffen können. Man kann demnach also erkennen, was von wem wann an wen übermittelt wurde.

Zudem schob der Gesetzgeber 2021 dem willkürlichen Datenaustausch zwischen Behörden einen Riegel vor. Durch das sogenannte 4-Corner-Modell soll laut Gesetzesbegründung sichergestellt werden, dass Daten in bestimmten Fällen nicht direkt zwischen den Kommunikationspartnern ausgetauscht werden, „sondern nur unter Einschaltung von Vermittlungsstellen, die kontrollieren, ob eine Behörde abstrakt berechtigt ist, der anderen zu dem angegebenen Zweck die jeweiligen Daten zu übermitteln". Zudem ist der Zugriff von Sicherheitsbehörden auf die Bürgernummer ausdrücklich nicht vorgesehen.[152]

Man muss also anerkennen, dass sich der Gesetzgeber im Jahr 2021 Mühe gegeben hat, die Bürgerrechte bei der Vergabe einer bundeseinheitlichen Bürgernummer nicht außer Acht zu lassen. Ob das ausreicht, um der Verfassung der Bundesrepublik Deutschland zu genügen, wird die Zeit erweisen. Denn letztlich ist die Steuer-ID ein mehr oder weniger „einheitliches Personenkennzeichen". Eine solche Identifikationsnummer erklärte das Bundesverfassungsgericht in seinem berühmten Volkszählungsurteil von 1983 unzulässig, wie an anderer Stelle in diesem Buch dargestellt.[153] Allerdings ist die Frage umstritten, inwieweit ein solches Merkmal genutzt werden kann, wenn es nur für bestimmte Bereiche gilt, also eben nicht von allen Behörden genutzt werden darf. In jedem Fall bringt die Bürgernummer mehr Ordnung in die Datensilos, in denen der Staat die Daten seiner Bürger erfasst, kategorisiert und speichert. Das bedeutet eine Vereinfachung für die Behörden – und natürlich auch für Hacker, die künftig in die Behörden eindringen.

Datenspeicher für die Weltbevölkerung

Wir können davon ausgehen, dass sämtliche Informationen, die wir jemals über uns preisgeben (und preisgegeben haben) – ganz gleich, ob diese Preisgabe bewusst oder aus Versehen stattfand – nie mehr verloren gehen. Fingerabdrücke, Surfverhalten, Bilder. Alles, wirklich alles, wird gespeichert – im Zugriff von Behörden, Unternehmen und sicherlich immer wieder auch Hackern. Und es wird immer mehr.

Wie bereits angeführt, gelten Daten als der Rohstoff, der die digitale Revolution antreibt. In die 2020er Jahre ist die Welt mit einem Datenvolumen von rund 44 Billionen Gigabyte eingetreten.[154] Angetrieben wird die weitere Expansion durch die kontinuierlich steigende Nutzung von Internet, Smartphones sowie sozialen Netzwerken und vor allem durch das Internet der Dinge (auch als „Internet of Things" bekannt). Die Daten kommen von Milliarden Geräten, die über das Internet kommunizieren und die permanent etwas zu übermitteln haben.[155] Je nach Quelle wird von 25 bis 75 Milliarden Geräten ausgegangen (Stand 2021). „Big Data" nennt die Fachwelt das Sammeln und Auswerten dieser immensen Datenmengen.

Ein Mensch wäre im Laufe seines Lebens nicht in der Lage, alle diese gesammelten Informationen zu lesen, geschweige denn auszuwerten. Das ist indes nicht nur unmöglich, sondern auch unnötig. Das Lesen der Informationen übernehmen nämlich zunehmend die Computer selbst. Alle unsere Daten werden nicht nur automatisch erfasst, sondern auch automatisch gelesen, analysiert und zu Persönlichkeitsprofilen zusammengeführt. Die Computer kennen uns zusehends besser als unsere Lebenspartner, ja sogar besser als wir selbst. Die lückenlose

Auswertung fördert häufig Persönlichkeitsmerkmale zutage, deren man sich selbst nicht oder höchstens vage bewusst ist.

Die Speicher, um alles über uns zu aufzubewahren, sind längst gebaut und werden fortlaufend vergrößert. Die National Security Agency betreibt am Stützpunkt Camp Williams südlich der Stadt Bluffdale im Bundesstaat Utah ein Datenzentrum unvorstellbaren Ausmaßes.[156] Das Fusion Center ist so groß, dass es die persönlichen Daten der gesamten Weltbevölkerung speichern kann. Der Zweck dieser Anlage wird übrigens geheim gehalten. An dieser Stelle sei erwähnt, dass weltweit mehrere dieser Fusion Center stehen, die sämtliche Daten sammeln, um beispielsweise frühzeitig mögliche Terrorgefahren erkennen können. Über den Zweck der meisten dieser Anlagen finden sich im Internet Informationen, doch die gewaltigste Anlage – jene in Utah – hüllt sich diesbezüglich in Schweigen.[157] Ihr Speicherplatz variiert je nach Quelle zwischen 3 bis 12 Exabyte (1 EB entspricht 10 hoch 18 Byte, das war 1998 die Größenordnung „menschlichen Wissens", heute sind es geschätzt mehrere Hundert Exabyte) und einem Yottabyte (1 YB entspricht 10 hoch 24 Byte oder 100 Milliarden Festplatten mit 10 Terabyte). Je nachdem, welche Zahl zutreffend ist, stehen im Fusion Center umgerechnet auf die Weltbevölkerung zwischen 1,4 Megabyte und 140 Gigabyte Speicherplatz für jede Person auf der Erde zur Verfügung. Wenn man Moore's Law, benannt nach dem Intel-Mitgründer Gordon Moore, anwendet, nach dem sich die Komplexität integrierter Schaltkreise alle zwölf bis 24 Monate verdoppelt, ist eines klar: Die Kapazitäten zur Speicherung aller Informationen über die Weltbevölkerung steigen weiterhin unaufhaltsam – und damit auch die lohnenden Angriffsziele für Cyberkriminelle jedweder Coleur.

An dieser Stelle stellt sich die große Frage, wem diese Daten tatsächlich gehören. Dem einzelnen Menschen, von dem diese Daten letztlich auch stammen, dem Staat, dessen Bewohner er ist oder dem Unternehmen, dessen Dienste er in Anspruch nimmt, wodurch häufig überhaupt erst Daten entstehen (beispielsweise durch das Kaufverhalten). Diese Frage lässt sich nicht so einfach beantworten, daher fordert das Europäische Parlament, eine „Bill of Digital Rights", eine Charta der digitalen Grundrechte. Eine solche Grundrechte-Charta verlangten übrigens bereits im Dezember 2013 in einem gemeinsamen Appell an die Vereinten Nationen 500 Schriftsteller aus aller Welt. Sie protestierten damit gegen Massenüberwachung durch Regierungen und Unternehmen. Die Schriftsteller schrieben, eine tragende Säule der Demokratie sei die Unverletzlichkeit des Individuums, dessen Würde über seine Körpergrenze hinausgehe – und speziell in die digitale Welt hineinreiche.[158]

Völlig anders verhält sich die Sachlage in den USA – und damit letztendlich für die ganze Welt. Das geheim tagende FISC-Gericht der Vereinigten Staaten befand die Sammlung und Weitergabe per Lauschangriff erspähter persönlicher Daten am 29. August 2013 als konform mit der US-Verfassung, selbst dann, wenn kein richterlicher Beschluss dazu vorliegt. FISC steht für United States Foreign Intelligence Surveillance Court, also das Gericht der Vereinigten Staaten betreffend die Überwachung der Auslandsgeheimdienste. Das FISC entstand in Folge der Empfehlungen des Church Committees – benannt nach dem US-Senator Frank Church –, das die teilweise illegalen Aktivitäten von FBI, CIA und NSA untersuchte. Man könnte ohne Weiteres behaupten: Mit dem FISC wurden die gesetzeswidrigen Methoden der US-Geheimdienste legalisiert.[159]

Der Versuch einer Kehrtwende durch ein zweites Church Committee, das im Jahre 2014 unter dem Eindruck der Snowden-Enthüllungen startete, scheiterte. Das Begehren des Staates, nicht nur alles über die eigenen Bürger, sondern über die gesamte Weltbevölkerung zu wissen, ist offenbar nicht aufzuhalten.

Der durch die Weitergabe der Pentagon Papers bekannt gewordene Whistleblower Daniels Ellsberg bezeichnete die Aussage des damaligen US-Präsidenten Barack Obama, das FISC-Gericht beaufsichtige die Datensammelwut der Geheimdienste, als „Nonsense". Sowohl das FISC als auch die Geheimdienstausschüsse des US-Kongresses seien derart in die Geheimdienste eingebunden, dass faktisch keine Kontrolle stattfände. Anders ausgedrückt: Die Geheimdienste können praktisch ohne Kontrolle tun und lassen, was sie wollen. Und ganz offenbar wollen und werden sie alle heutigen und künftigen Technologien nutzen, um ihren globalen Lauschangriff zu perfektionieren.[160] Anders ausgedrückt: Die staatlichen Hacker unterscheiden sich von den „privaten" Hackern vor allem darin, dass sie ihr Vorgehen legalisieren. Das ist dann zwar gesetzestreu, aber keineswegs beruhigend.

Wie sich die Situation in Deutschland darstellt, veranschaulicht der Dokumentarfilm „Land unter Kontrolle. Die Geschichte der Überwachung der BRD" von 3-Sat, der am 27. Januar 2014 erstmals im ZDF ausgestrahlt wurde: „Die Bundesrepublik ist ein überwachtes Land, das beweist der NSA-Skandal."[161] Zwischenzeitlich ist der entlarvende Beitrag allerdings in der ZDF-Mediathek nicht mehr abrufbar. Ein Schelm, wer Böses dabei denkt.

Es kann keine Zweifel daran geben, dass die Staaten alles daran setzen, die Zivilgesellschaft zu überwachen, und dass ihnen dazu alle Mittel recht sind. Sobald sich dabei eingesetzte Mittel und Verfahren als rechtswidrig erweisen, wird einfach die Gesetzgebung geändert, um die Legalität der Bespitzelung herzustellen. Natürlich greifen die Staaten dabei auf alle Informationen zu, derer sie habhaft werden. Dazu gehören selbstverständlich auch die sozialen Netze und alle anderen Online-Plattformen, auf denen Bürger freiwillig Informationen von sich preisgeben. Schon 2010 begann die NSA nach Recherchen der *New York Times* mit der systematischen Überwachung sozialer Netzwerke. Jeder, der also seinen Alltag hauptsächlich damit verbringt, diesen regelmäßig auf Facebook zu verbreiten, auf Instagram private Fotos zu veröffentlichen, sich auf Twitter zu politischen Themen zu äußern und bei Amazon Buchrezensionen zu schreiben, der darf sich nicht wundern, wenn ihn die NSA längst im Visier hat.[162]

Alle Spuren, die wir im Netz hinterlassen – von der Google-Suche bis zu unseren Einkäufen bei Amazon – werden nicht nur von den jeweiligen Firmen ausgenutzt, um damit Geld zu verdienen, sondern stehen sicherlich auch den Geheimdiensthackern nicht nur in den USA zur Verfügung, damit diese uns wiederum besser verstehen und unser Verhalten analysieren können. Die USA verabschiedeten eigens hierzu den Patriot Act, ein Gesetz, das im Kern besagt, dass alle Daten, die einem US-Unternehmen gehören, auch den staatlichen Behörden zugänglich sind.[163] Spätestens seit Edward Snowden wissen wir, dass Informationen in US-Hand systematisch an deutsche Behörden weitergegeben werden, sofern diese aufgrund der strikteren hiesigen Gesetzgebung diese nicht direkt erheben dürfen.

Aber erst die Künstliche Intelligenz, die an anderer Stelle in diesem Buch beschrieben wird, ermöglicht es, die Zusammenhänge zwischen den über alle Wege gesammelten Daten vollumfänglich herzustellen. Dadurch werden die Grundlagen geschaffen für ein Social Scoring, also der maschinellen Bewertung von Menschen aufgrund ihres Verhaltens durch permanente Beobachtung und Analyse.

Halten wir fest: Firmen und Staaten sammeln gleichermaßen Daten in schier unglaublichem Ausmaß. Einige der Methoden, die dabei zur Anwendung kommen, kann man ohne weiteres als Hacking bezeichnen, als unerwünschten und teilweise sogar illegalen Eingriff in die Privatsphäre. Zugegeben, es geht dabei nicht um kriminelle Hackergruppen und die entwendeten Daten werden in der Regel sicherlich nicht für gesetzeswidrige Vorhaben eingesetzt, aber es geht sehr wohl um das Abgreifen von Daten, die man häufig eigentlich nicht weitergeben wollte. Doch damit nicht genug: Die auf diese Weise entwendeten Daten werden keineswegs so sicher aufgehoben, dass sie vor den kriminellen Hackern geschützt wären.

Die Staaten können sich und uns nicht schützen

Wie wenig die Staaten, denen wir unsere Daten anvertrauen (müssen), in der Lage sind, selbst ihre geheimsten Dokumente vor dem unberechtigten Zugriff zu schützen, verdeutlicht der Wikileaks-Fall. Die Webseite WikiLeaks wurde am 4. Oktober 2006 vom australischen Hacker und Politikaktivisten Julian Assange und einer kleinen Aktivistengruppe ins Leben gerufen, um als Veröffentlichungsplattform für Dokumente zu dienen, die eigentlich „streng geheim" sind. Der Clou bestand im anonymen Zugang: Wer in einem Unternehmen oder einer Behörde arbeitet und Missstände wahrnimmt, kann diese unter Wahrung seiner Anonymität an Wikileaks zur Veröffentlichung geben, um die Missstände aufzudecken und dadurch hoffentlich abzuschaffen – so der Kerngedanke. In der Tat entwickelte sich WikiLeaks bald zu einer zentralen Sammelstelle für immerhin

1,2 Millionen Dokumente mit teilweise höchst brisanten Inhalten. Die Volksrepublik China, Israel, Nordkorea, Russland, Simbabwe, Thailand und die Türkei sperrten den Zugang zu WikiLeaks zeitweise, damit ihre Bevölkerung die skandalösen Enthüllungen nicht mitbekam.

Am 5. Januar 2010 lud die IT-Spezialistin Chelsea Manning – damals noch männlich als Bradley Manning in den US-Streitkräften tätig – 400.000 geheime US-Dokumente über den Irakkrieg aus der CIDNE-Datenbank herunter und brannte sie auf CDs.[164] Drei Tage später fügte sie nochmals 91.000 Dokumente über Afghanistan hinzu. Laut Mannings Aussage geschah dies vollkommen einsehbar für jeden anderen Soldaten. Mindestens eine CD beschriftete sie mit „Lady Gaga", um sie als Musik-CD zu tarnen. Die CDs nahm sie dann ohne irgendeine Kontrolle aus der Sicherheitszone mit. Von den CDs kopierte sie die Informationen auf die SD-Speicherkarte ihrer persönlichen Kamera, die sie Ende Januar 2010 auf einen zweiwöchigen Heimaturlaub in die USA mitnahm. Nach vergeblichen Kontaktaufnahmen mit den Tageszeitungen Washington Post und New York Times stieß sie rund um den 18. Februar 2010 auf WikiLeaks und übermittelte im Laufe der Zeit zahlreiche diplomatische Depeschen, darunter Dokumente über 303 Fälle von Folter durch die Besatzungstruppen im Irak im Jahr 2010. Ende November veröffentlichte sie auf Wikileaks eine ganze Reihe entlarvender Depeschen US-amerikanischer Botschafter.

Die Nachrichten der US-Diplomaten bezogen sich auf 30 Länder bzw. Regionen: Ägypten, Afghanistan, Afrika, Bolivien, China, Dänemark, Deutschland, Großbritannien Indien, Iran, Irak, Israel, Italien, Japan, Jemen, Kirgisistan, Kongo, Kuba, Mexiko, Nicaragua, Nordkorea, Österreich, Russland, Saudi-Arabien, Schweden, die Schweiz, Sudan, Tunesien, die Türkei und die Vereinigten Arabischen Emirate sowie natürlich auf die USA selbst.

Die Brisanz der für die Öffentlichkeit nicht bestimmten diplomatischen Depeschen lässt nichts zu wünschen übrig. Nachfolgend nur einige wenige Beispiele, um das Ausmaß klarzumachen:[165]

Afrika: In einer Direktive von Hillary Clinton an ihre Diplomaten ordnet diese die Beschaffung biometrischer Daten über politische Führer der Länder Kongo, Uganda, Ruanda und Burundi an. Außerdem sollen bestimmte Gesichtspunkte, wie Gesundheitszustand und Meinung zu den USA festgehalten werden.

China spielt in 3.297 Dokumenten eine Rolle. Eine Depesche vom Oktober 2008 zeigt Chinas Bereitschaft, US-Schulden als politisches Druckmittel über Waffenverkäufe nach Taiwan zu nutzen. China hat über die Jahre 900 Milliarden US-Dollar an Schuldscheinen aufgekauft. Nach dem Zusammenbruch von Lehman Brothers traf sich der stellvertretende Direktor Liu Jiahua des staatlichen chinesischen Devisenamtes mit dem Botschafter. Dabei äußerte er Bedenken über die Kreditvergabe an US-Banken, sowie über die Fähigkeit der USA ihre Schulden zu bezahlen. Der Verkauf von Waffen an Taiwan mache es schwieriger für die chinesische Regierung ihre Politik in der Öffentlichkeit zu rechtfertigen. Ein Chinese kontaktierte die US-Botschaft in Peking mit der Information, dass das Politbüro der Kommunistischen Partei verantwortlich sei für die Anstiftung des Google Hack-Zwischenfalls im Januar 2010, welcher ein Teil einer breiteren „koordinierten Kampagne von Computersabotage sei, durchgeführt von Regierungsteilen, privaten Sicherheitsexperten und Internet-Hackern, die von der chinesischen Regierung" rekrutiert worden seien, um die USA und ihre westlichen Verbündeten anzugreifen.

Deutschland: Es befinden sich unter den Dokumenten 1.719 Berichte und Lagebeurteilungen der US-Botschaft in Berlin. Im Zusammenhang mit der Bundestagswahl 2009 sind viele Einschätzungen über deutsche Politiker entstanden. Eine Depesche vom 9. Oktober 2009 berichtete, dass Informationen und Dokumente aus den Koalitionsverhandlungen des Kabinetts Merkel, im Besonderen über die Pläne von Guido Westerwelle zur Beendigung der nuklearen Teilhabe, an die Berliner US-Botschaft gingen. Auch früher sollen schon interne FDP-Parteidokumente übermittelt worden sein. Der Informant wurde als „junger, aufstrebender Parteianhänger" der FDP bezeichnet. Im Interview rechtfertigt der Botschafter Philip D. Murphy dies als normale diplomatische Arbeit. Am 2. Dezember 2009 stellte sich heraus, dass es sich bei dem Mann um Helmut Metzner, den Büroleiter Westerwelles, handelte. Die FDP erklärte: Es hat sich „ein für die internationalen Kontakte zuständiger Mitarbeiter der FDP-Bundesgeschäftsstelle offenbart, der auf Bitten der Botschaft in eigener Verantwortung und im Rahmen seiner Tätigkeit wie zahlreiche Mitarbeiter anderer Parteien auch mit der US-Botschaft im Gesprächskontakt stand und frei zugängliche Auskünfte erteilte."[166]

Metzner wurde zuerst von seinem Posten suspendiert, und wenige Tage später wurde das Ende seines Arbeitsverhältnisses bekannt. Aus mehreren Depeschen aus dem Jahr 2009 wurden Details über das Satellitenprojekt HiROS bekannt. Die Satelliten sollen sowohl zur Umweltüberwachung und zum Katastrophenschutz als auch als Spionagemittel des deutschen Bundesnachrichtendienstes und der US-Regierung genutzt werden. Aus den Depeschen geht hervor, dass der Bundesnachrichtendienst Hauptkunde bei dem Projekt war. Ihm wurden 30 Prozent der geplanten Kapazitäten zugeschrieben. Die US-Botschaft in Berlin wertete das HiROS-Projekt als Versuch, „Frankreichs Dominanz auf dem lukrativen und wachsenden Weltmarkt für Satellitendaten herauszufordern". Nach Bekanntwerden der Depeschen wollte die Bundesregierung das Projekt nicht mehr mit einer dreistelligen Millionensumme unterstützen, wie es ursprünglich geplant war.

Österreich: 1.700 Depeschen kommen aus der Botschaft der Vereinigten Staaten in Wien. Eine Depesche berichtet über die „Windstille" in Österreichs Außenpolitik. Bundeskanzler Faymann, Außenminister Spindelegger sowie Verteidigungsminister Darabos werden darin scharf kritisiert. Zudem soll die österreichische Bank Raiffeisen Investment Holding AG in einer Geschäftsbeziehung zum osteuropäischen Mafiaboss Semjon Mogilewitsch stehen. Auch die seit 2007 zur UniCredit Group gehörende Bank Austria soll verdächtige Transaktionen zugunsten Nordkoreas und der Hamas-nahen Organisation „Palästinensische Vereinigung in Österreich" durchgeführt haben. Darüber hinaus soll es in periodischen Abständen hohe Zahlungen an die iranische Nationalbank gegeben haben, welche mit dem iranischen Atomprogramm in Verbindung gebracht werden. Österreichische Firmen, allen voran ein 24-jähriger Unternehmer aus der Steiermark, sollen auch den Iran mit Waffen und sensiblen Hightechkomponenten (sogenannte Dual-Use-Güter) für das iranische Raketen- und Atomprogramm versorgt haben. Heimische Ministeriumsmitarbeiter hätten allerdings mit dem britischen Auslandsgeheimdienst und den US-Behörden kooperiert und die US-Botschaft „heimlich über bereits beantragte Waffenexporte" informiert.

Schweiz: Aus den Depeschen wird deutlich, dass die Libyen-Affäre um die beiden Schweizer Geiseln, die fast zwei Jahre lang in Libyen festgehalten wurde, weitaus brisanter war, als zuvor angenommen. Die Schweiz wollte ihr Vetorecht als Schengen-Mitglied nutzen und somit Mitgliedern des libyschen Regimes die Einreise nach Europa zu verwehren. Allerdings lehnten Staaten wie Portugal oder Italien den politischen Gebrauch des Vetos ab und leisteten den Schweizern kaum noch Hilfe. Als Libyen im Gegenzug allen Bürgern aus Schengen-Staaten die Einreise verweigerte, drohte aus der schweizerisch-libyschen eine gesamteuropäische Affäre zu werden. Der US-Botschafter in der Schweiz sprach von einer „hochkarätigen Krise" und dass Deutschland das einzige EU-Land sei, das noch hinter der Schweiz stehe.

Türkei: 11.086 Depeschen (!) beziehen sich auf die Türkei. Demnach hegen die US-Diplomaten erhebliche Zweifel an der Verlässlichkeit der Türkei. Es bestünde die Sorge, dass sich das Land immer weiter vom Westen entferne. Der damalige Außenminister Ahmet Davutoğlu übe einen islamistischen Einfluss auf Ministerpräsident Recep Tayyip Erdoğan aus, der sich nahezu ausschließlich über islamistische Zeitungen informiere. Außerdem behauptet der ehemalige Botschafter in der Türkei, Eric Edelman, Erdoğan verfüge über acht Konten bei Banken in der Schweiz. In einer Depesche aus 2006 wird berichtet, dass die Türkei von 2002 bis Februar 2006 die Erlaubnis gab, die Incirlik Air Base als Auftankstopp für Gefangenentransportoperationen der Operation Fundamental Justice zu verwenden. Offiziell hatte die Türkei das stets abgestritten.

Besonders aufschlussreich sind die Nachrichten und Einschätzungen der US-Diplomaten über das eigene Land. So hat sich die Drogenbekämpfungsbehörde (DEA) mehreren Depeschen zufolge zusehends zu einer globalen Organisation entwickelt, deren Arbeit immer mehr traditionellen Nachrichtendiensten ähnelt. Im August 2009 hat der panamaische Staatschef Ricardo Martinelli dem US-Botschafter in seinem Land eine Nachricht geschickt. „Ich brauche Hilfe, um Telefone anzuzapfen" schrieb Martinelli und bat die DEA um Unterstützung beim Vorgehen gegen seine politischen Rivalen. Ein ähnliches Hilfegesuch stellte die Regierung Paraguays Anfang 2010.

Auch große Organisationen standen offenbar im Fokus der US-Diplomaten, wie die Enthüllungen auf WikiLeaks zutage förderten. Darunter waren die Katholische Kirche, die EU, die NATO und die UNO. So ordnete die damals amtierende US-Außenministerin Hillary Clinton in einer Direktive an ihre Diplomaten die Beschaffung der DNA des damaligen UN-Generalsekretärs Ban Ki-moon an. Außerdem sollten Details zu Telekommunikationsinfrastruktur, Passwörter, Verschlüsselungs-Keys für VPN, die UNO-Mitarbeiter zur offiziellen Kommunikation nutzen, sowie Kreditkarten- und Vielfliegernummern beschafft werden.

Diese wenigen Auszüge lassen erkennen, wie wichtig es für die USA gewesen wäre, dieses Material vor einer Veröffentlichung zu schützen. Indes, es ist ihnen nicht gelungen. Ganz nebenbei zeigen die Depeschen im Übrigen eine deutliche Kontinuität bei den Zielen amerikanischer Außenpolitik. Was sich unter Präsident Barack Obama zu verschieben schien, waren die Methoden: Während Präsident Georg Bush eher auf einen für jedermann sichtbaren „knallharten Diplomatiekurs" setzte, ging sein Nachfolger deutlicher raffinierter vor, charmant und verhandlungsstark nach außen hin, aber durchaus unnachgiebig und skrupellos in der Sache. Genau dieses Verhalten war auch im NSA-Abhörskandal zu beobachten. Sein Amtsnachfolger Donald Trump agierte übrigens wieder deutlich aggressiver, der amtierende US-Präsident Joe Biden verhaltener. Zurück ins Jahr 2011.

Im April 2011 kam es zur Offenlegung von weiteren Informationen auf WikiLeaks, unter anderem über das Gefangenenlager Guantanamo. Chelsea Mannings wurde bereits im Mai 2010 verhaftet und Ende Juli 2013 zu 35 Jahren Freiheitsstrafe verurteilt. Am 17. Januar 2017 erließ US-Präsident Barak Obama den Großteil des Strafmaßes und seit 17. Mai 2017 war Chelsea Mannings beinahe zwei Jahre auf freiem Fuß. Am 8. März 2019 wurde sie wieder inhaftiert, bis sie im März 2020 aus der Beugehaft entlassen wurde und seitdem in Freiheit lebt.[167]

WikiLeaks-Gründer Julian Assange lebte seit August 2012 sieben Jahre lang als politischer Flüchtling in der Botschaft Ecuadors, nachdem ein internationaler Haftbefehl gegen ihn erlassen wurde. Die polizeiliche Verfolgung geht auf Vergewaltigungsvorwürfe aus Schweden im Herbst 2010 zurück. Assange spricht von einem Komplott gegen ihn, um ihn an die US-Behörden auszuliefern und zu verurteilen. Immerhin hat er mit der Veröffentlichung zahlreicher kompromittierender Dokumente auf WikiLeaks den USA schwersten Schaden zugefügt und zugleich der Welt die Augen über die wahren Motive und das skrupellose Vorgehen der Vereinigten Staaten von Amerika geöffnet. Am 19. Mai 2017 gab die schwedische Staatsanwaltschaft die Einstellung des Verfahrens bekannt. Im April 2019 wurde Assange in der Botschaft von der britischen Polizei festgenommen und zu einer Haftstrafe von fünfzig Wochen verurteilt. Die Vereinigten Staaten haben Großbritannien um seine Auslieferung ersucht. Auf alle Anklagepunkte der US-Anklageschrift steht eine Maximalstrafe von 175 Jahren Haft, schlimmstenfalls sogar die Todesstrafe.[168] Vierzig Menschenrechtsorganisationen forderten die britische Regierung auf, Assange unverzüglich freizulassen und seine Auslieferung an die USA zu verhindern.[169] Doch wer den Staat derart vorführt wie Julian Assange, darf wohl nicht auf Gnade hoffen.

Julian Assanges Mitstreiter Daniel Domscheid-Berg veröffentlichte das autobiografische Buch „Inside WikiLeaks: Meine Zeit bei der gefährlichsten Website der Welt" (englischer Titel „Inside WikiLeaks, My Time with Julian Assange at the World's Most Dangerous Website"), aus dem hervorgeht, dass es die WikiLeaks-Story mit jedem Politik-Thriller aufnehmen kann. Am Ende bleibt hängen: Die USA und weitere Staaten haben alles unternommen, um zu verhindern, dass ihre geheimsten Dokumente an die Öffentlichkeit gelangten – vergeblich. Ob sich die Behörden ebenso anstrengen, wenn es um den Schutz der Daten ihrer Bürger geht, darf bezweifelt werden. So oder so – ein wirklicher Schutz ist offenbar unmöglich.

Elektronische Patientenakte stößt auf Skepsis

Anfang 2021 wurde die sogenannte elektronische Patientenakte (ePA) für gesetzlich Versicherte im deutschen Gesundheitswesen eingeführt. Die Idee: Alle Behandlungsdaten mit Röntgenbildern oder Medikamenten sind digital auf einen Blick verfügbar. Doch das Konzept stieß von Anfang an auf erhebliche Widerstände bei allen Beteiligten: den Ärzten, den Apotheken und vor allem auch den Patienten. Zu groß war das Misstrauen, der Datenschutz wäre nicht ausreichend gewahrt und die medizinischen Daten könnten in falsche Hände gelangen.

Dabei war der Aufwand zur Digitalisierung im deutschen Gesundheitswesen enorm. Damit die e-Patientenakte überhaupt genutzt werden konnte, wurden Arztpraxen und Apotheken an eine Telematikinfrastruktur (TI) angeschlossen, die von der Firma Gematik betrieben wird. Die Gematik GmbH war 2005 von den Spitzenorganisationen des deutschen Gesundheitswesens gegründet worden, um gemäß gesetzlichem Auftrag die Einführung, Pflege und Weiterentwicklung der damaligen elektronischen Gesundheitskarte (eGK) und ihrer Infrastruktur in Deutschland voranzutreiben die Interoperabilität der beteiligten Komponenten sicherzustellen. Die Gesellschafter der Gematik waren das Bundesministerium für Gesundheit (BMG), die Bundesärztekammer (BÄK), die Bundeszahnärztekammer (BZÄK), der Deutsche Apothekerverband (DAV), die Deutsche Krankenhausgesellschaft (DKG), der Spitzenverband der Gesetzlichen Krankenversicherungen (GKV-SV), die Kassenärztliche Bundesvereinigung (KBV) und die Kassenzahnärztliche Bundesvereinigung (KZBV). Die Gematik hatte die Arztpraxen mit Konnektoren, eine Art Lesegerät, und Heilberufsausweisen, die den Zugang zur TI ermöglichen, ausgestattet, damit die ePA überhaupt funktionierte – diese Technik zählte zur Telematikinfrastruktur 1.0, kurz TI 1.0. Doch gerade, als bis Anfang 2021 viele Praxen in diese Technik investiert hatten und angeschlossen waren, wurde eine neue Telematikinfrastruktur TI 2.0 mit neuen Konnektoren bis 2025 in Aussicht gestellt. Das hatte gute Gründe: Die 2021 eingeführte TI 1.0 galt schon zum Start als unsicher, so dass zügig eine neuere, vermeintlich sicherere Lösung her sollte. Ob TI 1.0 oder 2.0 – in beiden Fällen werden die sensiblen Gesundheitsinformationen der Patienten in einer Cloud gespeichert.[170] Es liegt auf der Hand, dass diese Gesundheitscloud die Hacker scharenweise anziehen wird. So war es verständlich, dass das Misstrauen gegen diese elektronische Patientenakte von Anfang an groß war. Wie wenig sorgfältig der Staat mit den Daten seiner Bürger umgeht, konnte man schon lange vor 2021 beobachten – beispielsweise bei den Kommunen.

Kommunen verkaufen ihre Bürger

Was die Wirtschaft kann, sollte auch den deutschen Kommunen erlaubt sein, wenn es nach dem Städte- und Gemeindebund geht: Mit ihren unzähligen Datenbeständen Geld verdienen. „Auch die Städte und Gemeinden müssen sich noch mehr klar machen, dass Daten das Öl des 21. Jahrhunderts sind und sich damit wichtige Einnahmen erzielen lassen", erklärte der Hauptgeschäftsführer Gerd Landsberg des Städte- und Gemeindebundes.[171]

Die Kommunen verfügen über „wertvolle Datensätze", die sie in anonymisierter Form nicht mehr nur kostenlos zur Verfügung stellen, sondern selbst zum Vorteil der Bürgerinnen und Bürger nutzen sollten, meint Gerd Landsberg. Ziel ist wohl die Einführung eines „Konzessionsmodells", bei dem Unternehmen mit den Daten der Kommunen, zum Beispiel Mobilitätsdaten oder Luftbildern, arbeiten und dafür bezahlen könnten. Personenbezogene Daten sollen allerdings – zumindest vorläufig – nicht zum Verkauf angeboten werden. Wie lange Personendaten außen vor bleiben, weiß man nicht.

Die Bundesdatenschutzbeauftragte Andrea Voßhoff zeigte sich dementsprechend alarmiert. Zwar musste sie zugeben, dass sie gar keine Zuständigkeit besitzt, solange es nicht um personenbezogene Daten geht – nur solche wären aus datenschutzrechtlicher Sicht problematisch – aber dennoch warnte sie davor, entsprechende Maßnahmen pauschal als unbedenklich abzustempeln. „In heutigen Zeiten von Digitalisierung und Big Data existieren Möglichkeiten, auch vermeintlich anonyme und damit harmlose Daten so zu verknüpfen, dass plötzlich doch wieder Rückschlüsse auf einzelne Personen erfolgen können", erkennt die Bundesdatenschutzbeauftragte zu Recht.[172]

Auch der Deutsche Städtetag war skeptisch. „Städte stellten zum Beispiel Geodaten immer häufiger kostenfrei zur Verfügung", sagte Hauptgeschäftsführer Helmut Dedy.[173]

Dies biete sowohl für die Städte als auch die Bürger bereits einen Mehrwert. „Diese Daten können dann von Privatpersonen oder Unternehmen genutzt und aufbereitet werden. So entstehen beispielsweise 3D-Bilder, visualisierte Entwürfe von Architekten oder Simulationen über Verkehrsflüsse."[174]

Weite Teile der Politik warnen die Kommunen davor, in das Geschäft der Kommerzialisierung persönlicher Daten der Bürgerinnen und Bürger einzusteigen. Vielmehr sollten sich die Kommunen auf die Bereitstellung von mit öffentlichen Geldern entstandenen Daten und Informationen konzentrieren, um so wirtschaftliche Impulse zu setzen. In der Tat gibt es ein großes Potenzial für die kostenfreie Nutzung kommunaler Daten. Informationen darüber, wann wo wie viele Menschen sind, können genutzt werden, um Strom bei der Straßenbeleuchtung zu sparen, um nur ein Beispiel zu nennen. Daten von öffentlichen Verkehrsbetrieben können und sollten genutzt werden, um Straßen- und Tiefbau zu optimieren, lässt sich ein weiteres Beispiel formulieren.

Das Fatale am Datenverkauf der Kommunen besteht im Grunde in der fehlenden Möglichkeit, sich dagegen zu wehren. Wir können uns – zumindest theoretisch – dagegen entscheiden, bei Facebook ein Profil anzulegen oder über Google zu suchen, aber wir haben kaum eine Handhabe, staatlichen Datenerhebungen zu widersprechen. Wir müssen dem Staat unsere Daten in dem Maße geben, wie es der Gesetzgeber festlegt – ob wir wollen oder nicht. Umso unverfrorener ist es, wenn der Staat –

egal ob Bundesbehörden oder Kommunen – genau diese (unsere) Daten zum käuflichen Erwerb anbietet. Das ist natürlich kein „klassisches Hacking", aber wenn man es genau überdenkt, stellt es durchaus eine Art Hackerangriff dar: Der Staat zwingt uns Daten an ihn herauszugeben und verkauft diese, um damit Geld zu verdienen, ohne uns zu fragen.

Wir geben den Firmen unsere Daten freiwillig

Man mag es dem Staat vorwerfen, dass wir gezwungen sind, ihm unsere Daten anzuvertrauen. Allerdings ist dem entgegenzuhalten, dass wir viele – sehr viele – Daten schlichtweg freiwillig herausrücken – nicht an staatlichen Behörden, sondern an Unternehmen wie Facebook oder Google.

Spionage als Geschäftsmodell

Man muss sich klar machen: Die beiden zu Milliardenkonzernen gewachsenen Platzhirsche im Digitalmarkt – Facebook und Google – verkaufen keine greifbaren Produkte und erbringen auch keine Dienstleistungen im klassischen Sinne. Vielmehr organisieren sie die Daten, die ihnen andere mehr oder minder freiwillig selbst zur Verfügung stellen. Das Google-Prinzip bestand praktisch von Anfang an darin, das World Wide Web durch Computerprogramme nach neuen Webseiten zu durchforsten und mit Schlagworten zu kennzeichnen. Die Betreiber dieser Webseiten wurden und werden nie gefragt, ob sie damit einverstanden sind und sie erhalten keinerlei Bezahlung dafür. Diese Schlagworte nutzt Google, um bei Anfragen nach diesen Begriffen auf die entsprechenden Webseiten zu verweisen. Die Bedeutung der Seiten für ein Thema leitet sich – vereinfacht ausgedrückt – durch die Tätigkeit der Nutzer selbst ab. Das bedeutet, je mehr Verweise auf einer Seite existieren und je häufiger eine Seite zum jeweiligen Thema aufgerufen wird, umso relevanter erfolgt die Einstufung. Den genauen Algorithmus des sogenannten Page Rankings, benannt nach dem Google-Mitgründer Larry Page, behandelt das Unternehmen als Betriebsgeheimnis.[175] Die Webseiten-Betreiber zahlen nicht für die Aufnahme in die Datensammlung, die Nutzer nicht für die Suche – wie also verdient Google eigentlich Geld? Die Antwort ist frappierend einfach und geradezu trivial: über Kleinanzeigen. Neben dem Page Ranking erscheinen, passend zum jeweiligen Suchbegriff, kleine Textanzeigen. Wer beispielsweise nach „Hausfinanzierung" sucht, erhält von diversen Finanzinstituten Kleinanzeigen eingeblendet, die nichts mit der Bedeutung – der Relevanz – nach dem Page Ranking zu tun haben, sondern von den Anbietern schlichtweg bezahlt werden.

2019 beliefen sich die Online-Werbeumsätze allein von Google auf 113,3 Milliarden Dollar.[176] Das ist deutlich mehr als der gesamte deutsche Werbemarkt, der im selben Jahr bei rund 48,3 Milliarden Euro lag.[177]

Bereits 2018 kritisierte Tim Cook, CEO des größten Digitalkonzerns Apple, das Verhalten seiner Branche mit harschen Worten: „Zahllose Entscheidungen werden heute auf Basis unserer Vorlieben und Abneigungen gemacht, unserer Hoffnungen und Träume". Mit der Datensammlung würden dauerhafte Profile von Nutzern erzeugt und die verantwortlichen Firmen „kennen dich besser als du dich selbst". Dabei drohe jedoch wachsende politische Polarisierung, denn aus harmlosen Vorlieben würden rasch verhärtete Überzeugungen. „Wir lesen jeden Tag Bericht über den tödlichen Effekt solcher enger Weltsichten", sagte Cook. Die Schuld schob er dem Datenhandel zu:

„Das ist Überwachung. Das sollte uns sehr unangenehm sein. Es sollte uns verstören."[178]

Drei Jahre später, 2021, kritisierte der Apple-Chef insbesondere die sozialen Plattformen. Ohne Facebook namentlich zu nennen, sagte er: „Wenn ein Unternehmen auf das Irreführen von Nutzern, Datenausnutzung und Entscheidung, die gar keine sind, aufbaut, dann verdient es unser Lob nicht. Es verdient Verachtung."[179] Natürlich wollte der CEO von Apple damit auch sein Unternehmen von konkurrierenden Digitalkonzernen abgrenzen. Das mindert jedoch nicht die Wahrheit in seiner Aussage: Die Datenschnüffelei macht Unternehmen wie Google oder Facebook zwar im Unterschied zu Hackern nicht im juristischen Sinne zu Verbrechern, aber die Auswirkungen auf unsere computerisierte Zivilisation sind beinahe ebenso verheerend. Die fortschreitende Entwicklung, die unsere Welt zusehends mit einem digitalen Nervensystem umspannt, verschlimmert diese Situation.

Ein digitales Nervensystem umspannt die Welt

Eine weitreichende Allianz nahm bereits vor einigen Jahren ihren Lauf: die Verbindung des Internets der Dinge mit Cloud Computing und der Künstlichen Intelligenz. Vereinfacht ausgedrückt könnte man auch schreiben, das Internet der Dinge sorgt für immer mehr Daten, die aus einem umfassenden Sensornetz kommen, die in der Cloud gespeichert und durch Künstliche Intelligenz ausgewertet werden. So entsteht ein weltumspannendes digitales Nervensystem mit Milliarden von angeschlossenen Mikrofonen, Kameras, Gesichtserkennern, Lippenlesern, Nutzungs- und sonstigen Sensoren, die uns Menschen und unsere Umwelt permanent erfassen, sofort speichern und andauern interpretieren.

Wenn sich Cloud und KI verbünden

Kein menschliches Gehirn wäre in der Lage, die dabei anfallenden gigantischen Datenmengen überhaupt zu erfassen, geschweige denn daraus entsprechende Schlussfolgerungen zu ziehen. Genau das jedoch leistet eine KI-Software, die auf immer leistungsfähigeren Computern immer mehr Informationen verarbeiten und daraus tatsächlich „intelligente" Schlüsse ziehen kann. Wenn dem so ist, stellt sich natürlich die Frage, ob es nicht sinnvoll ist, immer mehr Denk-, Steuerungs- und Regulierungsaufgaben an diese Art von Maschinen abzutreten.

In diversen Filmen und auch in der Literatur existieren bereits seit Jahrzehnten eine Reihe von Science-Fiction-Visionen, die jeweils von einer Gesellschaft erzählen, die wiederum von einem „höheren Wesen" beherrscht wird, das sich letztlich als ein gewaltiger Supercomputer entpuppt. Niemand kann ausschließen, dass diese Vision nicht eines Tages zur Realität wird, vor allem nicht, wenn wir die technologische Entwicklung der letzten Jahre beobachten. Extrapoliert man diese aktuellen Entwicklungen, erscheint diese Form der Machtübernahme durchaus glaubwürdig. Natürlich handelt es sich dabei um kein Szenario, das von heute auf morgen geschieht, doch die Perspektive ist unzweifelhaft vorhanden.

Eine Schlüsselrolle spielen dabei immer größere Daten- und Rechenzentren, die gemeinsam eine Cloud bilden. Über 80 Prozent des weltweiten Datenverkehrs zwischen Rechenzentren kam im Jahr 2020 aus der Cloud. Vier von fünf Datenzentren verarbeiten Clouddaten.[180] Grundlage bildet die Annahme, dass sich zwischen 25 und 75 Milliarden Geräte mit Internetanschluss weltweit im Einsatz befinden. Das erzeugte Datenvolumen wird auf mehr als 40 Zettabyte (40 mit 21 Nullen dahinter) pro Monat geschätzt.[181]

Grundlage für diese Einschätzungen bildet die Annahme, dass in den nächsten Jahren weite Teile der Wirtschaft ihre Datenspeicherung und Datenverarbeitung in die Cloud legen werden. Die Funktions- und vor allem die Kostenvorteile der Cloudservices gegenüber firmeneigenen Rechenzentren sind derart hoch, dass Konzerne wie Mittelständler ihre bisherige Zurückhaltung gegenüber Cloudlösungen zügig ablegen werden.

Darüber hinaus wird sich das "Internet of Things" (IoT) in den 2020er Jahren massiv ausbreiten und für heute noch kaum vorstellbare Datenströme sorgen. Künftig wird jede Maschine, jedes Haushaltsgerät und so weiter mit dem Internet verbunden sein. Allein die Digitalisierung der Kraftfahrzeuge und die Verbreitung von mobilen Zahlungssystemen werden enorme Datenmengen produzieren. Wir reden nicht davon, dass das Auto eine Internetverbindung bereitstellt, wenn gelegentlich ein Mitfahrer surfen will, sondern davon, dass der Wagen im Millisekundentakt Informationen an den Hersteller und die Verkehrsinfrastruktur übermittelt, die Musik via Streaming ankommt und die Windschutzscheibe fortlaufend mit Virtual Reality aktualisiert wird. Im Jahr 2020 kamen Schätzungen zufolge rund zwei Milliarden Machine-to-Machine-Internetverbindungen zustande.[182]

Als ein wesentlicher Treiber des „Internet of Things" gilt die Markenartikelindustrie. Jede Zahnbürste, jeder Rasierer und jede Kaffeemaschine, die der Hersteller mit einem Internetanschluss und einer mobilen App versieht, adressiert eine neue Zielgruppe, die zudem gerne bereit ist, für die Innovation einen Aufpreis zu bezahlen, so eröffnet sich ein neuer Milliardenmarkt. Strategisch noch wichtiger ist die Erkenntnis, dass sich aus den von den Geräten übermittelten Daten neue Geschäftsmodelle entwickeln lassen, die unter Umständen noch größer als der Ursprungsmarkt sein können. Viele Industrievorstände sind beeindruckt, wie es AirBnB und Uber gelingt, aus den gesammelten Daten über Big Data- und Smart Data-Analysen neue Geschäftsmodelle zu entwickeln und betrachten das durchaus als Vorbild für ihre eigene Zukunft. Bei diesen Datenvolumina wird es eng in den Rechenzentren.

Bei der Cloudnutzung ist natürlich stets zu bedenken, dass gemäß dem „Foreign Intelligence and Surveillance Amendments Act" – der, zusammen mit dem „Patriot Act", nach dem 11. September 2001 von den USA beschlossen wurde – sämtliche US-Infrastrukturdienste dem dortigen Heimatschutzrecht unterliegen.[183] Dadurch können die US-Geheimdienste Cloudanbieter dazu zwingen, Datensätze ausländischer Bürger preiszugeben. Eine Erklärung des Cloudanbieters, dass die Datenzentren in Europa stehen und somit den Datenschutzrichtlinien der Europäischen Union genügten, reicht bei Weitem nicht aus. Insbesondere bei US-Anbietern ist Vorsicht geboten, weil sich die US-Regierung bei amerikanischen Firmen selbst dann den Zugriff auf die Server erlaubt, wenn diese im Ausland, also beispielsweise in der EU, stehen.

Kampf um die Daten

Im Frühjahr 2018 unterzeichnete der damalige US-Präsident Donald Trump den sogenannten „Cloud Act" und erklärte damit die „globale Datenhoheit" der USA zum geltenden Recht. „Cloud Act" steht für „Clarifying Lawful Overseas Use of Data Act" und dahinter steckt nichts anderes als der Anspruch der Vereinigten Staaten von Amerika auf alle Daten dieser Welt. Die US-Regierung räumt sich selbst das Recht ein, bei Bedarf auf alle digitalen Informationen der Weltbevölkerung jederzeit zuzugreifen. Die geheime Bespitzelung wurde legalisiert und ist heute geltendes Recht.[184]

Die US-Regierung ignoriert dabei bewusst das Rechtswesen aller anderen Länder. So steht der Cloud Act der im Mai 2018 in der Europäischen Union in Kraft getretenen Datenschutz-Grundverordnung diametral entgegen. Während die EU dazu ansetzt, die Privatsphäre ihrer Bürger zu schützen, erklären die USA praktisch zeitgleich diesen Schutz für obsolet. Der Datenkrieg zwischen Europa und den USA ist entfacht und er wird einen weltweiten Flächenbrand auslösen.

Wie verhält es sich mit China und Russland? Beide Staaten fielen in der digitalen Welt vor allem durch Hackerangriffe auf westliche Staaten und Unternehmen auf. Was aber soll die chinesische oder die russische Regierung darin hindern, diese bislang geheimen Angriffe ganz ähnlich wie die USA alsbald zum geltenden Recht zu erklären? Genau wie die USA werden vermutlich sowohl China als auch Russland künftig Anspruch auf die digitale Weltbevölkerung erheben. Wer sollte sie daran hindern?

Mit dem „Cloud Act" hat US-Präsident Donald Trump 2018 eine Entwicklung vollendet, deren Wurzeln bis in das Jahr 1968 zurückreichen.

Das Internet der Dinge umschlingt uns alle

Das Internet of Things steht für eine Vision, in der das Internet in die reale Welt verlängert wird und viele Alltagsgegenstände ein Teil des Internets werden.

Die Vernetzung durch das Internet of Things ist schon längst dabei, uns alle zu betreffen. Für die Wirtschaft stehen dabei über den technologischen Fortschritt hinaus vor allem neue Geschäftsmodelle im Vordergrund, die durch die Vernetzung, die damit anfallenden Daten und deren Auswertung entstehen.

Wirtschaftlich besonders attraktiv sind weitgehend oder ausschließlich datenbasierte Geschäftsmodelle, die der Maxime „Daten sind die neue Währung" folgen. Unternehmen wie Facebook, Google oder Twitter haben eindrucksvoll demonstriert, wie sich mit dem reinen Datengeschäft Milliardenkonzerne aufbauen lassen, AirBnB und Uber zeigten uns schon jetzt, wie ein datenbasierter „Frontalangriff" auf herkömmliche Geschäftsmodelle, wie die Hotelbranche und das Taxigewerbe, erfolgreich funktioniert, wenn auch noch unklar ist, wie lange der Erfolg anhält angesichts der juristischen Auseinandersetzungen, die noch lange nicht beendet sind.

Marktforschungsunternehmen beziffern den Markt für Big Data auf über 200 Milliarden Euro. Es ist wohl davon auszugehen, dass sich diese IoT/Big Data-Entwicklung sukzessive auf alle Lebensbereiche ausweitet. Für die Wirtschaft bieten sich dadurch immense neue Chancen und für die Verbraucher mindestens ebenso viele Risiken – beispielsweise die Gefahr, dass alle diese Daten von Kriminellen entwendet und missbraucht werden.

Mit „Risiken" ist nämlich insbesondere gemeint, dass das Internet of Things praktisch alle Gegenstände, Geräte und Maschinen für Angriffe über das Netz öffnet. Vor diesem Hintergrund fällt dem Thema Sicherheit eine Schlüsselrolle in beinahe allen Lebensbereichen zu. Daher muss Sicherheit bei der Entwicklung jedes Geräts bereits im Entwurf berücksichtigt werden. Dabei ist vor allem Software-Know-how gefragt, das bei vielen Geräteherstellern (noch) nicht zu deren Kernkompetenzen zählt. Der in vielen Firmen notwendige Wandel vom Maschinenbauer zum Softwarehersteller stellt eine Herausforderung dar und es bleibt abzuwarten, wie gut diese Entwicklung gemeistert wird.

Einen geradezu entlarvenden IoT-Service entwickelte Amazon 2021 unter dem Projektnamen „AWS Thor" in Anlehnung an Amazon Web Services (AWS) und den nordischen Donnergott Thor; der Service soll mutmaßlich unter dem Namen „Monitron" an den Start gehen. Während es Google und Facebook vor allem auf das Ausspionieren der Menschen anlegen, soll Monitron eine weltweite Maschinenüberwachung bewerkstelligen. In internen Dokumenten aus dem Jahr 2021 hieß es dazu: „Thor ist ein maschineller Lerndienst, der mithilfe von Temperatur-, Schall- und Vibrationsmessungen vorhersagt, wann eine Maschine wahrscheinlich gewartet werden muss, bevor ein Fehler auftritt. Dadurch können Kunden die Wartung besser planen und unerwartete Leistungsabfälle der Maschinen vermeiden."[185] Die Überwachung erfolgt durch ein Gerät mit Vibrations- und Temperatursensor das an den Maschinen angebracht wird und die Daten mittels Bluetooth drahtlos übermittelt.[186] Die Analyse der Daten, die in den Amazon-Planungsdokumenten etwas verbrämt als „maschineller Lerndienst" bezeichnet werden, erfolgt durch Künstliche Intelligenz (KI). Ein globales Netzwerk, das Maschinen aller Art überall auf der Welt zusammenführt und analysiert – ein Traum für viele Industrieunternehmen und sicherlich auch für viele Hacker.

Die intelligente Vernetzung im Internet of Things schafft eine völlig neue Gefährdungslage. Da jeder Gegenstand mit dem Internet verbunden ist, kann auch jeder Gegenstand potenziell über das Netz angegriffen, manipuliert oder sogar zerstört werden. Die Kaffeemaschine – mit Mikrofon und Kamera ausgerüstet – kann zum Spion werden, das Auto kann beinahe beliebig manipuliert werden, auch während der Fahrt. Maschinen, Alltagsgegenstände, Eisenbahnen, Flugzeuge – die Liste der potenziellen Angriffsziele ist beinahe unendlich lang.

Die Frage stellt sich also nicht, ob ein mit dem Internet verbundenes Gerät attackiert wird, sondern richtigerweise sollte es heißen: Wann wird dieser Angriff erfolgen? Über 70 Prozent aller Sicherheitsangriffe sind nicht auf die Hardware oder das Netzwerk ausgerichtet, sondern auf die Anwendungssoftware.[187] Mögliche Folgen sind betrügerische Datenmanipulationen, verbrecherischer Datendiebstahl oder gar der völlige Systemstillstand. Für kriminelle Organisationen könnte das Internet der Dinge zum Eldorado werden, denn neben dem klassischen Einbruch könnte sich als zukünftig durchaus lukratives „Geschäftsmodell" die Erpressung von Privatpersonen im großen Umfang erweisen. Denken Sie dabei an ein vollkommen lahmgelegtes Eigenheim. Nichts funktioniert mehr: Kein Strom, keine Heizung, selbst die Eingangstüre entzieht sich Ihrer Kontrolle. Wie viel wären Sie bereit zu zahlen, damit Sie wieder die Herrschaft über Ihre eigenen vier Wände erlangen?

Indes geht es nicht nur um die eigenen vier Wände, also sozusagen um die heimische Infrastruktur. Weit darüber hinaus gehend sind auch die Infrastrukturen unserer Gesellschaft betroffen. Einer besonderen Gefahrenlage sind die sogenannten Kritischen Infrastrukturen unterworfen.

Kritische Infrastrukturen

Unsere heutige und noch mehr unsere künftige Gesellschaft hängt von zwei Ressourcen stärker ab als je zuvor: der Elektrizität und dem Internet. Bricht die Stromversorgung zusammen, steht das Ende unserer Zivilisation, wie wir sie kennen bevor. Eine Übertreibung? – Mitnichten!

Wenige Stunden ohne Strom unangenehm, aber letztlich sind die Probleme überschaubar. Krankenhäuser, U-Bahnen, Fahrstühle, Alarmanlagen, die Versorgungssysteme von Polizei und Feuerwehr, auch die großen Internet-Knotenstellen sind über Notstromaggregate abgesichert.

Dennoch sind die Folgen eines auch nur kurzfristigen Stromausfalls durchaus schon spürbar. Als am 13. April 2018 im Frankfurter Internet-Datenzentrum DE-CIX (Deutscher Internet Exchange) ein Stromausfall bei dem Rechenzentrumsbetreiber Interxion auftrat, waren viele Webseiten nicht mehr erreichbar und die Datengeschwindigkeit im deutschen Internet wurde merklich langsamer. Wohlgemerkt: Es war nicht etwa der gesamte DE-CIX-Knoten ausgefallen, sondern nur ein einziges Schaltgerät, ein so genannter Switch, für etwas länger als zwei Stunden außer Betrieb.

Kaum vorstellbar sind die Szenarien, wenn der Strom über Tage, Wochen oder gar Monate hinweg ausfällt. Ohne Strom bricht die Versorgung mit Gas und Wasser binnen kurzer Zeit zusammen. Allein der Ausfall der Wasseraufbereitung führt zu einer unmittelbaren Knappheit an Wasser. Ohne Strom funktioniert auch keine Tankstelle mehr, weil das Benzin aus den Tanks nicht an die Zapfsäulen gepumpt werden kann. Direkte Folge: Der Personenverkehr kommt mangels Benzins zum Erliegen und – weitaus gravierender – ebenso der Lkw-Verkehr. Ohne Lastwagen bleiben die Regale in den Supermärkten leer, die Versorgung der Bevölkerung bricht zusammen. Sobald sich in der Bevölkerung die Erkenntnis durchsetzt, dass Wasser und Lebensmittel im wahrsten Sinne des Wortes Mangelware werden, bricht das Chaos aus. Der Kampf ums Überleben beginnt, das Recht des Stärkeren führt zum Ende der Zivilisation. Man muss nämlich bedenken: Ohne Strom sind auch Polizei, Feuerwehr, Ambulanzen und alle weiteren Hilfs- und Rettungsdienste kaum einsatzfähig. Bei den meisten Feuerwehrstationen öffnen sich nicht einmal die Tore ohne Strom, die Wagen bleiben nutzlos in den Hallen stehen. Sobald klar wird, dass die Alarmanlagen nicht mehr funktionieren und selbst wenn, doch keine Polizeikräfte anrücken, werden wir marodierende Banden erleben, die zunächst Juweliere und sonstige Ladengeschäfte ausrauben und alsbald ganze Bürohäuser und Villen ausräumen. Ohne Strom kommt die Zivilisation zu ihrem Ende.

Ähnlich verhält es sich beim Internet. Spätestens seit dem Internet der Dinge (Internet of Things) werden immer mehr Geräte, Systeme, Anlagen und Komponenten mit dem Internet verbunden und davon abhängig. Das gilt nicht nur für Smartphones, Computer und Fernseher, sondern auch für Autos, maschinelle Anlagen und immer mehr Infrastrukturen. Herkömmliche Autos fahren ohne Internet, das selbstfahrende Automobil der nahen Zukunft ist auf ein schnelles Internet angewiesen, um nur ein Beispiel zu nennen. Das gilt natürlich auch für künftige Lastwagengenerationen, auch solche, die für die Lebensmittelversorgung der Supermärkte zum Einsatz kommen. Will heißen: Schon in wenigen Jahren wird unsere Zivilisation vom Funktionieren des Internets ebenso abhängig sein wie heute schon vom elektrischen Strom. Ohne Elektrizität und ohne digitale Daten bricht das Chaos aus. Nie zuvor war die Menschheit derart von Technologie abhängig wie heute.

Hackerangriff auf die Energieversorger

Bezeichnenderweise war es das Nationale Cyber-Abwehrzentrum, das die deutsche Bundesregierung im Sommer 2018 in einem 22-seitigen Dokument vor einem groß angelegten Hackerangriff auf Energieversorger warnte. Es könnten „Auswirkungen bis hin zu einem vollständigen Blackout im europäischen Verbund nicht ausgeschlossen werden", hieß es in der vertraulichen Lageeinschätzung, die von Bundeskriminalamt (BKA), Bundesnachrichtendienst (BND), dem Verfassungsschutz und dem Bundesamt für Informationssicherheit gemeinsam erarbeitet worden war. Die Warnung stützte sich auf aktuelle Erkenntnisse zu Angreifern, die bereits in der Vergangenheit bei Attacken auf die Strom- Wasser- und Gasversorgung aktiv waren. Kritische Infrastrukturen heißen diese Versorgungsadern unserer Zivilisation. Die Behörden befürchten einen Domino-Effekt: Fällt ein Energieversorger auch nur zeitweise aus, könnte die gesamte Netzstabilität gefährdet sein. Bei gezielten Angriffen auf zwei oder drei Kraftwerke steht ein europaweiter Blackout zu befürchten. Das Szenario ist keineswegs so undenkbar, wie es auf den ersten Blick erscheint. Schon 2005 und 2016 fanden zwei gezielte Cyberattacken auf Energieversorger in der Westukraine statt, die damals zu stundenlangen Stromausfällen für Hunderttausende Einwohner führten. Diese früheren Angriffe wurden den russischen Nachrichtendiensten zugeschrieben, die die beiden Hackergruppen „Sandworm" und „Berserk Bear" gesteuert haben sollen. Im Jahre 2018 registrierten die Experten erneute Eingriffe beider Angreiferteams bei deutschen Energieunternehmen und stellten fest, „dass die beobachteten Aktivitäten nicht nur auf reine Informationsbeschaffung abzielen, sondern auch Sabotagefähigkeiten und -absichten zeigen." In einer Zeit, in der immer mehr unserer Daten digital gespeichert, unsere Identitäten digitalisiert, unser Umfeld in immer stärkerem Maße vom Funktionieren der Informationssysteme abhängt, ist die Aussicht auf eine unsichere Stromversorgung äußerst beunruhigend.

So essenziell Strom und Internet sind, gibt es natürlich noch weitere elementare Infrastrukturen. Hierzu wurde der Begriff Kritische Infrastrukturen (KRITIS) eingeführt, also Organisationen und Einrichtungen mit wichtiger Bedeutung für das staatliche Gemeinwesen, bei deren Ausfall oder Beeinträchtigung nachhaltig wirkende Versorgungsengpässe, erhebliche Störungen der öffentlichen Sicherheit oder andere dramatische Folgen eintreten würden. Am 22. April 2016 ist die Verordnung zur Bestimmung Kritischer Infrastrukturen nach dem BSI-Gesetz (BSI-Kritisverordnung oder kurz BSI-KritisV) in Kraft getreten. Das Gesetz über das Bundesamt für Sicherheit in der Informationstechnik (BSI-Gesetz, BSIG) gilt bereits seit 20. August 2009.

Das Bundesinnenministerium gliedert kritische Infrastrukturen in neun Sektoren mit entsprechenden Branchen:[188]

Energie: Elektrizität, Gas, Mineralöl;

Wasser: öffentliche Wasserversorgung, öffentliche Abwasserbeseitigung;

Ernährung: Ernährungswirtschaft, Agrarwirtschaft, Lebensmittelhandel;

Informationstechnik und Telekommunikation;

Gesundheit: medizinische Versorgung, Arzneimittel und Impfstoffe, Labore;

Finanz- und Versicherungswesen: Banken, Börsen, Versicherungen, Finanzdienstleister;

Transport und Verkehr: Luftfahrt, Seeschifffahrt, Binnenschifffahrt, Schienenverkehr, Straßenverkehr, Logistik;

Staat und Verwaltung: Regierung und Verwaltung, Parlament, Justizeinrichtungen, Notfall-/ Rettungswesen einschließlich Katastrophenschutz;

Medien und Kultur: Rundfunk (Fernsehen und Radio), gedruckte und elektronische Presse, Kulturgut, symbolträchtige Bauwerke

Wenn man die Aufzählung genauer betrachtet, wird schnell deutlich, dass weit über die Energieversorgung hinaus ein wesentlicher Teil der verschiedenen Infrastrukturelemente unmittelbar oder mittelbar von funktionierenden Computern abhängt. Daher hat der Deutsche Bundestag am 17. Juli 2015 ein IT-Sicherheitsgesetz (Gesetz zur Erhöhung der Sicherheit informationstechnischer Systeme) verabschiedet, das die Betreiber Kritischer Infrastrukturen verpflichtet, die für die Erbringung ihrer wichtigen Dienste erforderliche IT nach dem Stand der Technik angemessen abzusichern. Seit 3. Mai 2016 sind die Sektoren Energie, Informationstechnik und Telekommunikation, Wasser sowie Ernährung betroffen. Seit 30. Juni 2017 die Sektoren Finanz- und Versicherungswesen, Gesundheit sowie Transport und Verkehr. Kein Thema ohne Verband: 2018 nahm schließlich der Bundesverband für den Schutz Kritischer Infrastrukturen (BSKI) seine Arbeit auf.

Der BSKI bezeichnet das Stromnetz als das „kritischste aller kritischen Infrastrukturen, will jedoch zugleich auch andere lebenswichtige Gebiete wie die Wasserversorgung der Bevölkerung im Auge behalten. Im ersten Schritt will der Verband mehr Transparenz schaffen. Wollen wir hoffen, dass die Hacker solange stillhalten, bis die Transparenz geschaffen und die Schwachstellen beseitigt sind.

Wie brisant Angriffe auf kritische Infrastrukturen sein können, wurde im Februar 2021 in den USA offensichtlich, als Hacker im US-Bundesstaat Florida eine Attacke auf eine Aufbereitungsanlage für Trinkwasser verübten. Laut Behörden wurde dabei der Anteil von Natriumhydroxid im Wasser mehr als verhundertfacht – eine „potenziell gefährliche" Erhöhung.[189] Natriumhydroxid wird zur Kontrolle des Säuregehalts des Wassers und zur Entfernung von Metallen aus dem Trinkwasser in einer Wasseraufbereitungsanlage verwendet. In großen Mengen kann der Stoff Hautirritationen und andere Gesundheitsprobleme verursachen. Der Angriff Anfang 2021 verlief glimpflich, aber er verdeutliche das enorme Gefährdungspotenzial.

Wie gut Deutschland auf den Katastrophenfall vorbereitet ist, sollte sich eigentlich im Jahr 2020 zeigen. Für dieses Jahr war nämlich die nächste „Lükex" geplant, die „Länderübergreifende Krisenmanagementübung (EXercise)". Seit 2004 finden diese Übungen regelmäßig statt, um das gemeinsame Management des Bundes und der Länder in nationalen Krisen aufgrund von außergewöhnlichen Gefahren- und Schadenslagen auf strategischer Ebene zu verbessern. Indes fiel die Übung 2020 wegen der Corona-Krise aus.

Sicherheitsgesetz 2.0 – strikter als China

Seit Anfang 2019 ist die Bundesrepublik Deutschland fest entschlossen, die Sicherheit nicht nur bei den kritischen Infrastrukturen in den Griff zu bekommen, sondern auch bei der Cybersicherheit. Die Grundlage dafür bildet das über zwei Jah-

re hinweg entwickelte und 2021 beschlossene IT-Sicherheitsgesetz 2.0 (IT-SiG 2.0). Darin ist festgelegt, dass nicht nur Betreiber kritischer Infrastrukturen strenge Sicherheitsvorkehrungen gegen Hackerangriffe zu beachten haben, sondern auch
andere wichtige deutsche Unternehmen. Es kommt also einer
gesetzlichen Verpflichtung der deutschen Wirtschaft zu mehr
Cybersicherheit gleich. Eigentlich war das 2021 angesichts der
Cybergefährdungslage ein längst überfälliger Schritt. Doch weite Teile der Wirtschaf wehrten sich, und das hatte einen guten
Grund: Sie befürchteten, statt von Hackern illegal ausgeraubt
von den Behörden legal ausspioniert zu werden. Denn das IT-
SiG 2.0 sieht die Offenlegung von Verschlüsselungsmethoden,
Algorithmen und weiteren möglichen Betriebsgeheimnissen vor.
Ebenso wie viele Bürger misstrauisch sind gegenüber der Datensammelwut des Staates ist offenbar auch die Bereitschaft
der Unternehmen, sensible Informationen mit der Staatsmacht
zu teilen, eher gering. Eine der Überlegungen dabei ist sicherlich, dass die Betriebsgeheimnisse in den staatlichen Datensilos
keineswegs sicherer aufbewahrt sind, um sie vor Hackerangriffen und Industriespionage zu schützen, als in den firmeneigenen Datenbunkern.

Wie weitreichend das IT-Sicherheitsgesetz 2.0 greift, zeigte
sich schon bei der Verabschiedung im Deutschen Bundestag
Anfang 2021, weil in dem Gesetz nicht nur von den Herstellern
von besonders sensiblen Produkten wie zum Beispiel Rüstungsfirmen die Rede ist, sondern auch von solchen, die „nach ihrer
inländischen Wertschöpfung zu den größten Unternehmen in
Deutschland gehören und daher von erheblicher volkswirt-
schaftlicher Bedeutung für die Bundesrepublik Deutschland
sind".[190] Besonders pikant: Im Gesetz steht gar nicht drin, nach
welchen Kriterien diese Unternehmen ausgewählt werden sollen. Das soll erst in späteren Verordnungen festgelegt werden –

und kann dort natürlich auch viel leichter angepasst werden als in einem Gesetzestext. „ „Wir gehen davon aus, dass Automobilhersteller und etliche Zulieferer und damit wichtige Teile der deutschen Industrie von zusätzlichen Auflagen und Restriktionen betroffen sind", sagte Hildegard Müller, Präsidentin des Verbandes der Automobilindustrie (VDA), 2021.[191] Der Bundesverband der Deutschen Industrie (BDI) bezeichnete das Gesetz als „sehr kritisch und in weiten Teilen dringend überarbeitungsbedürftig" und monierte, dass das IT-SiG 2.0 vielfach zu weit in unternehmerische Prozesse eingreift und enthalte unberechtigt umfangreiche Auskunftspflichten. Hinter vorgehaltener Hand wurde die Kritik in der Industrie teils noch deutlicher: Nicht einmal China mische sich so stark in die Sicherheitsarchitektur seiner Unternehmen ein, hieß es 2021.

Tatsächlich könnte der Staat künftig allen Unternehmen, die per Verordnung für volkswirtschaftlich bedeutsam erklärt werden, vorschreiben, mit welchen Sicherheitsvorkehrungen Cyberangriffe abgewehrt werden müssen. Das Bundesamt für Sicherheit in der Informationstechnik (BSI) würde dabei zur Aufsichtsbehörde aufgewertet werden. Es käme einer Art einheitlichem Schutzschild der deutschen Wirtschaft gegen Cyberangriffe aller Art gleich. Angesichts der Bedrohungslage war 2021 eine solche nationale Anstrengungen zweifelsohne gerechtfertigt. Die Balance zwischen unternehmerischer und staatlicher Verantwortung ist sicherlich immer wieder zu diskutieren – aber dieser Grundsatz gilt nicht nur bei der IT-Sicherheit, sondern für alle Aspekte wirtschaftlicher Eigenverantwortung und gesetzlicher Rahmenbedingungen.

Wenn man den Blick über die Wirtschaft hinausgehend auf rein staatlich-gesellschaftliche Aspekte linkt, so lässt sich feststellen, dass freie Wahlen zu den sensibelsten Aspekten einer

Demokratie gehören. Auch hier ist die Schutzbedürftigkeit vor Hackerangriffe groß.

Wahlcomputer – der große Betrug

Angesichts des Vormarsches der Digitalisierung in immer mehr Lebensbereiche wird immer wieder auch der Ruf nach einem digitalen Wahlverfahren aufgeworfen. Technik-Freaks sehen uns künftig nur noch virtuelle Knöpfe am Smartphone drücken, statt sich altmodisch ins Wahllokal zu begeben, auf dem Stimmzettel aus Papier ein Kreuzchen zu machen und das gefaltete Paper in die Wahlurne zu stecken. Digitale Demokratie eben.

Hierzu ist es sinnvoll, einmal einen Blick in die Vereinigten Staaten zu werfen, weil dort bereits rund 350.000 Wahlcomputer im Einsatz sind. Die meisten davon stammen vom Anfang des Jahrtausends, als die zweitgrößte Demokratie der Welt für Milliarden von Dollars ihr Wahlsystem modernisierte. Die damalige Euphorie der Digitalisierung ist längst verflogen. Die – aus heutiger Sicht – mit völlig veralteten Betriebssystemen wie Windows 2000 ausgestatteten Wahlcomputer gelten als unsicher und angreifbar. Wahlsicherheit ist in den USA längst eines der großen politischen Themen geworden.

Spätestens seit der Präsidentschaftswahl 2016 war die digitale Wahlmanipulation in die Köpfe des politischen Amerikas geraten. Vor der Wahl, die zum Sieg von US-Präsident Donald Trump führte, hatten Hacker, die US-Geheimdienste mit Russland in Verbindung bringen, in die Systeme von 21 Bundesstaaten einzudringen versucht. Da auch andere Wege der Wahlbeeinflussung etwa über Social Media nach Russland führen und dem US-Präsidenten bzw. seinem Wahlkampfteam illegale Beziehungen zu Russland vorgeworfen werden, reihen sich die versuchten Manipulationen der Wahlcomputer in ein zuvor noch nie da gewesenes Angriffsszenario auf demokratische Wahlen in einem zivilisierten Land. Eine Studie des Brennan Centers for Justice aus dem Jahr 2017 kam zu dem Schluss, dass die USA mindestens eine Milliarde Dollar aufwenden müssten, um ihre Wahlmaschinen auf den neuesten Stand zu bringen. Und natürlich wären auch diese Systeme nicht völlig sicher und nach wenigen Jahren ohnehin schon wieder veraltet. Seitdem hat der US-Kongress etliche Millionen bewilligt, um die Cybersicherheit von Wahlen zu stärken, und Sicherheitsüberprüfungen für Wahlhelfer zu verstärken.

Doch die Hacker-Konferenz Defcon im Caesars Palace in Las Vegas zeigte bereits im Jahr 2018 in einem „Voting Village" die Anfälligkeit der Wahlmaschinen. Die Vorführungen der Hackern waren alarmierend. Sie übertrafen sich gegenseitig mit gefälschten Stimmabgaben und skurrilen Animationen auf den Bildschirmen der Wahlcomputer. Eine Elfjährige hackte sich in eine nachgebaute Seite des Innenministeriums von Florida ein und veränderte scheinbar mühelos die veröffentlichten Wahlergebnisse. Der Politik ebenso wie den Herstellern der Wahlcomputer sollte die Unsicherheit der Systeme vor Augen geführt werden.

Insbesondere die Frage, wie es um die Sicherheit bei den Herstellern der Wahlcomputer bestellt ist, beschäftigt die US-Politik. Drei Anbieter teilen 90 Prozent des Marktes unter sich auf. Ein verpflichtendes Zertifizierungssystem für diese Hersteller bzw. die von ihnen gelieferten Wahlcomputer besteht nicht. Ganz im Gegenteil verweigern sie sich unabhängigen Überprüfungen und versuchen teilweise sogar das Urheberrecht heranzuziehen, um solche Untersuchungen zu verhindern.

Wenn alles digital abläuft, brauchen wir kaum noch Papier. Genau diese Vision – in früheren Zeiten als „papierloses Büro" bezeichnet – erhielt im US-Wahlkampf 2016 (Trump gegen Clinton) und wiederum 2020 (Biden gegen Trump) eine Gegenposition. Viele Wahl- und Sicherheitsforscher fordern seitdem Papierprotokolle aller Wahlvorgänge, um bei Überprüfungen nicht nur auf die digitalen Inhalte angewiesen zu sein. Aber einige Bundesstaaten scheinen genau daran wenig Interesse zu zeigen. Georgia beispielsweise ist einer von fünf Staaten, deren Wahlmaschinen weiterhin keine Protokolle drucken, möglicherweise, um Sicherheitslücken zu vertuschen. Internen E-Mails zufolge beschwerten sich etliche Mitarbeiter wenige Wochen vor der Wahl 2016 über „mindestens 40 kritische Schwachstellen". Im Nachgang zur Wahl verklagten mehrere Organisationen die Regierung des Bundesstaates wegen möglicher Fälschungen der Präsidentschaftswahlergebnisse. Wenige Tage nach Einreichung der Klage wurden alle Daten von den Servern unwiederbringlich gelöscht. Die Behörden gaben dazu eine merkwürdige Begründung ab: Die Systeme seien bereits vom FBI untersucht worden und es seien keine Manipulationen festzustellen gewesen.

Doch der politische Druck wächst. In Demokratien, in denen der Zugang zur Macht von Wahlergebnissen abhängt, ist die Verführung, eben diese Wahlen zu manipulieren – oder je nach Blickwinkel sich vor Manipulationen zu schützen – immens. Demokraten und Republikaner misstrauen sich gegenseitig. Hinzu kommt spätestens seit dem Wahljahr 2016 die Angst vor der Einmischung fremder Staaten oder schlichtweg terroristischer Hackergruppen. Man muss sich klar machen: Die demokratische Legitimation einer Regierung hängt nicht nur davon ab, dass die Wahlen korrekt ablaufen, sondern auch davon, dass die Bevölkerung an die Korrektheit dieser Wahlen glaubt. Wenn sich in immer breiteren Teilen einer Demokratie die Meinung durchsetzt – ob sie stimmt oder nicht –, dass Wahlen manipuliert werden, ist es womöglich alsbald auch mit der Demokratie dahin.

Ein eklatanter Fall von Wahlfälschung wurde in den vorletzten US-Vorwahlen in einem Bezirk von Georgia gemeldet. Die Wahlbeteiligung hatte bemerkenswerte 263 Prozent erreicht. Das sind über zweieinhalbmal mehr Stimmen als Wahlberechtigte. Später teilten die Behörden mit, die Zahl sei „vorläufig" gewesen – und korrigierte die Zahl der Wahlberechtigten auf dem Papier nach oben.

Die Frage, wie viele Menschen eigentlich wahlberechtigt sind, gilt in den USA schon länger als Manipulationsfaktor. Das Innenministerium musste sich schon 2014 den Vorwurf gefallen lassen, die Neuregistrierung von rund 40.000 Bürgern als Wähler zu verschleppen. Erst nach einer Klage hatte die Behörde die Registrierungen noch vor dem Wahltag vorgenommen. Bei den Betroffenen handelte es sich vorwiegend um Afroamerikaner und Latinos, die tendenziell eher demokratisch als republikanisch wählen. Der damalige Innenminister Brian Kemp war Republikaner, hatte also möglicherweise ein politisches Interesse an dieser „Wählerunterdrückung".

In den USA hat das erbitterte Wahlduell zwischen Donald Trump und Joe Biden 2020 gezeigt, wie wichtig nachvollziehbare Wahlen sind, um das Argument der Wahlmanipulation zu entkräften. Schon bei den Vorwahlen 2018 waren Kandidaten der Demokraten Ziele von Hackerangriffen, die das FBI auf den Plan riefen. Darunter waren die beiden Kandidaten David Min aus dem 45. Bezirk in Südkalifornien und Hans Keirstead aus

dem benachbarten 48. Wahlbezirk. Min und Keirstadt hatten
jeweils gegen Parteikollegen verloren; ihre Bezirke gelten indes
als von großer Bedeutung für die Demokraten bei dem Versuch,
die Mehrheit im Repräsentantenhaus zu übernehmen. Die Ermittlungen des FBI verliefen ergebnislos, eine Zurückverfol-
gung der Hackerangriffe etwa nach Russland war nicht möglich.

Umso abenteuerlicher erschien der Vorstoß des US-Bundes-
staates West Virginia, im Ausland stationierte Soldaten per
Smartphone wählen zu lassen. Für die Registrierung reichten
ein Scan des Ausweises und eine Gesichtsidentifizierung per
Selfie-Video. Die Übertragung der Wahlstimme sollte anonymisiert erfolgen. Das zeigte zwar möglicherweise die Zukunft auf,
war aber dennoch ein ambitionierter Ansatz. Auch hierbei stand
übrigens wieder der Hersteller der Wahlsoftware – das Start-
up-Unternehmen Voatz – in der Kritik. So sollte bei der digitalen Stimmabgabe die als hochsicher geltende Blockchain-
Technologie – die auch den Kern von Kryptowährungen darstellt – Verwendung finden. Aber im völligen Gegensatz zum
Blockchain-Konzept verteilter Datenbanken waren beim Wahlsystem alle Daten zentral bei Voatz gespeichert. In der Branche
spricht man von einem „single point of failure": Eine einzige
Schwachstelle bei Voatz könnte ausreichen, um Hackern, fremden Staaten oder Cyberterroristen Zugang zum System und
damit die Möglichkeit zur Manipulation verschaffen. Der Hersteller stritt jedwede Sicherheitsprobleme ab und behauptete
zunächst, er hätte Sicherheitsprüfungen durch Drittanbieter
vornehmen lassen. Später musste das Unternehmen diese Behauptungen zurücknehmen. Marian Schneider, Präsidentin der
Organisation Verified Voting, mahnte an: „Cybersicherheits-
experten würde gerne die Dokumentation und Berichte von
Sicherheitsfirmen sehen, die das System untersucht haben."

Vor diesem Hintergrund in den USA ist es zu begrüßen, dass in Deutschland das Bundesverfassungsgericht schon im März 2009 in einer Grundsatzentscheidung die Verwendung von Wahlcomputern grundsätzlich für verfassungswidrig erklärt. Allerdings, so räumten die Richter ein, sei der Einsatz unter engen Voraussetzungen mit dem Grundgesetz vereinbar. Wollen wir im Sinne unserer demokratischen Gesellschaft hoffen, dass sich die Bundesrepublik Deutschland auf diesem Gebiet noch sehr lange mit der Digitalisierung zurückhält. Solange man kein konkretes Datum angibt, lässt sich dennoch mit nahezu hundertprozentiger Wahrscheinlichkeit prognostizieren, dass irgendwann einmal in ferner Zukunft der papierne Stimmzettel auch hierzulande ausgedient haben wird. Doch bis dahin sind Computerhacker in einem computerlosen Wahlsystem weitgehend machtlos. Das ist beruhigend, denn Wahlen gehören in Demokratien zweifelsohne zu den „kritischsten Infrastrukturen" überhaupt. Geht das Vertrauen in die Korrektheit der Wahlen verloren, gerät die Demokratie ins Wanken. Das schließt natürlich althergebrachte Methoden zur Wahlmanipulation nicht aus.

Eine der in gewisser Hinsicht kritischsten Infrastrukturen ist Anfang des Jahrzehnts hingegen bereits in Betrieb gegangen: die Kontaktverfolgung mittels Smartphone rund um den Globus.

Gewaltigstes Überwachungssystem der Welt

Angesichts der Coronavirus-Pandemie nahmen Apple und Google 2020 das gewaltigste Personenverfolgungssystem in Betrieb, das die Welt je gesehen hat: Es umspannt rund drei Milliarden Menschen, also etwa ein Drittel der Weltbevölkerung.[192] Zur Pandemiebekämpfung hatten sich die beiden Erzrivalen darauf verständigt, alle iPhones und alle Android-Smartphones, ältere wie neue Geräte, mit einer Software zu versehen, die merkt, wenn sich zwei Personen nahekommen. Als Technologie kommt Bluetooth zum Einsatz, ein Übertragungsverfahren, das beispielsweise zur Verbindung drahtloser Kopfhörer dient. Seit 2020 gibt es hierfür eine völlig neue Verwendung und die funktioniert so: Auf das Virus positiv getestete Personen – also Infizierte – erhalten in ihrem Smartphone eine Art Markierung. Daraufhin ist das Apple/Google-System in der Lage, alle Kontaktpersonen des Markierten in der Vergangenheit und in der Zukunft zu identifizieren. Das Argument in der Pandemie: So können Infektionsketten automatisch und lückenlos verfolgt werden. Und: Das eigene Smartphone kann Alarm schlagen, sobald man sich einer infizierten Person nähert. Die Überwachung erhöht also die eigene Sicherheit und hilft zugleich bei der Bekämpfung der Pandemie. Doch werden Apple und Google das System nach Beendigung der Pandemie wieder abschalten? Mit Sicherheit nicht! Denn obgleich beide Konzerne nicht müde wurden, die Freiwilligkeit der Teilnahme am Überwachungsprogramm zu betonen, bauten sie die neue Technologie fest verankert in ihre Betriebssysteme ein, so dass sie dauerhaft in allen Geräten verbleibt. Für eine freiwillige temporäre Maßnahme wäre es völlig ausreichend gewesen, eine gemeinsame App zum Download anzubieten. Wer teilnehmen möchte, lädt sich die App herunter. Doch das war den beiden Digitalgiganten offenbar zu wenig: Sie nutzten die Gunst des Jahres 2020, um eine dauerhafte Kontaktüberwachung (Contact Tracing) für ein Drittel der Menschheit in ihren Geräte zu implementieren.[193] Man muss sich klar machen: Die Kontaktkontrolle findet in denselben Geräten statt, deren genauer Standort mittels GPS jederzeit feststellbar ist und in denen die meisten von uns alle ihre persönlichen Kontakte, ihre Bilder, ihre Passworte und immer häufiger auch ihre gesundheitlichen Vitalwerte etwa im

Zusammenhang mit einer Smartwatch gespeichert haben. Für die meisten Menschen ist ihr Smartphone im Grunde eine Konzentration ihres gesamten Lebens. Hinzu kommt: Apple und vor allem Google sammeln seit mehr als 20 Jahren so viele Informationen über so viele Menschen wie möglich, und sie speichern alle Daten, derer sie habhaft werden. Die Kontaktverfolgung reiht sich also in ein ohnehin schon prall gefülltes Dossier über Milliarden von Menschen ein.

Dem US-amerikanischen Vorstoß begegnete Europa 2020 mit dem Projekt Pepp-PT; das Kürzel steht für Pan-European Privacy-Preserving Proximity Tracing. Im Kern ging es um das gleiche Konzept: Mittels Bluetooth-Technologie sollte die Überwachung von Kontaktketten verwirklicht werden. Dabei betonte der europäische Ansatz, übrigens ebenso wie Apple, die strenge Einhaltung des Datenschutzes und die Gewährleistung der Privatsphäre. Zu den Unterstützern gehörten beispielsweise Fraunhofer Institute, das Robert-Koch-Institut, diverse Universitäten etwa in Berlin, Dresden, München, Linz oder Zürich und Telekommunikationsgesellschaften wie Vodafone.[194] Dabei kam es zu einem weit über die Jahre 2000/21 hinaus bedeutsamen Kräftemessen zwischen den US-Digitalgiganten Apple und Google auf der einen und den Regierungen beinahe aller Länder, darunter auch die deutsche Bundesregierung, auf der anderen Seite, das die Konzerne eindeutig für sich entschieden.

Apple und Google gegen die Bundesregierung

Zentrale oder dezentrale Datenspeicherung beim Einsatz einer Smartphone-App zur Kontaktverfolgung (Tracing App) – diese wesentliche Entscheidung in Bezug auf Datenschutz hatte das Konsortium Pepp-PT der Regierungsverantwortung überlassen. Das Konzept sah vor, es in die Souveränität eines jeden

Staates zu stellen, selbst zu entscheiden, welcher Ansatz für das jeweilige Land am geeignetsten ist.[195]

Doch ohne die technische Unterstützung von Apple und Google, deren Betriebssysteme iOS bzw. Android weit über 90 Prozent des Smartphone-Marktes bestimmen, war weder die eine noch die andere, sondern gar keine vernünftige Lösung möglich. Und die zwei US-Konzerne hatten 2020 von Anfang an klargestellt, dass sie beide ausschließlich einen dezentralen Ansatz verfolgen.

Um in der damaligen Krise überhaupt handeln zu können, war die Bundesregierung auf die Bedingungen der beiden Unternehmen eingegangen und auf den dezentralen Ansatz umgeschwenkt.[196]

Nun ist es keine Frage, dass die dezentrale Datenhaltung technisch bedingt per se einen deutlich höheren Grad an Datensicherheit und Datenschutz gewährleistet als ein zentrales Datensilo. Doch zwei mindestens ebenso wichtige Fragen blieben 2020 offen, und werden auch künftig wohl unbeantwortet bleiben:

Erstens: Gehört es wirklich in die Entscheidungsgewalt von US-Unternehmen, der Bundesrepublik Deutschland wie allen anderen Ländern durch technische Vorgaben vorzuschreiben, was die beste Balance zwischen staatlichen bzw. gesellschaftlichen Interessen wie der Bekämpfung der Pandemie und den Belangen des Datenschutzes darstellt?

Zweitens: Wodurch ist eigentlich sichergestellt, dass nicht Apple und Google – und da beide Firmen dem US Patriot Act unterstellt sind – nicht auch US-Behörden an die Daten gelangen?

An der Fragestellung, ob Staaten oder Konzerne das Sagen haben sollten, änderte auch die Unterstützung des dezentralen Ansatzes durch zahlreiche Organisationen nichts, vom Chaos Computer Club bis zu Hunderten von Datenschützern und Wissenschaftlern. Denn es war nicht so, dass sich die Bundesregierung von den Argumenten dieser Gruppen hat überzeugen lassen, sondern sie musste sich dem Diktat von Apple und Google beugen. Das wäre ungefähr so, als ob Deutschland den Vorgaben von Facebook beim öffentlich-rechtlichen Rundfunk folgen müsste und Facebook im Gegenzug versichern würde, die gesammelten Informationen nicht zu verwenden. Man kann das glauben – muss man aber nicht.

Apple, Google, Vodafone und andere boten die Kontaktüberwachung 2020 staatlichen Gesundheitsbehörden rund um den Globus an, um den Regierungen ein Mittel an die Hand zu geben, die Pandemie wirksam zu bekämpfen. Es oblag dann der jeweiligen Regierungsverantwortung, das System gemäß den geltenden gesetzlichen Vorschriften und politischen Entscheidungen zum Einsatz zu bringen. Selten zuvor haben Wirtschaft und Staat derart deutlich weltweit zusammengewirkt, um die Bevölkerung zu überwachen. Dabei sind die Hierarchien klar gesetzt: Die grundlegenden Regeln bestimmen vor allem Apple und Google, denn sie haben das System entwickelt und in den Geräten installiert (erste Stufe). Darauf aufbauend können die Staaten ihre Entscheidungen treffen (zweite Stufe). Die Bevölkerung kann diese Regeln akzeptieren (dritte Stufe) oder sich wehren, indem sie die Funktionen deaktiviert (sofern möglich) bzw. das Smartphone einfach zu Hause lässt (sofern erlaubt). Doch man muss schon arg naiv sein, um zu glauben, dass diese lückenlose Kontaktüberwachung nach der Pandemie auf bloßer Freiwilligkeit basiert oder gar abgeschaltet wird. Denn natürlich sind Kontaktketten auch bei aller Art von Verbrechensbekämpfung von hoher Bedeutung für Strafverfolgungsbehörden. Es ist kaum glaubhaft, dass man es künftig den Verbrechern überlässt, ihre digitale Verfolgung wahlweise ein- oder auszuschalten.[197] Ganz im Gegenteil ist es wohl absehbar, dass kriminelle Banden die legal geschaffenen Infrastrukturen für ihre Zwecke missbrauchen werden. Denn kritische Infrastrukturen gleichgültig welcher Art stellen stets ein lohnenswertes Ziel für Hacker dar, egal, ob es sich dabei um Cyberterroristen oder Hacker im Auftrag eines anderen Staates handelt.

Besonders effizient bei der Überwachung der Bevölkerung und damit besonders schlimm aus Sicht der Freiheit sowie geradezu eine Einladung an Hacker ist die Verknüpfung von Erfassungsmaßnahmen wie der Standort- und Kontaktverfolgung mit einer Auswertung durch Künstliche Intelligenz (KI). Nimmt man Kameras hinzu, die an öffentlichen Plätzen oder letztlich „überall" montiert sind und mit automatischer Gesichtserkennung und KI-Analyse arbeiten, kommt man einem totalen Überwachungsstaat schon sehr nahe. Hinzunehmend ließen sich noch Videodrohnen einsetzen, um etwa Versammlungen aufzuspüren. Der Hinweis, dass es heute schon Kampfdrohnen gibt, die nicht nur militärisch genutzt, sondern auch im Polizeieinsatz verwendbar wären, geht an dieser Stelle vermutlich zu weit. Andererseits: Die ersten Polizeiroboter waren 2021 in den USA bereits im Einsatz – (noch) ohne Waffen, dafür mit vielen Kameras. Und wer von uns hätte sich schon ein Mobiltelefon, ein Smartphone oder eine Pandemie ernsthaft vorstellen können, bevor es soweit war?

Exemplarisch für eine Stadt, die überwiegend aus kritischen Infrastrukturen besteht – mit dem entsprechenden Angriffsflächen –, gilt die Vision einer Smart City.

Ein Leben in der Smart City

Seit 2008 leben erstmals in der Geschichte der Menschheit mehr Menschen in Ballungsräumen als auf dem Land. Schätzungen der UNO zufolge werden 2030 über 60 Prozent der Weltbevölkerung in Städten leben, bis 2050 sollen es etwa zwei Drittel werden. Diese Konzentration wird vor allem in Afrika, Asien und Lateinamerika erwartet, wobei diese Entwicklung am stärksten in ärmeren Ländern absehbar ist.[198]

Aber natürlich ist Europa davon nicht ausgenommen. So verzeichnet Deutschland eine Abwanderung insbesondere junger Menschen aus ländlichen Räumen in etwa der Hälfte aller 402 Landkreise und kreisfreien Städte. Die Jungen zählen in ländlichen Regionen inzwischen zur Minderheit. Sie verstärkt deshalb diese Entwicklung, denn getrieben wird die Abwanderung weniger von Arbeitslosigkeit oder Jobmangel, als vielmehr von der Erfahrung, dass Kneipen und Kinos dicht machen und immer mehr Freunde fortgehen.[199]

Vermutlich wird das Wachstum in Ballungszentren in den ersten drei Jahrzehnten des 21. Jahrhunderts die kumulative urbane Expansion in der Menschheitsgeschichte übertreffen. Schon heute findet etwa 70 Prozent des weltweiten Energieverbrauchs in Städten statt, obgleich diese nur fünf Prozent der Landmasse der Erde belegen.[200] Damit verbunden ist eine stetig steigende urbane Nachfrage nach Wasser, Land, Baumaterial, Nahrungsmitteln, Maßnahmen zur Eindämmung der Luftverschmutzung und Abfallmanagement. Die Städte stehen unter dem ständigen Druck, bessere Services anzubieten, die Effizienz zu erhöhen, die Kosten zu senken, die Effektivität und Produktivität zu steigern sowie Überlastungen der Infrastrukturen und der Umweltbelastung entgegenzuwirken. Diesen Herausforderungen wird nur mit Konzepten zu begegnen sein, die gemeinhin als „Smart City" bezeichnet werden.

Intelligente Infrastrukturen

Die zur UNO gehörende International Telecommunication Union (ITU) hat 2014 aus über 100 verschiedenen Definitionen zu Smart City die folgende Festlegung getroffen: „Eine smarte nachhaltige Stadt ist innovativ und nutzt Informations- und Telekommunikationstechnologien und Weiteres, um die Lebensqualität, Effizienz der städtischen Betriebe und Services sowie die Wettbewerbsfähigkeit zu steigern, und dadurch die Anforderungen der heutigen und künftiger Generationen in Bezug auf Wirtschaft, Soziales und Umweltbelastung zu erfüllen." [201]

Der Begriff Smart City beschreibt also ein umfassendes Konzept für eine Stadt, in der Daten eine Schlüsselrolle spielen in Form von smarten − „intelligenten" − Infrastrukturen. Dazu zählen folgende Bereiche: Gebäude, Mobilität, Energie, Wasser, Entsorgung, Gesundheitswesen und digitale Infrastrukturen. Dabei ist von fünf ineinander übergreifenden digitalen Ebenen auszugehen: Einem weit verteilten Netz aus Sensoren, einer Konnektivität für das „Einsammeln" der Daten, einer Datenanalyse mit Vorhersagefunktionalität, einer Automatisierungsschicht und einem Stadtnetzwerk, das die physikalischen und die digitalen Infrastrukturen verbindet. Die erfolgreiche Implementierung benötigt auf jeden Fall ein ausfallsicheres Breitbandnetzwerk, ein effizientes Ökosystem für das Internet of

Things (IoT) und die Echtzeitanalyse der erfassten Datenmengen im Sinne von Big Data.

Schon heute besteht eine Stadt aus unterschiedlichen vertikalen Infrastrukturen, die bislang allerdings mehr oder minder getrennt voneinander funktionieren. Die Herausforderung der Smart City liegt darin, diese einzelnen Systeme zu einem Gesamtsystem zu verknüpfen. Ein elektronischer städtischer Datenbus als Grundlage für ein digitales Ökosystem wird von vielen Experten als wegweisender erster Schritt zur Smart City eingestuft. In einem solchen digitalen Ökosystem könnten öffentliche Hand und Privatwirtschaft nach festgelegten Regeln zusammenwirken, um die verschiedenen Services aufeinander abgestimmt der Bevölkerung bereitzustellen. Versehen mit einer umfassenden Künstlichen Intelligenz dient die Smart City ihren Bürgern bestmöglich, indem sie so viel wie möglich weiß und entsprechend handelt. Für die Bürger heißt das beispielsweise: Ihre Stadt weiß schon, wann sie welchen Weg zur Arbeit nehmen – und stellt die entsprechende Transportkapazität vorsorglich parat. Über Sensoren kennt die Stadt den Energieverbrauch jeder einzelnen Wohnung und kann die Versorgung punktgenau gewährleisten. Diese Liste ließe sich sehr lange fortsetzen.

Der Wunschtraum von der lebenswerten Stadt

Für Europa könnte man argumentieren, dass dieser Ansatz mit dem Datenschutzprinzip der Minimierung der Erfassung personenbezogener Daten und der ausdrücklich nicht gewünschten funktionsübergreifenden Datennutzung vereinbar ist. Andererseits steht eine an der Nachhaltigkeit orientierte, stau- und verbrechensfreie Stadt, die Wohnen und Arbeiten komfortabel verbindet, auf der Wunschtraumliste in Europa ganz weit oben. Dieser Traum lässt sich wohl nur mit Konzepten der Smart City verwirklichen – vielleicht nicht bis 2030, aber mutmaßlich in einer der nächsten Dekaden.

Für Hacker wäre eine Smart City geradezu ein Paradies. Und das gleich aus zwei Gründen. Erstens hat eine „intelligente Stadt" mehr digitale Einfallstore als jede andere. Zweitens lässt sich durch die völlige Vernetzung mit einem Hack viel mehr Schaden anrichten als bei einer herkömmlichen Stadt. Wer an einer Stelle ins IT-Netzwerk gelangt, dem liegt sozusagen die digitale Stadt zu Füßen. Je mehr wir uns mit digitalen Infrastrukturen umgeben und uns davon abhängig machen, desto hilfloser stehen wir Angriffen auf eben diese Infrastrukturen gegenüber. Wer meint, dass man einfach „auf dem Land" wohnen bleibt, um der Smart City zu entkommen, irrt insofern, als das Netz der weltumspannenden Digitalisierung längst auch im Weltraum gesponnen wird. Vor Angriffen von oben kann man sich nirgendwo auf dem Planeten verstecken.

Satelliten überwachen uns

Wir leben unter einem Schwarm aus privaten Überwachungssatelliten, deren Zahl rasant wächst. 2010 umrundeten rund 900 Satelliten die Erde, 2020 waren es rund 2.800 – Tendenz stark steigend.[202]

Im Frühjahr 2018 erhielt Tesla-Chef und SpaceX-Gründer Elon Musk von der amerikanischen Kommunikationsbehörde FCC die Genehmigung, für sein Projekt StarLink 42.000 Satelliten in die Erdumlaufbahn zu bringen.[203] Sie sollen im wesentlichen genutzt werden, um rund um den Globus ein schnelles Internet aus der Luft bereitzustellen. Wird StarLink vollständig realisiert, werden wir bald ungefähr doppelt so viele Lichtpunkte am nächtlichen Sternenhimmel erblicken wie heute. In Deutschland hat die Bundesnetzagentur den Betrieb bereits im Jahr 2020 genehmigt.

Bislang unterhielt das Unternehmen Planet mit mehr als 200 Erdbeobachtungssatelliten die größte private Satellitenflotte der Welt.[204] Sie bewegen sich wie die Mehrzahl der heutigen Trabanten in erdnahen Orbits von 100 bis etwa 2.000 km Höhe, um die Erdoberfläche möglichst genau und beinahe in Echtzeit beobachten zu können. Im Minutentakt werden alle Änderungen auf unserem blauen Planeten wahrgenommen, aufgezeichnet und analysiert. Dadurch wird die Erde in einer derart umfassenden Weise erfasst, wie es durch die bisher staatlich betriebenen Forschungssatelliten bislang unmöglich war. Wer sich für die Daten interessiert, muss nicht etwa ein eigenes Satellitennetzwerk in Betrieb nehmen, sondern kann auf die Informationen von Planet und anderen Unternehmen für wenig Geld zugreifen.

Die neue Dimension der Spionage vom Himmel ergibt sich aus der Kombination der niedrig fliegenden Satelliten mit genauester und minutenaktueller Überwachung einerseits und der Auswertung der enormen Datenmengen ebenfalls beinahe in Echtzeit andererseits. Die automatische Bilderkennung und Bildanalyse mittels künstlicher Intelligenz spielen dabei eine Schlüsselrolle. Beispielhaft hierfür sei das Analyseunternehmen SpaceKnow im kalifornischen San Francisco genannt: Es hat unter anderem den China Satellite Manufacturing Index für den Informationsdienstleister Bloomberg geschaffen, um Ungenauigkeiten in chinesischen Regierungsstatistiken zu umgehen. Dafür wertet eine Software die Fortschritte im Bau befindlicher Straßen und Gebäuden aus und beurteilt so den wirtschaftlichen Zustand des Landes. Es versteht sich von selbst, dass ein solcher Index nicht nur für China und nicht nur zur Überprüfung von Regierungsstatistiken funktioniert.

Wer stündlich die Autos zählt, die auf dem Parkplatz vor einem Supermarkt stehen, kann daraus valide Schlussfolgerungen über den Geschäftserfolg ableiten. Gleiches gilt etwa für die Container in einem Frachthafen oder die Schiffe in einem Jachthafen. Verkehrsströme sind ebenfalls äußerst aufschlussreich. Die Anwendungen, die Satellitendaten auswerten, wachsen ständig. Es versteht sich, dass keiner der Satellitenbetreiber oder keines jener Unternehmen, die davon Daten beziehen, sich dafür interessieren, ob wir damit einverstanden sind, permanent von oben beobachtet zu werden.

Wie schnell Science Fiction zur Realität werden kann, wurde deutlich, als das US-Raumfahrtunternehmen Capella Space Ende 2020 einen neuen Satelliten vorstellte, der nicht nur unabhängig von Wetter- und Lichtverhältnissen jederzeit scharfe Bilder auf der Erde aufnehmen kann, sondern dank Radartechnik sogar Wände durchdringen und in Gebäude sehen kann.[205] Doch auch andere privatwirtschaftliche Satellitenbetreiber haben große Pläne. Dazu gehört die Firma Maxar, die seit 2021 alle zwei Stunden Aufnahmen eines beliebigen Ortes mit 29 Zentimeter Auflösung bietet. Das ist sensationell: Zuvor üblich waren zwei Aufnahmen am Tag, und das nur für ausgewählte Orte, mit einer Auflösung von bestenfalls 50 mal 50 Zentimeter, wie es Planet anbietet. Die Zukunftsvision liegt auf der Hand: Hochauflösende Satellitenbilder in Echtzeit. Es sei die Prognose gewagt, dass wir dies noch vor dem Jahr 2030 erleben werden.

Staatsschnüffelei im All

Die Staaten und ihre Geheimdienste verlassen sich freilich
nicht auf Informationen, die von privaten Satellitenbetreibern
bereitgestellt werden, sondern sind in der Satellitenüberwa-
chung selbst äußerst aktiv. Schon 1972 trat der ehemalige NSA-
Mitarbeiter Perry Fellwock unter dem Pseudonym Winslow
Peck mit Enthüllungen über die Tätigkeit des größten Geheim-
dienstes der USA an die Öffentlichkeit.[206] Auf einer Pressekonferenz am 26. Juni 1976 in Frankfurt am Main berichtete
Winslow Peck erstmals in Deutschland über das US-Spionage-
system und machte es damit der Öffentlichkeit bekannt.

Über 20 Jahre später – 2001 – fand das Europäische Parlament Beweise für „die Existenz eines globalen Abhörsystems für
private und wirtschaftliche Kommunikation" mit dem Namen
Echelon.[207] Es handeltte sich dabei offenbar um ein weltweites
Spionagenetz, das von Nachrichtendiensten der USA, Großbritanniens, Australiens, Neuseelands und Kanadas betrieben
wurde. Das System diente dem Abhören und der Überwachung
über Satellit geleiteter privater und geschäftlicher Telefonge-
spräche sowie des Internetverkehrs. Die Auswertung der Daten
erfolgt vollautomatisch, weitere Einzelheiten sind nicht bekannt.

In Deutschland investiert der Bundesnachrichtendienst BND
viel Geld in die Massenüberwachung der Satellitenkommunika-
tion, wie spätestens seit 2017 bekannt ist.[208] Der BND errichte-
te sogar eigene Außenstellen in Schöningen und Rheinhausen,
in denen die Satelliten-Kommunikation erfasst wird. In einem
vom Whistleblower Edward Snowden der Öffentlichkeit zuge-
spielten Dokument hieß es dazu unter anderem: „Die Mitarbeiter in Schöningen konzentrieren sich auf die Entwicklung und

Produktion von Stimm- und Faxverkehr aus Thuraya, Inmarsat und GSM. Schöningen sammelt pro Tag über 400.000 Thuraya-Mitschnitte, 14.000 Inmarsat-Mitschnitte und 6.000 GSM-Mitschnitte von sowohl dem [geschwärzt] Netzwerk. E-Mails werden an diesem Standort ebenfalls abgefangen, durchschnittlich 62.000 am Tag." Dabei klappt die transatlantische Brücke augenscheinlich gut, wie aus einem anderen Dokument hervorgeht: „Auch die NSA profitiert von dieser Sammlung, insbesondere von den Thuraya-Erhebungen aus [geschwärzt], die der BND täglich aktualisiert zur Verfügung stellt." Dazu passt es, dass der BND offenbar das berühmt-berüchtigte NSA-Spionage-Tool XKeyscore einsetzt, wie aus einem anderen geheimen BND-Dokument hervorgeht: „Auf Grundlage des erfolgreichen Einsatzes in Bad Aibling und in Folge erfolgreicher Testläufe wird XKeyscore seit 2013 auch in den Dienststellen des BND in Schöningen und Rheinhausen für die Funktion „Analyse von Satelliten-Strecken" und „Suche nach nachrichtendienstlich relevanten Teilnehmern" in der Satelliten-Aufklärung eingesetzt." Laut Prüfbericht der Bundesdatenschutzbeauftragten setzt der BND XKeyscore illegal ein und erfasst damit „auch eine Vielzahl personenbezogener Daten unbescholtener Personen".

Um mit dem Ausbau der Satellitennetze mithalten zu können, hat der Bundesnachrichtendienst das Projekt „ABSINTH" gestartet. In einem als „geheim" eingestuften Haushaltsposten der Bundesregierung für „ABSINTH", heißt es dazu:[209] "Um [einem Rückgang der Meldungen] entgegenzutreten, sollen mit dem Vorhaben ABSINTH die nachrichtendienstlich relevanten Dienste der neuen Satelliten-Generation verfügbar gemacht werden. Dies umfasst neue Dienste im Bereich der etablierten und sicheren L-Band- Kommunikation sowie neue breitbandige Dienste über das Ka-Band." Neben „ABSINTH" gibt es zwei weitere Projekte zum Ausbau der Überwachungskapazitäten: „ZERBERUS" und „VISTA". „ZERBERUS" steht für die „Zukunftsfähige Erweiterung bestehender Erfassungstechnologien und -systeme". Dabei geht es nicht nur um Satelliten, sondern auch um Glasfaserkabel, die ebenfalls überwacht werden sollen. „VISTA" steht für die „Verbesserung der Informationsverarbeitungs- und Selektionsfähigkeit der Technischen Aufklärung." Damit will der Geheimdienst „Massendaten selektieren und verarbeiten." Ein Schwerpunkt liegt dabei auf den Metadaten. Wörtlich heißt es: „Zusätzlich soll eine Metadatenanalyse paketvermittelter Kommunikation zur Gewinnung geeigneter Filterungsmechanismen durch Analyse von Parametern (z. B. Uhrzeit, Dienst, IP-Adressen, Browser-Einstellungen oder Kontaktlisten sozialer Netzwerke) aufgebaut werden".[93]

Das passt zur „Strategischen Initiative Technik", mit der der BND seine digitale Überwachung massiv ausbaut.[210] Ganz offiziell bestätigte Hartmut Pauland vom BND im Bundestag, als Abteilungsleiter Technische Aufklärung gleichzeitig „Beauftragter des BND-Präsidenten für die Strategische Initiative Technik" (SIT) zu sein. In einem Sieben-Jahres-Plan beabsichtigt der BND die umfassendste technische Aufrüstung seit seiner Gründung. Da das als geheime Verschlusssache „VS-Geheim" klassifizierte BND-Planungsdokument nicht nur äußerst aufschlussreich für die Tätigkeit des Bundesnachrichtendienstes, sondern darüber hinaus für die gesamte Spionagebranche ist, wird es nachfolgend beinahe vollständig im Originalwortlaut zitiert:[211]

„Mit einem technischen Modernisierungsprogramm beabsichtigt der BND, auf die zu verzeichnenden technischen Entwicklungen zu reagieren. Die letzte technische Modernisierung lief 2008 aus und nachfolgende Einzelmaßnahmen konnten den nun auf breiter Front vorhandenen Investitionsstau nicht verhindern.

Hochtechnologisch entwickelte Staaten wie Deutschland befinden sich mit dem „Internet der Dinge", also der zunehmenden Integration von Geräten aller Art in die grenzenlosen und die Welt umspannenden digitalen Netze, mitten in der vierten industriellen Revolution. Die ungebremste Entwicklung der Internettechnologie mit ihren erheblichen Auswirkungen auf den Kommunikations- und Informationssektor zwingt den BND zu einer tief greifenden Neuorientierung technischer Art. Ansonsten droht eine Erosion der technischen Fähigkeiten des BND. Anders kann bei fortschreitender Digitalisierung die Leistungsfähigkeit des deutschen Auslandsnachrichtendienstes nicht erhalten werden. Nur so kann sich der BND auch in Zukunft auf Augenhöhe mit den westlichen Partnerdiensten austauschen. Neben der durchgehenden Neuorientierung soll insbesondere der Bereich der Cyber-Abwehr Schwerpunktthema des BND werden.

Cyber-Angriffe stellen durch mögliche Informationsabflüsse aus Staat und Wirtschaft, Beeinflussung, Störung oder Schädigung von Informations-, Kommunikations- oder Steuerungssystemen im öffentlichen wie im privaten Bereich hohes Bedrohungspotenzial dar und gefährden Deutschland als führendes Hochtechnologieland und wichtigen Wirtschaftsstandort. Mit den Cyber-Aufrüstungen zahlreicher Länder, darunter China und Russland, sowie krimineller und terroristischer Akteure haben die Bedrohungen deutlich an Professionalität und Quantität zugenommen. Das unaufhaltsam wachsende „Internet der Dinge" wirkt verstärkend. Unscheinbare Dinge des täglichen Gebrauchs, wie zum Beispiel fernsteuerbare Glühlampen oder Internet-Fernseher, können plötzlich von einem Cyber-Angreifer „übernommen" und zu digitalen Waffen umfunktioniert werden, und dies von jedem beliebigen Winkel des Erdballs aus.

Die Bedrohungen aus dem Cyber-Raum stellen eine akute und reale Gefahr dar: Estnische IT-Infrastrukturen von Regierungs- und Finanzeinrichtungen, Zeitungen, Parlament und russische Oppositionsgruppen wurden über mehrere Wochen hinweg durch ausländische Internetangriffe blockiert (2007); kanadische Regierungseinrichtungen wurden Opfer eines groß angelegten Spionageangriffs, bei dem zahlreiche eingestufte Doku-

mente „digital gestohlen" wurden (2011); Computersysteme südkoreani-
scher Fernsehstationen sowie Banken wurden durch eine Schadsoftware
zerstört (2013); die Kommunikation der Bundeskanzlerin und weiterer
Regierungsmitglieder wurde möglicherweise abgehört (2013). Parallel
erreichen die im Internet täglich erzeugten Datenmengen kaum vorstellbare Ausmaße, die das altherkömmliche Sammeln nachrichtendienstlich
relevanter Inhalte drastisch erschweren. An die Stelle der Suche nach
einer „Nadel im Heuhaufen" ist die Suche nach den Bruchstücken dieser
Nadel getreten. Methoden der Vergangenheit, wie das Suchen nach Inhalten mit dem sprichwörtlichen „Datenstaubsauger", verlieren ihre Bedeutung. Durch technisch unterstützte gezielte Suche nach Informationen
wird auch die Eingriffstiefe verringert und damit ein Beitrag zur Stärkung
bürgerlicher Freiheitsrechte geleistet, unter Wahrung der Balance von
Sicherheit und Freiheit.

Der BND befindet sich mit seinen Planungen im Gleichklang mit anderen Nachrichtendiensten. Zur Vermeidung eines Verlusts von wichtigen
Aufklärungsfähigkeiten und zur Begegnung neuartiger Bedrohungslagen
haben unsere Partnerländer hohe Investitionen in ihre Nachrichtendienste getätigt. Die USA haben seit 2004 das Budget der NSA schrittweise um
mehr als fünfzig Prozent auf nun fast elf Milliarden US-Dollar angehoben.
Die wichtigsten Partner im europäischen Raum, Frankreich und Großbritannien, haben ab 2009 bzw. 2011 jeweils mehrere hundert Millionen
Euro in technische Modernisierungsprogramme (500 Millionen Euro bzw.
650 Millionen Pfund Sterling) investiert und die Budgets ihrer Nachrichtendienste in den letzten Jahren schrittweise deutlich angehoben. Sollte
der BND nicht nachziehen und seine Fähigkeiten auf den Stand der Technik bringen, droht er hinter Länder wie Italien oder Spanien zurückzufal-
len, mit negativen Folgen für den Erkenntnisaustausch in der Gemeinschaft und der Gefahr einer Isolation.

Der BND ist als Auslandsnachrichtendienst auch zuständig für das
Sammeln von Informationen zu Cyber-Bedrohungen, die vom Ausland
ausgehen. Er ist die einzige Einrichtung in Deutschland mit Zugriff auf

ausländische Kommunikationsverkehre und mit der Fähigkeit zur Entschlüsselung digitaler Daten. Aus den daraus gewonnenen Informationen können Angriffs- und Spionageversuche in einem frühen Stadium aufgedeckt und Gegenmaßnahmen eingeleitet werden. Hierbei ist eine enge Kooperation zwischen BfV, BSI, BND und Bundeswehr sowie der Industrie erforderlich; erste Schritte hierzu wurden bereits eingeleitet.

Mit fünf Maßnahmenpaketen soll das technische Modernisierungsprogramm die Fähigkeiten des BND erhalten und im Cyberbereich auf Augenhöhe mit den Partnern bringen:

SIGINT (Aufklärung durch technische Signalerfassung) wird einem Philosophiewandel von einer Inhaltserfassung hin zu einer metadatenzentrierten Erfassung unterzogen. Die Suche nach Bruchstücken einer Nadel ist nur erfolgreich, wenn die Suche zielgerichtet und in Echtzeit erfolgt. Gleichzeitig wird die Massenverarbeitung von Kommunikationsinhalten begrenzt. Näheres siehe Anlagen 1a und 1b.

Die Internetoperationsfähigkeiten (CYBER) werden gesteigert. Die technischen Möglichkeiten zur Erkundung des Internets als öffentlichen Informationsraum werden umfassend für die Aufklärung von gegen Deutschland gerichteten Kommunikationen und gespeicherten Inhalten genutzt. Näheres siehe Anlage 2.

Auf dem Gebiet der Sensorik wird der technische Fortschritt genutzt, um u. a. die Aufklärung von atomaren, biologischen und chemischen Waffen in Einsatzgebieten voranzubringen. Näheres siehe Anlage 3.

Der zunehmenden Verbreitung der Biometrie und der damit einhergehenden Gefährdung von HUMINT-Operationen wird mit neuen Methoden und Systemen begegnet. Näheres siehe Anlage 4.

Mit dem Ausbau der integrierten Datenanalyse finden neuartige Analysewerkzeuge Einzug. Diese werden bisher nicht erkannte Zusammenhänge in den Datenbeständen des BND erschließen und die Aussagefähigkeit bei gegebener Datenbasis steigern. Darüber hinaus sollen mittels automatisierter Echtzeitanalyse von Massendaten aktuelle Aktivitäten des

Web im Allgemeinen und der Web-2.0-Plattformen im Besonderen beobachtet werden, um auftragsrelevante Entwicklungen zu erkennen. Näheres siehe Anlagen 5a und 5b.

Die beim BND praktizierte Vereinigung der verschiedenen Beschaffungsarten sowie der Auswertung unter einem Dach kommen damit voll zur Geltung. Dadurch wird die Nutzung methodischer Potenziale ermöglicht, die anderen Nachrichtendiensten (NSA, GCHQ etc.) aufgrund deren Spezialisierung vorenthalten bleiben.

Zur Umsetzung wird mit einem Finanzierungsbedarf von 300 Millionen Euro im Zeitraum 2014 bis 2020 kalkuliert".[94]

Übrigens: Neben der Überwachung der Telekommunikation, die von Satelliten übertragen wird, nutzt der BND auch Spionagesatelliten, um hochauflösende Bilder der Erdoberfläche zu erhalten – der Fachbegriff dazu lautet: Imagery Intelligence (IMINT). Aber das hatte man sich eigentlich sowieso schon gedacht.

Gleichgültig, ob es um das Smart Home, die Smart City, die Smart Factory, das Internet of Things oder den Smart Space geht – in allen Fällen entstehen um uns herum kritische Infrastrukturen, deren Funktionsweise primär auf Informationstechnologie basiert. Damit stellen alle diese IT-Infrastrukturen Einfallstore für Cyberangriffe dar.

Eingebaute Sicherheit – oder nicht?

In einer immer unsicheren Cyberwelt genügt es nicht, digitale Produkte zu entwickeln und anschließend vor den Hackern zu schützen. Vielmehr kommt es darauf an, neue digitale Angebote – Geräte ebenso wie Services – von Anfang an so sicher wie möglich zu entwickeln. Doch das ist häufig leichter gesagt als getan, wie vielfältige Beispiele etwa aus dem Maschinenbau zeigen.

Sicherheit von Anfang an

Für die Hersteller bedeutet das: Sie müssen die Sicherheit schon bei der Entwicklung in ihre Produkte sozusagen hineinentwickeln. Dabei ist vor allem Software-Knowhow gefragt, das indes bei vielen Geräteherstellern (noch) nicht zu den Kernkompetenzen gehört. Eine große Anzahl von Herstellern versehen ihre Geräte mit einer WLAN-Verbindung oder verpassen ihnen eine SIM-Karte für Mobilfunk und lassen eine passende App entwickeln, ohne sich mit den erforderlichen Sicherheitsmaßnahmen auszukennen. Der notwendige Wandel von Maschinenbau- zum Softwarehersteller stellt gelinde gesagt eine Herausforderung dar, bei der Sicherheitspannen voraussehbar sind.

Die Medizintechnik darf durchaus als Vorreiter für eine sichere Produktentwicklung in Sachen IoT gelten, weil sie in den USA durch die strengen Regularien der Federal Drugs Administration (FDA) zur Einhaltung hoher Sicherheitsnormen gezwungen ist. Nehmen wir als Beispiel die elektrische Zahnbürste mit integrierter Kamera und weiteren Sensoren, die zweimal täglich das Gebiss scannt. Via Internet mit der Cloud verbun-

den, weiß sie besser als jeder Zahnarzt, was dem Verbraucher
für seine Zahnpflege oder seine Krankenversicherung zu raten
ist. Sicherheitskritisch sind allerdings weniger die Zahnbürste
nebst Kamera und Sensoren, sondern die Software, die Geräte
und Hintergrundsysteme steuert.

Die Grundlage des Internets of Things und das Herzstück aller darauf basierenden Geschäftsmodelle bietet der – hoffentlich
sichere – Umgang mit den Daten durch „intelligente" Software.
Dieser Trend verschafft den jüngeren Unternehmen mit ausge-
prägtem Software-Knowhow einen deutlichen Wettbewerbsvor-
teil gegenüber traditionellen Konzernen, die sich häufig eher als
Geräte- oder Maschinenbauer denn als Softwareschmiede verstehen. Daher liegt für die klassische Wirtschaft eine große
Herausforderung darin, sich eine Softwaregenetik zuzulegen.
Dazu genügt es keinesfalls, einfach die eigene Softwareabtei-
lung auszuweiten oder Software extern einzukaufen. Vielmehr
geht es darum, im Unternehmen das Verständnis durchzusetzen, dass die Software das zentrale Geschäftsmodell bildet und
dass die herkömmliche Produktpalette von der Zahnbürste bis
zum Automobil der Unterstützung des Softwaremodells dient –
nicht umgekehrt. Die Zukunftsfähigkeit der meisten heutigen
Konzerne wird davon abhängig sein, wie fundamental sie diesen
Wandel schaffen. Man kann auch sagen, wie schnell sie sich
davon trennen, Zahnbürsten oder Autos herzustellen und stattdessen „Datengeschäfte à la Google" in ihr Betriebsgeschehen
einzubinden.

Für die Softwarebranche selbstverständlich, für andere Branchen ein Lernprozess ist das Thema Qualitätssicherung von
Software. Je bedeutsamer der Softwareanteil wird und je stärker Software über das Internet of Things in den Alltag eindringt, desto wichtiger wird die Qualität und Sicherheit der

Software. Wenn ein Smartphone „abstürzt", wird es neu gestartet, wenn ein Auto während der Fahrt „außer Kontrolle gerät" ist Menschenleben in Gefahr.

In diesem Zusammenhang besitzt der Begriff „Sicherheit" eine doppelte Bedeutung: Die Sicherheit, dass die Software „an sich" korrekt funktioniert, und die Sicherheit vor äußeren Eingriffen und Angriffen etwa durch Hacker. Beide Sicherheitsaspekte sollten bei jeder Produktentwicklung sozusagen schon in das Produkt hineinentwickelt werden, um die Sicherheit und damit Wettbewerbsfähigkeit zu gewährleisten. Wäre das nicht an sich schon schwierig genug, kommt erschwerend hinzu, dass der Kunde diese Sicherheit als Selbstverständlichkeit erwartet und kaum bereit ist, hierfür einen Aufpreis zu bezahlen. Ein genauer Blick in die Automobilbranche offenbart das ganze Dilemma.

Automobilbranche im Dilemma

Die Automobilbranche erlebte im Bereich IoT – häufig als „Connected Car" bezeichnet – eine durchschnittliche jährliche Zuwachsrate von ungefähr 34 Prozent auf rund 90 Milliarden Dollar Gesamtvolumen weltweit 2020.[212] Das größte Marktsegment ist „Sicherheit & Assistenz". Somit steht die Automobilindustrie vor der immensen Herausforderung, sich binnen weniger Jahre zu Softwareherstellern zu wandeln, Sicherheit in einer völlig neuen Dimension zu einem Kernthema zu machen und neue IoT/Big Data-Geschäftsmodelle zu entwickeln, bevor Software-basierte Konzerne wie Google, Apple oder Amazon sich künftig anschicken, die Straße zu übernehmen.

Mit „SAE J3061 – Cybersecurity Guidebook for Cyber-Physical Vehicle Systems" hat die Automobilindustrie den weltweit ersten Standard für Automotive Cybersecurity etabliert, der teilweise sogar für andere Branchen wie Luftfahrt, Medizin-technik oder den Energiesektor maßgeblich sein kann.[213] Aber der Wandel der Autohersteller vom klassischen Maschinenbau-er – nichts anderes ist ein Auto – zum Softwarehersteller mit Cybersecurity-Knowhow fällt den Konzernen nicht leicht. Der Umgang mit Komplexität – hervorgerufen durch einen steigen-den Softwareanteil – war schon die letzten 15 Jahre schwierig für die Autobranche. Durch die anstehende Vernetzung und die damit verbunden Softwaresicherheitsthemen steigt diese Kom-plexität nochmals signifikant an. Der Unterschied ist funda-mental: Es geht nicht mehr darum, dass das Auto eine Inter-netverbindung bereitstellt, wenn gelegentlich ein Mitfahrer surfen will, sondern darum, dass der Wagen im Millisekunden-takt Informationen an den Hersteller und die Verkehrsinfra-struktur übermittelt, die Musik via Streaming ankommt und die Windschutzscheibe fortlaufend mit Augmented Reality ak-tualisiert wird.

Hinzu kommt, dass es die klassischen Autohersteller zwar gewohnt sind, eine Vielzahl von Steuergeräten unterschiedli-cher Zulieferer zu integrieren. Diese softwarelastigen Steuer-systeme werden aber von den Zulieferern entwickelt, nicht von den Herstellern. Das Software-Knowhow liegt also zu weiten Teilen in der Zulieferindustrie. So sind Firmen wie Bosch zwar heute schon weitgehend Softwarehersteller, aber sie stellen eben nur Komponenten bereit.

Anders die neuen Angreifer wie Google oder Apple: Für diese Unternehmen stellt Software die Kernkompetenz dar und sie greifen daher viel tiefer in die Wertschöpfungskette ein. Für sie ist es selbstverständlich, ein homogenes Auto-Betriebssystem „aus einem Guss" zu entwickeln. Eine solche sozusagen monoli-thische Automobilsoftware ist indes per se in jeder Hinsicht potenziell sicherer als ein „Flickwerk" aus Softwarekomponenten, die von unterschiedlichen Zulieferern entwickelt und erst im Fahrzeug wirklich zusammengebracht werden. Zu glauben, dass Tesla der einzige neue Automobilangreifer aus den USA bleiben wird, wäre naiv. Vieles deutet darauf hin, dass etwa das Apple Car zwischen 2024 und 2026 erscheinen wird. Er könnte den Automobilmarkt ähnlich „aufmischen" wie das 2007 vorgestellte iPhone den Handy- und Smartphonemarkt.

Dabei kommt den Digitalkonzernen zugute, dass sie viel Erfahrung darin besitzen, auf auftretende Sicherheitsprobleme bei Software schnell und zielführend zu reagieren. In der Softwarebranche gehören regelmäßige Sicherheitslücken zur Normalität und werden in der Regel entsprechend schnell geschlossen, sobald sie bekannt werden. Für die Automobilhersteller handelt es sich dabei hingegen um eine völlig neue Welt: Neue Software wurde bislang höchstens aufgespielt, wenn der Wagen in die Werkstatt kam. Die Rückrufaktionen in der Autobranche funktionieren fundamental anders als das Verteilen eines Software-Patches an Smartphones über das Mobilfunknetz. Wenn Apple durch ein Software-Update versehentlich Millionen von Smartphones lahmlegt, bis wenige Tage später die Lösung kommt, ist der mediale Aufschrei groß. Um wie viel größer wäre er wohl, wenn ein Automobilhersteller durch einen Softwarefehler seine Flotte einige Tage oder gar Wochen außer Gefecht setzt.

Wobei die bisherigen Betrachtungen davon ausgehen, dass dem Hersteller selbst ein Softwarefehler unterläuft, der zu beheben ist. Bei der IoT-Sicherheit und speziell im Automobilsektor spielt natürlich der Schutz vor Cyberangriffen eine mindestens ebenso große Rolle. Dabei darf getrost unterstellt werden, dass die Anzahl und Professionalität der Hacker-Angriffe immer weiter zunehmen wird. Bislang gehören soweit bekannt vor allem Finanzinstitute, Energiekonzerne, Industrieanlagen, Telefongesellschaften, Elektronik- und IT-Konzerne sowie staatliche Einrichtungen, Behörden und Politiker zu den Opfern. Es ist nur eine Frage der Zeit, wann der erste Automobilhersteller im großen Stil einen Angriff erfahren wird. Beim Angriff auf Sony im April 2011 sah sich das Unternehmen gezwungen, sein Playstation-Netzwerk einen ganzen Monat lang abzuschalten. Das ist vielleicht zu verschmerzen, aber ein Autohersteller, der seine gesamten autonom fahrenden Automobile einen Monat lang stehen lassen muss, dürfte vor den Medien und vor den Gerichten eine schwierige Zeit vor sich haben.

Einen völlig neuen Weg in Sachen Sicherheitssoftware für Connected Cars geht Tesla. Auf der Hackerkonferenz Defcon in Las Vegas im August 2018 kündigte Tesla-Chef Elon Musk an, die Sicherheitssoftware der Autos künftig als „Open Source" frei verfügbar zu machen. Das bedeutet, dass jedermann die Programme einsehen, ändern und für sich nutzen kann. Der Techno-Tausendsassa forderte andere Autohersteller ausdrücklich auf, seine Software ebenfalls zu nutzen. Dieser Schritt sei „extrem wichtig für eine sichere Zukunft der selbstfahrenden Autos", verkündete Musk am 11. August 2018 via Twitter.[214]

Einladung an die Hacker

Es war geradezu ein Aufruf an Softwareexperten, Sicherheitsforscher und natürlich auch Hacker, die Sicherheit der Tesla-Systeme auf Herz und Nieren unter die Lupe zu nehmen. Die Hoffnung ist, dass Sicherheitslücken, die von den Spezialisten entdeckt werden, brav an den Hersteller gemeldet werden, damit dieser sie stopfen kann. Ob Musk der Frage nachgegangen ist, wie sich Tesla-Fahrer fühlen, wenn die Sicherheitssoftware ihres Fahrzeugs für jedermann – also auch Hacker aus allen Ländern – frei einsehbar ist, bleibt unbeantwortet.

Das Verfahren, Hacker einzuladen, die Sicherheit der eigenen Produkte zu prüfen und sie großzügig zu belohnen, wenn sie Sicherheitslücken entdecken, ist nicht neu. „Bug Bounty" heißen diese Programme vieler Hersteller. Aber zu riskieren, dass Hacker die Sicherheit eines Serienfahrzeugs im großen Stil angreifen könnten, stellt eine neue Strategie dar. Wenn ein Smartphone abstürzt, startet man es neu. Wenn beim Auto das Gas oder die Bremsen versagen, stirbt in der Regel mindestens ein Mensch.

Damit verbunden ist die Frage: Muss ein Automobilhersteller über den gesamten Lebenszyklus seiner Modelle hinweg zumindest Sicherheitsupdates anbieten? Es wäre in einer software-dominierten und Hacker-angreifbaren Wirtschaft sicherlich konsequent, die Zulassung für ein Modell auf den Zeitraum zu beschränkten, für den Update-Unterstützung gewährleistet ist. Apple kalkuliert eigenen Angaben zufolge für seine Smartphones mit einer Lebensdauer von drei Jahren. Von einem Fahrzeug erwartet der Kunde indes, dass es 20 oder 25 Jahre hält. Es wird sich in der Automobilbranche also eine Richtschnur herauskristallisieren müssen, wie lange ein Fahrzeug in der Regel durch Software unterstützt wird.

Ebenso stellt sich die Frage, wie gut die Überprüfung der Funktions- und Angriffssicherheit und damit der Zulassung der Fahrzeuge in einer software-getriebenen Industrie beim TÜV aufgehoben ist. Vielleicht kann der TÜV noch prüfen, ob alle Updates auf dem neuesten Stand sind. Aber ist er tatsächlich in der Lage, eventuelle Manipulationen an der Software festzustellen, das Eindringen von Schadsoftware aufzudecken, Sicher-

heitslücken nachzuspüren? Und reicht es in einer dauervernetz-
ten Automobilwelt, diesen Fragen alle drei Jahre nachzugehen,
oder nicht doch besser jedes Jahr, jede Woche, jeden Tag, jede
Stunde, permanent? Die Antwort liegt auf der Hand: Entweder
verändert sich der TÜV ebenfalls zur Software-Prüfstelle oder
er ist für die nächste oder übernächste Autogeneration ungeeig-
net. Das hat wohl auch der TÜV erkannt: Jedenfalls fordert er,
dass eine Überprüfung der Software fester Bestandteil jeder
Hauptuntersuchung werden soll. Das ist allerdings zu kurz
gedacht: Tesla nimmt Software-Updates unterjährig vor, nicht
im Rhythmus der Hauptuntersuchungen des TÜV.[215]

Auf die Automobilhersteller kommen nicht nur grundlegende
Fragestellungen bezüglich der Softwaresicherheit zu, sondern
auch beim Datenschutz. Mit Kameras, GPS und sonstigen Sensoren vollgestopft, die permanent Daten erfassen, teilweise im
Wagen verarbeiten und teilweise in die Cloud zur weiteren
Auswertung senden, werden die Automobilflotten bald zu den
größten Datensammelstellen der Welt gehören. Die bislang
wohl wichtigste Grundregel beim Autofahren „Augen auf die
Straße" wird bald hinfällig, weil die Autos der nahen Zukunft
von allein fahren. Das ist bequem und sicherer. Damit das au-
tonome Automobil funktioniert, braucht es vor allem eines:
Kamera- und Radarsysteme. Tesla baut heute schon acht Ka-
meras mit einem 360-Grad-Rundumblick mit bis zu 250 Metern
Reichweite und zwölf Ultraschallsensoren in jedes Fahrzeug
ein. Und es werden immer mehr Kameras in den Automobilen.
Kameras sitzen mit Fischaugenoptik im Rückspiegelfuß, im
Gehäuse der Seitenspiegel und in der Heck- beziehungsweise
Kofferraumklappe. Sie blicken für den Fahrer nach vorn, zur
Seite, nach hinten: In Summe ergibt das ein 360-Grad-Bild.
Was bei den vielen und häufig emotionalen Diskussionen über
die automobile Zukunft in der Regel vergessen wird: Mit selbst-

fahrenden Fahrzeugen geht zugleich die größte mobile Datener-
fassungswelle an den Start, die die Menschheit jemals erlebt
hat. Jeder Wagen nimmt mit allen seinen Kameras ständig die
Umgebung auf. Im Zehntelsekundentakt wird alles erfasst, was
daherkommt: Straßen, Gebäude, andere Fahrzeuge, Menschen.
Auch hier stellen wir dann wie selbstverständlich sämtliche
Bewegungsdaten von uns den Konzernen zur Verfügung.

Wer beim autonomen Fahren nur Außenkameras im Kopf hat,
die die Umgebung ständig erfassen, denkt zu kurz. Ebenso
selbstverständlich werden auch Videokameras – und Mikrofone
– im Wageninneren die Insassen permanent beobachten. Die
Gründe dafür sind dieselben, warum wir unsere Wohnungen
mit Kameras und Mikrofonen versehen. Zulieferer wie ZF haben heute schon Innenraumkameras entwickelt, die den Fahr-
zeuglenker permanent im Auge behalten. Schaut er zu lange
nicht auf die Straße oder macht die Augen auffällig lange zu,
schlägt das System Alarm.

In der „intelligenten" Auswertung aller dieser Daten stecken
milliardenschwere Geschäftsmodelle. Aber zuvor muss die Frage beantwortet werden, wem diese Daten eigentlich gehören.
wofür sie überhaupt genutzt werden dürfen und wie sie vor
Datendieben geschützt werden.

Die Datenschutzbestimmungen etwa von Google legen fest,
dass dem Konzern im Grunde sämtliche Daten seiner Nutzer
gehören. Man darf davon ausgehen, dass diese Haltung beim
Google Car keine Grenzen finden wird. Nun sind sich die deutschen Datenschutzbeauftragten zwar einig, dass Google heute
schon gegen geltendes Datenschutzrecht verstößt – aber das
hindert niemanden in Deutschland an der Nutzung der Google-
Dienste. Heißt das womöglich, dass künftig US-Autos, die nicht

dem strengen deutschen Datenschutz genügen, dennoch auf deutschen Straßen fahren? Können die hiesigen Autohersteller ebenso lax mit dem Datenschutz umgehen, oder unterliegen sie strengeren Auflagen? Und wird diese Sachlage von den Datenschutzbeauftragten der Länder, dem Bundesdatenschutzbeauftragten oder dem Kraftfahrtbundesamt festgelegt und vom TÜV überwacht?

Die automobile Softwarewelt wirft viele Fragen auf, die die US-amerikanischen Softwarekonzerne in ihren Entwicklungsbestrebungen vermutlich weniger beschäftigen, aber für die europäische und speziell deutsche Automobilindustrie sicherlich von erheblichem Belang sind. So hat sich Daimler-Benz beispielsweise entschieden, zahlreiche Fahrzeug- und Fahrerdaten nur anonymisiert und pseudonymisiert zu übermitteln und sie zu löschen, sobald sie nicht mehr benötigt werden. Ein Beispiel ist die Müdigkeitserkennung: Attention Assist speichert die Daten nur solange, bis die Fahrertür geöffnet wird. Dem Geschäftsmodell von Google, das darauf basiert, möglichst viele personenbezogene Daten zu erfassen, zu speichern und auszuwerten, laufen solche Anonymisierungs- und Löschkonzepte diametral entgegen.

Eines steht fest: Wenn es erst einmal zum „Gau" kommt, stehen die Reputation auf dem Spiel und enormen Schadensersatzsummen im Raum. Der „Fall bei Dieselsteuerungssoftware" dürfte harmlos sein im Vergleich zum Szenario vernetzter Automobile, die von Hackern gekapert werden. Denkbar ist sogar das ferngesteuerte Umfunktionieren eines Autos in eine Angriffswaffe. „Das ist offensichtlich möglich", urteilte die Cybersicherheitsbehörde ZItis. „Neben dem Logistik- und Energiesektor könnte das vernetzte Auto künftig eines der Hauptziele der IT-Kriminalität werden", warnte die Allianz 2021.[216]

Die KI-Hacker kommen

Beinahe im Hintergrund hat die Künstliche Intelligenz Einzug in unseren Alltag gehalten. Unser Smartphone weiß, was wir als nächstes tun werden und zeigt uns auf dem Bildschirm an, wann wir am besten zum anstehenden Termin aufbrechen. Die Navigationsapp hat schon berechnet, auf welchem Weg wir am einfachsten zum vereinbarten Treffpunkt kommen. Wir sprechen mit Alexa und Co in natürlicher Sprache beinahe schon wie mit einem Menschen. Hinter allen diesen Segnungen unserer modernen Zeit steht Künstliche Intelligenz, kurz KI. Es würde den Rahmen des vorliegenden Buches sprengen, das Thema KI umfassend zu behandeln, aber es zu ignorieren, wäre fatal: Die nächsten Hackergenerationen werden wie selbstverständlich mit KI arbeiten, um uns, unsere Wirtschaft und unsere Staaten anzugreifen. KI-Hacker werden zum Alltag der nahen Zukunft gehören wie etwa die an anderer Stelle in diesem Buch besprochenen Biohacker.

KI-Hacker stellen eine unmittelbare Folge der digitalen Disruption dar, die unsere gesamte Gesellschaft erfasst. Die Auswirkungen dieser Umwälzung werden häufig noch unterschätzt, doch sie werden mindestens ähnlich gravierend sein wie die Viruspandemie der Jahre 2020/21. Doch Politik und Gesellschaft verkennen in weiten Teilen die Auswirkungen der globalen digitalen Revolution auf die Wirtschaft und das Leben der Bevölkerung. Die Politik ist sich mit dem größten Teil der Gesellschaft einig, wenn es um das Thema Digitalisierung geht: So schlimm wird es schon nicht kommen. Diese Einstellung verkennt den Unterschied zwischen linearer und exponentieller Entwicklung – ein Fehler, der sich schon bei der Virusverbreitung als fatal erwies. Die lineare Betrachtung geht davon aus, dass sich die bisherige Welt Jahr für Jahr in kleinen Schritten voran bewegt. Das Smartphone wird immer etwas besser, der Akku hält immer etwas länger, bei den sozialen Netzwerken kommt immer mal wieder ein neuer Player hinzu. Die Politik überträgt ihre eigene Vorgehensweise der kleinen Schritte in die digitale Welt.

Welt am Abgrund

Diese Einstellung ist falsch und fatal. Sie verkennt, dass die digitale Entwicklung exponentiell verläuft und damit disruptiv auf alle Aspekte der Politik, Wirtschaft und Gesellschaft wirkt. Schlimmer noch: Sie ignoriert Machtverschiebungen und damit den Verlust der Macht, selbst zu gestalten. Der Beruf des Hufschmieds wurde nicht abgelöst, weil sich die Pferde veränderten, sondern weil das Transportwesen mit der Erfindung des Automobils keine Pferde mehr brauchte. Nokia wurde nicht binnen weniger Jahre hinweggefegt, weil Apple die besseren Handys baute, sondern weil Apple grundlegend andere Geräte – Smartphones – auf den Markt brachte. Apple Glass, eine digitale Brille, die auf in den Gläsern eingebauten Minidisplays fortlaufend Informationen einblendet, ohne dass es jemand außer dem Brillenträger bemerkt, hat das Potenzial, eine ähnlich grundlegende Entwicklung wie das iPhone einzuläuten.[217] Bei selbstfahrenden E-Autos beschleicht derzeit viele Menschen eine Ahnung, dass dies zu ebenso disruptiven Veränderungen führen könnte, die eine ganze Branche an den Abgrund führen wird. Doch es wird nicht bei dieser einen Branche bleiben.

Dass die Tage von Fahrern – Bus, Lastwagen, Taxi – sich dem Ende nähern, gilt längst als ausgemacht. Weniger offensichtlich scheint es zu sein, dass Berufe wie Makler, Verwaltungsangestellte, Allgemeinmediziner, Verkäufer, Bankangestellte, Journalisten, Händler oder Anwälte von der Digitalisierung akut gefährdet sind. Überall dort, wo es um Rollenspiele nach festgelegten Regeln geht, sollte man sich Künstliche Intelligenz vorstellen, nicht wegdenken: Algorithmen statt Sachbearbeiter. Das heißt, der Großteil dieser Tätigkeitsfelder wird künftig von Software mit Künstlicher Intelligenz bearbeitet werden. Es sei beispielhaft auf die Oxford University verwiesen, die schon in einer Studie aus dem Jahr 2017 zu dem Schluss gelangte, dass über alle Branchen hinweg 47 Prozent aller Berufe durch Computer bzw. Software ersetzt werden können. In der Versicherungswirtschaft veranschlagt dieselbe Studie eine „Computerisierbarkeit" von über 90 Prozent aller Jobs. Wohlgemerkt: Es wird immer noch Ärzte, Makler oder Anwälte geben – aber deutlich weniger als heute, und mit anderen Kompetenzen, in einem anderen Umfeld und mit anderen Verdienstaussichten. Das World Economic Forum ging in seiner Studie „The Future of Jobs" bereits 2018 davon aus, dass im Jahr 2025 mehr Aufgaben von Computern und Robotern erledigt werden als von Menschen. Man mag darüber spekulieren, ob es 2025 oder erst 2030 soweit ist, doch dass es dazu kommen wird, gilt als sicher. Die Digitalisierung wird Millionen von Arbeitsplätzen vor allem in der White-Collar-Schicht – in der Regel die Mittelschicht – betreffen, viele davon für immer vernichten und unsere Gesellschaft nachhaltig verändern. Der Begriff von der „Digitalen Revolution" ist nicht übertrieben, er beschreibt schlichtweg unsere Zukunft, mit allen – und zwar enormen(!) – Chancen, aber eben auch mit Risiken. Man mag Hacker in der Vergangenheit eher als eine „Randerscheinung" wahrgenommen haben – obgleich dieses Buch darstellt, dass der Angriff auf die IT-Systeme schon in vollem Gange ist. Doch die digitale Revolution wird zwangsläufig dazu führen, dass die Angriffsflächen für Hacker immer breiter und die von ihnen verursachten Schäden immer größer werden. Jede Maschine und jedes KI-Programm, das menschliches Tun an einem Arbeitsplatz ersetzt, kann ge-

kapert und manipuliert werden. Vermutlich werden sich weiterhin jugendliche Scriptkiddies aufmachen, das Abenteuer zu
suchen, indem sie in fremde Computer eindringen. Viel gefähr-
licher sind sicherlich die kriminellen Cyberbanden, die Geld
wittern oder schlichtweg Chaos anrichten wollen. Am gefährlichsten dürften sich indes die staatlichen Hacker erweisen.
Länder wie Russland und Nordkorea sowie mutmaßlich auch
China sind schon heute mit beeindruckenden oder wohl besser
erschreckenden Cyberarmeen ausgestattet, die nur auf das
Fortschreiten der digitalen Revolution im Westen warten, um
anzugreifen. Jeder Job, der wegfällt, weil seine Arbeit von Computern und Software übernommen, spielt den Hackern in die
Hände. Doch die Politik bereitet sich und die Gesellschaft wenig
bis gar nicht auf diese Zukunft vor. Die digitale Revolution
kommt in den 2020er Jahren ebenso „überraschend" auf uns zu
wie die Viruspandemie 2020/21 – alle Warnzeichen wurden
über Jahre hinweg ignoriert.

In der Pandemie wurden im Frühjahr 2020 in den USA binnen eines Monats mehr Jobs vernichtet, als in den elf Jahren
seit der Finanzkrise 2008 neu entstanden waren. Die Arbeits-
losenquote schoss inklusive Dunkelziffer auf rund 20 Prozent der
erwerbstätigen Bevölkerung in die Höhe.[218] Ein Großteil dieser
Jobs kommt nie mehr zurück, weil die ohnehin anrollende Digitalisierungswelle seit 2020/21 kräftig zugelegt hat. In Deutschland wird dieser Absturz in eine hohe Arbeitslosigkeit bis 2030
sicherlich sozial abgefedert erfolgen. Aber man muss sehr blauäugig sein, um diese Tendenz zu ignorieren. Eine Schlüsselrolle
spielt dabei die Künstliche Intelligenz (KI).

Wir werden gedacht

Als ein Schlüsselkriterium für Künstliche Intelligenz gilt die Frage, ob ein intelligenter Mensch in der Lage ist, zu erkennen, ob er es mit einem Menschen oder einer Maschine zu tun hat, beispielsweise bei einem Chat oder einem Telefonat. Es ist der sogenannte Turing-Test, benannt nach dem berühmten britischen Mathematiker Alan Turing. Bis zum Juni 2014 konnte keine Software den Turing-Test zweifelsfrei bestehen. Doch am 8. Juni 2014 stuften im Rahmen einer Veranstaltung der Royal Society in London erstmals Turing-Prüfer die russische Software „Eugene Goostman" als einen Menschen ein; sie hielten die Software tatsächlich für einen 13jährigen Jungen aus der Ukraine.[219] Der Durchbruch war geschafft. Seitdem liefern sich Digitalkonzerne wie Amazon, Apple, Google, Alibaba und sicherlich viele weitere Unternehmen einen Wettlauf um die erste und beste KI-Software, die einen Menschen so täuschend echt simuliert, dass der Unterschied zu einem Menschen aus Fleisch und Blut nicht auffällt.

Die chinesischen Forscher Feng Liu, Yong Shi und Ying Liu haben bereits 2017 den Intelligenzquotienten (IQ) von öffentlich zugänglichen KI-Systemen unter die Lupe genommen. Das Ergebnis: Google liegt deutlich vor der Konkurrenz und kommt bereits an den IQ von Menschenkindern heran.[220] In Zahlen: Im Maximum erreichten die KI-Systeme einen Wert von rund 47, was etwa einem sechsjährigen Kind in der ersten Klasse entspricht. Bei ähnlichen Tests aus dem Jahr 2014 wurde ein Maximalwert von 27 erreichen. Zum Vergleich: Ein Erwachsener kommt im Durchschnitt auf 100. Wenn sich diese Entwicklung im gleichen Zuge fortsetzt, wäre die Computerintelligenz schon im Jahr 2026 bei 97 Prozent eines Durchschnittsmenschen angekommen.[221]

Einen vorläufigen Höhepunkt stellte ein legendäres Google-Telefonat im Jahr 2018 dar: Der Konzern führte auf seiner Technikkonferenz I/O (Input/Output, also Eingabe/Ausgabe) im Mai 2018 öffentlich vor, wie ein Telefoncomputer dem Menschen auf der Gegenseite offensichtlich glaubhaft den Eindruck vermittelte, er sei ebenfalls ein Mensch.[222] Im konkreten Fall ging es um die Vereinbarung eines Friseurtermins:

Mensch: „Hallo, wie kann ich Ihnen helfen?"

Computer: „Hi, ich rufe an, um für eine Kundin einen Damenhaarschnitt zu buchen."

Computer: „Am besten wär's am 3. Mai."

Mensch: „Klar, einen Moment bitte."

Computer: „Mm-Hmm."

Mensch: „Gut. Um welche Uhrzeit würde es denn passen?"

Computer: „Um 12 Uhr."

Mensch: „Um 12 Uhr haben wir nichts mehr frei. Die nächste Möglichkeit wäre 13:15 Uhr."

Computer: „Haben Sie vielleicht etwas zwischen 10 und 12 Uhr?"

Mensch: „Kommt darauf an, was gemacht werden soll. Was will sie denn gemacht haben?"

Computer: „Für's Erste nur einen Damenhaarschnitt."

Mensch: „Okay, das können wir um 10 Uhr machen."

Computer: „10 Uhr passt prima."

Mensch: „Okay, wie lautet ihr Vorname?"

Computer: „Der Vorname ist Lisa."

Mensch: „Okay, perfekt. Dann sehen wir Lisa am 3. Mai um 10 Uhr."

Computer: „Okay. Super. Danke."

Mensch: „Prima. Einen schönen Tag noch. Tschüss."

Aus dem Dialog wird klar, dass der Mensch nicht erkannte, dass er mit einem Computer sprach. Seitdem steht der Verwendung von KI-Systemen als „Ersatzmenschen" für ein breites und immer weiter wachsendes Spektrum an Dialogsystemen im Grunde nichts mehr im Wege. Erwarten wir also Hackerbanden, die uns mit freundlicher Stimme anrufen, alles oder jedenfalls vieles von uns wissen, und uns ohne weiteres davon überzeugen, echte Menschen zu sein.

Auf absehbare Zeit werden das sicherlich Systeme sein, mit denen wir uns entweder schreibend (Chat) oder telefonisch unterhalten. Aber es ist ebenso absehbar, dass es irgendwann einmal Roboter sein werden, mit denen wir kommunizieren. Die Vorstellung eines Androiden, also eines intelligenten Kunstmenschen, gehört heute noch in das Reich der Science Fiction. Doch es stellt sich nicht die Frage, ob diese Vision einmal Realität werden wird, sondern nur wann. Das Zusammengehen von Künstlicher Intelligenz und Robotik wird einer der nächsten großen Schritte. Dabei wird KI unauffällig wie allgegenwärtig: Sie hält Einzug in unseren Alltag.

Intelligente Maschinen, die die Arbeit erledigen, sind im Grunde ein uralter Menschheitstraum. Haushaltsroboter, die für uns kochen, putzen und einkaufen. Ein persönlicher Assistent, der uns die Organisation unseres Alltags abnimmt. Mit Robotik und Künstlicher Intelligenz kommen wir dem Paradies immer näher. Wenn uns dennoch gelegentlich bei dem Gedanken an Maschinen, die klüger sind als wir, ein mulmiges Gefühl beschleicht, dann wohl deshalb, weil wir im Grunde ähnlich denken, wie es der Physiker Stephen Hawking 2014 in einem Interview mit der BBC formulierte: „Künstliche Intelligenz könnte das Beste sein, oder das Schlimmste, was der Menschheit je zugestoßen ist."[223]

Dabei gilt die Künstliche Intelligenz keineswegs als die Spitze der Forschung, um das menschliche Gehirn je nach Betrachtungsweise zu ergänzen oder zu ersetzen. Das „eigentliche" Ziel besteht nämlich nicht darin, eine intelligente Maschine zu bauen, sondern „lediglich" eine Maschine, die ihrerseits in der Lage ist, intelligente Maschinen zu bauen. Man redet in diesem Zusammenhang von Künstlicher Evolution (KE) oder Technologischer Singularität. Man kann es auch drastischer ausdrücken: die maschinelle Intelligenz überholt die menschliche Intelligenz. Es entsteht somit eine übermenschliche Intelligenz. Diese erste Superintelligenz wäre also die letzte Erfindung, die die Menschheit zu machen hat, da zukünftige Erfindungen ab dann weitestgehend von Maschinen entwickelt würden. Im KI-Labor von Google geht man davon aus, dass dieser Zeitpunkt im Jahr 2045 erreicht werden könnte.[224] Demnach wird es schon ab etwa 2029 endgültig nicht mehr möglich sein, die Unterhaltung mit einer Maschine vom Gespräch mit einem Menschen zu unterscheiden – ein Idealzustand für KI-Gauner, die künftig mit einschmeichelnder Stimme und viel persönlichem Wissen über ihr Opfer auf Betrug aus sind.

Doch während sich die Maschinen ihrerseits dank galoppierender Computerisierung rasend schnell weiterentwickeln, dringt die Digitalisierung auch in den Menschen ein – und das im wortwörtlichen Sinne.

Biometrie: Wir machen uns angreibar

Hacker stehlen unsere Passworte, unsere Logins, unsere Kreditkartendaten – das ist zwar schlimm, aber all dies lässt sich wieder in irgendeiner Form „reparieren". Wir legen ein neues Passwort fest, ändern den Login, sperren die Kreditkarte und lassen uns eine neue zukommen.

Völlig anders sieht es bei biometrischen Daten aus, also allen Informationen, die wir in und an unserem Körper unveränderbar mit uns tragen. Dazu gehören unsere Fingerabdrücke, unser Gesicht, unsere Augeniris und unsere Venenstruktur, um nur einige biometrische Merkmale zu nennen. Wir können uns keine neuen Fingerabdrücke, kein neues Gesicht, keine neuen Augen und keine neuen Venen besorgen, wenn sie – oder genauer gesagt digitale Varianten davon – entwendet oder missbraucht werden.

Dennoch findet biometrische Verfahren immer mehr Anwendung in unserem Alltag – mit allen Konsequenzen.

Der Fingerabdruck – vom Verbrecher zum Normalbürger

Im Jahre 1858 wurde die Daktyloskopie geboren, die Lehre von den Fingerabdrücken. Es handelt sich dabei um das älteste biometrische Verfahren zur eindeutigen Identifizierung von Menschen.[225] Der britische Kolonialbeamte Sir William James Herschel registrierte in Bengalen (Indien) Zahlungsempfänger anhand ihrer Fingerabdrücke, um Betrug durch Mehrfachauszahlungen zu verhindern. Ihm gebührt also der Verdienst, die erste Fingerabdrucksammlung der Welt angelegt zu haben. Der

Mediziner Henry Faulds brachte nach eingehenden Untersuchungen der menschlichen Hautleisten 1880 den Vorschlag, Fingerabdrücke an Tatorten zur Überführung von Verbrechern zu nutzen und dafür alle zehn Finger für die Daktyloskopie zu erfassen.[226] Es war der Engländer Francis Galton, der das im Wesentlichen heute noch verwendete Klassifizierungssystem der Daktyloskopie entwickelte, das immer noch bei der Polizei weltweit im Einsatz ist.[227]

Seitdem war klar: Wessen Fingerabdrücke genommen wurden, der gehörte zumindest zum Kreis der Verdächtigen im Zusammenhang mit einem Verbrechen. Doch darüber sind wir längst hinaus. Heute erfolgt die biometrische Vermessung des Menschen weit über Fingerabdrücke hinaus und losgelöst davon, ob wir Schwerverbrecher oder unbescholtene Bürger sind.

Seit 2010 müssen Einreisende in die Vereinigten Staaten die Erfassung der Abdrücke aller zehn Finger über sich ergehen lassen.[228] Das sei „keine große Sache", sagte damals Robert A. Mocny, der Leiter des Programms US-Visit im Heimatschutzministerium. Die große Welle der Erfassung biometrischer Daten begann und wird seitdem größer und größer.

Unter biometrische Daten fallen alle äußerlichen Merkmale eines Menschen, die sich nicht oder nur sehr schwer ändern lassen. Dazu gehören nicht nur Fingerabdrücke, sondern beispielsweise auch die Schlüsselmerkmale des Gesichtes wie der Augenabstand und die Iris, also das Innere des Auges.

Waren es früher nur Staaten, allen voran die USA, die Fingerabdrücke im großen Stil sammelten, erfuhr diese Situation im Jahre 2013 schlagartig eine fundamentale Änderung. Apple stellte das iPhone 5s vor, in das ein Fingerabdrucksensor fest verbaut war.[229] Wer nicht ständig den PIN-Code zum Entsperren des Gerätes eintippen wollte, erfasste einen oder mehrere seiner Fingerabdrücke und konnte fortab einfach durch Auflegen eines Fingers das Gerät nutzen. Als der US-Konzern Apple mit dem Sammeln von Fingerabdrücken begann, gab es einen kurzen Aufschrei von Datenschutzaktivisten, der jedoch rasch verpuffte.[230] Seitdem werden die Fingerabdrücke von Millionen von Menschen nicht nur von Staaten, sondern auch von Unternehmen erfasst. Auf Apple folgten rasch Samsung, Huawei und sämtliche andere namhafte Smartphone-Hersteller. Seitdem gilt es als völlig normal, dass unbescholtene Bürger tagtäglich ihre Fingerabdrücke abgeben.

Es siegte die Bequemlichkeit: Schließlich ist es viel einfacher, seinen Finger kurz auf das Gerät zu legen, statt bei jeder Nutzung den PIN-Code eintippen zu müssen. Die Bequemlichkeit stellt beinahe immer einen Erfolgsgaranten dar, wenn es darum geht, an die Daten der Bürger zu kommen – gleichgültig, ob es sich dabei um Regierungen oder um Unternehmen handelt.

Apple behauptet, dass nicht der Fingerabdruck gespeichert würde, sondern lediglich ein Code (eine Prüfsumme), der aus dem Abdruck generiert wird. Dieser Code soll nicht an Apple übermittelt, sondern nur im jeweiligen Gerät in einem SoC-Baustein (System on a Chip) gespeichert werden. Ob das stimmt oder nicht, ist selbst von Fachleuten nur schwer zu überprüfen. Selbst wenn diese Aussage korrekt sein sollte und Apple tatsächlich besonders hohen Wert darauf legt, die Daten seiner Kunden zu schützen, ist das Schutzniveau bei konkurrierenden Herstellern möglicherweise und vermutlich geringer. Unabhängig davon hat die Erfahrung gezeigt, dass einmal erfasste Daten in der Regel weitergereicht und weiterverwendet werden.

Die Fingerabdruckspeicherung verdeutlicht zudem die Problematik von Fehlfunktionen und Missbrauch bei biometrischen Daten. Am 21. September 2013 meldete der Chaos Computer Club (CCC), die Touch-ID-Sicherheitssperre auch ohne einen echten Finger überwunden zu haben.[231] Dabei wurde ein auf der Displayoberfläche befindlicher Fingerabdruck gescannt. Anschließend wurde der digital nachbearbeitete Scan auf einem Laserdrucker auf eine Transparenzfolie gedruckt, welche als Maske für die Belichtung einer Leiterplatte diente. Anschließend wurde die mit ultraviolettem Licht belichtete Platine geätzt und mit Grafit besprüht, um die Struktur und Leitfähigkeit des späteren Trägermaterials zu erhöhen. Abschließend wurde eine Fingerattrappe damit versehen und in einem Testversuch nach wenigen (korrekten) Zurückweisungen fälschlicherweise akzeptiert. Natürlich ist diese Vorgehensweise viel zu aufwendig, um „nebenbei" einen Fingerabdrucksensor zu überlisten. Dennoch zeigt der Vorfall, dass die biometrische Datenerfassung keineswegs die hundertprozentige Sicherheit verspricht, wie sie häufig von Unternehmen beworben wird. Es ist offenbar möglich, durch die Fälschung eines Fingerabdrucks die digitale Sicherheitshürde zu überwinden. Das ist kein beruhigendes Gefühl – ganz im Gegenteil.

Automatische Gesichtserkennung

Die digitale Vermessung der Menschheit im großen Stil hat mit dem Fingerabdruckscanner begonnen, doch schon warten die nächsten Technologien darauf, eingesetzt zu werden. Dazu gehört die automatische Gesichtserkennung.

Am 12. September 2017 stellte Apple mit dem iPhone X das erste massentaugliche Smartphone vor, das seinen Benutzer erkennt. In der Frontseite des Gerätes ist eine sogenannte

True-Depth-Kamera eingebaut.[232] Sie bewertet das erfasste Gesicht anhand von 30.000 Bildpunkten und entscheidet, ob es sich dabei um den Gerätebesitzer handelt oder nicht. Face-ID nennt Apple diese Funktion. Der von Apple gewählte Begriff Face-ID ist wohl nur als gezielte Verschleierung zu werten. Es geht nämlich keineswegs nur um die Erkennung eines Gesichts, sondern es steckt viel mehr dahinter.

Was kaum einer weiß: Der Wechsel vom Fingerabdruck zur Gesichtserkennung stellt nicht nur eine neue Methode dar, um eine bestimmte Person zu identifizieren. Vielmehr ermöglicht die auf das Gesicht ausgerichtete Kamera die Auswertung von Mikroausdrücken. Unter diesem Begriff werden Emotionen („Gefühle") verstanden, die sich für die Dauer von Sekundenbruchteilen auf unserem Gesicht zeigen. Man betrachtet also das Display, um einen Text zu lesen oder ein Bild zu studieren, und die Kamera erkennt, ob man sich darüber freut, ärgert, ob man begeistert oder verängstigt ist. Wer das einmal spielerisch ausprobieren möchte, kann eine App wie „Rainbow" herunterladen. Beim ersten Mal ist es verblüffend zu erleben, wie sich die Spielfigur verändert, je nachdem, ob man die Augenbrauen erstaunt nach oben zieht oder verärgert zusammenzieht.[233]

Mag man „Rainbow" noch als belustigend empfinden, ist die App „AR MeasureKit" mit ihrer Funktion „Face Mesh" eher beängstigend.[234] „Face Mesh" demonstriert für jedermann, wie das iPhone das gesamte Gesicht automatisch scannt, daraus eine digitale Gesichtsmaske erstellt und daraufhin 50 verschiedene Gesichtsausdrücke erkennen kann. Mit dem linken Auge blinzeln, die rechte Augenbraue anheben, die Nase nach rechts oder links rümpfen, den Mund verziehen, die Lippen zusammenpressen, Wangenbewegungen und vieles mehr. So werden 50 Muskelbewegungen haarklein beobachtet. Die App zeigt auf die Zehntelsekunde genau an, wie lange welche Muskeln auf welche Art und Weise aktiv sind. Der Weg von der Erkennung zur Interpretation und Nutzung des Gesichtsausdrucks ist nicht mehr weit. Mit dem iPhone X erstmals eingeführt, wird Apple Face-ID auch in künftige Gerätegenerationen einbauen. So sind sämtliche seit September 2018 von Apple vorgestellten neuen iPhones und auch die meisten neuen iPads mit Face-ID ausgerüstet. Andere Hersteller folgen.

Es bleibt also nur noch eine Frage der Zeit, bis sich um uns herum sämtliche Geräte automatisch erkennen, wie wir uns fühlen, was wir denken, wie wir reagieren. Wenn wir ein Buch in einem digitalen Bookreader wie Amazons Kindle lesen, können wir uns in Zukunft die Bewertung ersparen – Amazon weiß längst Seite für Seite, was wir mögen und was nicht. Recommendation Engine – Empfehlungsmaschine – heißt die Technologie, mit der Amazon uns immer neue Vorschläge für Bücher unterbreiten wird, die uns aufgrund unseres bisherigen Leseverhaltens vermutlich gefallen werden. Amazon nutzt diese Technologie schon seit Jahren, um uns anhand unserer bisherigen Käufe nicht nur von Büchern immer neue Produkte gezielt zum Kauf anzubieten. Aber bislang konnte dabei nur unser Verhalten – welche Produktseiten rufen wir auf, wie lange beschäftigen wir uns mit jeder Seite und welche Waren kaufen wir tatsächlich – berücksichtig werden. Künftig wird unser Gesichtsausdruck mit ausgewertet, und damit verschafft sich Amazon – und viele andere Digitalkonzerne – einen direkten Zugang zu unserer Gefühlswelt. Eine erschreckende Zukunftsvision? Leider nicht, sondern der kommende technologische Schritt – für Unternehmen, Behörden und Verbrecher.

Bedenken wir: Jedes Smartphone, jedes Tablet, jeder Laptop ist mit einer Frontkamera ausgerüstet. Noch verfügen die wenigsten davon über eine automatische Gesichtserkennung geschweige denn über eine Gefühlserkennung wie Apples Face-ID. Aber so sicher wie das Smartphone das Mobiltelefon abgelöst hat, so sicher werden künftig immer mehr Kameras in der Lage sein zu verfolgen, was wir denken und was wir fühlen.

Um dieses Szenario zu Ende zu denken: Auf immer mehr öffentlichen Plätzen, in Stadien, in Gebäuden, in der U-Bahn und bei vielen anderen Gelegenheiten finden wir immer mehr Videokameras. Heute zeichnen sie auf, wer sich wo aufhält und wie er sich verhält. Wer will verhindern, dass sie künftig unsere Gesichter erkennen, unsere Gesichtsausdrücke interpretieren und damit wissen, was wir denken und fühlen? Und lässt sich wirklich verhindern, dass diese gelinge gesagt sensiblen Daten in die Hände von Cyberkriminellen geraten?

Unser Gesicht verrät unsere politische Gesinnung

Anfang 2021 wurde im renommierten Wissenschaftsmagazin *Nature* eine Untersuchung veröffentlicht, die selbst Experten überrascht hat, und die sich wie folgt zusammenfassen lässt: Anhand unseres Gesichts kann eine Software mit hoher Wahrscheinlichkeit unsere politische Gesinnung erkennen.[235]

Bei der Untersuchung war der Einfachheit halber zwischen Liberalen und Konservativen unterschieden worden. Dazu wurde ein Gesichtserkennungsalgorithmus auf die Fotos von genau 1.085.795 Personen angewendet, um ihre politische Orientierung vorherzusagen, indem ihre Ähnlichkeit mit den Gesichtern anderer liberaler und konservativer Menschen verglichen wurde. Die Einschätzung, ob sie sich als liberal oder konservativ einstufen, hatten die Menschen, deren Fotos ausgewertet wurden, auf öffentlichen zugänglichen Online-Plattformen (Facebook und Dating-Websites) selbst vorgenommen. In 72 Prozent aller Fälle lag die Software richtig, also bemerkenswert besser als der Zufall, der bei 50 Prozent gelegen hätte. Die Software war sogar besser als eine Schätzung durch einen Menschen, die bei 55 Prozent lag, oder die Befragung anhand eines Fragebogens mit 100 Punkten, die lediglich auf 66 Prozent Genauigkeit kam. Mit anderen Worten: Die Software war allein anhand der Gesichtsanalyse deutlich besser als ein Mensch bei der Einschätzung der politischen Gesinnung, selbst unter Zuhilfenahme eines umfangreichen Fragebogens. Diese Werte waren über alle untersuchten Länder (USA, Kanada und Großbritannien) und über unterschiedliche Plattformen, von denen die Fotos entnommen wurden (Facebook und Dating-Websites) annähernd gleich.

Dieses Verfahren mag uns Sorge bereiten, wenn es Unternehmen wie die großen Digitalkonzerne einsetzen, ebenso bei der Anwendung durch Regierungen – doch um wieviel mehr sollten wir uns sorgen, wenn derart genaue Gesichtsanalysen in die Hände von Kriminellen fallen. Ist das wahrscheinlich? Auf jeden Fall! Die Frage lautet eher: Wann und in welchem Umfang wird es passieren?

Smart Home – wir holen uns die Spione ins Haus

Einen anderen „Höhepunkt" bilden Kameras und Mikrofone, die wir uns freiwillig in unsere eigenen vier Wände holen. George Orwell ging in seinem Roman 1984 noch davon aus, dass der Staat Kameras in jeder Wohnung installiert, um die Bevölkerung zu bespitzeln. Er zeichnet das Szenario einer Gedankenpolizei, die durch die Fenster die Bevölkerung beobachtet. Die heutige und vor allem künftige Realität ist viel schlimmer: Wir kaufen uns die Geräte, die uns bespitzeln sogar freiwillig und stellen oder hängen sie in unseren Wohnungen auf. Am Ende erfreuen uns sogar noch an den Komfortfunktionen, die sie uns bringen, ohne zu ahnen, wie real damit „1984" wird.

Amazon brachte mit dem Gerät „Echo" geradezu ein Paradebeispiel dieser Bespitzelungssoftware auf den Markt. Echo sieht aus wie ein kleiner Radiowecker, den wir uns in die Küche, ins Wohnzimmer, ins Kinderzimmer, ins Arbeitszimmer und natürlich ins Schlafzimmer stellen. Echo zeigt die Uhrzeit an, verfügt über einen komfortablen Wecker, kennt die Wettervorhersage, kann unsere Lieblingsmusik abspielen und auf einem kleinen Bildschirm sogar beispielsweise die Tagesschau in 100 Sekunden als Videoclip zeigen. Auf Zuruf gibt das Gerät Auskunft, welche Termine anstehen oder wann unsere Freunde Geburtstag haben. „Alexa, sind meine Nachrichten da? Alexa, wie klingt ein Ferrari? Alexa, stell mir ein Rätsel. Alexa, gib mir ein Kanye-West-Zitat. Alexa, mach einen Anruf. Alexa, was steht auf meiner Einkaufsliste? Alexa, brauche ich heute einen Regenschirm?"

Alexa, Alexa, Alexa. Es scheint heute schon kaum etwas zu existieren, was Alexa nicht weiß, so sieht die Zukunft noch viel rosiger aus. Amazon hat vorgesehen, dass Alexa ständig mit neuen, sogenannten Skills – Fähigkeiten oder Fertigkeiten – erweiterbar ist. Essen und Trinken, Gesundheit und Schönheit, Bildung und Lebensstil, Autofahren und Kommunizieren, Geschäftliches und Privates – es gibt praktisch keinen Bereich, in dem Alexa durch Skills nicht ihren Horizont zu erweitern in der Lage ist.

„Alexa, starte Essensvorschläge. Alexa, frage den Abfallkalender, wann die grüne Tonne kommt. Alexa, sag meinem Kind, dass es jetzt zu Bett gehen soll." Das Kabinett der Alexa-

Kuriositäten ist groß; Amazon wirbt mit Tausenden von Skills und jeden Tag werden es mehr.

Was dabei häufig nicht bedacht wird: Mit Echo holen wir uns eben einen – je nach Betrachtungsweise kuriosen oder nützlichen – Helfer in die eigenen vier Wände, der jedoch zugleich als Spion agiert. Amazons Echo verfügt über ein Mikrofon und eine Videokamera, die zuhören und alles beobachten können. Küche, Wohnbereich, Schlafzimmer – wo immer wir ein Echo-Gerät aufstellen, holen wir uns den Mikrofon- und Kameraspion in unsere Nähe.

Nur zur Klarstellung: Keines dieser Geräte behält für sich, was es hört und sieht. Alle sind an das Internet angeschlossen und übermitteln Tag und Nacht alles, was sie hören und sehen, an den Hersteller. Echo stellt übrigens nur ein Beispiel dar: Sämtliche andere große US-Digitalkonzerne wie Apple oder Google drängen mit vergleichbaren Angeboten in unsere Privatsphäre. Koreanische (Samsung) und chinesische Konzernriesen (Huawei, Alibaba) werden mit Sicherheit folgen.

Amazon Echo und Co sind dabei jedoch erst die Vorboten einer Vision, die uns allen als „Smart Home" verkauft wird. Die Haustür öffnet sich automatisch, wenn wir uns nähern, das Licht schaltet sich an, wenn wir einen Raum betreten und wieder aus, wenn wir ihn verlassen, und überall im ganzen Haus steht uns ein virtueller persönlicher Assistent zur Verfügung, der uns auf Zuruf oder indem wir ihm zuwinken, behilflich ist. Komfort, wohin man blickt? In jedem Fall, doch dafür zahlen wir einen hohen Preis, denn schon bald statten wir unsere eigenen vier Wände lückenloser mit Mikrofonen und Videokameras aus, als es jeder Hochsicherheitstrakt ist. Kaum eine Datenschutzgesetzgebung kann uns davon abhalten, denn wir tun es freiwillig, weil wir den damit verbundenen Komfort lieben und schätzen. „Die dümmsten Kälber finden ihren Weg zum Schlachthof selber", lautet ein altes deutsches Sprichwort. Die überwiegende Mehrheit der Bevölkerung wird den Weg zur totalen eigenen Überwachung in der Tat selbst finden – und dabei sogar noch viel Geld für alle diese schönen neuen Geräte ausgeben.

Um keine Missverständnisse aufkommen zu lassen: Die Annehmlichkeiten des „Smart Home" sind verführerisch. Dieses Buch soll kein Plädoyer dafür sein, alle Elektronik aus den eigenen vier Wänden zu verbannen und im prädigitalen Zeitalter zu leben. Vielmehr soll ein Bewusstsein geschaffen werden, welche Bedeutung die Begriffe „digital" und „smart" tatsächlich besitzen. Ein Beispiel: Wer ein Flugzeug besteigt, weiß um die Gefahr, dass es abstürzen könnte.

Wer seine eigenen vier Wände freiwillig und auf eigene Kosten mit Abhör- und Videoüberwachungseinrichtungen ausstattet, sollte ebenfalls die damit verbundenen Implikationen und Risiken kennen. Dazu gehört auch die Gefahr, dass entweder die Geräte im Smart Home oder gar ein Amazon- oder Apple-Service, der diese Geräte steuert, von Hackern angegriffen wird. In diesem Fall erhalten die Hacker unmittelbaren Zugang in unsere vier Wände. Wenn uns Amazon abhören und uns zusehen kann, dann können es natürlich zumindest potenziell auch Hacker, die in die Amazon-Services eindringen.

Dieses Wissen wird die meisten von uns nicht davon abhalten, diese Geräte einzusetzen, weil der vermeintliche Nutzen die potenziellen Gefahren überwiegt.

Gesichtserkennung überall

Während sich Apple seit dem iPhone X und bei allen Nachfolgemodellen 11 und 12 auf das einzelne Gesicht konzentriert, um das Gerät zu entsperren, setzt Facebook schon länger auf die massenhafte automatische Erkennung von Gesichtern.[236]

2018 nutzte Facebook das Inkrafttreten der Datenschutz-Grundverordnung (DSGVO), die uns eigentlich schützen soll, äußerst geschickt dazu, die automatische Gesichtserkennung auch in Deutschland einzuführen. Den Start in Deutschland begründete das Unternehmen damit – man muss sich das auf der Zunge zergehen lassen – die Privatsphäre der Nutzer besser zu schützen. Der Slogan zur Einführung der automatischen Gesichtserkennung – „Facebook lässt Nutzer jetzt selbst entscheiden"[237] – ist an Dummdreistigkeit kaum zu überbieten.

Wer glaubt, dass uns bereits so mancher Politiker mit seiner vieldeutigen und verklausulierten Kommunikationsstrategie für dumm verkaufen will oder zumindest zu verwirren versucht, der sollte erst einmal die Vertragsbedingungen der Digitalkonzerne unter die Lupe nehmen, denen wir bislang allesamt millionenfach zugestimmt haben. Unter vermeintlich langweiligem juristischem Kauderwelsch, verknüpft mit irreführender Marketingsprache, werden wir auf das geistige Niveau von Schafen herabgestuft, die aus Bequemlichkeit einfach alles abnicken oder besser gesagt abklicken.

Die Gesichtserkennung von Facebook ist nur ein Beispiel hierfür: Anhand des vom Nutzer selbst bereitgestellten Profilfotos und allen weiteren Fotos, auf denen er sich selbst markiert hat oder von Freunden markiert wurde, erstellt Facebook eine Art digitale Identifikationsmarke. Anschließend werden alle auf

Facebook hochgeladenen Fotos auf Gemeinsamkeiten mit bekannten Bildern hin analysiert und erkannte Personen automatisch markiert. Fantastisch sagen die einen, gespenstisch meinen die anderen.

Welchen Zweck Facebook darüber hinaus mit den Milliarden Fotos verfolgt, verrät der Konzern nicht. Klar ist die aktuelle Rechtslage: Facebook ist ein US-Unternehmen und damit hat die US-Regierung Zugang zu allen Bildern, die von den Nutzern – also von uns – tagtäglich hochgeladen werden. Man darf unterstellen, dass Facebook seine Datenzentren und damit auch unsere Daten bestmöglich vor Hackerangriffe schützt. Doch es ist Hackern schon gelungen, an Facebookdaten heranzukommen und man muss kein Prophet sein, um vorherzusagen, dass es ihnen wieder gelingen wird.

Völlig unklar ist zudem der Umgang mit Fehlerkennungen. Was passiert, wenn man fälschlicherweise als eine ganz andere Person identifiziert wird? Es geht vielleicht noch als Scherz durch, vermeintlich auf einer Party markiert zu werden, die man niemals besucht hatte – obgleich auch das schon unangenehm sein kann. Stellen Sie sich jedoch vor, auf dieser Party passierte eine Straftat. Spätestens, wenn Ermittlungsbehörden Zugang zu derartigen Bildern erhalten, hört der Spaß auf. Dann läuft nämlich ausnahmslos jedermann Gefahr, durch eine fehlerhafte Bilderkennung in den Kreis von Verdächtigen zu geraten, die im Zusammenhang mit einem Verbrechen gesucht werden. Das einzige „Verbrechen", das man dazu begehen muss: Man sieht einem anderen Menschen ähnlich.

Um seine Gesichtserkennung am Markt auf breiter Front einzuführen, setzt Facebook übrigens – wie in vielen dieser Fälle – schlichtweg auf die Bequemlichkeit seiner Nutzer. Standardmäßig ist die automatische Erkennung eingeschaltet. Wer die Funktion ausschalten will, muss die „Manage Data Settings" finden, dort zwei Argumente lesen, warum er besser die Finger vom Abstellen lassen sollte, und kann das Feature erst dann deaktivieren. Zum Aktivieren genügt ein Klick, zum Deaktivieren sind drei Klicks notwendig. Getreu dem Motto: „Facebook lässt Nutzer jetzt selbst entscheiden". Auch hier zeigt sich mal wieder, wie sehr unsere Bequemlichkeit dazu missbraucht wird, um möglichst viele Informationen von uns zu erhalten. Das Schlimmste daran ist: Es funktioniert auch noch.

Wer sich gegen die automatische Gesichtserkennung auf Bildern im Internet entscheidet, ist keineswegs davor gefeit – wie sich 2021 beim Fotodienst Flickr herausstellte. Die dort veröffentlichten Fotos waren offenbar genutzt worden, um KI-Software zu trainieren. Es gab regelrechte Bilder-Trainingssets für Künstliche Intelligenz. Allein in einem einzigen Set („Dive-Face") wurden 115.000 Flickr-Fotos gefunden, in einem anderen Set namens „MegaFace sogar über 3 Millionen Bilder.[238]

In allen Fällen handelte es sich um private Aufnahmen von Verbrauchern, die ihre Bilder in Online-Fotoalben sicher aufbewahren wollten. Fotos von Menschen in einem breiten Spektrum von Lebenssituationen sind für das Training von Algorithmen zur Gesichtserkennung besonders gut geeignet. Sie werden dabei angelernt, bestimmte Muster in Gesichtern zu erkennen, zu analysieren und daraus Schlüsse zu ziehen. So können sie nicht nur Gesichter von Menschen vergleichen, sondern auch herauslesen, ob eine Person etwa fröhlich, traurig oder wütend ist. Unternehmen und Staaten sind an diesen Gesichtsanalysen gleichermaßen interessiert.

Biometrische Vermessung unseres Gesichts

Wie sehr dem Staat daran gelegen ist, seine Bürger in den Griff zu bekommen, lässt sich an den Bestrebungen zum digitalen und biometrischen Ausweis gut ablesen. Der Grundstein dafür wurde am 1. November 2005 durch die Umstellung auf den biometrischen bzw. elektronischen Reisepass, kurz ePass, geschaffen.[239] Dieser ist seither mit einem RFID-Chip versehen, auf den biometrische Daten wie das Passbild und seit 2007 auch Fingerabdrücke gespeichert werden.

Seit 1. November 2010 ist es in Deutschland Pflicht, für alle Ausweisdokumente ein biometrisches Passbild zu nutzen. Diese Richtlinien werden nach Paragraf 4 des Passgesetzes durch das Bundesinnenministerium in Zusammenarbeit mit dem Auswärtigen Amt vorgegeben und sollen eine automatisierte Analyse der Passfotos ermöglichen. Penible Vorschriften sorgen dafür, dass tatsächlich alle Ausweisfotos maschinenlesbar sind.[240]

Von dieser Genauigkeit biometrischen Passfoto profitiert natürlich nicht nur der Staat, sondern auch die Hackergemeinde, wenn es ihr gelingt, an die digitalen Fotoalben heranzukommen.

Gesichtskennung in Deutschland auf dem Vormarsch

Nach den Krawallen beim G20-Gipfel in Hamburg am 7. und 8. Juli 2017 setzte auch die deutsche Polizei ein Programm zur Bilderauswertung mit Gesichtserkennung ein. Der Erfolg war wohl eher mäßig. Eine Anfrage von Linken-Abgeordneten vom 8. Januar 2018 förderte zutage, dass aus 100 Terabyte Foto- und Videomaterial lediglich drei Personen identifiziert werden konnten.[241] Dessen ungeachtet setzt die Polizei in Deutschland immer häufiger die automatisierte Gesichtserkennung ein, weit über 40.000-mal im Jahr 2019. In den Datenbanken der deutschen Sicherheitsbehörden waren 2020 mehr als 5,8 Millionen Gesichtsbilder gespeichert.

Ende Juli 2018 endete ein Versuchsprojekt zur Gesichtserkennung am Bahnhof Berlin-Südkreuz. 300 Testpersonen hatten ein Jahr lang ihre Daten speichern lassen und es wurde automatisch erkannt, wenn sie am Südkreuz erschienen. Damit das funktioniert, mussten die drei im Bahnhof montierten Kameras natürlich die Gesichter aller Passanten erfassen, die sich dort bewegten. Das Bundesinnenministerium, die Bundespolizei und die Deutsche Bahn wollten mit dem Testlauf die Zuverlässigkeit der eingesetzten Technik klären. Bereits während der biometrischen Testphase Mitte Dezember 2017 erklärte der damalige Bundesinnenminister Thomas de Maizière, bei einem positiven Ergebnis solle die Videoüberwachung flächendeckend an Bahnhöfen und Flughäfen in Deutschland eingeführt werden. Als Ziel wurde genannt, mögliche Gefährder schon vor einem Anschlag aufzuspüren. [242] Der Deutsche Anwaltsverein hatte allerdings das Fehlen einer Rechtsgrundlage für diese Maßnahmen bemängelt. Wenn massenhaft Gesichter von unbescholtenen Passanten an Bahnhöfen gescannt würden, dann greife der Staat schwerwiegend in Grundrechte ein. Bis Anfang der 2020er Jahre wird allerdings noch auf den großflächigen Einsatz von Systemen zur Gesichtserkennung in Deutschland verzichtet. Dafür gibt es mehrere Gründe: erstens wäre die gesellschaftliche Debatte darüber erheblich, zweitens ist nach wie vor ungeklärt, nach welchen Algorithmen die Gesichtserkennung erfolgt und ob die Softwarehersteller bereit sind, diese Algorithmen den Staatsorganen preiszugeben, und drittens hakt die Software schlichtweg noch.

Auswertungen zufolge werden rund 70 Prozent der Gesichter von Kameras erkannt und lediglich 0,3 Prozent von der Technik verwechselt. Das darf man zwar als ein gutes Ergebnis einstufen, aber für diejenigen, die der Verwechslung zum Opfer fallen, zieht es unter Umständen unangenehme Konsequenzen nach sich, falls sie versehentlich in den Kreis der Gefährder geraten. Schon heute arbeiten übrigens rund 6.000 Kameras in 900 deutschen Bahnhöfen, allerdings noch ohne Gesichtserkennung, soweit bekannt. Nach Angaben des Bundesinnenministeriums können durch Videokameras in Deutschland jährlich rund 2.000 Delikte aufgeklärt werden. Dabei handelt es sich großenteils um Körperverletzungen, Diebstähle und Sachbeschädigungen; von identifizierten Gefährdern ist augenscheinlich nichts bekannt.[243]

So antwortete denn auch Ulrich Schellenberg, Präsident des Deutschen Anwaltvereins, schon im August 2018 auf die Frage, ob der bei der Gesichtserkennung angestrebte Zweck der Unterstützung bei der Terrorfahndung oder bei der Suche nach Gefährdern überhaupt sinnvoll sei: „Auch Gefährder dürfen sich frei an öffentlichen Plätzen bewegen. Der Fall Anis Amri zeigt ja auch, dass Videotechnik Anschläge nicht verhindern kann. Amri ließ sich bewusst von einer Kamera an einem Berliner Bahnhof filmen und zeigte dabei einen IS-Gruß. Selbst wenn die Gesichtserkennung also anschlägt, könnte ein terroristischer Angriff nicht verhindert werden."

Neben der erweiterten Nutzung zur Gesichtserkennung lockerte die Änderung des Personalausweisgesetzes seit 15. Juli 2017 auch den Datenschutz bei der Onlinefunktion der Ausweise, den sogenannten elektronischen Identitätsnachweis (eID).[244] Seitdem ist die Onlinefunktion nämlich standardmäßig bei der Ausgabe eines neuen Ausweises eingeschaltet; zuvor war sie zunächst ausgeschaltet. Mit dem Einschalten vorab will die Bundesregierung offenbar die Onlinenutzung fördern. So sind neue Ausweise mit eID-Funktion zwar seit 2010 an rund 45 Millionen Bürger ausgegeben worden, aber nur schätzungsweise ein Drittel davon haben die Onlinefunktion freigeschaltet. Zwei Drittel der Deutschen wollen also mit ihrem Ausweis lieber offline bleiben. Es ist nicht schwer zu prognostizieren, dass sich dieses Verhältnis massiv ändern wird, wenn jeder neue Personalausweis von Anfang an online geschaltet ist. Hier hat der Staat im Grunde von den US-amerikanischen Digitalkonzernen gelernt, die schon lange standardmäßig mehr Daten erfassen und die Funktionen zum Abschalten gut in ihren Menüs verstecken.[245]

Wie viel weiter über die bloße automatische Identifizierung von Personen anhand ihres biometrisch erfassten Gesichts die Sache gehen kann, bewies die Polizei 2021 in der britischen Grafschaft Lincolnshire. Ihr Konzept zur Verbrechensbekämpfung sah die Aufstellung von Kameras an verschiedenen Plätzen in der 20.000-Einwohner-Stadt Gainsborough vor, um die Stimmung der Passanten mittels Künstlicher Intelligenz (KI) auszuwerten. Die KI war nicht nur in der Lage zu erfassen, ob eine Person einen Hut, eine Brille, einen Schirm oder eine Tasche trägt, sondern anhand des Gesichtsausdrucks auch die Gemütslage erkennen. Den Beamten standen zahlreiche Recherchemöglichkeiten zur Verfügung, beispielsweise, ob an einem bestimmten Platz jemand mit grimmigen Gedanken eine größere Tasche bei sich trägt. Immerhin: Nach einem Monat sollten die Aufnahmen wieder gelöscht werden. Auf Datenschutzbedenken hin ließ die Polizei durch einen Sprecher erklären: „Dieses System erweitert und beschleunigt die Suchen, die mit Überwachungsvideos jetzt schon durchgeführt werden, daher glaube ich nicht, dass irgendwelche Menschenrechte verletzt werden". Die behördlichen Datenbanken würden auch nicht automatisch mit den Videos abgeglichen, sondern alle Suchanfragen müssten durch Mitarbeiter angestoßen werden. Der stellvertretende Polizeichef der britischen Grafschaft erklärte: „Der Einsatz dieser Kameras mit Gesichts-, Nummernschild- und Verhaltenserkennung in Echtzeit gibt uns ein wertvolles Mittel an die Hand, um Verbrechen schneller erkennen und effektiver darauf reagieren zu können."[246] Auf den ersten Blick brachte das System also mehr Sicherheit, aber auf den zweiten war es höchst beunruhigend: Das Wissen, um die ständige Beobachtung, verändert das Verhalten von Menschen, und die Gefahr, dass Hacker die Kameras übernehmen, war und ist nicht von der Hand zu weisen.

Gestensteuerung

Unsere Fingerabdrücke werden erfasst, unser Gesicht erkannt, aus unseren wechselnden Gesichtsausdrücken (Mimiken) werden automatisch unsere Gedanken und Gefühle abgeleitet. Mehr geht nicht? Oh doch. Schließlich bewegen wir uns auch, und selbst daraus lassen sich vielfältige Rückschlüsse ziehen. Das gilt sowohl für unsere Handbewegungen – also Gesten – als auch für unsere Körperhaltung und für Körperbewegungen, also die Bewegung von Position A nach Position B.[247]

Schon bald werden Kameras um uns herum unsere Gesten erfassen. Apple arbeitet schon lange an einer Technologie, bei der wir das Frontdisplay des iPhone gar nicht mehr berühren müssen, um eine Funktion auszulösen. Es genügt, wenn wir eine entsprechende Geste oberhalb des Gerätes vornehmen.

In vielen Situationen stellt die Kombination aus Sprach- und Gestensteuerung ein für den Verbraucher ideales Bedienkonzept im digitalen Umfeld dar. Ein Beispiel: Man spricht das Wort „Lautstärke" und macht mit der Hand in der Luft eine Bewegung, als ob man einen Lautstärkeknopf etwas auf- oder zudreht. Das ist sicherlich intuitiver als mittels bloßer Sprachsteuerung „etwas lauter, noch etwas lauter, nein, das ist zu laut, wieder etwas leiser" zu steuern. Software-Ingenieure rund um den Globus versuchen aktuell herauszufinden, welche Gesten für welche Einsatzszenarien eine Ergänzung zur haptischen und zur Sprachsteuerung darstellen könnten. Nehmen wir das Einschalten des Fernsehgerätes: Was steigert am besten den Anspruch an Bequemlichkeit? Den Knopf an der Fernbedienung drücken, den Befehl: „TV ein" rufen oder eine Knopf-drücken-Geste in Richtung Fernseher zu simulieren? Was kommt besser beim Verbraucher an?

Vor allem für Skaleneinstellungen, bei denen wir die Skala gar nicht kennen, scheint Gestensteuerung äußerst sinnvoll zu sein. Bei der Raumtemperatur etwa schwebt den meisten Menschen wohl noch eine Skala im Kopf herum, daher wird der Sprachbefehl „Temperatur 22 Grad" die beste Lösung darstellen. Aber wer könnte schon einen Wert für Helligkeit oder Lautstärke angeben? Ein intuitives Drehen mit der Hand, während das Gerät den Befehl in Echtzeit durchführt, scheint einfacher und komfortabler.

Ähnlich wie Face-ID nicht nur unsere Gesichter erkennt, sondern auch unseren Gesichtsausdruck, wird auch die Gestenerkennung rasend schnell lernen – und verstehen! – was wir meinen, denken und fühlen.[248] Eine einladende oder abschätzige Handbewegung, eine Neigung des Kopfs oder ein beinahe unmerkliches Nicken: Die künftigen Kameragenerationen fangen alles ein und die Software dahinter wird es automatisch interpretieren. Selbst wenn wir nichts sagen, wird die smarte Welt der Zukunft wissen, was mit uns los ist. Unsere Körpersprache wird uns verraten, egal, was wir sagen. Wir werden vollkommen durchschaubar werden für unseren künftigen elektronischen „Helfer" und dagegen können wir nichts unternehmen – außer, sämtliche dieser Funktionen zu deaktivieren, doch wer will das schon.

Neben den Geräten mit Gestenerkennung kommen demnächst die ersten Systeme auf den Markt, die Bewegungen wie Laufen, Rennen, Hinsetzen und Aufstehen per Video erfassen und daraus ableiten können, um wessen Bewegungen es sich gerade handelt. Ähnlich unserer Fingerabdrücke und Gesichter, die weitgehend einzigartig sind, verfügt auch jeder Mensch über eine bestimmte Art, sich zu bewegen. Mund halten und eine Karnevalsmaske über den Kopf ziehen wird also in Zukunft nicht genügen, um vor den Videokameras mit angeschlossener Software die Anonymität zu wahren. Wiederum gilt: Wir mögen es schlimm genug einstufen, wenn der Staat derartige Verfahren einsetzt. Doch um wieviel dramatischer wird die Situation, wenn es Hackerbanden gelingt, biometrische Verfahren wie die Gesichts- und Gestenerkennung für sich zu nutzen.

Der Fall Billie Hoffmann

Im September 2018 machte die Aktivistengruppe „Peng!" eine Aktion öffentlich, die biometrische Passbilder und die automatische Gesichtserkennung auf eine harte Probe stellt. Die Gruppe entwickelte eine Software, die zwei Passbilder zu einem einzigen Bild zusammenfügt, also „morpht", wie man in der Fachsprache sagt. Ein Mitglied der Gruppe mit dem Künstlernamen Billie Hoffmann beantragte einen Express-Reisepass und legte dazu neben ihrem eigenen korrekten deutschen Personalausweis ein biometrisches Porträtfoto vor, in dem ihr Gesicht und das der Hohen Vertreterin der Europäischen Union für Außen-

und Sicherheitspolitik, Federica Mogherini, zu einem einzigen Passbild verschmelzen. Die Behörde akzeptierte das gefälschte Foto und stellte den Reisepass aus, der sozusagen hälftig mit dem Bild der EU-Vertreterin versehen war. Das warf die Frage auf, wie eine automatisierte biometrische Gesichtserfassung mit dem Pass umgehen würde. Und genau diese Frage wollten die Aktivisten aufwerfen.[249]

„Peng!", knüpfte mit der Aktion auf das am 15. Juli 2017 geänderte Personalausweisgesetz an. Nach der Änderung kann die automatisierte Gesichtserkennung in Deutschland großflächiger eingesetzt werden als je zuvor. Insbesondere können seitdem nicht nur Strafverfolgungsbehörden wie Staatsanwaltschaft und Polizei direkt auf die in den Meldeämtern der Republik gespeicherten biometrischen Bilder der Bevölkerung zugreifen, sondern auch die Geheimdienste und der Zoll.

Die Gesellschaft für Freiheitsrechte hat hiergegen am 14. Juli 2018 eine Beschwerde beim Bundesverfassungsgericht eingereicht.[250] In der Beschwerdeschrift hieß es unter anderem: „Die Personalausweis- und Passbehörden speichern biometrische Lichtbilder von allen Ausweis- oder Passinhabern. Nach der allgemeinen Ausweis- bzw. Passpflicht gem. Paragraf 1 Abs. 1 und 2 PAuswG und Paragraf 1 Abs. 1 S. 1 PassG sind alle Deutschen, sobald sie 16 Jahre alt sind und der allgemeinen Meldepflicht unterliegen oder – ohne ihr zu unterliegen – sich überwiegend in Deutschland aufhalten, bzw. alle Deutschen, die aus der Bundesrepublik aus- oder einreisen, verpflichtet, einen gültigen Ausweis bzw. Pass zu besitzen. Damit erfolgt die Erhebung der biometrischen Daten flächendeckend von nahezu allen Deutschen.

Die Verfassungsbeschwerde richtete sich gegen Befugnisse zum automatisierten Abruf von Lichtbildern aus Datenbanken der Personalausweis- und Passbehörden durch eine Vielzahl von Strafverfolgungs- und Sicherheitsbehörden, insbesondere auch die Nachrichtendienste, im Gesetz über Personalausweise und den elektronischen Identitätsnachweis sowie im Passgesetz."

Weiterhin – so hieß es in der Beschwerde – „besteht die Befugnis zum automatisierten Lichtbildabruf nunmehr für alle Polizeibehörden des Bundes und der Länder, den Militärischen Abschirmdienst, den Bundesnachrichtendienst, die Verfassungsschutzbehörden des Bundes und der Länder, die Steuerfahndungsdienststellen der Länder, den Zollfahndungsdienst und die Hauptzollämter. Insbesondere die Ermächtigung der Nachrichtendienste stellt eine grundlegende Neuorientierung im Vergleich zur vorherigen Gesetzeslage dar. Für alle Behörden – außer den Ordnungsbehörden – wird der automatisierte Abruf zudem vom Zweck der Verfolgung einer Straftat oder sonstigen konkreten Zwecken entkoppelt und lediglich an die Erfüllung der eigenen Aufgaben gebunden."

Über die Gesetzesänderung von 2017 führte die Gesellschaft für Freiheitsrechte aus: „Die Änderungen finden statt vor dem Hintergrund einer grundlegenden gesellschaftlichen Debatte über den staatlichen Umgang mit persönlichen Daten. Im Zuge der fortschreitenden Digitalisierung entstehen rasant zunehmende Datenbestände und gleichzeitig immer leistungsfähigere technische Möglichkeiten zu ihrer Auswertung und Verknüpfung. Das einzelne Datum existiert nicht mehr isoliert, sondern ist stets ein Datenpunkt unter vielen und damit Baustein eines Datenmosaiks, das zur Erstellung eines umfassenden Persönlichkeitsprofils der betroffenen Person herangezogen werden kann.

Für den Bürger spielt sich diese Entwicklung auf drei Ebenen
ab: erstens der Erhebung immer umfassenderer Datensätze,
zweitens der für ihn unüberschaubaren Entwicklung neuer
Verwertungsmöglichkeiten und der Zusammenführung bestehender Datenbestände in neuen, sich verknüpfenden Datenbanken, und drittens der Unsicherheit möglicher Szenarien,
wenn einige oder gar alle diese Daten in die Hände von Cyberkriminellen gelangen. Insbesondere die zunehmende Erhebung,
Speicherung und Verwendung biometrischer Daten (wie etwa
von Fingerabdrücken und biometrischen Lichtbildern) wirkt im
Zusammenspiel mit der Erweiterung von nationalen wie internationalen Zugriffsbefugnissen und Dateisystemen sowie entsprechenden Auswertungstechnologien (etwa der automatisierten Gesichtserkennung) und der drohenden Hackergefahr un-
kontrollierbar und bedrohlich. Dies gilt umso mehr, wo mit den
Nachrichtendiensten Behörden der Zugriff gewährt wird, die
aufgrund ihrer Aufgaben und der spezifischen Art der Aufga-
benwahrnehmung nur geringe Transparenz und subjektiven
Rechtsschutz gewährleisten können." Mit diesen Formulierungen dürfte die Gesellschaft für Freiheitsrechte weiten
Teilen der Bevölkerung aus dem Herzen sprechen. Es geht offensichtlich nicht nur darum, sich vor kriminellen Hackern zu
schützen, sondern auch vor staatliche Cyberspionage. Das hat
zwei gute Gründe: erstens wollen die meisten von uns dem
Staat gegenüber nicht gläsern werden, und zweitens stellen
ausnahmslos alle Daten, die sich in staatlichem Besitz befinden,
eine Einladung an Hacker, sie zu entwenden, zu manipulieren
und zu missbrauchen. Jede Gesetzesänderung, die darauf ab-
zielt, mehr Daten der Bürger zu sammeln oder die Bürger zu
beobachten, ist also mit einer gehörigen Portion Skepsis zu betrachten. Das gilt umso mehr, als wir in der Regel geneigt sind,
zu unterschätzen, wozu Überwachungstechnologien heute und
erst recht morgen in der Lage sind. Das Herauslesen der politi-

schen Gesinnung aus den Gesichtszügen gehört ebenso wie das automatische Lippenlesen zu den Verfahren, bei den manch einer denken mag „das hätte ich nie gedacht".

Von den Lippen ablesen

Eine besondere Bedeutung kommt der Bewegung unserer Lippen zu, weil die Worte, die wir aussprechen, anhand der Lippenbewegungen ablesbar sind. Das ist allerdings nicht so einfach. Zwar hat der Supercomputer HAL 9000 in dem Science-Fiction-Klassiker „2001: Odyssee im Weltraum" schon 1968 heimlich Lippenbewegungen gelesen, um damit die Besatzung eines Raumschiffs während der Reise zum Planeten Jupiter zu überlisten. Doch gleichzeitig wird in diesem Film auch die Problematik des Lippenlesens verdeutlicht: Die Astronauten hatten sich extra eingeschlossen, damit der Computer ihre Pläne nicht mitbekommt; HAL 9000 liest jedoch durch eine Scheibe mit, was gesprochen wird.[251]

Bei einem professionellen menschlichen Lippenleser liegt übrigens die Erfolgsquote im Durchschnitt mit etwas über 12 Prozent nicht allzu hoch. So sind etwa die Laute p, b und m auf den Lippen fast nicht zu unterscheiden. Daher benötigt der Lippenleser mehr Informationen: Wortschatz, Satzkonstruktionen, Ausdrücke, Redewendungen und die Sinnhaftigkeit von Aussagen tragen zur Interpretation der Lippenbewegungen bei.

Doch mithilfe von Computern kann der Lauschangriff ohne Sound tatsächlich bald Wirklichkeit werden, und zwar mit Ergebnissen, die weit über die vorhin zitierte 12-Prozent-Marke hinausgehen.[252] Bereits im Jahre 2000 demonstrierte die Google-Tochtergesellschaft DeepMind eine Trefferquote von 93 Prozent, nimmt man marginale Fehler heraus, wie etwa ein

fehlendes „S" am Ende eines Wortes, lag die Quote sogar bei
annähernd 100 Prozent. Auch hier zeigt sich mal wieder, wie
schnell Künstliche Intelligenz uns Menschen zu analysieren
und dabei unsere Fähigkeiten in kurzer Zeit zu übertreffen
vermag.

Damit überwindet die Software ein Problem, an dem menschliche Lippenleser regelmäßig scheitern: Auf den Lippen sehen
viele Töne praktisch gleich aus. Erst durch Künstliche Intelligenz gelingt es, die feinen Unterschiede zu interpretieren, die
Menschen verborgen bleiben. Zum Trainieren des Systems verwendete DeepMind übrigens 5.000 Stunden an Fernsehmaterial
der britischen BBC. Das entspricht insgesamt 118.000 Sätzen
mit 17.500 unterschiedlichen Wörtern.

An der jordanischen Mutah-Universität finden Experimente
mit lautlosen Passwörtern statt, die Nutzernamen, Geheimwör-
ter und PIN überflüssig machen sollen.[253] Die Idee: Am Geldau-
tomaten oder an der Kasse sprechen wir unser Passwort einfach
stumm vor uns hin und eine auf uns gerichtete Kamera wertet
die Lippenbewegungen aus und setzt sie in Sprache um. Der
Vorteil liegt auf der Hand: Um uns stehende Menschen bekommen das Passwort nicht mit, aber die Computerkamera versteht
uns. Welche Möglichkeiten der Überwachung auf diese Weise
entstehen, kann sich jeder selbst leicht ausmalen. Dazu gehört
auch das Horrorszenario, dass diese Systeme zeitweise von Kriminellen übernommen, gesteuert und kontrolliert werden.

Venen im Visier

Die biometrische Digitalvermessung der Bevölkerung hat mit
dem Fingerabdruck, dem äußerlichen Gesichtsausdruck, den

Bewegungseigentümlichkeiten oder dem Lippenlesen noch lange nicht den Höhepunkt erreicht.

Schon im Jahre 2015 reichte Apple ein Patent ein, das die Blutgefäße hinter der Gesichtshaut erfasst, um auf diesem Wege den Einzelnen zu identifizieren und mehr über ihn zu erfahren. Mithilfe eines Infrarotbeleuchters, einer Infrarotkamera und eines Punktprojektors werden 30.000 Punkte unsichtbar auf das Gesicht oder die Hand projiziert. Das Infrarotlicht dringt mühelos durch die Haut durch und wird von den Venen reflektiert. Dadurch wird die menschliche Venenstruktur erfasst, die – vergleichbar mit dem Fingerabdruck – einzigartig ist. „Vein-ID" nennt Apple diese Technologie, die sogar noch weniger fehleranfällig als der Fingerabdrucksensor oder die äußere Gesichtserkennung sein soll. Selbst bei eineiigen Zwillingen, die sich kaum unterscheidbar ähnlich sehen, ist die Venenstruktur verschieden.[254]

Ob „Vein-ID" jemals zum Einsatz kommen wird, ist zum Zeitpunkt des Erscheinens dieses Buches ungewiss. Gleichzeitig bleibt es auch unerheblich, zeigt dieses Beispiel jedoch, welche enormen technologischen Anstrengungen unternommen werden, um die Menschen biometrisch zu vermessen. Verfahren, die noch vor Kurzem nicht einmal in der Kriminalistik bekannt waren, befinden sich auf dem Weg, Einzug in unseren Alltag zu halten.

Überwachung im Schlaf

„Wer schläft, sündigt nicht", lautet ein altes deutsches Sprichwort. Das ist vermutlich wahr, aber es bedeutet nicht, dass wir uns künftig im Schlaf vor Überwachung sicher sein können. Kamera und Mikrofon im Schlafzimmer, wie sie etwa

Amazon Echo oder das Konkurrenzprodukt Google Home in
Form von „dienstbaren Helfern" anbieten und die neben heimi-
schen Betten immer häufiger anzutreffen sind, erfassen vollkommen problemlos einen Gutteil unseres Schlafverhaltens,
übrigens inklusive unseres Sexuallebens, soweit es sich im
Schlafzimmer abspielt.

Noch weiter gehen sogar Computeruhren, die neben vielen
anderen Funktionen auch dazu dienen können, unseren Schlaf
zu überwachen. Apple Watch und Co lassen grüßen. Blutdruck,
Herzfrequenz, Atemrhythmus und weitere Vitalwerte überwachen diese sogenannten Wearables mühelos. Das kann in vielen
Fällen durchaus nützlich sein, denn eine Uhr, die bei Herz-
rhythmusstörungen in der Nacht Alarm schlägt und automatisch die medizinische Notfallnummer anruft, kann Leben retten. Weniger dramatisch, aber immer noch sehr nützlich ist die
Armbanduhr, die bei lauten Schnarchgeräuschen einen kleinen
Vibrationsmotor in Gang setzt, was zur Veränderung der
Schlafposition führt, durch die sich die Atmung wieder normali-
siert.[255] Der Lebenspartner nebenan dankt es. Zur Klarstellung:
Dabei handelt es sich um keine weit entfernten Zukunftsszena-
rien, sondern um bereits heute verfügbare Anwendungen in der
Erprobungsphase. So arbeitet Apple eng mit der Stanford University zusammen, um die automatische Erkennung von Herz-
rhythmusstörungen zu verbessern. Hierzu findet eine breit an-
gelegte Studie mit ungewöhnlich vielen Probanden, nämlich
54.000 Teilnehmern, statt. [256] Die auffallend hohe Zahl ist
schnell erklärt: Das Programm zur Studie wird über Apples
Appstore verbreitet. Wer es also auf seine Watch herunterlädt
(und aktiviert), nimmt automatisch an dieser medizinischen
Studie teil. „Uns hat das die Augen geöffnet", gibt Stanfords
Medizindekan Lloyd Minor unverhohlen zu. Mit Millionen von
Apple Watches und natürlich auch mit den Computeruhren

anderer Hersteller, die über immer bessere Sensoren bei der Erfassung von Vitalwerten, Bewegungsabläufen und Standortdaten verfügen, wird es künftig möglich sein, mit minimalem Aufwand medizinische Massenstudien durchzuführen, die bis dato undenkbar waren.

Natürlich wird keiner gezwungen, nachts eine Computeruhr zu tragen, genauso wenig wie wir einen Computerwecker oder ein Smartphone nutzen müssen. Doch diese Freiwilligkeit ist trügerisch. Wir verwenden alle diese und noch mehr Geräte, weil sie auf dem Markt erhältlich sind, weil sie nützlich sind, weil sie unsere Bequemlichkeit unterstützen, weil sie uns Sicherheit geben – es gibt viele und durchaus gute Gründe.

Je kleiner und leichter die Computeruhren werden, je länger die Batterie hält und je mehr sie sich um unsere Gesundheit kümmern, desto häufiger werden wie sie tragen – Tag und Nacht. Zu Ende gedacht erfüllt eine solche Uhr – über das Internet mit einer automatischen medizinischen Überwachungsstelle verbunden – im Grunde vergleichbare Aufgaben eines Arztes (oder eines medizinischen Assistenzpersonals), der ständig an unserer Seite steht und sich um unsere Gesundheit sorgt. Anfang 2021 trugen erstmals mehr als 100 Millionen Menschen rund um den Globus eine Apple Watch an ihrem Handgelenk.[257]

Die großen Digitalkonzerne wie Apple oder Google sehen längst einen Milliardenmarkt in der Gesundheitsfürsorge. Je genauer die biometrische Vermessung funktioniert und je lückenloser die Erfassung und ständige Auswertung der Vitalwerte erfolgt, desto besser kennt uns der „digitale Arzt an unserer Seite". Wer wollte sich um die lebenslange umfassende Erfassung seiner Körperwerte sorgen, wenn diese dazu dienen, bei besserer Gesundheit länger zu leben? Was wir heute sehen, ist erst der Anfang einer allumfassenden Durchdringung des menschlichen Körpers mit digitaler Überwachungstechnologie auf breiter Front. Und was passiert mit den Daten sonst noch? Wo landen sie und welche Auswertungen lassen diese zu? Solcherart Fragen bleiben aktuell noch vollkommen unbeantwortet.

Die ersten Krankenkassen haben inzwischen begonnen, ihren Kunden kostenlose Wearables zur Verfügung zu stellen, wenn ihnen diese im Gegenzug dauerhaften Zugang zu ihren medizinischen Daten gewähren.[258]

Höchstwahrscheinlich ergeben sich dadurch finanzielle Vorteile für den gesunden Teil der Bevölkerung, da diese künftig mit Rabatten oder vergleichbaren Reduktionen der Krankenkassenbeiträge rechnen können. Aber wie verhält es sich mit jenen Fällen, bei denen die Krankenkasse eher als Sie selbst wissen, welche Gesundheitsrisiken und Krankheiten Sie in sich tragen? Wenn die Krankenkassen die Beiträge „individuell anpassen", abhängig davon, welche Daten die Computeruhr an die Zentrale übermittelt?

Schließlich überprüft eine Computeruhr nicht nur die Vitalwerte, sondern sie erfasst beispielsweise auch die individuelle körperliche Bewegung. Laufen, Radfahren, Schwimmen und viele weitere Sportarten lassen sich nämlich anhand der Bewegungsabläufe des Arms, an dem wir die Uhr tragen, bestimmen. Dabei erfasst der kleine Spion am Handgelenk nicht nur, was wir gerade tun, sondern, dank des eingebauten GPS-Chips, auch, wo wir uns jeweils befinden.

Man darf getrost davon ausgehen, dass die nächste große medizinische Revolution nicht von den Gesundheitsministerien ausgeht, sondern von der Digitalwirtschaft. Dabei werden sich Google & Co, wie es bereits heute der Fall ist, so wenig wie möglich um nationale Gesetzgebungen kümmern und schlichtweg eigene globale Gesundheitsdatenbanken aufbauen, und zwar in heute noch unabsehbarem Ausmaß. So viel ist sicher: Die medizinische Vermessung der Menschheit durch die Digitalkonzerne wird kaum aufzuhalten sein. Mit Millionen von Computeruhren an den Handgelenken – Apple verkauft schon seit Jahren mehr Geräte als die gesamte Schweizer Uhrenindustrie[16] – werden medizinische Studien in einem Umfang innerhalb der Bevölkerung durchführbar, die bis vor kurzem noch nicht einmal denkbar waren, denn Prognosen zufolge sollen bis zum Jahr 2024 insgesamt über 520 Millionen Computeruhren einen Käufer gefunden haben.[259]

Etwaige Versuche verschiedener Staaten, diese Entwicklung über eine restriktive Datenschutzgesetzgebung aufzuhalten, oder wenigstens zu bremsen, sind von vornherein zum Scheitern verurteilt. Warum? Weil die „Patienten" von Apple, Amazon, Facebook oder Google natürlich alle Daten freiwillig herausgeben. Mit wenigen Klicks gibt man seine Einwilligung zur Vermessung und Permanentvorsorge, zur Erfassung seiner Vitalwerte und zur Auswertung zwecks medizinischer Betreuung. Während die gesetzlichen Krankenkassen auf Zwangsangaben bestehen, ist beim „Digital-Doktor" alles freiwillig. Indes: Wer möchte denn nicht digital vorgewarnt werden, wenn sich ein Herzinfarkt anbahnt? Wer möchte auf eine permanente Überprüfung seines Krebsrisikos verzichten, statt sich nur ein- oder zweimal jährlich von einem Arzt auf Krebs untersuchen zu lassen? Und was ist dagegen einzuwenden, wenn man freiwillig an einer groß angelegten Langzeitstudie teilnimmt, um dem medizinischen Fortschritt zu helfen? Die Versprechungen und tatsächlichen Vorteile der Digitalmedizin am und im eigenen Körper werden derart gewichtig werden, dass wir uns alle darauf einlassen.

Hinzu kommt: Smart Watches und Fitness-Armbänder sind „cool", viel „cooler" als die staatlichen und halbstaatlichen Akteure wie etwa das Bundesgesundheitsministerium, die Krankenkassen, die Kassenärztlichen Vereinigungen und Bundesvereinigung oder die seit 2014 in Deutschland eingeführte elektronische Gesundheitskarte (eGK), die anscheinend schon wieder kurz vor dem Aus steht. Die Bewahrmentalität aller Beteiligten und der Trend zu noch mehr Regulierung auf europäischer Ebene versetzen das staatliche Gesundheitswesen in eine kaum überwindbare Starre. Eine Starre, über die Google und Co. nur milde schmunzeln können.

Dem politischen Gerangel um Konzepte und Kompetenzen verbunden mit überbordender Bürokratie – allein in Deutschland gibt es 110 gesetzliche Krankenkassen – setzen die Digitalkonzerne ihre Designerprodukte und kostenfreie Gesundheitsservices entgegen. Die Analogie zur Datenschutz-Grundverordnung (DSGVO) ist wohl nicht übertrieben: Im Bemühen, die überaus sensiblen Daten der Bevölkerung zu schützen, werden Mammutgesetze und Dinosaurier-Verordnungen entstehen, während gleichzeitig immer mehr Menschen ihre Gesundheitsdaten freiwillig bei Amazon, Apple, Google und Co. abgeben. Wenn im Apple Store längst die iChips unter die Haut implantiert werden, dürfte die Politik hierzulande immer noch um die beste Plastikkartenlösung ringen.

Die mit den privatwirtschaftlichen Gesundheitsprodukten verbundenen Anwendungsszenarien sprengen die Vorstellungskraft der meisten von uns. Ein Beispiel: Wenn die elektrische Zahnbürste, die wir regelmäßig nutzen, mit einer kleinen Ka-

mera ausgestattet ist, kennt sie unser Gebiss besser als wir
selbst und vor allem auch besser als der Zahnarzt, den wir ein-
oder zweimal im Jahr aufsuchen. Mit dem Internet verbunden,
beispielsweise über die Ladestation, übermittelt die Zahnbürste
mühelos alle Details. Welches Unternehmen auch immer diese
Informationen am anderen Ende auswertet, weiß tatsächlich
ganz genau, was gut für unsere Zähne ist. Wann ist welche Behandlung sinnvoll? Von welchem Modell werden die Daten
übermittelt – von der Discountzahnbürste oder dem Luxusmo-
dell – und was sagt das darüber aus, welche zahnärztliche Behandlung wir uns leisten können? Diese Daten sind für viele
Unternehmen wiederum Gold wert, denn so können sie passge-
naue Angebote übermitteln, am besten gleich über die heiß geliebte Fitnessuhr, die ohnehin bald jeder am Arm trägt. Erkennen Sie den milliardenschweren Markt, den wir selbst – die
Kunden – momentan erschaffen? Die „digitale Zahnbürste" gibt
es noch nicht am Markt? Momentan noch nicht, doch auch hier
handelt es sich lediglich um eine Frage der Zeit, bis wir auch
derartige Produkte bei Amazon kaufen können.

Verfahren, wie die Übermittlung von Vitalwerten über das
Musikhören via Kopfhören – ganz nebenbei – liegen schon
längst bei den Patentämtern.[260] Auch hier gilt: Was wir heute
sehen, sind die ersten Ansätze, nicht mehr. Gesundheitsunter-
wäsche aus digitalen Textilien, die bei Hautveränderungen
Alarm schlagen, gibt es ebenfalls noch nicht auf dem Markt.
Aber ist sie deshalb undenkbar? Keineswegs. Aus technischer
Sicht lassen sich diese Innovationen inzwischen relativ prob-
lemlos umsetzen. Ebenso wie Kleidungsstücke, die unseren
Bewegungsmangel unterstützen, indem sie beispielsweise die
Muskelfunktion im Rücken korrigieren und dadurch Rücken-
schmerzen entgegenwirken.[19]

Ähnlich wie Satelliten heute jeden Winkel der Erde vermessen und überwachen, wird die Biometrie in Zukunft immer mehr Menschen im Griff halten. Gegen die Satelliten können wir uns kaum wehren, gegen die Biospione könnten wir Widerstand leisten. Aber wir werden es nicht tun, weil uns das Versprechen eines gesünderen und besseren Lebens dazu verführen wird, unsere Körperdaten lückenlos preiszugeben. Genauso, wie wir heute schon mit unserem Smartphone pausenlos übermitteln, wo wir uns gerade befinden. Die Hackerszene dürfte sich über diese Entwicklung freuen. Mit der biometrischen Vermessung der Menschheit wird für Hacker ein riesiges Scheunentor aufgestoßen zu schier unvorstellbar großen und äußerst persönlichen Datenbeständen von Millionen oder künftig sogar Milliarden von Menschen.

Diese Zukunft der Digitalmedizin hat längst begonnen, vorerst allerdings vor allem in den USA. Apple eröffnete beispielsweise im kalifornischen Santa Clara unter dem Namen AC Wellness zwei eigene Kliniken.[261] Dort werden allerdings bisher nur eigene Mitarbeiter behandelt, nicht zuletzt, um die Krankenkassenkosten für die Beschäftigten, die in den USA sehr hoch sind, zu sparen. Sozusagen „nebenbei" baut der Konzern damit Know-how auf dem Gesundheitssektor auf und kann eigene Produkte auf diesem Gebiet, unter strenger ärztlicher Aufsicht, an den eigenen Mitarbeitern testen. Beschäftigte und Versuchskaninchen in einem sozusagen. Amazon ist dem Apple-Vorstoß gefolgt und hat seit 2019 ebenfalls die medizinische Versorgung der eigenen Belegschaft übernommen.[262] Die Facebook-Tochtergesellschaft Oculus Rift setzt ihre VR-Brille in Testreihen in einem Kinderkrankenhaus ein.[263] Durch die virtuelle Simulation können Studenten und Ärzte komplizierte Operationen in der virtuellen Welt üben.

Während die Digitalisierung der Medizin in unsere Körper eindringt, sorgen andere Technologien dafür, dass unsere Daten nach außen gefunkt werden. Das ist auch kein Zeichen zur Beruhigung angesichts der potenziellen Hackergefahr.

Personalausweis funkt die Daten

Wer in Deutschland einen Personalausweis oder einen Reisepass beantragt, kommt um den Funkchip nicht herum. Seit dem 1. November 2010 ist jeder hierzulande ausgestellte Personalausweis und seit dem 1. März 2017 jeder Reisepass über Funk auslesbar.[264] Das Bundesinnenministerium spricht von einem „berührungslos lesbaren Computer-Chip" und teilt mit, dass die Ausweise nicht nur über die sogenannte maschinenlesbare Zone (MRZ) ausgelesen werden können, sondern über Mobilfunkgeräte und Smartphones. Wer viel reist, kennt die MRZ-Vorgehensweise. Man nimmt den Ausweis aus der Tasche und presst ihn für mehrere Sekunden auf einen Scanner, damit er von der Maschine ausgelesen werden kann. Durch diesen Vorgang hat man es jederzeit unter Kontrolle, welche Maschine etwa an einer Grenzkontrolle seine Ausweisdaten übermittelt. Nicht so beim Funkchip: Der Ausweis lässt sich über eine Distanz von bis zu zwei Metern Entfernung auslesen, ohne dass deren Besitzer überhaupt etwas merkt. Man kann es auch anders herum formulieren: Der Personalausweis und der Reisepass senden die persönlichen Daten rund zwei Meter um sich herum permanent aus. Somit kann jeder, der die technischen Voraussetzungen erfüllt, an diese Daten gelangen. Dazu gehören Familien- und Vorname, das Geschlecht, ein für die automatische biometrische Erkennung optimiertes Porträtbild, zwei Fingerabdrücke, die Staatsangehörigkeit, das Geburtsdatum, die Anschrift und die Postleitzahl sowie soweit angegeben der Geburtsname, der Ordens- oder Künstlername und der Doktorgrad.

Hierzu teilt das Bundesinnenministerium Folgendes mit: „Diese Angaben dienen ausschließlich staatlichen Stellen zur sicheren Feststellung Ihrer Identität.[24] Um welche Behörden es sich dabei genau handelt, ist im Gesetz über Personalausweise und den elektronischen Identitätsnachweis genau festgelegt, z. B. Polizeivollzugsbehörden, Zollverwaltung sowie Steuerfahndungsstellen der Länder."[265]

Personalausweis-, Pass- und Meldebehörden. Durch einen Computerabgleich können diese Behörden anhand der biometrischen Daten im Chip schnell und zuverlässig feststellen, ob die Person, die den Ausweis vorlegt, mit dem Inhaber bzw. der Inhaberin dieses Ausweises identisch ist. Das hilft, Missbrauch von gestohlenen oder verlorenen Ausweisen zu verhindern. Um die Gemüter zu beruhigen, informiert das Ministerium auch darüber, welche Daten nicht gespeichert werden: „Nicht im Chip abgelegt werden die eigenhändige Unterschrift, die Körpergröße und die Augenfarbe". Kein Wort wird darauf verwendet, dass diese Daten ohnehin nicht benötigt werden, wenn ein biometrisches Passfoto und die Fingerabdrücke gespeichert sind.

Die personenbezogenen Daten sind auf dem Chip bestens geschützt und ein Missbrauch ausgeschlossen, wollen uns die Behörden weismachen. Um diesen Schutz sicherzustellen enthalten Reisepass und Personalausweise eine sechsstellige Card-Access-Number (CAN). Das Bundesamt für Sicherheit in der Informationstechnik (BSI) hat eigens zum Auslesen der Pässe ein sogenanntes „Golden Reader Tool" entwickelt.[266] Dieses nutzt die verschiedenen kryptografischen Sicherheitsmechanismen, um den unbefugten Zugriff auf die gespeicherten Daten zu verhindern. Eine Smartphone-App muss daher ebenfalls diese Mechanismen unterstützen, um an die Personendaten zu gelangen.

Der Staat behält sich gleichzeitig – wenig verwunderlich – das Recht vor, per Funk auf alle Ausweisdaten zuzugreifen. Über 60 Prozent der Angaben sind darüber hinaus ausdrücklich für den Gebrauch durch Unternehmen zugelassen, immerhin nicht die biometrischen Daten.

Sind die Ausweise, die permanent die persönliche Identität ihres Besitzers per Funk preisgeben, tatsächlich sicher? Mitnichten. Ganz im Gegenteil, sie gewähren dem Identitätsdiebstahl geradezu Vorschub. Ist die Verschlüsselung der Ausweisdaten erst einmal geknackt, können Kriminelle ganz einfach Tausende von Ausweisen kopieren, indem sie sich auf belebten Plätzen herumtreiben und unbemerkt Ausweisdaten auslesen, mit denen sie Kopien anlegen können.

Das Schweizer Fernsehen hat bereits bewiesen, dass ähnlich aufgebaute Schweizer Pässe innerhalb von vier Stunden ohne Wissen des Ausweisinhabers geknackt werden können. Dem deutschen IT-Sicherheitsfachmann Lukas Grunwald ist es gelungen, innerhalb von zwei Wochen einen Weg zu finden, wie man die Ausweisdaten aus einem beliebigen elektronischen Reisepass auf einen anderen Chip kopieren kann.[267] Mit immer mehr Rechenleistung werden sich diese Vorgänge bald auf wenige Minuten verkürzen lassen. Darüber hinaus ist es britischen Hackern gelungen, Chip-Ausweisdokumente zu verfolgen und Bewegungsprofile zu erstellen.[268] Möglicherweise noch gravierender: In den Rechnern vieler Meldebehörden gibt es zuhauf Sicherheitslücken, die es Hackern erlauben, in den Rechner einzudringen, Spionagesoftware zu installieren und damit Daten zu manipulieren. So ist es möglich, manipulierte Fingerabdrücke in andere Reisepässe einzutragen.[269]

Mit anderen Worten: Die Digitalisierung der Ausweise und vor allem die Nutzung von Funkchips zur Speicherung höchst sensibler persönlicher Daten öffnet geradezu ein Scheunentor für den Diebstahl und den Missbrauch von Identitäten.

Wer wissen will, welche Informationen im eigenen Ausweis gespeichert sind, findet beispielsweise beim Online-Händler Amazon eine Auswahl an Lesegeräten ab 15 Euro. Wer selbst erleben will, wie die Funkauslesung funktioniert, muss rund 100 Euro für ein passendes Gerät hinlegen. Erlaubt ist natürlich nur der Zugriff auf den eigenen Ausweis. Alles andere wäre unzulässig.

Wer indes ein Smartphone besitzt – und wer nicht? – benötigt für den Funkzugriff gar kein zusätzliches Gerät. Gängige Smartphones arbeiten mit Near Field Communication, kurz NFC. Diese Funktechnologie ist kompatibel mit dem RFID-Chips (Radio Frequency Identification) auf den Ausweisen. Einschlägige Programme stehen für Android und Apple iOS in den jeweiligen Appstores zum Herunterladen bereit. Selbst das biometrische Foto stellt für die meisten Apps kein Problem dar.

Es gibt übrigens durchaus Abhilfe gegen ungewolltes Auslesen der eigenen Ausweispapiere: Einfach den Pass oder Personalausweise in eine Hülle legen, die in der Regel durch Aluminium die RFID-Funkstrahlung abschirmt. Alternativ wickelt man einfach etwas Alufolie um das Dokument.

Wer sich umfassender schützen will, findet im Internet Anleitungen zum Deaktivieren bzw. zur Zerstörung des Chips im Reisepass. Allerdings verstößt die mutwillige Veränderung eines Ausweisdokuments gegen diverse Paragrafen im Strafgesetzbuch (StGB), darunter Paragraf 273 StGB und Paragraf 303a StGB bis hin zur Sachbeschädigung nach Paragraf 303

StGB. Denn: Der Ausweis bzw. Pass ist gemäß dem Gesetz über Personalausweise und den elektronischen Identitätsnachweis (Personalausweisgesetz) laut Paragraf 4 PAuswG Eigentum der Bundesrepublik Deutschland.[270] Der Gesetzgeber zwingt uns also ein hohes Sicherheitsrisiko durch Funkchips auf und verbietet uns gleichzeitig, dieses Risiko auszuschalten. Wir dürfen gespannt sein, wann er uns schon als Baby einen Chip unter die Haut implantiert, um uns ein Leben lang überwachen zu können – natürlich nur der Sicherheit wegen.

Wie heißt es so schön in der RFID-Definition: „RFID (englisch: radio-frequency identification; „Identifizierung mithilfe elektromagnetischer Wellen") bezeichnet eine Technologie für Sender-Empfänger-Systeme zum automatischen und berührungslosen Identifizieren und Lokalisieren von Objekten und Lebewesen mit Radiowellen." Die Lebewesen sind also bereits berücksichtigt. Hierzu heißt es ausdrücklich: RFID-Transponder können so klein wie ein Reiskorn sein und implantiert werden, etwa bei Haustieren oder Menschen. Die Vorteile dieser Technik ergeben sich aus der Kombination der geringen Größe, der unauffälligen Auslesemöglichkeit und dem geringen Preis der Funksender von wenigen Cent.[28] Das klingt nach Orwell zum Discountpreis.

Die Stromversorgung der Funkkörnchen unter der Haut stellt übrigens kein Problem dar, denn sie erfolgt einfach durch die Auslesegeräte. Zum Mitschreiben: Der Funkchip in unserem Körper lässt sich über die Luft mit ausreichend Strom versorgen, um Daten auf ihm zu programmieren, sie zu verändern und sie auszulesen.

Schon im November 2004 genehmigte die US-amerikanische Gesundheitsbehörde (FDA) den Einsatz des „VeriChip" am Menschen. Der Transponder der US-amerikanischen Firma

Applied Digital Solutions wird unter der Haut eingepflanzt. Geworben wird mit einfacher Verfügbarkeit lebenswichtiger Informationen im Notfall.[271]

Wir müssen übrigens gar nicht darauf warten, bis uns die Chips implantiert werden. Es gibt – wie die funkenden Ausweise zeigen – viele weitere Möglichkeiten, uns schon heute zu überwachen. Bereits im Jahr 2003 wurde bekannt, dass die Europäische Zentralbank mit dem japanischen Elektronikkonzern Hitachi über eine Integration von RFID-Transpondern in Euro-Banknoten verhandelte.[272] Auf dem sogenannten Mikrometerchip (0,16 mm² mal 0,064 mm dick) ist eine eindeutige 38-stellige Ziffernfolge (128 Bit) gespeichert. Mit einem solchen RFID-Chip gekennzeichnete Banknoten sollen besser gegen Fälschung geschützt sein. Vorstellbar wäre aber auch eine lückenlose Dokumentation des Umlaufs. Das bedeutet, Geldscheine, die mit der entsprechenden Technologie ausgestattet werden, können natürlich auch die GPS-Daten („Global Positioning System") ihrer jeweiligen Position abspeichern. Auf diese Weise könnte theoretisch der exakte Weg nachvollzogen werden, den jeder Geldschein durchläuft. Aufgrund der mit der Implementierung verbundenen Kosten sowie datenschutzrechtlicher Probleme ist die Einführung bislang nicht vorgesehen. Aber auch hier gilt: Die Zukunft wird es schon richten.

In der Textil- und Bekleidungsindustrie ist ein zunehmend flächendeckender Einsatz von RFID aufgrund einer im Vergleich zu anderen Branchen höheren Marge sehr wahrscheinlich. Als weltweit erstes Unternehmen hat Lemmi Fashion (Kindermode) die komplette Lieferkette auf RFID umgerüstet und eine weitreichende Integration mit der Warenwirtschaft umgesetzt. Levi Strauss begann im Jahre 2006 ihre Jeans ebenfalls mit RFID-Etiketten auszustatten.[273] Als weiterer RFID-

Pionier gilt das Unternehmen Gerry Weber, das seit 2010 in alle Bekleidungsstücke einen RFID-Chip integriert, der gleichzeitig als Warensicherung fungiert. Seit 2012 wird RFID vom Modeunternehmen C&A verwendet, seit 2013/2014 durch die Adler Modemärkte. Die Sportartikel-Kette Decathlon näht seit 2013 RFID-Etiketten in Textilien ihrer Hausmarken ein und bringt diese an Drittprodukten an.

Es wird klar: Die Funkchips im Reiskornformat umgeben uns heute schon milliardenfach und es werden immer mehr. Bereits bis 2005 wurden mehr als 2,3 Milliarden RFID-Chips verkauft, 2019 waren es schon über 20 Milliarden. Es befinden sich also mittlerweile mehr RFID-Chips im Umlauf als Menschen auf diesem Planeten leben.

Man muss die Menschen übrigens keineswegs zwingen, sich einen Chip „impfen" zu lassen, wie es Verschwörungstheoretiker gelegentlich nahezulegen versuchen. Eine Umfrage aus dem Jahr 2019 brachte zutage: Mehr als zwei Drittel der Menschen in Deutschland (68 Prozent) haben bereits von der Möglichkeit gehört, sich Chipimplantate einsetzen zu lassen, zum Beispiel für die Überwachung von Herzschlag, Blutdruck und anderen Gesundheitsparametern. Immerhin jeder dritte Deutsche (32 Prozent) kann sich vorstellen, ein solches Chipimplantat zum Beispiel für die gesundheitliche Überwachung zu nutzen. Besonders groß ist die Zustimmung bei der älteren Bevölkerung. Rund vier von zehn Befragten in der Generation 65 plus können sich vorstellen, einen Gesundheitschip eingesetzt zu bekommen.[274] Wer angesichts dieser Bereitschaft das sogenannte „Chippen" als eine Horrorvision der Zukunft empfindet, die hoffentlich niemals Wirklichkeit wird, muss sich wohl belehren lassen: Natürlich werden wir (beinahe) alle Chips unter der Haut tragen – die Frage ist nur, wann es soweit sein wird.

Gefahr des Irrtums

Zu den Gefahrenpotenzialen der biometrischen Identifizierung von Personen – etwa durch Fingerabdrücke, Gesichtserkennung oder Gesten – zählt neben der Hackergefahr das Risiko, Opfer eines Irrtums zu werden, der im schlechtesten Fall weitreichende Folgen des Einzelnen nach sich zieht. Wir alle, Behörden und Firmen gehen davon aus, dass die Technologie funktioniert. Mögliche Fehlfunktionen werden also von vorneherein ausgeschlossen, zumindest weitgehend. Wenn beispielsweise die Gesichtserkennung Herrn Hubert Mayer, geboren am 24.4.1965 in Heidelberg, identifiziert, wird allseits unterstellt, dass es sich tatsächlich um diese Person handelt. Dabei ist die Gefahr eines Irrtums groß und äußerst real, wie viele Beispiele zeigen. Die Amerikanische Bürgerrechtsunion ACLU (American Civil Liberties Union) hat im Juli 2018 bestürzende Testergebnisse veröffentlicht, die auf der Gesichtserkennung mit der Amazon-Software Rekognition basieren. Die Bürgerrechtler konnten glaubhaft nachweisen, dass die Software 28 Mitglieder des US-Kongresses als Kriminelle identifiziert hatte.[275]

Was war passiert? Die ACLU hatte 535 Fotos von Politikern mit 25.000 öffentlich zugänglichen Bildern von Festgenommenen verglichen. Sie verwendeten dabei die Standardversion der Amazon-Software, für deren Nutzung sie rund 12 Dollar bezahlten, und behielten die vom Anbieter vorgegebenen Standardeinstellungen bei. Hierbei wird eine Person bei einer Erkennungswahrscheinlichkeit von 80 Prozent als identifiziert angesehen. Es wurden drei Senatoren und 25 Mitglieder des Repräsentantenhauses fälschlicherweise auf der Liste der Festgenommenen wiedererkannt. Dabei scheint die Hautfarbe augenscheinlich eine wesentliche Rolle zu spielen. Obgleich lediglich 20 Prozent der Kongressmitglieder farbig sind, betrug der Anteil der im Test falsch identifizierten schwarzen Politiker 40 Prozent.

Amazon wehrte sich vehement gegen die Testergebnisse der Bürgerrechtsaktivisten. Die vom Konzern selbst vorgegebene Standardeinstellung von 80 Prozent sei nur für die Identifizierung von „Hotdogs, Stühlen, Tieren oder anderen Dingen" angemessen, ließ Amazon wissen. Um Personen mit einem vertretbaren Maß an Sicherheit zu identifizieren, sei ein Schwellenwert von mindestens 95 Prozent festzulegen. Was wie Zahlenklauberei klingt, hat verheerende Auswirkungen: In den USA verwenden immer mehr Polizeidienststellen bereits den vom Amazon für kleines Geld bereitgestellten Gesichtserkennungsdienst und es bleibt dem jeweiligen Polizisten selbst überlassen, welchen Genauigkeitsgrad er wählt. Das System kann eine bestimmte Person auf Anhieb (in Echtzeit) unter Millionen von Menschen erkennen, die von Hunderten von Kameras aufgenommen werden, verriet Amazon-Manager Ranju auf einer Konferenz in Seoul im Frühjahr 2018.

So führte Amazon auf seiner Kundenliste für diesen Service unter anderem auch große Polizeidienststellen von Washington County und Orlando und die Zahl der Dienststellen werden weiter steigen, denn für die polizeilichen Ermittler ist die Gesichtserkennung wie das „Paradies auf Erden". Binnen weniger Minuten können sie einen Verdächtigen identifizieren, wofür sie früher in der Regel mehrere Tage benötigten. Hinzu kommt, dass die Überwachung für die Polizei ausgesprochen preiswert ist. Laut Amazon-Preisliste kostet der Abgleich von Fotos zwischen 40 Cent und ein Dollar pro 1000 Bilder, je nachdem, wie viele Millionen Fotos untersucht werden sollen. Videoanalysen sind für zehn bis zwölf Cent pro Minute zu haben. Hier ist der Preis davon abhängig, ob Archivaufnahmen oder Livevideos durchforstet werden. Kein Wunder, dass ein Sprecher der Polizei von Washington County der Tageszeitung „Washington Post" stolz verkündete, dass man für den Gesichtserkennungsdienst lediglich sechs bis zwölf Dollar pro Monat bezahle. Das klingt wie Orwell zum Discount-Preis. Der niedrige Preis kommt übrigens dadurch zustande, dass keine Behörde die Software selbst in Betrieb nehmen muss, sondern der Erkennungsdienst Rekognition im Rahmen der Amazon Web Services (AWS) fix und fertig als Abo zu beziehen ist.[276]

Zieht man die hohe Fehlerrate in Betracht, wird klar, wie rasch jedermann ins Fangnetz der Polizei geraten kann, weil er von der Billigsoftware mit einem Verdächtigen verwechselt wird. Die Bürgerrechtler der ACLU forderten daher schon 2018 den US-Kongress auf, die Strafverfolgungsbehörden von der Benutzung der Amazon-Gesichtserkennung abzuhalten. Ihr Argument ist indes nicht etwa die Wahrung der Persönlichkeitsrechte der Bevölkerung oder das Recht auf Privatsphäre, sondern sie zielen alleinig auf die Tatsache ab, dass die Fehlerrate bei farbigen Menschen offenbar höher ist als bei weißen. Das Prinzip der allgegenwärtigen Videoüberwachung mit automatischer Gesichtserkennung wird selbst von den Bürgerrechtsorganisationen in den USA kaum infrage gestellt.

Das Zusammenspiel von Amazon und Polizeidienststellen bei der Gesichtserkennung steht beispielhaft für die unheilvolle Datenallianz von Digitalwirtschaft und Staatsmacht, eine Art Digitalkartell, ein staatlich-industrieller Digitalkomplex, der uns alle zu gläsernen Bürgern macht. Als es im Sommer 2020 zu Massenprotesten in den USA kam, weil weiße Polizisten einen schwarzen Bürger auf offener Straße zu Tode gebracht hatten, zog Amazon die Gesichtserkennungssoftware zur polizeilichen Verwendung zumindest vorläufig zurück. Zu groß war der politische Druck, die Software könnte Missbrauch und die

Diskriminierung Schwarzer nach sich ziehen. Zur Klarstellung: Der Staat verbot nicht etwa die Nutzung, sondern Amazon setzte den Service aus – allerdings nur für die US-Polizei. Anderen Organisationen weltweit stelle man die automatische Gesichtserkennung weiterhin gerne zur Verfügung, ließ der Konzern wissen.[277]

China ist „viel weiter": Sogenannte „Smarte Wohnkomplexe" verwandeln das Zuhause der Bewohner zu einer Art Gefängnis. Das landesweite Projekt „Smart Security-Wohnkomplexe" dient dazu, die Eingangsüberwachungssysteme in Appartementhäusern zu optimieren. Es ist zugleich ein digitales Überwachungssystem, das dabei hilft, Informationen über die Menschen zu sammeln, die dort leben. Außerdem können damit Anwohnerdaten – ihre sozialen Beziehungen und ihre Verhaltenstendenzen – analysiert werden.[278]

Die chinesische Regierung hat Stand 2020 überall im Land mehr als 500 Millionen (!) Überwachungskameras aufgestellt. Gleichzeitig entsteht eine Datenbank, in der die Gesichter aller Chinesen zum unmittelbaren Abgleich mit den Kameras gespeichert werden sollen. Orwell lässt grüßen, aber in den westlichen Demokratien ist so etwas glücklicherweise undenkbar. Falls bei Ihnen dieser Gedanke aufkommen sollte, müssen wir Sie leider enttäuschen.

Die Nachrichtenagentur Reuters meldete bereits 2016 die Speicherung von Gesichtern von 117 Millionen US-Amerikanern in den Gesichtserkennungsdatenbanken US-amerikanischer Strafverfolgungsbehörden. Doch das ist ein Klacks im Vergleich zu heute. Anfang 2020 wurde bekannt, dass eine zuvor kaum bekannte US-Firma drei Milliarden Bilder von Menschen aus dem Internet zusammengestellt hatte, um damit eine umfassende Datenbank zur Gesichtserkennung zu entwickeln. Schon 20190 war der Zugang dazu mehr als 600 Behörden als Service angeboten worden. Für die Datenbank waren öffentlich zugängliche Bilder bei Plattformen wie Facebook und Youtube sowie von Millionen Webseiten eingesammelt worden. Eine Sammlung in dieser Dimension übertraf 2020 alle bis dato bekannt gewordenen Datenbanken zur Gesichtserkennung.[279]

In Deutschland undenkbar? Wer das glaubt, der glaubt auch an den Weihnachtsmann. Mit jedem Übergriff, mit jedem Attentat, mit jeder Angstwelle erhält der Staat sämtliche Argumente an die Hand, um mittels Videoüberwachung für mehr Sicherheit zu sorgen. Der Sache selbst kann man nicht einmal widersprechen: Wenn alles und jedermann überwacht wird, lassen sich Verbrechen unter Umständen tatsächlich präventiv abwehren und Tatverdächtige schneller ergreifen. Die Überwachung besitzt in der Tat das Potenzial, Leben zu retten und jene Verbrecher ihrer gerechten Strafe zuzuführen, die ansonsten möglicherweise ungeschoren davonkämen. So wirbt Amazon schon heute damit, dass ihre Software Rekognition einen Alarm auslösen kann, sobald eine Person wegzulaufen beginnt und damit eine Gefahr verbunden sein könnte. Dabei handelt es sich nur um einen Aspekt ihres Leistungsspektrums. Auch die Produktdemonstrationen der deutschen Firma G2KGroup wirken beeindruckend: Das G2KGroup-Programm ist in der Lage, einen öffentlichen Platz, einen Bahnhof, einen Flughafen oder ein Sportstadion in Echtzeit vollständig mittels Videokameras zu überwachen. Frappierend sind vor allem die automatisierten Auswertungen dieser Systeme, wohlgemerkt sekundengenau: Sind verdächtige Gesichter zu sehen? Rotten sich Personen in einer Ecke auffällig zusammen? Stehen verdächtige Gegenstände herrenlos herum, beispielsweise ein Koffer, der abgestellt und alleingelassen wird? Auch die automatische Erkennung von

Stimmungen anhand der Auswertung der Gesichter ist längst –
wie bereits beschrieben – keine Utopie mehr, sondern findet
heute schon Verwendung und lässt sich in derartige Programme
integrieren.[280]

Das Anwendungsspektrum ist vielfältig. So legt Amazon seinen Händlern nahe, die Software Rekognition zu nutzen, um
herauszufinden, wie zufrieden die Kunden mit der gelieferten
Ware sind. Auch der Navigationsdienst Here, den die deutschen
Automobilhersteller Audi, BMW und Daimler gemeinsam betreiben, zählt zu den Rekognition-Kunden mit einer ganz speziellen Anwendung: Die Nutzer des Karten- und Navigations-
dienstes sollen in die Lage versetzt werden, anhand des Ab-
gleichs ihres eigenen Gesichts mit anderen Gesichtern den Spuren ihrer Vorfahren zu folgen. Je ähnlicher die Gesichter, desto
höher ist die Wahrscheinlichkeit einer Verwandtschaft, egal,
um wie viele Ecken. Ob man mit der Navigationssoftware gleich
zur neu entdeckten Verwandtschaft gefahren wird – in Zukunft
womöglich mit einem selbstfahrenden Vehikel –, verrät Here
derzeit noch nicht.

Für Sicherheitsbehörden ist es wiederum mutmaßlich interessanter, eines potenziellen Terroristen vor einem Anschlag anhand seines „grimmigen Gesichtsausdrucks" habhaft zu werden,
wodurch ein ganz natürliches Interesse an derartigen Software-
lösungen entsteht. Auf der anderen Seite laufen wir eventuell
Gefahr, als potenzieller Terrorist identifiziert zu werden, und
das nur, weil man dummerweise an diesem Tag schlechte Lau-
ne hatte. Vielleicht erzieht uns eine solche Überwachung zu
einem Volk von stets lächelnden Menschen, um nicht mit dem
Terroristen verwechselt zu werden. Wäre das ein Fortschritt?

Terror-Biometrie

Technologiefirmen ebenso wie Sicherheitsbehörden versuchen uns gerne glaubhaft zu vermitteln, dass die Identifizierung durch biometrische Daten – Fingerabdruck, Irisscan, Gesichts- oder Stimmerkennung – besonders zuverlässig, ja, geradezu 100-prozentig sicher sind. Das entspricht keineswegs der Wahrheit. Cyber-Terroristen haben längst einen Weg gefunden, biometrische Daten im großen Stil zu stehlen. Im Darknet – also im verborgenen Teil des Internets – existiert bereits ein florierender krimineller Handel mit Millionen geklauter biometrischer Identitäten. Ein Ausweis mit biometrischen Daten der betroffenen Person ist für rund 3000 Euro zu haben.[281]

Frontex, die Grenzschutzagentur der Europäischen Union, gibt „einige Fälle von gefälschten Pässen mit einem manipulierten Chip in der EU und im Schengenraum" zu.[282] Vermutlich handelt es sich dabei jedoch bereits um einige hundert derartiger Fälle und die Zahl wird weiter ansteigen. Dann befinden sich in einigen Jahren zigtausende Ausweise mit Biochips – also Chips, auf denen die biometrischen Daten vermeintlich sicher gespeichert sind – im Besitz krimineller Organisationen. Die Folgen für uns persönlich und vermutlich auch für die Wirtschaft der einzelnen Länder können aktuell noch gar nicht abgesehen werden.

Die gestohlenen Daten stammen überwiegend aus Großdatenbanken, in denen Tausende und oftmals Millionen von Personenprofilen gespeichert werden. Im August 2018 gelang der ARD-Journalistin Sabine Wolf der Nachweis, dass die größte biometrische Datenbank der Welt mit 1,2 Milliarden Daten nicht sicher ist.[283] Im gleichen Jahr wies der Sicherheitsexperte Gunnar Porada auf eine seit zehn Jahren bestehende Sicherheitslücke bei Fingerabdruckscannern hin, die auch bei deutschen Einwohnermeldeämtern im Einsatz sind. Die klaffende Lücke: Die Übermittlung des Fingerabdrucks zwischen Erfassungsgerät und Computer erfolgt unverschlüsselt, ist also mithin leicht abgreifbar. Der Hersteller des Behördenscanners Dermalog räumte den Fehler ein. Die Firma gehört zum bundeseigenen Unternehmen Bundesdruckerei. Das Bundesinnenministerium hingegen wiegelte ab und stufte das Gerät als „angemessen sicher" ein.[284] Wenn es noch eines weiteren Beweises gebraucht hätte, um das geringe Sicherheitsbewusstsein der deutschen Behörden beim Umgang mit personenbezogenen und speziell biometrischen Daten zu dokumentieren, dann ist es dieser Einlass des Bundesinnenministeriums. Der Bundesinnenminister in dieser Zeit hieß übrigens Horst Seehofer, ein Mann, der sich mit „Law and order" politisch zu profilieren versuchte. Rigorose Grenzkontrollen gegen Flüchtlinge war sein politisches Credo, um die Sicherheit der Bundesrepublik Deutschland zu stärken. Verständnis für technologische Kriminalität gehörte wohl nicht zu seinen Stärken. Es war übrigens dieselbe Bundesdruckerei, die 2020 versicherte, dass ihre Technik sicher genug ist, um Ausweise im Smartphone zu speichern. Das Bundesunternehmen zählte über den Personalausweis hinaus gleich ein ganzes Füllhorn von Dokumenten auf, die sie ins Smartphone bringen möchte: Bahntickets, Autoschlüssel, Führerscheine und die elektronische Gesundheitsakte. Anfang 2021 legte des Bundesinnenministerium einen Gesetzentwurf vor, nachdem der Personalweis im Smartphone als amtliches Dokument Gültigkeit erlangt (nicht als Ergänzung, sondern allein der digitale Perso wird als Ausweis akzeptiert).[285] Die Gefahr ist offensichtlich: Hacker, die im Smartphone an die Identifikation herankommen, können unter der Identität des Bestohlenen alles erledigen, was man mit einem gültigen Personalausweis tun kann. Derjenige, dessen digitale Identität geraubt wurde, wird dies in der Regel lange Zeit nicht einmal merken. Man kann im Portmonee prüfen, ob man seinen Ausweis noch besitzt, solange dieser physisch vorhanden ist. Aber ob heimlich eine Kopie des Ausweises im Smartphone angefertigt wurde und irgendwo auf der Welt für kriminelle Machenschaften verwendet wird, fällt frühestens auf, wenn es längst zu spät ist, weil man es nicht selbst überprüfen kann – jedenfalls nicht, wenn es die Hacker schlau anstellen. Der Bedarf an digitalen Identitäten ist groß, dem entsprechend hoch wird die Kriminalitätsrate sein.

Schon Ende 2017 verhaftete die türkische Polizei in der osttürkischen Stadt Kirsehir zehn Mitglieder der Terrororganisation „Islamischer Staat" (IS), die in ihrem Haus Fingerabdruckformen lagerten. Die Formen hatten zur Herstellung vom Fingerabdrucküberzügen gedient. Nachweislich nutzte der IS gefälschte Fingerabdrücke für illegale Finanztransaktionen.[286]

Udo Helmbrecht, Chef der Europäischen Agentur für Netz- und Informationssicherheit, ENISA, wird nicht müde, Verbraucher vor dem sorglosen Umgang mit digitalisierten biometrischen Merkmalen zu warnen. Handy, Bankkonto oder Smarthome: In keinem Fall können wir überprüfen, wie sicher die eingesetzten Geräte und vor allem auch die verwendete Software tatsächlich sind. Sorglos werden wir in Zukunft unsere Fingerabdrücke, unsere Gesichtsmerkmale, unsere Iris und vieles mehr preisgeben, um modern zu sein. Die verwendete Hardware und Software kommt in vielen Fällen aus den USA, oftmals stecken in Asien gefertigte Chips in den Geräten. Die Speicherung unserer Daten in der Cloud lassen wir in der Regel zu, damit wir alle unsere Geräte mit unserer biometrischen Erkennung nutzen können. Wieder einmal fegen Bequemlichkeit, Gedankenlosigkeit – und in vielen Fällen schlichtweg Unkenntnis – alle eventuellen Sicherheitssorgen weg.

Der große Trugschluss besteht darin zu glauben, dass biometrische Daten zu 100 Prozent sicher sind. Unseren Fingerabdruck gibt es nur einmal, ebenso unsere Iris oder unser Gesicht. Abgesehen davon, dass auch hier Verwechslungen und Irrtümer nicht nur möglich, sondern auch nachweisbar sind, vergessen wir gerne die nachgeordneten Systeme. Die biometrischen Daten werden erfasst, zum Computer übertragen, in die Cloud geschickt, in eine Datenbank aufgenommen, auf Servern gespeichert und bei einer Abfrage übermittelt. Das alles birgt potenzielle Schwachstellen für Hackerangriffe. Der Verbraucher, der seine Iris, seine Fingerabdrücke oder seine Gesichtsmerkmale einem Gerät anvertraut, besitzt normalerweise keine Ahnung und keinerlei Kontrolle vom Sicherheitsniveau des jeweiligen Gerätes und vor allem nicht von der nachgeordneten Verarbeitungskette.

Das Schlimmste dabei: Wenn biometrische Daten einmal in die falschen Hände geraten, sind sie sozusagen für immer verloren. Wenn unser Passwort geknackt wird, können wir es sperren und uns ein neues ausdenken, das wir fortan verwenden. Aber wir können uns keine neuen Fingerkuppen zulegen, nicht einfach unsere Gesichtszüge ausreichend verändern oder uns neue Augen besorgen. Hersteller und Behörden wollen uns vorgaukeln, dass die biometrische Sicherheit am höchsten ist. Was dabei gerne vergessen wird: Sie ist auch am gefährlichsten.

Umkehrung der Beweislast

Die Digitalisierung und die damit verbundene Computer-Hörigkeit führen in der Praxis zu einer fatalen Umkehr der

Beweislast. Wenn ein Smartphone nur per Fingerabdruck oder Gesichtserkennung zu entsperren ist, so geht der Staat – oder auch ein Unternehmen – fest davon aus, dass das jeweilige Gerät tatsächlich nur vom jeweiligen Finger bzw. Gesicht – also von der entsprechenden Person – genutzt wurde. Es ist indes für den einzelnen schwer bis unmöglich zu beweisen, dass es nicht der eigene Finger oder nicht das eigene Gesicht waren. Identitätsdiebstahl wird in einer immer stärker kontrollierten Welt um sich greifen – mit fatalen Folgen für denjenigen, der seine digitale Identität verloren hat bzw. dessen Identität dupliziert wurde.

Die biometrische Identifikation gaukelt eine Perfektion in der Unterscheidung von Personen vor, der sie faktisch nicht gerecht wird. Als die USA 2007 bei der Einreise von der Prüfung von zwei auf alle zehn Finger umstellten, lieferte die Homeland Security eine bemerkenswerte Begründung: Bei nur zwei Fingern sei es gelegentlich zu Personenverwechslungen gekommen und die Betroffenen hätten sich bei der Einreise stundenlangen Verhören unterziehen müssen, um ihre wahre Identität zu beweisen. Durch die Erfassung aller zehn Finger sei die Verwechslungsrate ungleich geringer.[287] Ebenso arbeitet die Gesichtserkennung keineswegs fehlerfrei, wie jedermann anhand der regelmäßigen Verwechslungen auf Facebook leicht feststellen kann. Berichten zufolge hat Apple in mehreren Fällen iPhone X-Modelle zurückgenommen, weil die Funktion Face-ID die Gesichter unterschiedlicher Personen nicht unterscheiden konnte. Vor allem bei asiatischen Gesichtern scheint die Identifikation mittels Gesichtserkennung gelegentlich schief zu gehen. Einen eigenen Problemkreis stellen nahestehende Verwandte wie eineiige Zwillinge mit sehr ähnlichen biometrischen Merkmalen dar. Es ist vielleicht kein Problem oder sogar lustig, wenn gelegentlich in einem sozialen Netzwerk ein falsches Foto angezeigt wird. Aber der Spaß hört auf, wenn die fehlerhafte Erkennung Einfluss auf das Social Scoring und somit Auswirkungen auf die Lebensqualität mit sich zieht.

Viele dieser Entwicklungen scheinen aus deutscher Sicht noch in ferner Zukunft zu liegen oder vielleicht niemals in den hiesigen Alltag einzuziehen. Der Begriff „Überwachungsstaat" löst hierzulande Ängste aus, die ihn kaum als politische Parole opportun erscheinen lassen. Aber die Umformulierung „mehr Sicherheit für die Bevölkerung" klingt schon viel populärer und politisch durchsetzbarer. Natürlich ist die Kombination aus lückenloser Überwachung und automatischer Auswertung tendenziell geeignet, Verbrechen vorzubeugen und Straftäter schneller zu fassen – aber um welchen Preis? Keineswegs lässt sich jedoch ausschließen, dass auch hierzulande eine politische Propaganda, die Unsicherheit erzeugt und gleichzeitig eine Videokontrolle als Sicherheitsmaßnahme anpreist, auf Dauer Erfolg haben wird. Ein „starker Staat, der seine Bürger schützt" übt sicherlich auf viele Menschen eine erhebliche Anziehungskraft aus und genau darauf – auf diese Wahrnehmung innerhalb der Bevölkerung – dürften die Behörden abzielen, um unserer Daten habhaft zu werden. Man mag sich erinnern: Zur Bekämpfung der Coronavirus-Pandemie hatte die Regierung 2020/21 zeitweise Lockdowns oder Shutdowns angeordnet, also das weitgehende Herunterfahren beinahe allen öffentlichen Lebens. Geschäfte und Gaststätten waren geschlossen, alle Veranstaltungen abgesagt und es gab Beschränkungen, mit wem und mit wie vielen Menschen man sich treffen darf, teilweise durfte man die eigenen vier Wände nur aus triftigem Grund verlassen. Viel „stärker" kann ein Staat kaum auftreten – und die Zustimmungsrate aus der Bevölkerung zu diesen Maßnahmen lag hoch, zeitweise über 90 Prozent, immer weit über 60 Prozent. Die Jahre 2020/21 haben also bewiesen, dass die Menschen einen starken Staat wünschen, solange sie das Gefühl haben, diese Stärke hilft ihnen bei der Abwehr einer Gefahr.[288] Doch je stärker der Staat wird, indem er Überwachungs- und Sicherheitssysteme überall um uns herum installiert, desto angreifbarer wird unsere Gesellschaft. Denn die Gefahr, das Hacker ganze Teile dieser vermeintlichen Sicherheitsinfrastrukturen übernehmen, liegt auf der Hand. Wer Künstliche Intelligenz einsetzt, muss sich darüber im Klaren sein, dass Hacker KI gleich zweifach nutzen können: erstens, indem sie selbst KI für ihre Angriffe einsetzen, und zweitens, indem sie die KI-Systeme von Staaten und Unternehmen kapern. Insbesondere letzteres kommt einer Horrorvision gleich, insbesondere dann, wenn die KI mit biometrischen Daten arbeitet, also im schlechtesten Sinne des Wortes „ganz nah am Menschen" ist.

Der Bio-Mensch

Unsere Großeltern empfanden die Erfindung des Telefons als Revolution. Für uns ist das Smartphone zum Alltag geworden. Längst telefonieren wir damit nicht nur, sondern es hat sich zu unserer zentralen Kommunikationsschnittstelle zur Außenwelt entwickelt. In 20 Jahren wird keiner von uns mehr ein Smartphone mit sich herumtragen. Bis dahin hat sich diese Kommunikationszentrale schlichtweg in unserem Körper eingenistet.

Hacker gegen Cyborgs

Mit der Impfung wird uns insgeheim ein Chip in den Körper gespritzt, mit dem uns geheime Mächte überwachen können – das waren Phantasien der Impfgegner in der Krise 2020/2021. Tatsächlich besteht eine hohe Wahrscheinlichkeit dafür, dass viele von uns am Ende dieses Jahrzehnts mit einem Chip unter der Haut leben werden – nicht, weil wir dazu gezwungen wurden, sondern freiwillig, weil es unseren Alltag erleichtert und weil es eine Selbstverständlichkeit geworden ist. Indes stellt der Chip unter der Haut nur ein Beispiel dar, wie die Technik in den nächsten Dekaden im wahrsten Sinne des Wortes in unseren Körper eindringen wird – teilweise schon vor 2030, zu weiten Teilen mutmaßlich erst danach. Damit wird – wie schon an anderer Stelle in diesem Buch dargelegt – unser Körper zu einem Einfallstor für Hacker. Der Siegeszug der Biohacker für die Zukunft ist leicht vorhersagbar.

Cyborgs, also Menschen mit künstlichen Teilen im Körper, sind längst der Fantasie Hollywoods entwachsen. Die technischen Möglichkeiten zur Verschmelzung von Mensch und Maschine entwickeln sich rasch – von Mikrochips bis zu Prothesen. Als erster Cyborg der Welt gilt übrigens der Brite Neil Harbisson. Er ist gleichzeitig der bisher einzige Mensch, der offiziell von einer Regierung, der britischen, als Cyborg anerkannt wurde. Harbisson kann seit seiner Geburt nur schwarz-weiße Töne wahrnehmen. 2004 hat er sich eine Antenne (Eyeborg) implantieren lassen, die es ihm ermöglicht Farben – bis hin zu ultraviolett – zu hören. Man muss es wohl gesehen haben, um es zu glauben: Vom Hinterkopf aus ragt ihm gut sichtbar eine fest implantierte Antenne bis vor die Stirn. Damit kann er übrigens nicht nur Farben sehen, sondern beispielsweise auch Signale von Satelliten empfangen.[289]

„Chip-Implantat-Pflicht ab 2016 für jeden US-Bürger, ab 2018 auch in der EU" lautete eine viel zitierte Falschmeldung, die 2014 durch die Presse geisterte. Hintergrund war der US-amerikanische Gesetzesentwurf HR3200, der vorsah, einen RFID-Chip in jede Person zu implantieren, die von der Gesundheitsreform des damaligen US-Präsidenten Barack Obama profitieren wollte.[290] So weit ist es letztlich doch nicht gekommen. Aber das Beispiel zeigt, wie weit das Konzept eines unter der Haut eingepflanzten Chips in der Politik fortgeschritten ist.

Technisch und gesundheitlich ist ein RFID-Chip keine große Sache. Hierzu wird einfach eine winzige Kapsel unter der äußeren Hautschicht implantiert. Das Implantieren ist ungefährlich, zwischen Daumen und Zeigefinger befinden sich kaum Gefäße oder Nervenenden. Der minimale Eingriff kann von einem Arzt oder einer Krankenpflegekraft, aber auch in einem Piercing-Studio, durchgeführt werden. Mit einer Abwehrreaktion ist nicht zu rechnen, schließlich wird kein Organ eingepflanzt. Im Übrigen leben heute schon viele Menschen mit Implantaten, beispielsweise mit Herzschrittmachern, künstlichen Gelenken oder Brustimplantaten. Also auch das wäre nichts wirklich Revolutionäres.

RFID bedeutet „radio frequency identification", also Identifizierung durch Funkwellen. RFID-Chips sind nichts Neues, es gibt sie schon seit Jahrzehnten.[291] Hunden werden sie in den Nacken injiziert und Schäfer erkennen mit ihrer Hilfe die Tiere ihrer Herde. Auch in deutschen Personalausweisen und in den Zündschlüsseln vieler Autos sind sie schon lange im Einsatz. Der großflächige Einsatz als Chip-Implantat im Menschen wurde allerdings noch nirgendwo ausprobiert. Aber es steht wohl außer Frage, dass er kommen wird, und zwar auf drei Wegen: Immer mehr Menschen werden es als nützlich empfinden, mit einem Chip im Finger beispielsweise ihre Haustür zu öffnen, immer mehr Firmen werden hierfür geeignete Angebote auf den Markt bringen und letztlich wird möglicherweise auch der Staat irgendwann einmal einen Chip beispielsweise im Zuge des staatlichen Gesundheitswesens zur Notwendigkeit erklären.

Neben den gesundheitlichen Aspekten stellt sich die Frage
der Datensicherheit: Können die auf dem Implantat gespeicherten Informationen unbefugt ausgelesen werden? Die Antwort
lautet: Kaum, denn die Reichweite dieser Implantate beträgt
höchstens wenige Zentimeter. In der Regel muss ein Hautkon-
takt hergestellt werden. Zum Vergleich: Jede Schlüsselkarte
mit RFID-Chip besitzt eine größere Reichweite und ist somit
unsicherer. Andererseits: Die Schlüsselkarte werfen wir einfach
weg, wenn sie uns unsicher erscheint. Ob wir den Chip im Finger mit der Nagelschere herausschnippeln wollen, ist fraglich.

Die Einsatzmöglichkeiten der Hautchips sind vielfältig. Schon
heute tragen Radsportler in Australien häufig Implantate mit
ihren wichtigsten medizinischen Daten. Im Notfall kann ein
Arzt die Daten auslesen, selbst wenn der Sportler nicht mehr
ansprechbar ist. Es gibt heute bereits Türschlösser, die einen
Chip in der Hand erkennen, um die Tür zu entriegeln. Fitness-
studios in Neuseeland und Schweden setzen dies bereits in grö-
ßerem Stil ein, in Deutschland gibt es erste Anwendungen.

Der Chip könnte auch das traditionelle Überreichen von Visi-
tenkarten hinfällig machen. Man berührt einfach das Smartphone des Gegenübers, schon springt die eigene Visitenkarte
aus der Haut in das Gerät. Der implantierte Chip als Ersatz für
den Autoschlüssel ist ebenfalls ein denkbares Szenario. Einfach
den Türgriff anfassen und das Lenkrad berühren, schon ist der
Wagen startklar. Wenn der erste Autohersteller anfängt, dieses
Konzept einzuführen – natürlich auf freiwilliger Basis, es wird
in einer längeren Übergangsphase auch noch herkömmliche
Autoschlüssel geben – werden die anderen Hersteller zügig folgen. Marken wie Mercedes, BMW oder Volkswagen genießen
ungeachtet des Dieselskandals nach wie vor genügend Reputation, sodass sich Autokäufer mit hoher Wahrscheinlichkeit da-

rauf einlassen werden. Sicherlich zunächst nur wenige, im Laufe der Jahre garantiert immer mehr. Auch das Apple Car – sollte der Konzern mit dem angebissenen Apfel jemals ein eigenes Auto bauen – wäre für eine solche „revolutionäre Benutzerschnittstelle" prädestiniert.

In Schweden laufen Testversuche, den Hautchip als Bahnfahrkarte einzusetzen. Per Smartphone wird das Zugfahrtticket auf den Chip unter der Haut geladen und der Schaffner kann es auslesen. In der Gastronomie lassen sich ebenfalls vielfältige Anwendungsszenarien vorstellen. Erste Clubs bieten für ihre Mitglieder bereits Chips unter der Haut an. In Schweden sind bereits Tausende Menschen mit einem Chip unter der Haut unterwegs. Die meisten der reiskorngroßen Hautchips (2 mal 12 mm) stammen vom dortigen Marktführer Biohax. [292] Als bekanntestes Beispiel aus Schweden dient TUI: Mehrere Hundert Mitarbeiter des Reisekonzerns sind mit Chips ausgestattet, um damit im Büro Spinde und Kühlschränke leichter zu öffnen. [293]

Das Chipimplantat stellt natürlich nur eine Variante dar, wie nützlich – oder je nach Standpunkt – schrecklich – die Digitaltechnik im menschlichen Körper sein kann. Kontaktlinsen, die digitale Informationen direkt vor der Pupille projizieren, stehen ebenfalls schon an der Schwelle zur Alltagstauglichkeit. Die Vision im wahrsten Sinne des Wortes lautet „Verknüpfung mit Augmented Reality", die an anderer Stelle in diesem Buch ausführlich erläutert wird. Dabei blendet die Linse zusätzlich zur normalen Wahrnehmung weitere Informationen ein. Wer beispielsweise ein Bild im Museum betrachtet, erhält gleichzeitig Informationen zum Werk und seinem Maler. Ein Blick auf ein Gebäude gibt Auskunft über Historie oder Mieter. Die Vermischung der realen mit der virtuellen Welt bringt unendlich viele Möglichkeiten. Welche sich durchsetzen, bleibt abzuwarten.

Als Google im Jahr 2014 mit Google Glass eine Computerbrille, die Augmented Reality in die Brillengläser einblendete, vorstellte, war diesem Vorstoß kein Erfolg beschieden. Die Brille galt als zu klobig und die eingebaute Kamera empfanden die Testpersonen als zu belästigend. 2015 stellte Google das Projekt wieder ein. Doch das Konzept der Datenbrille dürfte damit kaum verschwunden sein, sondern wird von zahlreichen anderen Unternehmen und vermutlich auch von Google selbst weiterentwickelt. Intel stellte 2018 unter dem Namen Vaunt eine Datenbrille vor, die äußerlich kaum noch von einer herkömmlichen Brille zu unterscheiden ist; das Projekt wurde allerdings vorläufig wieder eingestellt[294] Einen ähnlichen Ansatz verfolgt die Deutsche Telekom gemeinsam mit dem Optikspezialisten Carl Zeiss; ein erster Prototyp wurde auf dem Mobile World Congress Ende Februar 2018 in Barcelona präsentiert. Der Durchbruch bei smarten Brillen wird erwartet, wenn Apple mit einem entsprechenden Produkt („Apple Glass") mutmaßlich in den 2020ern Jahren auf den Markt kommt.

Während die Computerbrille langsam auf den Massenmarkt zusteuert, dürfte die Computerlinse im Auge die darauffolgende Generation der Augmented Reality (AR) markieren. So arbeitet etwa der Augenarzt Gary Wörtz schon seit 2011 an einer AR-Kontaktlinse. Die Linse „Gemini Refractive Capsule", die direkt ins Auge implantiert wird, soll dabei zur Augmented Reality-Plattform werden. Das Implantat wird dabei hinter die Augenkapsel gesetzt, wo sich der einzige nicht-reaktive Ort des Auges – vielleicht sogar des gesamten neurologischen Systems – befindet.[295]

Natürlich wird es noch eine ganze Weile dauern, bis die ersten Menschen ihrem Auge ein „Upgrade" gönnen. Mag sein, dass der Verlust des Augenlichts zu den größten Ängsten des Menschen zählt, gleichzeitig lässt die Magie des besseren Sehens immer mehr Menschen schon heute diese Angst überwinden, indem sie ihre Sehschwäche durch eine Augenlaseroperation beheben. Nimmt man nur die bekannteste Lasik-Methode zum Maßstab: 2020 wurden mehr als 160.000 Lasik-Operationen in Deutschland durchgeführt.[296]

Bei bisherigen Augenoperationen geht es indes lediglich darum, das natürliche Sehvermögen wiederherzustellen. Bei einer AR-Augenoperation wird hingegen das Auge zum Bildschirm umfunktioniert. Unser Sehvermögen wird weit über das natürliche Maß hinaus angereichert. Wir sehen Dinge, die wir „eigentlich" gar nicht sehen. Noch besitzt Augenarzt Gary Wörtz keine Zulassung für sein Unterfangen, diese jedoch wird in den 2020ern erwartet.

Gleichgültig, ob dieser Augenarzt oder das Forschungslabor eines der Digitalkonzerne die AR-Linse zur Marktreife entwickelt, es steht zu erwarten, dass diese Art der Linse irgendwann in der Zukunft tatsächlich Realität wird. Zunächst auf freiwilliger Basis, aber es lässt sich natürlich spekulieren, dass die AR-Linse irgendwann zur Normalität wird, um in der dann entwickelten Gesellschaft überhaupt ein gutes Leben zu führen. Heute erhält jedes Neugeborene in Deutschland in der Regel kurz nach der Geburt antibiotische Augentropfen verpasst, um eine Infektion zu verhindern. Wer weiß, ob nicht in ferner Zukunft ebenso selbstverständlich eine AR-Linse eingepflanzt wird, um den neuen Erdenbürger mit einer erweiterten Sehfähigkeit auszustatten. Weiter gedacht: Gelingt es Hackern in ferner Zukunft, diese Linsen bzw. die dahinter steckenden IT-Systeme zu kapern, so könnten sie festlegen, was wir „mit unseren eigenen Augen" sehen. Das mutet derzeit sicherlich als eine Ausgeburt der Fantasie an, als Science Fiction, aber es ist denkbar – und damit möglicherweise irgendwann auch machbar.

Wir werden bei der Geburt „gechipt"

Ist es undenkbar, jedes Neugeborene mit einer Serie von Chip-Implantaten zu versehen, um es auf die Gesellschaft der Zukunft vorzubereiten? Vermutlich nicht. Mittels RFID-Chip wird der Personalausweis unter die Haut gebracht. Ein GPS-Chip, der ständig den Aufenthaltsort übermittelt, dient der Sicherheit und der Bequemlichkeit. Die AR-Augen sorgen für mehr Lebensqualität. Die Energieversorgung der Chipimplantate findet übrigens durch den Körper selbst statt. Es ist genügend elektrische Energie im menschlichen Körper vorhanden, um Chips unter der Haut im wahrsten Sinne des Wortes ein Leben lang mit ausreichend Strom zu versorgen.

Ähnlich wie sich heute die meisten Menschen ohne ihr Smartphone unwohl fühlen, weil sie nicht vernetzt sind, werden sich künftige Generationen ein Leben ohne Chips im Körper gar nicht vorstellen können und wollen. Wie an anderer Stelle in diesem Buch bereits festgestellt wurde, wird die Neue Welt vom Einzelnen als eine Bereicherung seines Lebens empfunden werden, die er nicht missen möchte. So wie wir uns kaum vorstellen könnten, im Mittelalter zu leben. Diese Vernetzung bedeutet allerdings auch, dass die Staaten weitaus mehr Informationen über jeden Einzelnen besitzen und ihn dadurch natürlich auch besser kontrollieren können als jemals zuvor in der Menschheitsgeschichte. Aus heutiger Sicht mag das wie eine Horrorvorstellung klingen, jedoch handelt es sich dabei wohl eher um eine Frage des Blickwinkels.

Humanoide im Anmarsch

Nicht nur der Mensch wird von Chips durchdrungen werden, auch umgekehrt tauchen zusehends mehr Roboter mit „menschlichen Zügen" auf der Bildfläche auf.

Derzeit arbeiten Roboter vor allem in der Massenproduktion großer Firmen. Die Zukunft wird indes bei humanoiden Servicerobotern liegen, die praktisch alle Routinetätigkeiten im Haushalt übernehmen. Künstliche Muskeln und künstliche Haut sind schon heute weitgehend entwickelt, weshalb die Angleichung von Humanoiden an das menschliche Aussehen und die menschliche Bewegung in den nächsten Jahren kein unlösbares Problem mehr darstellen wird. Zugleich sinken die Kosten für alle Komponenten und noch vor 2030 könnte ein Haushaltsroboter nur noch sagen wir geschätzt rund 20.000 Euro kosten. Wenn wir diese Investition in eine Leasingrate oder ein Abonnement von beispielsweise 190 Euro monatlich umrechnen, wird die Wahl zwischen dem Zweitwagen und der täglichen Haushaltshilfe in vielen Fällen der Roboter für sich entscheiden. 2030 oder ein paar Jahre später könnte der Markt für humanoide Roboter größer sein als der Automobilmarkt.

Doch nicht nur die KI-Hacker und die Roboter-Hacker werden uns in Zukunft das Leben schwer machen. Beinahe ebenso gefährlich sind die Meinungs-Hacker, die unsere Medien und vor allem die sozialen Medien manipulieren, bis wir kaum noch zwischen Wahrheit und Lüge unterscheiden können.

Social Media Meinungs-Hacker

Die Coronavirus-Krise erwies sich als ein klares Indiz dafür, dass die sogenannten „Mainstream-Medien" deutlich besser sind als ihr Ruf. Man kann die politischen Entscheidungsträger und die Medien, die über sie und ihre Entscheidungen berichtet haben, sicher in unzähligen Details kritisieren. Das ändert jedoch nichts daran, dass diese politischen Entscheidungen und deren Vermittlung durch die klassischen Medien im Großen und Ganzen maßgeblich zur Eindämmung beigetragen haben. Mindestens 1,5 Meter Abstand halten, gründlich Händewaschen und Verständnis für den Lockdown, also die Schließung beinahe aller Geschäfte und Gaststätten sowie Absage aller Veranstaltungen – das war immer und immer wieder auf allen klassischen Kanälen zu lesen, zu hören und zu sehen. Und über 90 Prozent der Menschen in Deutschland haben es verstanden und akzeptiert.[297] Die Mainstream-Medien haben funktioniert und wohl letztlich vielen Menschen das Leben gerettet, um es etwas drastisch zuzuspitzen.

Alternative Wahrheiten

Anders die alternativen Medien, die sogenannten sozialen Medien. Auf Facebook & Co tummelten sich die Besserwisser, selbsternannten Experten, sogenannten Publizisten und Verschwörungstheoretiker jedweder Couleur. Mit Bezug auf vermeintlich seriöse Quellen verbreiteten sie ihre feste Überzeugung, dass Corona gar nicht so schlimm sei, wohl aber die Maßnahmen zur Bekämpfung der Seuche. Zitiert wurden dabei ehemalige Lungenärzte, emeritierte Professoren der Mikrobiologie, Klinikdirektoren und Virologen. Natürlich findet man immer irgendeinen aus dieser Gruppe, der gerne interviewt werden möchte, sich im Glanz der erhöhten Aufmerksamkeit sonnen will oder einfach nur tatsächlich eine andere Meinung vertritt. Gleichgültig, ob es die „fünf Fragen" von Prof. Sucharit Bhakdi an die Bundeskanzlerin waren oder aber die Stanford-Koryphae John Ioannidis, der im *Fokus* über Maßnahmen „ohne zuverlässige Datenbasis" klagte. Zum Glück hatte die Bundeskanzlerin weder Zeit auf die Beantwortung der fünf Fragen verwendet noch abgewartet, bis eine vollständige Datenbasis vorlag, sondern angesichts der Gefahr nach anfänglichem Zögern zügig und durchschlagend gehandelt. Andere selbsternannte Aufklärungsseiten erklärten die Coronakrise wahlweise als eine Ausgeburt des Faschismus, eine Verschwörung der Eliten oder schlichtweg als Hysterie. Als Treiber des Bösen mussten je nach „Quelle" Xi Jinping, Putin oder Bill Gates herhalten, letzterer, weil er seit dem Ebola-Ausbruch 2014 immer und immer wieder vor einer Pandemie gewarnt hatte.[298]

Man mag dieses Sammelsurium als „Spinnereien" abtun, aber spätestens in der Pandemie wurde klar, dass das Gedankengut etlicher vermeintlicher Verschwörungen weit in die demokratische Mitte der Bevölkerung hineinreicht. Dabei erwiesen sich die sozialen Medien als ein scheinbar unaufhaltsamer Fake-Multiplikator. Mal wurden vorgeblich wirksame Heilmittel propagiert, ein andermal vor angeblichen Impfgefahren durch die Implementierung von Chips gewarnt. Keine noch so absurde These war in der Krise abstrus genug, um nicht ihre Anhänger zu finden.

Sternstunde der Storyteller

Es war die Sternstunde der Storyteller, frei nach dem Motto „Eine glaubwürdige Geschichte ist tausendmal besser als alle Fakten". Eine lebendige Geschichte gewinnt die Aufmerksamkeit viel leichter als eine logisch-sachliche Faktendarlegung, unabhängig davon, ob sie wahr oder frei erfunden ist. Das gilt heute, in der Zeit der Informationsüberflutung, mehr als je zuvor. Vor allem, wenn es ein Narrativ ist, also eine sinnstiftende Erzählung, bei der es um Emotionen und Werte geht. Der Erfolg einer Story hängt nämlich nicht von der faktenbasierten Stichhaltigkeit ab, sondern von der Vermittelbarkeit des zugrundeliegenden Narrativs. Dabei ist es für den Erfolg völlig unerheblich, ob das Narrativ nur *ge*funden oder *er*funden ist.

Einige Leser mögen sich an Platos berühmten Kampf gegen die Sophisten erinnert fühlen. Er warf ihnen vor, ihre Kunst bestehe darin, „den Verstand mit Argumenten zu bezaubern", die nicht der Wahrheit dienten, sondern darauf abzielten, Meinungen zu erzeugen. Solange diese plausibel erscheinen, „liegt ihnen die Kraft der Überzeugung inne". Es ist der Sieg der Argumente auf Kosten der Wahrheit.

Besonders wirksam sind monokausale Narrative auf Grundlage von Daten. Dabei werden beliebige mit einer Studie oder einer Umfrage vermeintlich belegbare Daten als unumstößliche Wahrheit verstanden und darauf aufbauend wird eine einzige in sich geschlossene und logisch erscheinende Kausalkette als Argument präsentiert.[299] Dieses Vorgehen der „datengestützten Wahrheiten" ist schon lange zu beobachten, spätestens seit der Flüchtlingskrise 2015 ist es nicht nur in den sozialen Medien in vielfältiger Weise zu finden. Das besonders Fatale dabei: Wer solche „Wahrheiten", die auf „unverrückbaren Daten" zu fußen scheinen, übernimmt, wird zu einer Art gläubigen Kämpfers für diese „Wahrheit". Er glaubt, die absolute Wahrheit zu kennen, besitzt die totale Gewissheit, im Recht zu sein. Aus dieser „absoluten Gewissheit" resultiert auch die Vehemenz, mit der unterschiedliche Argumente aufeinander prallen. In der Pandemie hat schon die Aussage eines einzigen Lungenarztes, Virologen oder Pathologen genügt, um daraus ein Narrativ zu spinnen oder zu verstärken. Beispielhaft hierfür stand der Hamburger Rechtsmediziner Klaus Püschel mit der Aussage „Bisher ist keiner ohne Vorerkrankung an dem Virus gestorben", bei der er sich auf eigene Obduktionen Corona-Verstorbener berief.[300] Das mag gestimmt haben, aber die Schlussfolgerung, deshalb sei das Virus für alle Menschen ohne Vorerkrankung harmlos, stand von Anfang an auf tönernen Füßen. Dennoch wurde die daraus zugespitzte Aussage „Angst ist überflüssig" als unwiderlegbarer Beweis für die Ungefährlichkeit des Virus millionenfach verbreitet.[301]

Gestützt auf solche und ähnliche Pseudo-Tatsachen trat in der Pandemie eine ganze Reihe von mehr oder minder Prominenten auf, die sich als unerbittliche Kämpfer für Recht und Freiheit inszenierten. Beispielhaft hierfür stand der vegane Profikoch Attila Hildmann, der verkündete, dass die Regierung „ab sofort ein Problem" habe, denn er kenne „kein Erbarmen bei Unrecht" und befinde sich im Kampf für „die Freiheit unseres Vaterlandes". In seinem selbstinszenierten Krieg kämpfte er gegen mächtige Feinde. Der Gesundheitsminister plane eine Diktatur. Die Kanzlerin habe Hochverrat begangen. Der Chef des Robert-Koch-Instituts sei ein Freimaurer und Bill Gates ein Satanist. Man hätte das als „Spinnerei" abtun können, aber der Koch fand ebenso wie viele Gleichgesinnte, darunter der Sänger Xavier Naidoo, der Rapper Sido oder der ehemalige RBB-Radiomoderator Ken Jebsen, mit ihren kruden Thesen ein Millionenpublikum.[302] Es ist zu erwarten, dass sich auch in den kommenden Jahren immer neue „Promis" finden, die eigene Thesen jenseits der Wahrheit überzeugt und überzeugend verkünden werden.

Dunning-Kruger und Social Bots

Die Experten nennen dieses Phänomen den Dunning-Kruger-Effekt.[303] Man versteht darunter die systematische fehlerhafte Neigung im Selbstverständnis inkompetenter Menschen, das eigene Wissen und Können zu überschätzen. Vereinfacht gesagt haben die beiden Wissenschaftler David Dunning und Justin Kruger 1999 folgende These, die viele Menschen intuitiv schon immer ahnten, belegt: Je weniger man weiß, desto größer ist die Überzeugung, dass man Recht hat. „Wenn jemand inkompetent ist, dann kann er nicht wissen, dass er inkompetent ist. Die Fähigkeiten, die man braucht, um eine richtige Lösung zu finden, sind genau jene Fähigkeiten, die man braucht, um eine Lösung als richtig zu erkennen", fasste David Dunning die Erkenntnis zusammen.[304] Der Dunning-Kruger-Effekt war übrigens keineswegs nur in der Pandemie seit 2020 zu verzeichnen. Er war ebenso beispielsweise in der Flüchtlingskrise seit 2015 und der Umweltdebatte seit 2018 zu beobachten.

In allen Fällen spielten Social Bots eine Schlüsselrolle bei der Verbreitung von Fake News. Dabei handelt es sich um kleine Softwareprogramme, die sich in den sozialen Medien wie Facebook, Twitter, LinkedIn oder Xing zuhauf tummeln. Sie sammeln Informationen, verstärken Meinungen, setzen eigene Themen und treiben Thesen voran. Dabei „handeln" sie stets im Sinne eines Auftraggebers, etwa einer politischen Partei, einer Regierung oder eines Landes. Obgleich es sich um Programme handelt, sind sie von echten Menschen kaum zu unterscheiden. Sie verbreiten Falschmeldungen, betreiben tendenziöse Berichterstattung und beeinflussen die Meinung aller anderen, die sich der sozialen Medien für ihre eigene Meinungsbildung bedienen. In den USA kamen in der Krise 2020 auf dem Kurznachrichtendienst Twitter rund die Hälfte aller Forderungen nach Öffnung der Wirtschaft und Lockung der Restriktionen, die die Virusausbreitung verhindern sollten, von Social Bots.[305] Wie sagte schon der Philosoph Epikur im antiken Griechenland: „Entscheidend sind nicht die Fakten. Auch nicht die Meinungen über die Fakten. Sondern die Meinungen über die Meinungen." Das mag damals schon richtig gewesen sein, aber erst durch das globale Netz der sozialen Medien und die Heerscharen automatisierter Meinungsfälscher wie die Social Bots potenziert sich diese Entwicklung in eine Dimension bisher unbekannten Ausmaßes.

Bots können übrigens mehr als „nur" Meinungen machen. Als Sony Ende 2020 seine neue Spielekonsole Playstation 5 herausbrachte und die Nachfrage das Angebot bei weitem überstieg, kauften „Shopping Bots" die vielgefragten Geräte haufenweise auf und verkauften sie sogleich zu stark überhöhten Preisen weiter über Online-Marktplätze. Diese Methode wird in Fachkreisen „Scalping" genannt.[306] Ist das cleveres Geschäftsgebaren oder eine Straftat? Solange keine Wucherpreise verlangt wurden, war das Vorgehen zwar unschön, aber wohl nicht illegal. Doch es zeigte das enorme Potential von Bots, „intelligenten" Computerprogrammen mit Automatikfunktionen, die Meinungen manipulieren, fremde Computernetze durchdringen und eben auch als Ein- und Verkäufer die Kasse klingeln lassen können. Doch es kommt noch schlimmer.

„Mit eigenen Augen gesehen"

„Ich habe es mit eigenen Augen gesehen" gilt als Inbegriff dafür, dass man sich persönlich von der Wahrheit einer Sache überzeugt hat. Im Zeitalter von Deepfaking wird genau dieser Wahrheitsbeweis ad absurdum gefügt. Durch die sogenannte Deepfake-Technologie lassen sich Videos erzeugen, in denen

Personen Dinge sagen, die sie in Wirklichkeit niemals von sich gegeben haben – entweder werden ihnen die Sätze in den Mund gelegt oder es gibt diese Personen erst gar nicht. Ganze Handlungen können vollständig am Computer generiert werden. Dass Fotografien manipulierbar sind, wissen wir schon lange. Doch erst mit Hilfe von Künstlicher Intelligenz (KI) wird es möglich, Videos derart täuschend zu manipulieren, dass die Fälschungen nicht auffallen. Die Technologie dahinter heißt Generative Adversarial Networks (GANs), wurde 2014 an der University of Montreal entwickelt, und funktioniert, indem man zwei KI-Netzwerke gegeneinander antreten lässt. Die erste KI erzeugt aus einem realem Filmmaterial fortlaufend neue Videosequenzen, die zweite KI hat zu unterscheiden, welche davon real sind, also dem Ausgangsmaterial entstammen, und welche synthetisch erzeugt wurden. Beide KI-Instanzen arbeiten mit sogenannten neuronalen Netzwerken, also mit selbstlernenden Computern. Vereinfacht gesagt lernen beide KI-Netze ständig hinzu: das erste, wie es Videos erzeugt, die nicht als Fälschung zu erkennen sind, und das zweite, wie man Fälschungen erkennt. Binnen kürzester Zeit sind beide so perfekt, dass die generierten Fakevideos nicht mehr als Fälschungen zu erkennen sind, nicht von Computern und erst recht nicht von Menschen.

Deepfakes gibt es seit Ende 2017. Einige der Deepfake-Videos haben für großes Aufsehen gesorgt; etwa US-Präsident Barack Obama, der seinen Nachfolger auf das Übelste beschimpft, oder Facebook-CEO Mark Zuckerberg, der zugibt, dass das Ziel seines Netzwerkes darin besteht, die Nutzer zu manipulieren und auszubeuten.[307] In die 2020er Jahre ist die Welt mit mehr als 15.000 Deepfake-Videos gegangen. Es dürfte der Beginn einer Welle an computergefälschten Videos sein, die auf uns zurollt. An Gefährlichkeit ist diese Welle kaum zu überschätzen: Mit

Videos, die anscheinend etwas Unglaubliches „beweisen", lassen
sich demokratische Wahlen manipulieren, Volksgruppen gegeneinander aufhetzen, Bürgerkriege anzetteln, Regierungen hin-
wegfegen und Staaten erobern. So erschien mitten in der Pandemie 2020 ein Video des belgischen Premierministers, in dem
er den Coronavirus-Ausbruch direkt auf Umweltschäden zu-
rückführte und zu drastischen Maßnahmen gegen den Klima-
wandel aufrief. Das Video schien glaubhaft genug, um wahr zu
sein, war tatsächlich jedoch ein Deepfake.[308] Übrigens kann
allein die Tatsache, dass Deepfakes immer gängiger werden,
politisch genutzt werden, indem ein echtes Video vom Gegner
als Fälschung gebrandmarkt wird. Wer will schon entscheiden,
was wahr und was falsch ist, wenn man sich auf seine eigenen
Augen nicht mehr verlassen kann.

Es gab viele Versuche, der Verbreitung „alternativer Fakten"
entgegenzuwirken. Beispielhaft hierfür stand 2020 ein Aufruf
von mehr als 100 Ärzten und im Gesundheitswesen Tätigen aus
aller Welt, die in einem offenen Brief vor einer Lügen-Pandemie
warnten. Die Unterzeichner des Briefes betonten, dass die
„Flutwelle an falschen und irreführenden Inhalten" über das
Coronavirus „kein isolierter Ausbruch von Desinformation" sei,
sondern Teil „eines globalen Problems". Die Briefschreiber ap-
pellierten an die Betreiber der sozialen Netzwerke, mehr Verantwortung bei der Bekämpfung von Fake News zu übernehmen. Zwar versuchten die Tech-Firmen zu reagieren, indem sie
bestimmte Inhalte – wenn sie gemeldet wurden – löschten und
der Weltgesundheitsorganisation ermöglichten, kostenlose Anzeigen zu schalten. Doch weiter hieß es in dem Brief: „Diese Anstrengungen sind aber bei weitem nicht genug". Denn die Plattformen würden „sowohl die Verbreitung von Ideen erleichtern
als auch davon profitieren". Deshalb seien sie „in einer unver-
gleichlichen Machtposition" und dafür verantwortlich, „der töd-

lichen Verbreitung von Fehlinformationen entgegenzuwirken, um zu verhindern, dass soziale Medien unsere Gesellschaft kränker machen".[309] Doch alle Versuche, dem Irrsinn an Unsinn Herr zu werden, muss man wohl als gescheitert betrachten. In einer Zeit, in der die Grenze zwischen Wahrheit und Lüge immer mehr verschwimmt, kann selbst der bestgemeinte Aufklärer kaum noch etwas ausrichten. Dieses Phänomen wird sich in den 2020er Jahren weiter verbreiten, bis selbst der Klügste und Kritischste Gefahr läuft, auf Falschnachrichten hereinzufallen, und sei es auf Deepfakes.

Allerdings hat sich in der Krise de Jahre 2020/21 auch gezeigt, wie stark die Macht der Betreiber der sozialen Netzwerke rund um den Globus tatsächlich ist. Geradezu entlarvend war die Aussage von Susan Wojcicki, CEO von YouTube: „Anything that would go against World Health Organization recommendations would be a violation of our policy. And so remove is another really important part of our policy."[310] Mit anderen Worten. Das zum Google-Konzern gehörende US-Portal YouTube legte fest, welche Empfehlungen Millionen von Nutzern zu sehen bekamen, und welche nicht. Alle Aussagen, die der WHO entgegenstanden, wurden auf YouTube gesperrt.[311] Man kann das den Kampf gegen Fake News nennen, man kann aber auch von Zensur sprechen. YouTube war kein Einzelfall, auch Facebook löschte in der Pandemie intensiv alle Posts, die den Auffassungen des sozialen Netzwerks widersprachen. Nun ist an sich nichts dagegen einzuwenden, wenn der Betreiber einer Plattform die Richtlinien auf eben diese festlegt. Problematisch wird die Sache aber dann, wenn wie im Falle Facebook mit drei Milliarden Nutzern beinahe die Hälfte der Menschheit diese Plattform für den Meinungsaustausch verwendet. Dann kommt das Recht auf die Festlegung der Richtlinien für das eigene Digitalangebot einer globalen Meinungszensur gleich. Selten zuvor wurde so deutlich, dass Google, YouTube, Facebook & Co keine öffentlichen und freiheitlich-demokratischen Meinungsplattformen sind, sondern profitgetriebene US-Konzerne, die ihre eigenen Maßstäbe nach ihrem Gutdünken an die ganze Welt anlegen. Dieses Phänomen wird bis 2030 noch stärker zutage treten, trotz aller absehbaren Regulierungsversuche durch die Politik.

In der Zeit der Krise 2020/21 haben sich angeblich die überholten und vermeintlich staatshörigen „Mainstream-Medien" als zuverlässige, stabilisierende und letztlich lebensrettende Kommunikationskanäle erwiesen. Der überquirlende Meinungsdschungel in den sozialen Medien hingegen hat sich überwiegend als törichtes Kindergartengeschrei entpuppt, allerdings mit verheerender Wirkung, weil Millionen von Menschen darauf hereingefallen sind. Man mag gelegentlich über mangelhaftes Verantwortungsbewusstsein oder zuviel Staatshörigkeit oder zuviel Schielen nach Quote bei Journalisten klagen, aber der Kakophonie von Facebook & Co ist die Mehrheit der Journalisten in Deutschland eindeutig weit überlegen. Wer daran jemals gezweifelt hat, wurde in der Corona-Krise eines Besseren belehrt – es sei denn, man gehört zu den Unbelehrbaren.

Zugleich ist überdeutlich klar geworden: Die großen sozialen Plattformen werden überwiegend von den US-amerikanischen Großkonzernen betrieben, die sich auch künftig nicht scheuen werden, durch aus ihrer Sicht gerechtfertigte Zensur der Welt ihre Vorstellung von Moral zu diktieren. All dies sind zusammen genommen gute Gründe, den öffentlich-rechtlichen Rundfunk und das Zeitungswesen in Deutschland in Zukunft eher zu stärken als die Meinungsvielfalt den US-dominierten sozialen Medien zu überlassen.

Zukunft der Medien

Was bedeutet das für die Zukunft der Medien?

Erstens: Die Mehrzahl der Menschen kann sehr wohl zwischen echtem Journalismus und seriösen Medien einerseits und „Quatschköpfen" andererseits unterscheiden. Der massenhafte Zulauf zu den Bezahlangeboten in der Krise war ein klares Indiz davor, dass die Menschen dem *Spiegel*, der *FAZ* oder dem *Fokus* mehr vertrauen als den Alternativmedien und ihren „alternativen Fakten". Die klassische 20-Uhr-*Tagesschau* war im Jahr 2020 bei den Zuschauern so erfolgreich wie seit der Wiedervereinigung nicht mehr, als die Messung des gesamtdeutschen Fernsehverhaltens begann. Im Durchschnitt schalteten 11,77 Millionen Zuschauer (Marktanteil 39,5 Prozent) die Hauptausgabe des ARD-Nachrichtenflaggschiffs ein.[312]

Zweitens: Es ist insbesondere in einer Krise von hoher Bedeutung, dass ein Staat nach wie vor sagen wir staatstragende Medien besitzt, also verantwortungsvolle Journalisten, die die Fakten und Meinungen auseinanderhalten können. Man mag es die „Mainstream-Medien" nennen, aber es waren diese Hauptkommunikationskanäle, die in der Corona-Krise die richtigen und die wichtigen Botschaften an die Bevölkerung übermittelt haben. Wir sind also gut beraten, nach der Krise das Lamentieren über die zu hohen Rundfunkgebühren und das Sterben der renommierten Verlagsmedien auch im Lichte zu sehen, dass die Pandemie 2020/21 sicherlich nicht die letzte Krise war, die es zu überstehen gilt.

Drittens: Die sozialen Medien fungieren in einem schier unüberschaubaren Maß als „Fake Machines", als Verbreitungsmultiplikatoren für Falschnachrichten. Dadurch ermöglichen sie den Initiatoren der Fake News weite Teile der Bevölkerung zu beeinflussen. Diese Fake-Pandemie ist gefährlich, weil sie überwiegend gesellschaftliche Strömungen hervorruft bzw. unterstützt, die unsere aufgeklärte, demokratische und pluralistische Gesellschaft zu unterminieren versuchen. Diese Gefahr wird uns die 2020er Jahre hinweg durchgängig begleiten, aber in jeder Krise besonders stark gedeihen.

Somit lässt sich klar feststellen: Die Pandemie hat die klassischen Medien weit über die Krise hinaus in ihrer Bedeutung erheblich gestärkt. Die sozialen Medien sind die Verlierer in zweierlei Hinsicht: erstens stellen sie einen Tummelplatz für „Spinner" dar, und zweitens sind sie viel leichter von Meinungshackern etwa im Auftrag fremder Regierungen zu manipulieren. Jede künftige Regierung wird nach Erfahrung 2020/21 (hoffentlich) alles daran setzen, die „Staatsmedien" zu erhalten und, wenn sie ein Fünkchen Verstand besitzt, sich auch Gedanken machen, wie die renommierten unabhängigen Medien wie *Spiegel*, *FAZ* oder *Welt* gegen die Übermacht der amerikanischen Digitalkonzerne wie Google oder Facebook gestärkt werden können.

Angriff auf Europa

Für einen hypothetischen Angriff auf ein europäisches Land setzen Militärstrategen auf eine Kombination aus Präzisionsraketen, Cyberangriffen und sozialen Medien. Ziel wäre es, schlichtweg den Alltag der Bevölkerung durcheinander zu bringen. Wenn die Versorgung mit Strom, Wasser, Internet und Lebensmitteln unterbrochen wird, gilt jedes europäische Land als besiegt, ohne dass ein einziger Soldat einmarschieren muss. Werden über die sozialen Medien Angst und Panik geschürt, gilt die Kapitulation binnen zwei Wochen als sicher.[313] Die Pandemie 2020/21 hat bewiesen, dass schon vergleichsweise einfache Einschränkungen im Alltag die Bevölkerung gegen die eigene Regierung aufbringen. Hoffentlich wird es nie zu einem solchen Angriff kommen, wobei wohl schon die Drohung damit reichen würde, die berechenbare Welt des Westens an den Rand des Abgrunds oder sogar noch weiter zu treiben.

Cyber War

Die größten Cyberangriffe werden durch Hackergruppen im staatlichen Auftrag vorgenommen. Das Spektrum reicht von Industrie- bzw. Behördenspionage bis hin zur Manipulation von Daten. Parallel dazu bauen die großen Staaten immense Datensilos auf, die sie einerseits aus der eigenen Bevölkerung und andererseits aus den Datendiebstählen und der Cyberspionage in anderen Ländern füttern.

China versus USA

Das Wettrennen um die größte Datensammlung der Welt findet wohl zwischen China und den USA statt. Beide Nationen sammeln Daten unbehindert von Überlegungen zum Schutz persönlicher Informationen – im Unterschied zu Europa. „Wir haben Daten in großen Mengen und Sie brauchen das", sagte der chinesische Ministerpräsident Li unverblümt bei einer Pressekonferenz der 5. Deutsch-Chinesischen Regierungskonsultationen am 9. Juli 2018.[314] Er hat recht: Datenströme und ihre zielgerichtete Auswertung sind der entscheidende ökonomische Machtfaktor in der digitalen Zukunft.

China könnte die Vorreiterrolle in der neuen Digitalökonomie übernehmen, weil das Land erstens autoritär losgelöst von demokratischen Wahlen agieren kann, und zweitens schlichtweg aufgrund der hohen Bevölkerungszahl. Der Vergleich von Amazon als Inbegriff des Online-Shoppings in der westlichen Welt und dem chinesischen Äquivalent *Alibaba* veranschaulicht die Größenverhältnisse.[315] Am „Black Friday" 2020, dem wichtigsten Einkaufstag der US-Amerikaner im Jahr, erwirtschaftete Amazon einen Umsatz von 4,8 Milliarden Dollar.[316] Das mag immens erscheinen und ist doch lächerlich im Vergleich mit China. Alibaba übersprang diese Umsatzmarke am vergleichbaren „Singles Day" binnen weniger Minuten. Der Umsatz über den gesamten Tag hinweg lag bei umgerechnet fast 47,7 Milliarden Dollar. In Deutschland betrug 2020 der Umsatz aller Online-Händler zusammen (!) im Durchschnitt knapp 220 Millionen Euro pro Tag, mithin weniger als 80 Milliarden Euro für das gesamte Jahr. [317] Dabei ist nicht nur der Unterschied im Geschäftsvolumen zu beachten, sondern auch der daraus folgende Unterschied im Datenvolumen. Mit jeder Produktselektion und mit jedem Einkauf lernt der Online-Händler etwas über den jeweiligen Kunden. Daten, die erfasst, ausgewertet und wiederverwendet werden können – aber auch gestohlen, manipuliert und missbraucht

China marschiert nach vorne

Es dürfte kein Zufall sein, dass vor allem China bei Künstlicher Intelligenz ganz vorne mitmischt, noch vor den USA. China ist wohl an der Zahl seiner Bevölkerung unbestritten das größte Land auf diesem Planeten, das gleichzeitig seine Bevölkerung so rigoros überwacht. Bereits aus dieser Motivation heraus, gibt es gute Gründe für die Annahme, dass sich China in Sachen künstlicher Intelligenz an der Weltspitze positionieren wird. [318]

Erstens gibt es in China heute schon mehr junge Ingenieure, die sich mit KI beschäftigen, als irgendwo sonst auf der Welt. Die Anzahl der chinesischen Publikationen zu diesem Thema hat sich in den letzten zehn Jahren bereits verdoppelt. Bei einem Wettbewerb zur Gesichtserkennung gewann das chinesische Start-up Face++ gegen die Teams von Facebook, Google,

Microsoft und der Carnegie Mellon University und das zeigt, mit welchem Engagement dieser Staat technologisch zulegt.

Zweitens sammelt China viel mehr Daten als die USA – und Daten („Big Data") bilden die Grundlage für jedwede Auswertung durch Künstliche Intelligenz. Chinesen nutzen ihr Smartphone viel intensiver als Amerikaner geschweige denn Deutsche: Sie bezahlen beinahe alles im Alltag damit: Kleidung, Lebensmittel, Strom, Wasser etc. Allein die zur gemeinschaftlichen Nutzung bereitgestellten Fahrräder generieren täglich 30 Terabytes an Sensordaten aus rund 50 Millionen Nutzungen und das pro Tag. Das ist ungefähr 300 Mal so viel, wie in den USA an Datenvolumen insgesamt generiert wird.

Drittens verlassen die Chinesen langsam ihre „Kopier-Phase". Noch vor 15 Jahren kopierten praktisch alle chinesischen Start-ups ein amerikanisches Vorbild so exakt wie möglich. Zwischenzeitlich haben sie überholt – WeChat und Weibo funktionieren deutlich besser als ihre Pendants Facebook Messenger bzw. Twitter und kommen mit neuen – eigenen – Ideen auf den Markt.

Viertens wird die Entwicklung Künstlicher Intelligenz durch die chinesische Politik mit dem klaren Ziel gefördert, bis zum Jahr 2030 die USA überholt zu haben. Bei allen bisherigen Infrastrukturvorhaben erwies sich die chinesische Regierung als ausgesprochen „durchsetzungsstark". Vieles deutet drauf hin, dass dies auch bei künstlicher Intelligenz eintreten wird.

Wenn Europa in diesem globalen Vergleich der künstlichen Intelligenz nicht erwähnt wird, liegt das schlichtweg daran, dass wir Europäer bei diesem zukunftsentscheidenden Thema schon längst abgehängt wurden. Genau genommen nahmen wir bislang gar nicht ernsthaft an dem Wettlauf um die Künstliche Intelligenz teil.

Chinesische Tauben

Wie bereits erwähnt versteht es die chinesische Regierung wohl am weitesten, wenn es darum geht, die eigene Bevölkerung zu bespitzeln. Nun ist China zwar weit entfernt von Deutschland – aber die dort eingesetzte Technologie zeigt, was heute schon möglich ist. Man muss vermutlich schon sehr naiv sein, um auszuschließen, dass diese Technologien in vielleicht gar nicht so ferner Zukunft auch hierzulande zum Einsatz kommen. Natürlich wird in Deutschland nicht die „Bespitzelung der Bevölkerung" als politisches Ziel ausgegeben, sondern vielmehr als Prävention und Bekämpfung von Verbrechen sowie zum Schutze der Bevölkerung deklariert werden.

Blicken wir also nach China, um unsere Zukunft vorherzusehen. Die chinesische Regierung startete 2018 ein geradezu perfides Überwachungsprogramm namens „Dove" (Taube): Fliegende Drohnen, die optisch wie Tauben gestaltet auch deren Flugverhalten simulieren – jenes echter Vögel. In der chinesischen Provinz Xingjiang und wohl auch schon in fünf weiteren Provinzen kommen sie als fliegende Augen und Ohren der Regierung zum Einsatz. Schon heute können diese Drohnen gut 90 Prozent der Bewegungen einer echten Taube nachahmen. Im Gegensatz zu herkömmlichen unbemannten Luftfahrzeugen mit Flügeln und Rotoren können die „Doves" an Höhe gewinnen, Sturzflüge hinlegen und beschleunigen wie ein echter Vogel. Insgesamt 30 Regierungs- und Militärbehörden Chinas sind mit dem Projekt befasst, was zeigt, welche Bedeutung den „Spitzeltauben" zugemessen wird.

Wenn sich die Miniaturisierung in den nächsten Jahren so fortsetzt wie bisher – und darauf deutet alles hin – umschwirren uns in zehn oder 15 Jahren Roboter-Insekten, die alles hören und alles sehen.

Machen wir uns klar: Die seit 1998 standardisierte Norm „Internet Protocol Version 6" (IPv6) definiert rund 340 Sextillionen (3,4 mal 10 hoch 38) Internet-Adressen. Das sind so viele, dass damit jedes Insekt auf dieser Erde mit einem Internet-Anschluss ausgestattet werden könnte. Zum Vergleich: Der vorherige Standard IPv4 (Version 5 hat man übersprungen) brachte es auf lediglich 4,3 Milliarden Adressen, hätte also nicht einmal für die gesamte Menschheit gereicht.

Egal, ob es um die Überwachung mittels Tauben oder Insekten geht, es kommt vor allem auf das Sehen an. Wie schon an anderer Stelle erläutert, macht die Bildverarbeitung geradezu atemberaubende Fortschritte. Gesichtserkennung, Interpretation der Mimik und Gesten sowie der Körperbewegungen, Lippenlesen – die „intelligente" Beobachtung und automatische Auswertung mit Hilfe Künstlicher Intelligenz erlaubt eine Überwachung unvorstellbaren Ausmaßes. Werden alle diese Informationen in riesigen Datenbanken gespeichert und fortlaufend interpretiert, so weiß der Staat künftig alles über seine Bürger. Sehr rasch erkennt der Staat unser Normverhalten und bemerkt Abweichungen sofort. Dabei geht es um Abweichungen, die uns selbst unter Umständen noch nicht einmal bewusst sind – und die natürlich nicht nur von der Staatsmacht, sondern auch von Hackern ausgenutzt werden können.

USA rüsten zum Cyberkrieg

Zur Frage, unter welchen Umständen und mit welchen Maßnahmen die Cyberkrieger der USA im Falle eines Angriffs zum
Gegenschlag ausholen dürfen, hatte US-Präsident Barack
Obama schon 2012 in der „Presidential Policy Directive 20"
festgelegt. Die präsidiale Direktive wurde als „streng geheim"
eingestuft, gelangte jedoch schon 2013 im Rahmen des Snow-
den-Skandals an die Öffentlichkeit. In der US-Politik stand das
Dokument lange unter Kritik mit dem Tenor, die geforderte
Abstimmung der Behörden untereinander sei zu langwierig, um
im Ernstfall schnell genug reagieren zu können. Die Obama-
Regierung wollte mit Abstimmungsprozessen beispielsweise
verhindern, dass der Angriff der einen Behörde der Spionageak-
tion einer anderen Behörde in die Quere kommt.

Im Sommer 2018 hob die Trump-Regierung jedenfalls die
Obama-Direktive aus dem Jahre 2012 vollständig auf. Die neu-
en Regeln für den Cyberkrieg waren natürlich ebenfalls streng
geheim; es lässt sich indes vermuten, dass die starken Beschränkungen aus der Obama-Zeit weggefallen oder jedenfalls
gelockert sind. Es ist wenig wahrscheinlich, dass der seit Januar 2021 im Amt sitzende US-Präsident Joe Biden die Cyber-
Politik der USA zurückgedreht hat – ganz im Gegenteil wird
der „Cyber War" in den 2020er Jahren kräftig voranschreiten.

Nicht nur die USA, alle Staaten, die etwas auf sich halten,
haben eine sogenannte „Cyber-Armee". Im August 2018 ließen
die damalige Bundesverteidigungsministerin Ursula von der
Leyen und Innenminister Horst Seehofer verlauten, dass nun
auch Deutschland die Entwicklung von staatlichen Cyberwaffen
forcieren möchte.[111] Hierfür wurde im Bundeskabinett beschlossen, eine von beiden Ministerien gemeinsam betriebene „Agen-

tur für Innovation in der Cybersicherheit" zur Stärkung der Sicherheit nach außen und im Inneren zu gründen. Es hört sich harmlos an, aber es markiert den Einstieg in die staatliche Forschung und Entwicklung von defensiven, aber auch offensiven Cyberwaffen. Bislang kaufen die Bundeswehr und die Sicherheitsbehörden diese Art von Cybersoftware wie den Staatstrojaner auf dem freien Markt für viel Geld ein. Laut Kabinettsbeschluss geht es darum, auf dem „digitalen Gefechtsfeld zu bestehen". Dadurch sollen Sicherheitsbehörden und Bundeswehr in die Lage versetzt werden, die „technologische Innovationsführerschaft" bei Schlüsseltechnologien selbst zu erlangen statt Programme zur Abwehr und zum virtuellen Gegenschlag einkaufen zu müssen. Die neue Agentur soll einen „nachhaltigen Beitrag zur Sicherung der Zukunft Deutschlands leisten". Das Verteidigungsministerium hat hierfür rund 25 Milliarden Euro pro Jahr eingeplant.

Bei der Konzeption der deutschen Cyberagentur orientierte sich Deutschland an ähnlichen staatlichen Einrichtungen in Israel und den USA, die zur Weltspitze gehören. Das Vorgehen sieht wie folgt aus. Die Agentur findet frühzeitig heraus, welche Technologien in Sachen Cybersicherheit künftig bahnbrechend sein werden, investiert in die entsprechenden Start-up-Firmen und Unternehmen und bekommt dadurch schon sehr frühzeitig Zugang zu diesen Technologien.

Der Schritt war sicherlich sinnvoll, um eigene Kapazitäten zur digitalen Abwehr aufzubauen. In welchem Maße diese Fähigkeiten künftig auch genutzt werden, um die eigene Bevölkerung „cyber-technisch unter Kontrolle zu halten", bleibt abzuwarten.

Jedenfalls formierte sich von Anfang an deutlicher Widerstand gegen Staatstrojaner. Ermittlern zufolge entstehe „ein Persönlichkeitsbild, das umfangreicher und gläserner nicht sein könnte", sagte der Rechtsprofessor Jan Dirk Roggenkamp; es finde ein „Auslesen von Gedanken" statt. Gemeinsam mit anderen Juristen, Grundrechtsaktivisten und Künstlern legte er Anfang August 2018 Verfassungsbeschwerde ein. Zwischenzeitlich war auch die FDP – wir erinnern uns, sie gehörte zu den ersten Datenschützern in Deutschland – vor das Bundesverfassungsgericht gezogen, um dem Staatstrojaner den Garaus zu machen. Der frühere FDP-Rechtspolitiker und ehemalige Bundestagsvizepräsident Burkhard Hirsch warnte: „Wir geraten an die Grenzen eines Überwachungsstaates." 2019 und 2020 wurden weitere Verfassungsbeschwerden gegen den Staatstrojaner eingelegt. Entscheidungen des Bundesverfassungsgerichts stehen zum Zeitpunkt der Drucklegung dieses Buches noch aus.

China greift mit Spionagechips die USA und die Welt an

Im Herbst 2018 kam eine Cyber-Spionagegeschichte ans Licht, die mehr an eine Kombination aus James Bond und Matrix erinnert, als real erscheint. Und doch ist sie wohl wahr. Als erstes berichtete der Finanzdienst Bloomberg in seinem Magazin „Business Week" unter dem Titel „The Big Hack", über das chinesische Militär, dem gelungen sei, Spionagechips, die nicht größer als ein Reiskorn sein sollen, auf Computerplatinen zu platzieren, die letztlich in den Rechenzentren von Apple, Amazon und rund 30 weiteren US-Unternehmen und öffentlichen Einrichtungen zum Einsatz kamen und möglicherweise bis heute dort in Betrieb sind. Die Reiskornchips sollen laut Bericht in der Lage sein, über Fernwartungsfunktionen unbemerkt Kontakt zu chinesischen Servern aufzunehmen, um Informationen zu übermitteln. Die Bloomberg-Reporter nannten 17 allerdings anonyme Quellen für ihre Story.[319]

Dem Bloomberg-Bericht zufolge liefen schon seit 2015 geheime Ermittlungen des FBI und weiterer amerikanischer Geheimdienste im Zusammenhang mit den Spionagechips. Die Ermittler hätten herausgefunden, dass sie in Fabriken in China in die Elektronik der Server der Firma SuperMicro eingeschleust worden seien. SuperMicro wiederum stellte über Jahre hinweg einen Großteil der sogenannten Hauptplatinen her, die das Herzstück in den Computerservern zahlreicher US-Hersteller bilden. Diese Server stehen unter anderem in den Cloud-Rechenzentren der Firmen, in denen nicht etwa nur Daten von Apple oder Amazon gespeichert werden, sondern die Daten von vielen – sehr vielen – Unternehmen überall auf der Welt, die allesamt Cloud-Dienste nutzen. Demnach hätten beispielsweise deutsche Firmen, die ihre Daten in die US-amerikanischen Clouds auslagern, diese ebenso gut gleich direkt beim chinesischen Geheimdienst abliefern können. Die Platzierung von Spionagechips bei Apple, Amazon & Co kommt demnach einem Angriff auf die gesamte Welt gleich.

Die Anbieter der Cloud-Services dementierten energisch, sie hätten keine Beweise für die Behauptungen von Bloomberg gefunden. Apple teilte mit: „Im Laufe des vergangenen Jahres hat sich Bloomberg mehrfach mit uns in Verbindung gesetzt, mit teils vagen, teils ausführlichen Behauptungen über einen angeblichen Sicherheitsvorfall bei Apple. Jedes Mal haben wir gründliche interne Untersuchungen ... durchgeführt, und jedes Mal haben wir absolut keinerlei Beweis gefunden, der auch nur eine dieser Behauptungen belegt hätten".[113] Ganz ähnlich ließ Amazon die aufgeschreckte Welt wissen: „Zu keinem Zeitpunkt, in der Vergangenheit oder aktuell, haben wir jemals Probleme im Zusammenhang mit modifizierter Hardware oder schädlichen Chips in SuperMicro-Motherboards gefunden".[114] Michael G. Riley, Managing Editor bei Bloomberg, blieb allerdings dabei, dass die Geschichte wahr sei. Sicherheitsexperten gelangten in öffentlich zugänglichen Diskussionen zu der Einsicht, dass diese Art von Chipspionage auf jeden Fall denkbar ist.[115]

Doch nach dem Aufdecken des Satellitenspionagenetzes Echelon, das jahrelang im Geheimen lief sowie den Snowden-Enthüllungen scheint das Einschleusen von Spionagechips in moderne Computer, und letztlich sicherlich auch in Smartphones, durchaus glaubwürdig. Das Bundesamt für Sicherheit in der Informationstechnik (BSI) hielt das Angriffsszenario, mit Hilfe von Minichips Spionage durchzuführen, augenscheinlich ebenfalls für realistisch und teilte im Herbst 2018 mit: „Chips können heute in sehr kleinen Abmessungen produziert und nahezu unerkannt in vorhandene Schaltungen eingebracht oder in versteckten Funktionen direkt in den Schaltplänen berücksichtigt werden." Apple und Amazon wurden von amtlicher Seite um Stellungnahmen gebeten.[116]

Da ein Großteil der Elektronikproduktion von Computern über Tablets bis hin zu Smartphones in China stattfindet – so handelt es sich bei der von Bloomberg als Spionagequelle genannte Firma Supermicro um einen der weltweit größten Zulieferer von Server-Hauptplatinen – bietet sich das Einschleusen eines Spionagechips während des Fertigungsprozesses geradezu an. China produziert laut eigenen Angaben 90 Prozent aller hergestellten Computer und rund 75 Prozent der weltweiten Smartphones und Mobiltelefone.

Aber wir dürfen wohl davon ausgehen, dass auch die NSA ihren Job professionell genug erledigt, um ebenfalls entweder derartige Spionagechips zu entwerfen oder sogar schon längst in den Geräten platziert zu haben. Die so genannte „Supply Chain", also die Lieferkette bei der Fertigung von Elektronikprodukten steht unter Verdacht, über Lücken den Geheimdiensten „Hintertüren" in die Geräte zu verschaffen. Es versteht sich von selbst, dass derartige Aktionen der Geheimhaltung unterliegen. Das hat zur Folge, dass auch die Hersteller in diese Geheimhaltung mit einbezogen werden müssen und allein schon aus diesem Grund die Öffentlichkeit sicherlich nicht informieren dürfen. Für die Dementis von Apple und Amazon kann es also zwei Gründe geben: es gibt die Chips überhaupt nicht oder sie unterliegen der Geheimhaltung. Immerhin lässt sich aus dem Apple-Dementi ableiten, dass der Hersteller mindestens seit November 2017 von der Bloomberg-Recherche wusste, und es dennoch vorzog, darüber zu schweigen.

Auffallend ist jedenfalls, dass Apple bereits Mitte 2016 die Zusammenarbeit mit SuperMicro nach einem nicht näher bekannten Sicherheitsvorfall beendete und auf andere Lieferanten umstellte.

Vor diesem Hintergrund bekommt natürlich auch der amerikanisch-chinesische Handelskonflikt eine neue Bedeutung, weil es dabei nicht nur um Wirtschaft, sondern auch um Sicherheit geht. US-Präsident Donald Trump bemühte sich bekanntlich, mehr High-Tech-Produktion aus Asien ins eigene Land zu ziehen; sein Amtsnachfolger Joe Biden wird diese Anstrengungen, vermutlich in höflicherem Tonfall, weiter fortsetzen.

US-Geheimdienste warnen schon länger davor, Smartphones der chinesischen Hersteller Huawei und ZTE zu nutzen, weil diese unter dem Einfluss der chinesischen Regierung stünden.

Russland wird beschuldigt

Ungefähr mit dem Auffliegen der chinesischen Chipspionage im Oktober 2018 ging ein genereller Paradigmenwechsel beim Umgang mit staatlichen Hackern einher. Verhielten sich Regierungen lange Jahre diesbezüglich zurückhaltend, sich gegenseitig der Cyberspionage und Desinformation zu beschuldigen, so änderte sich dies mit den bekannt gewordenen Manipulationen des US-Wahlkampfs 2016 durch Russland, die der Geheimdienstausschuss des US-Senats 2018 bestätigt sah.[320]

Die russischen Hackergruppen „Snake", „Turla", „Uboruros" und „APT28" hatten 2017 und 2018 gezielt Spionagesoftware in das Datennetz der Bundesverwaltung (Informationsverbund Berlin-Bonn, IVBB) eingeschleust, die über Monate hinweg nicht aufgefallen war. An das IVBB sind das Bundeskanzleramt, die Bundesministerien, Sicherheitsbehörden, der Bundestag, der Bundesrat und der Bundesrechnungshof angeschlossen. Das IVBB ist von öffentlichen Netzen getrennt und soll eigentlich ein sehr hohes Maß an Sicherheit gewährleisten.[321]

Im Herbst 2018 wurde die deutsche Bundesregierung deutlich und beschuldigte den russischen Militärgeheimdienst GRU (Glawnoje Raswedywatelnoje Uprawlenije) offiziell, für einige der größten Hackerangriffe der vergangenen Jahre verantwortlich zu sein. Deutschland folgte damit entsprechenden Vorwürfen Großbritanniens und der Niederlande. Der deutsche Regierungssprecher Steffen Seibert erklärte in Berlin, die Bundesregierung habe „volles Vertrauen" auch in die Einschätzung der britischen und niederländischen Behörden. Er sagte: „Auch die Bundesregierung geht mit an Sicherheit grenzender Wahrscheinlichkeit davon aus, dass hinter der Kampagne APT28 der russische Militärgeheimdienst GRU steckt."[322]

Bei APT28 soll es sich um eine russische Hackergruppe handeln, die hinter den Cyberattacken auf den Deutschen Bundestag und das Datennetzwerk des Bundes 2015, 2017 und 2018 vermutet wird. Seibert sagte weiter: „Diese Einschätzung beruht auf einer insgesamt sehr guten eigenen Fakten- und Quellenlage. Wir verurteilen derartige Angriffe auf internationale Organisationen und auf Einrichtungen unserer Verbündeten auf das Schärfste. Und wir fordern Russland auf, seiner Verantwortung gerecht zu werden und derartige Handlungen zu unterlassen." Das hinderte Russland allerdings nicht daran, 2020 einen Generalangriff auf zahlreiche US-amerikanische Behörden durchzuführen, wobei sich letztlich nur vermuten liess, dass Moskau dahinter steckte.

Kein Hack ohne Nordkorea

„Nordkorea trainiert Hacker wie Olympia-Sport", sagte 2020 der weltweit bekannte Hackerjäger Jonas Walker. Daher kann es wenig verwundern, dass einige der spektakulärsten Hackerangriffe auf Nordkorea zurückzuführen sind. Dazu gehört die berüchtigte Cyberattacke WannaCry, die an anderer Stelle in diesem Buch ausführlich beschrieben wird.

Die Hacker bekommen augenscheinlich zunächst ein Informatikstudium von Nordkorea spendiert und haben anschließend die Möglichkeit, Hacking-Trainingslager in China zu besuchen. Das macht übrigens auch ein Teil ihrer Motivation aus: Nordkoreaner können nämlich ihr Land nicht ohne Weiteres verlassen.[323] Auf diese Weise ist es dem nordkoreanischen Geheimdienst RGB gelungen, eine der mächtigsten Cyberarmeen der Welt aufzustellen.

Neben dem Angriff auf Unternehmen und Behörden anderer Staaten nutzt Nordkorea die Hacker offenbar, um Privatpersonen, Unternehmen, Zentralbanken, Kryptobörsen und das internationale Bankensystem Swift auf der ganzen Welt zu bestehlen. Der Geheimdienst RGB hat eigens hierzu die Hackergruppe „Bluenoroff" ins Leben gerufen. Das Land hofft damit seine lauen Staatsfinanzen aufzubessern. Nordkorea nimmt dadurch Milliarden Dollar ein, die unter anderem zur Finanzierung der ehrgeizigen Raketenpläne des Landes beitragen.[324]

Einen anderen Fokus hat die nordkoreanische Hackergruppe „Andariel": Sie ist auf die Informationsbeschaffung spezialisiert. So soll es Andariel 2016 gelungen sein, den Computer des damaligen südkoreanischen Verteidigungsministers zu übernehmen und dadurch zahlreiche hochsensible Militärgeheimnisse über den verfeindeten Bruderstaat abzugreifen.[325] Eher nebenbei knackt Andariel zudem noch Bankautomaten auf der ganzen Welt – nicht, um Geld aus den Automaten zu holen, sondern um Kredit- und sonstige Bankkartendaten zu erbeuten. Die Daten werden anschließend auf dem Schwarzmarkt verkauft.

Ein besonders kurioser Fall geschah bereits 2014. Sony Pictures hatte unter dem Titel „The Interview" einen Film herausgebracht, in dem der nordkoreanische Autokrat verunglimpft und lächerlich gemacht wurde. In der Komödie wirbt das FBI zwei Journalisten an, um Nordkoreas Staatschef Kim Jong Un zu ermorden. Besonders die Darstellung des Diktators als Zigarre-rauchenden Lebemann mit Faible für weibliche Reize stieß offenbar auf wenig Gegenliebe treffen. In einer Beschwerde gegenüber den Vereinten Nationen bezeichnete der nordkoreanische UNO-Botschafter den Film gar als Kriegshandlung. Als sich Sony Pictures weigerte, den Film zurückzuziehen, holte Kim Jong Un mit seinen Cybertruppen zum Gegenschlag aus.

Die Filmgesellschaft wurde vollständig lahmgelegt; Sony Pictures schickte seine Angestellten nach Hause, weil ein Betrieb ohne funktionierende Computer unmöglich war. Doch die Hacker-Gruppe, die sich „Guardians of Peace" (GOP) nannte, also „Wächter des Friedens", schaltete zeitweise nicht nur sämtliche IT-Systeme aus, sondern bediente sich auch beim Filmmaterial. Fünf bis dahin unveröffentlichte Kinoproduktionen wurden gestohlen und für jedermann sichtbar in verschiedenen Tauschbörsen ins Netz gestellt – ein Albtraum für jede Filmfirma. Insgesamt wurden 11.000 Gigabyte an Datenvolumen entwendet. Neben dem in den USA zu dieser Zeit bereits angelaufenen Zweiten-Weltkriegs-Drama „Fury" mit Brad Pitt handelt es sich vor allem um das Weihnachtsprogramm von Sony Pictures, das vorab und kostenfrei einsehbar wurde. Mit „To write love on her arms" tauchte 2014 ein Film auf, der sogar erst im März 2015 in die Kinos kommen sollte. Die Veröffentlichungen kamen bei Raubkopierern gut an: „Fury", der in Deutschland als „Herz aus Stahl" im Januar in die Kinos kommen sollte, gehörte bei der Tauschbörse Piratebay zeitweise zu den meistgeladenen Filmen.[326]

Es war ein weiterer Hinweise darauf, dass sich Nordkorea an die Weltspitze der Cyberkriminalität herangearbeitet hat.

Wir werden bespitzelt

Ob nordkoreanische Hacker, US-amerikanische Geheimdienste oder deutsche Bundesbehörden – sie alle wollen an unsere Daten. Die Motive sind natürlich sehr unterschiedlich, aber die Methoden unterscheiden sich keineswegs so stark, wie man annehmen möchte.

Deutschland im Fokus der NSA

In den Dokumenten von Edward Snowden finden sich vielfältige Beweise für NSA-Aktivitäten in Deutschland. Dabei handelt es sich um teilweise ganz unterschiedliche Dokumente: Kurze Notizen, Präsentationen, Statistiken, Gesprächsleitfäden für die Treffen zwischen NSA und Bundesnachrichtendienst (BND) sowie Erfahrungsberichte, die Einblick in das Leben und die Arbeit der Geheimdienste geben.

Im Fundus von Edward Snowden finden sich zahlreiche Dokumente mit Deutschland-Bezug. In einem als „top secret" eingestuften „Information Paper" mit dem Titel „NSA Intelligence Relationship with Germany – Bundesnachrichtendienst (BND)" vom 17. Januar 2013 heißt es unverblümt: „2012 begrüßte die NSA den Eifer von BND-Präsident Schindler, die bilaterale Kooperation zu stärken und zu erweitern ..."[327]

Edward Snowden im Interview

Die Journalisten Alan Rusbridger und Ewen MacAskill haben über sieben Stunden lang ein denkwürdiges Interview mit Edward Snowden geführt, das am 18. Juli 2014 erschien. Die Transkription des Gesprächs umfasst dabei insgesamt 17 Seiten. Um die Hintergründe und Motive, aber auch die Zukunft der digitalen Spionage zu verstehen, ist eine Auseinandersetzung mit dem Interview äußerst hilfreich. Es wird daher nachfolgend in deutscher Übersetzung gegliedert und um Zwischenüberschriften ergänzt gekürzt wiedergegeben.[328]

Edward Snowden in Hongkong

Das Timing war sorgfältig vorbereitet und orchestriert. Die Aktion wäre nicht gefährdet gewesen, wenn ich nicht überlebt hätte. Die Übergabe an die Journalisten war nicht mehr zu stoppen, es sei denn, die Journalisten hätten es absichtlich an die Regierung weitergegeben.

Ich habe meine Spuren nicht verwischt. Ich habe lediglich probiert, im Vorfeld meiner Reise nicht erkannt zu werden, weil ich nicht wollte, dass man mir etwas verbietet. Andererseits wollte ich ihnen schon klarmachen, wo ich mich befand, sie sollten es wissen. Dann heißt es gleich: „OK, der Junge ist nicht da, wo er sagt, dass er sein sollte. Er sollte medizinisch behandelt werden. Warum zum Teufel ist er in Hongkong?" Ich wollte nicht, dass sie im Vorgriff versuchen, eine Spionage-Geschichte daraus zu machen. Daher war ich wegen all dieser Verzögerungen besorgt. Dazu ist zu sagen, dass ich nichts von Pressearbeit kannte, ich hatte zuvor noch nie mit einem Journalisten gesprochen ... Ich war in der Hinsicht jungfräulich.

Es war eine nervtötende Zeit. Ich hatte keine Vorstellung von der Zukunft, aber es ging mir gut, da ich wusste, dass die Wahrheit herauskommen würde. Es war mir wichtig, dass sie so gut wie möglich erscheint und daher wollte ich keine Fehler machen. Ich nannte das damals zero fuck-ups policy, also keine Zeit für Fehler.

Verteilung der Dokumente in verschiedene Länder

Es handelt sich dabei um das Konzept der Herdenimmunität. Die einen bieten Sicherheit für die anderen. Es wird sehr schwierig, die Aktion zu unterminieren, wenn die Dokumente über verschiedene Rechtssysteme hinweg verteilt werden. Das konnte keiner stoppen. Allerdings bin ich Ingenieur und hatte daher stets große Angst vor der einen nicht sicheren Schwachstelle, dem „single point of failure".

Zu den Journalisten habe ich gesagt: „Wenn die Regierung der Meinung ist, dass Sie der single point of failure sind, dann werden sie Sie töten."

Das letzte Jahr

Es kam unerwartet und herausfordernd, aber es macht Mut. Die Reaktion der Öffentlichkeit hat mich gestärkt. Wenn ich die Reaktionen von Parlamentsabgeordneten, Richtern und Behörden überall auf der Welt erlebe, und Bürgerrechtsaktivisten sagen, dass es richtig ist, dass wir wenigstens im Wesentlichen wissen sollten, was unsere Regierungen in unserem Namen und gegen uns tun, dann hat es mein Handeln gerechtfertigt. Es ist der größte Lohn für meine Arbeit in meinem bisherigen Leben, ein Teil und sei es auch nur ein kleiner Teil davon zu sein.

Das Weiße Haus hat die Programme zur Massenüberwachung aus zwei voneinander unabhängigen Gründen geprüft und in beiden Fällen erklärt, dass sie keinen Wert haben. Obgleich beide Untersuchungen empfahlen, sie einzustellen, und den Gesetzgeber zum Handeln aufforderten, war es eben diese Gesetzgebung, die dann sagte: „Ach, stoppen wir die Programme doch nicht. Obwohl sie zehn Jahre laufen und nicht einen einzigen bevorstehenden Terroranschlag verhindert haben – egal, lassen wir sie weiterlaufen."

Das Leben bei der NSA

Meine Entwicklung verlief von der bloßen Bedienung der Systeme zur aktiven Steuerung der Nutzung. Viele Leute verstehen nicht, dass ich als Analyst darüber entschieden haben, welche Personen und Personenkreise verfolgt werden sollten.

Ich erfuhr von vorherigen Programmen wie zum Beispiel Stellar Wind [das während der Amtsdauer von Ex-Präsident George W. Bush zum Einsatz kam]. Das Anzapfen der Leitungen jedes einzelnen Bürgers der USA ohne jede gesetzliche Grundlage, einschließlich der Internetdaten – eine Verletzung gegen Verfassung und Gesetze der USA – verursachte einen Skandal und wurde deswegen beendet.

Der erschütternde Moment kam, als mir klar wurde, dass die offiziellen Stellen, die diese Programme autorisierten, wussten, dass es ein Problem gab, sie wussten, dass sie nicht die gesetzlichen Befugnisse hatten für diese Programme. Aber die Regierung werkelte im Geheimen, um eine neue Exekutivgewalt einzurichten ohne jede öffentliche Wahrnehmung oder gar eine öffentliche Zustimmung, und sie nutzte sie gegen die Bevölkerung ihres eigenen Landes, um die eigene Macht zu stärken und besser Bescheid zu wissen.

Wir hören überall „national security", nationale Sicherheit, aber wenn der Staat beginnt, ... in großem Stil die Kommunikation abzuhören, sie ohne jede Grundlage, ohne jeden Verdacht, ohne jeden juristischen Beistand, ohne jede Erklärung der möglichen Hintergründe an sich zu reißen, schützt er dann wirklich die nationale Sicherheit, oder schützt er die Sicherheit des Staatsapparates?

Ich bekam den Eindruck – und ich denke, dass immer mehr Menschen zumindest diese Möglichkeit erkannt haben, – dass ein System, welches als „national security agency" beschrieben wird, aufgehört hat, im öffentlichen Interesse zu handeln, und stattdessen begonnen hat, die Interessen der Staatssicherheit zu schützen und zu begünstigen. Der Gedanke, dass eine westliche Demokratie Staatssicherheitsämter hat, alleine dieser Begriff, dieses Wort „Staatssicherheitsamt", lässt einen erschrecken.

Wenn wir an die Nation denken, an unser Land, an unsere Heimat, denken wir an die Menschen, die dort leben, an ihre Werte. Wenn wir an den Staat denken, denken wir an eine Institution.

Der Unterschied besteht darin, dass wir jetzt eine Institution haben, die sich als derart mächtig erachtet, dass sie sich dabei wohlfühlt, sich selbst mit neuen Rechten auszustatten, ohne Einbeziehung des Landes, ohne Einbeziehung der Öffentlichkeit, ohne vollständige Einbeziehung unserer gewählten Repräsentanten und ohne die vollständige Einbeziehung der Gerichte, das ist beängstigend – jedenfalls für mich.

Im Wesentlichen sind es nicht die Menschen auf der Arbeitsebene, um die man sich Sorgen machen muss. Es sind eher die höheren Offiziellen, die Entscheidungsträger, welche von der Rechenschaftspflicht entbunden werden, die keiner Aufsicht mehr unterliegen und die Entscheidungen treffen dürfen, die das Leben von uns allen beeinflussen, ohne jede öffentliche Einflussnahme, ohne öffentliche Debatte und ohne Konsequenzen bei den Wahlen, weil ihre Entscheidungen und deren Folgen nicht bekannt werden.

Dank des technologischen Fortschritts, der Speicherkapazität wird jedes Jahr billiger und billiger, und sobald unsere Möglichkeiten zur Datenspeicherung schneller sind als der Aufwand, diese Daten zu generieren, werden wir zusehends in die Lage versetzt, Daten nicht mehr nur kurzzeitig zu speichern, sondern sie über immer längere Zeiträume aufzubewahren. Bei der NSA zum Beispiel werden Daten zu einzelnen Personen fünf Jahre lang festgehalten. Das passiert, ohne eine Ausnahmegenehmigung einzuholen, um den Zeitraum sogar noch auszuweiten.

Wir bekommen eine große Anzahl junger Menschen vom Militär, die, ohne dass es ihr Fehler wäre, ... bisher vielleicht noch nicht so viel Lebenserfahrung gesammelt haben, um zu erkennen, wenn sie missbraucht werden. Wenn wir die Gefahren und die Risiken des Missbrauchs unserer

Privatsphäre und unserer Freiheiten noch nicht selbst erlebt haben, wie können wir erwarten, dass diese Menschen unsere Interessen bei der Ausübung ihrer Ämter auf vernünftige Art und Weise berücksichtigen?

Die Stasi

Es hat, soweit wir wissen, noch kein System der Massenüberwachung in irgendeiner Gesellschaft gegeben, das nicht missbraucht worden wäre. Wenn wir zum Beispiel die deutsche Stasi anschauen, es wurde als Amt für Staatssicherheit gegründet, um die Nation und die Stabilität des politischen Systems zu beschützen, von der sie meinten, sie sei bedroht. Sie waren normale Bürger wie jeder andere auch. Sie glaubten, dass sie das Richtige taten, waren der Überzeugung, etwas Gutes zu tun. Aber wenn wir es aus geschichtlicher Perspektive betrachten, sehen wir es klarer: Was haben sie mit ihrem eigenen Volk getan? Was haben sie mit den angrenzenden Ländern gemacht? Was waren die Folgen ihrer massenweisen, wahllosen Spionageaktivitäten?

Beziehungen zwischen der NSA und den Telekommunikations- und Internetunternehmen

Die Einzelheiten der finanziellen Vereinbarungen zwischen der Regierung und den Telekommunikationsanbietern wurden, was ungewöhnlich war, selbst vor den Menschen geheim gehalten, die für diese Firmen arbeiteten. Wir müssen uns fragen: warum? Warum wurden die Details darüber, wie ihre Zusammenarbeit bezahlt wurde, strenger unter Verschluss gehalten als die Namen von Undercover-Agenten, die in Terroristengruppen eingeschleust sind?

Prism [das Programm zur Regelung der Beziehungen der NSA und den Internetfirmen] funktioniert so, dass die NSA direkten Zugang zu den Inhalten der Server dieser privaten Unternehmen hat. Das bedeutet nicht, dass die Unternehmen oder die Geheimdienste auf Ihre Daten zugreifen können, sondern es bedeutet, dass Facebook der Regierung erlaubt, Ko-

pien Ihrer Facebook-Nachrichten, Ihrer Skype-Unterhaltungen, Ihrer Gmail-Mailboxen etc. zu machen.

Das ist etwas anderes, als wenn die Regierung sich eigenen Zugang verschafft – sogenannte Upstream-Operationen – über den sie die Hauptleitungen anzapft, auf denen diese Kommunikationen verlaufen, und sie im Durchfluss abfischt. Sie gehen stattdessen auf die Unternehmen zu und fordern: „Gebt uns dies. Gebt uns das." Die Unternehmen geben ihnen all diese Informationen in kooperativer Zusammenarbeit.

Wenn Facebook alle Ihre Nachrichten, alle Ihre Pinnwand-Einträge, alle Ihre privaten Fotos und alle Ihre privaten Einzelheiten von seinen Servern übergibt, braucht die Regierung nicht all die Übertragungen abzuhören, mit denen diese privaten Daten erstellt werden.

Warum Regierungen Verschlüsselung nicht mögen
Die wichtigsten Ressourcen bei Ermittlungen zur Strafverfolgung und bei der Informationsgewinnung für Geheimdienste sind solche, die nicht gelöscht werden... in der Presse, das heißt gezielte Ausspähung von Computern. ... Es gibt ein weltweites Netzwerk das geografisch verteilt ist über alle Länder der Welt, unter allen Ozeanen der Welt.

Die Regierung behauptet, sie müsse in der Lage sein, diesen gesamten Datenaustausch abzuhören ... Aus diesem Grund mag sie den Einsatz von Verschlüsselung nicht. Sie sagt, dass sowohl Verschlüsselung, die die Privatsphäre von einzelnen Menschen gezielt schützt, als auch solche, die im Gegensatz dazu vertrauliche Daten auf breiterer Basis schützt, per se gefährlich ist, weil sie dadurch die Möglichkeit zur Überwachung der Kommunikation aus der Mitte heraus verliert.

Tatsächlich hat jede Kommunikation einen Ursprung und ein Ziel. Diese beiden Eckpfeiler sind Computer, Apparate, Mobiltelefone oder Laptops, die sich hacken lassen. Diese können ausspioniert werden, um Strafver-

folgungsbehörden und Geheimdiensten unmittelbaren Zugriff auf diese Systeme zu geben und den Datenaustausch mitzulesen.

Die unangemessene Kontrolle der NSA

Ein 29-Jähriger kam zur NSA und er marschierte mit sämtlichen privaten Aufzeichnungen der meisten Menschen auf diesem Planeten wieder hinaus. Was sagt das über ihre Kontrolle aus? Sie wussten es nicht einmal.

Die Menschen sprechen über die Dinge, die sie nicht hätten tun sollen, als ob es eine Kleinigkeit wäre, weil niemand irgendwelche Konsequenzen erwartet. Niemand geht davon aus, zur Rechenschaft gezogen zu werden. Es gibt keine Auditoren, die zu Dir kommen und etwas anderes treffen als Freunde. Wenn Du Dich selbst kontrollierst, mit welchen tatsächlichen Konsequenzen ist zu rechnen?

Die Wahrheit bei der Arbeit in der Welt der Geheimdienste ist, dass man fortlaufend zutiefst beunruhigende Sachen sieht. Ich habe Bedenken über diese Programme regelmäßig und in einem weiten Kreis geäußert, konkret gegenüber mehr als zehn verschiedenen Kollegen, mit denen ich gearbeitet habe – und zwar Kollegen und Vorgesetzten. Ich ging zu ihnen und zeigte ihnen die Programme und sagte: „Was denkst Du davon? Ist das ungewöhnlich? Wie können wir das tun? Ist das nicht gegen die Verfassung? Ist das keine Verletzung von Rechten?" Und „Warum belauschen wir mehr amerikanische Kommunikation als russische?"

Die Leute, die das Personal für diese Geheimdienstbüros auswählen, sind ganz normale Menschen wie du und ich. Sie sind keine schnurrbartzwirbelnden Bösewichte, die „ha ha ha, das ist großartig!", ausrufen, sie reden so: „Du hast recht. Das überschreitet eine Grenze, aber du solltest besser nichts darüber sagen, denn dann ist deine Karriere beendet."

Wir alle haben Hypotheken. Wir alle haben Familien. Und wenn du für ein nationales Sicherheitssystem tätig bis mit diesen offiziellen Geheimhaltungsregeln, dann bedeutet dies, selbst wenn du zu einem ausgewählten Kongressabgeordneten gehst, und zwar einem, den ein Reporter ausgesucht hat, nicht einem, den einer aus der Geheimdienstgemeinde ausgewählt hat, die die Missetaten zu verantworten hat, dann heißt das, dass du dafür angeklagt werden kannst. Und falls du nicht angeklagt wirst, kannst du deinen Job dadurch verlieren.

Ich war ein privater Auftragnehmer, kein direkter Angestellter der National Security Agency. Das hat zur Folge, dass die wenigen Schutzbestimmungen für Whistleblower, die wir in den USA haben, für mich nicht galten. Ich hätte gefeuert werden und keine Klage dagegen führen können. Ich hätte ins Gefängnis geworfen werden können. Wer für diese Behörden arbeitet, ist sich dessen bewusst.

Metadaten
Man unterscheidet normalerweise Metadaten vom Inhalt. Wir verstehen unter Metadaten die Details des Anrufs – wann man anrief, wen man anrief, wann der Anruf zustande kam, wie lang er dauerte – im Gegensatz zum Inhalt des Anrufs – also was gesagt wurde. Als Analyst interessiert einen in neun von zehn Fällen bis gegen Ende der Untersuchungskette nicht, was am Telefon gesagt wurde. Man kümmert sich um die Metadaten, denn die lügen nicht.

Menschen lügen am Telefon, wenn sie an kriminellen Aktivitäten beteiligt sind. Sie gebrauchen Codewörter. Sie reden um den heißen Brei herum. Man kann sich nicht auf das verlassen, was man hört, aber man kann den Metadaten vertrauen. Deshalb sind Metadaten oft zudringlicher.

Metadaten sind so wie die Details, die ein Privatdetektiv ... im Zuge seiner Ermittlungen herausfindet. Er kann Ihnen zum Beispiel zu einem Abendessen folgen, bei dem Sie einen Freund treffen, oder eine Geliebte.

Er sieht, wen Sie treffen, wo Sie sich getroffen haben, er sieht, wann Sie da hingegangen sind und er kennt vielleicht auch die groben Details der Themen Ihrer Unterhaltung, aber er wird nicht den ganzen Inhalt mitbekommen haben. Er wird nicht nah genug herangekommen sein und sich zu erkennen gegeben haben, um alles zu hören, was sie gesagt haben.

Mit diesen Programmen war es so, dass es Regierungen, zum Beispiel des UK, der Vereinigten Staaten und andere westliche Regierungen, und auch weniger verantwortliche Regierungen überall auf der Welt, auf sich genommen haben, Privatdetektive auf jeden einzelnen Bürger in ihrem Land anzusetzen, und, soweit es ging, auf der ganzen Welt. Das geschieht automatisch, ist allgegenwärtig, und es wird in Datenbanken gespeichert, ob es notwendig ist oder nicht.

Edward Snowden über Deutschland
Ich finde es bedauerlich, dass in einigen Ländern – und das ist vor allem in Westeuropa sehr weit verbreitet – die Prioritäten der Regierungen sich sehr stark von denen der Bevölkerung unterscheiden. Ich finde es bedauerlich, dass zum Beispiel in Deutschland herausgekommen ist, dass die NSA Millionen deutscher Bürger ausgespäht hat ... und dass das kein Skandal ist. Aber wenn Angela Merkels Mobiltelefon abgehört wird und sie selbst zum Opfer wird, dann ändert sich das auf einmal.

Wir sollten hohe Amtsträger nicht abgehoben sehen. Wir sollten Führer nicht über den durchschnittlichen Bürger erheben, denn für wen arbeiten die denn schließlich? Wissen Sie, das öffentliche Interesse ist das Staatsinteresse. Wissen Sie, die Prioritäten der NSA sollten nicht Vorrang haben vor den Bedürfnissen der deutschen Bevölkerung.

Es besteht immer mehr Einigkeit, dass der Status quo nicht länger zu halten ist, dass sich Dinge ändern müssen und dass die Öffentlichkeit mitreden können muss über die Art und Weise, wie die Regierung ihren

Überwachungsapparat betreibt und darüber, wo die Grenzen um unsere Rechte gezogen werden.

Ich finde es überraschend, dass sie mich in Deutschland gebeten haben, als Zeuge auszusagen und ihnen bei den Ermittlungen zur Massenüberwachung zu helfen, mir aber gleichzeitig die Einreise nach Deutschland untersagt haben. Das hat zu der außergewöhnlichen Situation geführt, in der die Suche nach der Wahrheit den politischen Prioritäten untergeordnet wurde ... Ich denke, das erweist der Bevölkerung einen schlechten Dienst. ... Das ist wahrscheinlich zu politisch. Ich hasse Politik. Wirklich, wissen Sie, ich will sagen, es geht nicht um mich. Ich hoffe, Sie können den Unterschied sehen.

Gefährdung der Sicherheit des ganzen Netzes
Eine Backdoor, Hintertür, in einem Kommunikationssystem, in einem Internetsystem oder in einem Verschlüsselungsverfahren ist im Grunde ein geheimes Verfahren, um die Sicherheit dieser Systeme zu umgehen. Es ist ein Weg, alle Datenschutz- und Sicherheitsversprechen zu umgehen, die ein Unternehmen oder ein Verfahren den Menschen gibt, die ein Produkt oder einen Dienst nutzen.

Die Gefahr des Einbaus solcher Backdoors, auf denen das ganze Internet basiert, beispielsweise des Bullrun-Programms, bei dem sich herausgestellt hat, dass NSA und GCHQ zusammenarbeiten und die Verschlüsselungsmethoden schwächen, besteht darin, dass, wenn Sie online auf Ihr Bankkonto zugreifen, dort eine versteckte Schwäche bestehen könnte, die es den Geheimdiensten der westlichen Regierungen erlaubt, Ihre Kontodetails mitzulesen.

Was viele oft übersehen, ist die Tatsache, dass, wenn man eine Backdoor in ein System einbaut, diese von jedem auf der Welt entdeckt werden kann. Das kann eine Privatperson sein, ein Sicherheitsforscher an einer Universität, aber auch eine kriminelle Bande. Es kann auch ein fremder Geheimdienst sein, sagen wir ein der NSA entsprechender Dienst einer zutiefst unverantwortlichen Regierung in irgendeinem fremden Land. Und dieses fremde Land kann jetzt nicht nur Ihre Bankdaten genau untersuchen, nicht nur Ihre privaten Geschäfte, sondern Ihre gesamte Kommunikation im Internet und in jeder Institution ..., die diese Standards verwenden, ob es Facebook ist, Gmail, Skype oder Angry Birds. Auf einmal sind Sie elektronisch nackt, während Sie im Internet Ihre Aktivitäten erledigen.

Diese Entscheidung wurde nicht in einer öffentlichen Einrichtung diskutiert, sie wurde von keinem Gesetzgeber legitimiert. Jedenfalls haben, wenigstens in den USA in den 1990ern, Strafverfolgungsbehörden speziell um diese Art von Backdoor-Zugang zu Internet- Datenübertragungen gebeten. Und unsere gewählten Repräsentanten im Kongress haben sie abgelehnt. Sie sagten, es sei eine Verletzung unserer Bürgerrechte und ein unnötiges Risiko für unsere Kommunikation, und deshalb haben sie sie abgelehnt.

Jetzt sehen wir sie zehn Jahre später, anstelle wieder zum Kongress zu gehen und anzufragen, einfach daran vorbeigehen, und die Geheimdienstler ... sagen: „Wir machen das. Egal, was der Kongress sagt. Egal, was die Öffentlichkeit denkt. Wir tun dies, weil es uns einen Vorteil bringt.

Die daraus folgenden Konsequenzen sind heute unbekannt, denn fremde Widersacher könnten die Backdoors ausnutzen, die Geheimdienste in Ländern wie dem Vereinigten Königreich, wie der GCHQ, in unsere Kommunikationssysteme eingebaut haben ... und wir wissen nicht einmal, dass das geschieht.

Die Enthüllungen des letzten Jahres haben uns den unwiderlegbaren Beweis erbracht, dass unverschlüsselte Kommunikation im Internet nicht mehr sicher und vertrauenswürdig ist. Die Integrität ist kompromittiert, und wir brauchen neue Sicherheitsprogramme, um die Kommunikation zu schützen. *Jede Kommunikation, die über das Internet übertragen wird, oder über jede andere Netzwerk-Leitung, sollte standardmäßig verschlüsselt werden. Das hat das letzte Jahr uns gelehrt.*

Privatsphäre

Sicher können wir hypothetische Fälle konstruieren, bei denen eine Art von Massenüberwachungssystem etwa mit Gesichtserkennung einen Beitrag leistet zur Verhinderung von Straftaten. Genauso gut könnte man sich den hypothetischen Fall vorstellen, dass wir der Polizei freien Zutritt zu unseren Wohnungen gewähren, um alles zu durchsuchen, während wir bei der Arbeit sind, damit dadurch vielerlei Straftatbestände, Drogenkonsum und gesellschaftliche Missstände entdeckt würden. Aber wir ziehen die Grenze, wir müssen sie irgendwo ziehen. Die Frage ist, warum sollen unsere online übertragenen und auf unseren privaten Geräten gespeicherten persönlichen Daten anders sein als die Einzelheiten und privaten Aufzeichnungen, die wir in unseren Tagebüchern festhalten?

Es sollte keine Unterscheidung zwischen digitaler und gedruckter Information geben. Aber die Regierungen in den Vereinigten Staaten und vielen weiteren Ländern auf der Welt wollen zunehmend diese Unterscheidung machen, weil sie erkennen, dass das Ihre Ermittlungsmacht aktiv vergrößert.

Ob Technologie sich mit Privatsphäre verträgt

Absolut. Technologie kann die Privatsphäre verbessern, aber nicht, wenn wir in neue Anwendungsgebiete hinein schlafwandeln, ohne die Implikationen dieser Technologien zu beachten.

Jede neue Technologie erzeugt, sobald sie in einem bestimmten Maße angewendet und vernetzt wird, ein Netz neuer Sensoren in unserem Leben, die etwas erfassen — das können Wetteränderungen sein, unsere Telefongewohnheiten, die Art und Weise, wie wir einkaufen, Dinge, die wir mögen, die Temperatur, bei der wir gerne baden.

Wenn wir nicht an die Implikationen dieser Technologien denken, während wir sie entwickeln und anwenden, kann es gefährlich werden. In dem Maße, in dem unsere Erkenntnisse über Bedrohungen neuer Technologien wachsen, in dem Maße können wir diese Technologien mit eingebauten Schutzmechanismen versehen, die dafür sorgen, dass die Einzelheiten über uns, unser Leben, über die Art, wie wir leben, nur von denen gesehen werden, die wirklich Zugriff darauf haben sollen.

Die meisten vernünftigen Menschen stimmen der Aussage zu, dass Privatsphäre in Abhängigkeit zur Freiheit steht. Schaffen wir die Privatsphäre ab, machen wir uns weniger frei. Wenn wir in offenen und liberalen Gesellschaften leben wollen, brauchen wir sichere Orte, wo wir mit neuen Gedanken experimentieren können, mit neuen Ideen, und wo wir herausfinden können, was wir wirklich denken und woran wir wirklich glauben, ohne beurteilt zu werden. Wenn wir nicht die Privatsphäre unserer Schlafzimmer haben können, nicht die der Notizen auf unserem Computer, nicht die unserer elektronischen Tagebücher, dann haben wir überhaupt keine Privatsphäre.

Die Politik und die Kontrolle der Geheimdienste
Das ist wahrscheinlich ... der allerwichtigste Faktor, um das Scheitern der Kontrolle zu erklären, die wir in fast allen westlichen Regierungen sehen. Normalerweise sind es die ältesten Mitglieder der öffentlichen Verwaltungen, die die Geheimdienste kontrollieren, die Beamten, die schon länger dabei sind als die Möbel, auf denen sie sitzen. Und das ist so, weil man spürt, dass man diesen Menschen vertrauen kann, sie kennen sich aus, sie haben einen klaren Kopf.

Aber wir müssen den Maßstab der Fachkenntnis anlegen, denn die Technologie ist eine neue Art der Kommunikation, ein neues Alphabet von Symbolen, die die Menschen intuitiv verstehen müssen. Das ist wie etwas, das man lernt ... gerade so, wie man in der Schule Buchstaben schreiben lernt. Sie haben gelernt, wie man Computer nutzt, wie diese interagieren,

wie sie kommunizieren. Und technische Fachkenntnis ist in unserer Gesellschaft eine knappe und wertvolle Ressource. Viele IT-Berater, die im
Grunde nur Drucker reparieren, verdienen richtig gutes Geld, weil sich
nicht jeder mit dem Zeug auskennt. Und das brauchen wir in der Regierung, wir brauchen Rechtsanwälte, wir brauchen Spezialisten, wir brauchen Experten, [die] diesen älteren Bediensteten zuarbeiten und so weiter, und die könnten helfen und erklären und übersetzen, genau wie ein
Dolmetscher.

Die entscheidende Frage ist: Wollen wir, dass die öffentliche Politik die
Geheimdienste reglementiert, oder wollen wir, dass die Geheimdienste
ihre eigene Politik machen, ihr eigenes Reglement, über das wir keine
Kontrolle und keinen Überblick haben? Das ist, so meine ich, der entscheidende Unterschied.

Sein Leben in Russland

Ich bin in Russland viel glücklicher, als wenn ich einem unfairen Ge-
richtsprozess ausgesetzt wäre, in dem ich nicht einmal einer Jury aus
Experten eine Verteidigung des Staatsinteresses präsentieren kann. Wir
haben die Regierung wieder und wieder um einen fairen Prozess gebeten,
aber sie haben abgelehnt. Und ich bin sehr froh, Asyl bekommen zu haben. Russland ist ein modernes Land, und es hat mich gut behandelt, also
ja, ich lebe ein ziemlich normales Leben. Ich würde sehr gerne wieder
reisen wie in der Vergangenheit. Ich würde gerne wieder nach Westeuropa reisen, aber das kann nicht ich entscheiden, das müssen das Volk und
die Regierungen jedes einzelnen dieser unabhängigen Länder entscheiden.

Unter Beobachtung stehen

Ich erkenne keine bedrückende, aktive Überwachung, aber ich denke,
es ist angemessen, anzunehmen, dass ich unter Beobachtung stehe. Jeder
in meiner Lage wird sicher irgendwie überwacht, aber man trifft so gut

man kann Vorkehrungen, um sicherzustellen, dass man selbst unter Beobachtung keine heiklen Informationen herausgibt.

Sollten wir Google mehr trauen als dem Staat?
Zunächst mal müssen Sie das nicht. Die Nutzung von Google geschieht
freiwillig. Aber es stellt sich eine wichtige Frage. Und ich würde sagen,
dass, obwohl da ein Unterschied ist – Google kann Sie nicht ins Gefängnis
stecken, Google kann keine Drohne programmieren, eine Bombe auf Ihr
Haus abzuwerfen – wir ihnen nicht trauen sollten, ohne zu überprüfen,
welche Aktivitäten sie unternehmen und wie sie unsere Daten nutzen.

Wir sollten einen Zivilschutz etablieren, eine Art ziviler Maßnahmen,
auf die wir zurückgreifen können und die überprüfen, wie Unternehmen
unsere Daten nutzen. Und wir sollten wenigstens eine breite gesellschaft-
liche Übereinkunft darüber erzielen, wo die Grenze zu ziehen ist, ohne
neue Geschäftsmodelle und Dienste unnötig zu beschädigen, die wir zwar
heute noch nicht voraussehen können, morgen aber brauchen werden ...
Ich nutze Google nicht. Ich habe Skype und Google Hangouts genutzt, die
klasse sind, aber leider in ihrer Sicherheit kompromittierte Dienste. Ich
habe sie für öffentliche Diskussionen eingesetzt, wenn es erforderlich
war, aber ich würde sie nicht für private Kommunikation nutzen.

Ich denke, dass jeder in seinem Leben irgendwie mit proprietärer Soft-
ware[63] in Kontakt kommt, selbst wenn er sich dessen nicht bewusst ist.
Auf Ihren Mobiltelefonen laufen Unmengen proprietären Codes der ver-
schiedenen Chiphersteller und Mobilfunkanbieter. Wir bewegen uns lang-
sam aber sicher in die Richtung freier und offener Software, die überprüf-
bar ist, oder wenn Sie es selbst nicht können, gibt es eine Programmierer-
Community, die sich anschauen kann, was diese Geräte tatsächlich tun,
und sagen, ob das sicher und angemessen ist, oder ob da etwas Bösarti-
ges oder Merkwürdiges drinsteckt. Das verbessert das Sicherheitsniveau
für jeden in unserer Gesellschaft.

Wir wollen keine Fragmentierung des Internets. Das nützt niemandem, weder in Brasilien, noch in Deutschland, noch in irgendeinem anderen Land der Welt. Was wir brauchen, sind gemeinsame Protokolle, die Daten und Übertragungen schützen, unabhängig von den Rechtssystemen, durch die sie geleitet werden.

Man möchte zum Beispiel nicht, dass etwas, das ein Franzose über ein Netzwerk an einen Dienst in die USA schickt, in jedem Land, durch das diese Übertragung läuft, überwacht, manipuliert oder überprüft wird. Und umgekehrt genauso. Und wenn das für europäische Länder gilt, dann sollte das für lateinamerikanische genauso gelten und ebenso für asiatische und afrikanische.

Und das kann nur funktionieren, wenn wir die Sicherheit unserer gemeinsamen Grundlage stärken, es geht um die Art, wie wir allgemein im Internet kommunizieren, die Basisinfrastruktur, über die wir alle kommunizieren.

Kritik wegen des Schadens, den er angerichtet habe

Die Menschen wissen, dass man Kommunikation überwachen kann, aber das hält sie nicht davon ab, zu kommunizieren ... denn sie können nur wählen, ob sie das Risiko annehmen, überwacht zu werden, oder gar nicht kommunizieren. Wenn wir über Dinge wie terroristische Zellen sprechen oder Atomwaffenhändler – das sind organisierte Zellen. Das sind Dinge, die kann ein Einzelner gar nicht allein. Wenn die also aufhören, miteinander zu kommunizieren, dann haben wir schon gewonnen. Wenn wir es geschafft haben, den Terroristen auszureden, unsere modernen Kommunikationsnetzwerke zu nutzen, haben wir doch, was unsere Sicherheit angeht, gewonnen – nicht verloren.

Vorwürfe, Snowden schwäche die Demokratie, die er zu schützen beteuert

Die Geheimdienstler behaupten, dass das Demokratiemodell als solches nicht aufrecht zu erhalten ist, dass man dem Volk nicht zutrauen kann, die richtigen Entscheidungen zu treffen, dass wir damit aufhören und zu einem autoritären Regierungssystem übergehen sollen. Ich glaube aber, wenn wir es als Volk unabhängig anschauen und Entscheidungen treffen, dann erschüttern uns diese geschwollenen Klagelieder nicht, für die auch keine stichhaltigen Beweise existieren. Was uns diese Geheimdienste in Wirklichkeit fragen, ist: Wollen wir in einer Demokratie leben, in der wir gelegentlich dem Risiko eines Unglücks ausgesetzt sind, das wir nicht voraussehen und vor dem wir uns nicht schützen können? Oder würden wir lieber in einem chinesischen oder russischen Modell leben, in einer Kontrollgesellschaft, die aber weniger frei ist?

Es geht nicht darum, von welchen Überwachungsprogrammen die Öffentlichkeit wissen darf, sondern bis zu welchem Detaillierungsgrad. Alle Spionagechefs sind aufgetreten und haben verkündet, dass die Atmosphäre verglühen wird, ... die Welt endet, der Himmel uns auf den Kopf fällt, und doch ist bisher nichts davon eingetreten. Die einzigen Leute, die sich vor Freude die Hände reiben, sind die Reformer, die mehr und mehr Beweise dafür sehen, dass die Regierungen hier über das Ziel hinausgeschossen und unfähig sind, die Behauptungen aufrecht zu erhalten, die sie immer und immer und immer wieder machen, seit die Veröffentlichungen begonnen haben.

Ich kann ihnen jetzt hier sagen, dass auch nach dem letzten Jahr noch immer Terroristen festgenommen werden, es wird noch immer Kommunikation abgehört. Es gibt noch immer Erfolge von Geheimdienstoperationen, die auf der ganzen Welt stattfinden.

Kritik, Snowden sei heuchlerisch und empöre sich selektiv

Die Leute sagen, entweder bist du naiv oder du hast eine Doppelmoral. Das machen doch alle Länder. Aber das stimmt nicht. Es hat sicher nicht jedes Land die Kapazitäten für einen Geheimdienst. Sagen wir also: Okay, was ist mit den Top-Geheimdiensten? Machen die alle dasselbe? Die Antwort ist: nein.

Jemand muss anfangen, muss eine Technologie entwickeln, muss sie anwenden, und genau das geschieht. Wir sehen, dass die Vereinigten Staaten und andere Länder der Five-Eyes-Allianz neue Wege einschlagen, um in das Privatleben einzudringen, sowohl in das von legitimen Zielpersonen als auch in das aller anderen, die im Schleppnetz der Massenüberwachung mitgefangen werden.

Wir wissen außerdem, dass einige Länder nicht in der gleichen Art spionieren wie wir. Die Leute können behaupten, meine Empörung sei selektiv, aber wenn wir ... in Deutschland Woche für Woche einen CIA-Spion nach dem anderen entdecken, aber keinen deutschen Spion in den Vereinigten Staaten, und die deutsche Regierung sagt, sie habe keine solchen Spione, dann gibt es keinen Anlass, solche Dinge zu behaupten.

Noch mal, wenn wir sagen wollen, dass das der Fall ist, dann sollten wir einen Beweis haben, irgendeinen Beleg, wenigstens einen winzigen Fetzen, einfach einen Hinweis, dass es vorkommt, bevor wir es als eine Tatsache hinstellen. Es könnte sein, dass wir einen terroristischen Plan aufdecken oder mehr Verbrecher entdecken könnten, wenn wir alle Aufzeichnungen privater Aktivitäten beschlagnahmen, uns auf Schritt und Tritt überwachen, jedes Wort analysieren, das wir sagen, abwarten und Urteile fällen über jede Assoziation, die wir haben, und alle Menschen, die wir lieben. Aber ist das die Gesellschaft, in der wir leben wollen? Das ist die Definition eines Überwachungsstaates.

Wollen wir in einer Kontrollgesellschaft leben oder wollen wir in einer freien Gesellschaft leben? Das ist die fundamentale Frage, die uns gestellt wird.

Kritik an seinen Verbindungen zu Russland

Ich habe keinerlei klassifiziertes Material mit nach Russland gebracht. Das bedeutet: Obwohl das hier ein Gulag-Staat ist, wo mir jede Nacht die Finger gebrochen und ich mit Ketten geschlagen werde, dass es für sie nichts zu gewinnen gibt. Ich meine, die Ängste sind überzogen. Viele

Menschen verstehen nicht, dass wir Geheimdienstler nicht eine endliche Liste von Quellen und Methoden haben, wir nicht zum Regal gehen, etwas herausnehmen, es nutzen und dann wieder zurückstellen. Und wenn es kaputt geht, fehlt dafür immer was, das man nie zurückbekommen kann.

Die Geheimdienste in den Vereinigten Staaten, genau genommen alle Geheimdienste, sind viel eher mit einer Fabrik zu vergleichen, die Methoden zur Informationsgewinnung ... erzeugt. Wenn ich etwas Tolles wüsste über ein Geheimdienstprogramm und geschlagen oder gefoltert würde oder irgendwie anders kompromittiert, diese Information preiszugeben, wäre die nur eine kurze Zeit lang gültig. Und da die Regierungen, für die ich gearbeitet habe, wüssten, worauf ich Zugriff hatte, würden sie in der Lage sein, diese Programme abzuschalten. Sie wären in der Lage, eine Gefährdung zu erkennen.

Die Geheimdienstler wissen, dass ich für keine ausländische Regierung arbeite. Sie haben in der Washington Post anonym ausgesagt, dass ich kein Agent einer fremden Macht sei, sie haben deswegen keinen Haftbefehl ausgestellt. Das verhält sich so, weil es die US-Geheimdienstler bemerken würden, wenn ich Informationen an andere Regierungen weitergeben würde, die ich habe, die in meinem Kopf sind. Sie würden Änderungen erkennen in der Art der Informationen, die bei ihnen durchlaufen. Sie würden Quellen erlöschen sehen, die zuvor produktiv waren. Sie würden neue Quellen an Desinformation auf den entsprechenden Kanälen sehen, all das ist nicht eingetreten.

Es sieht nur blöd aus, in Russland zu sein. Sie müssen als Erstes verstehen, dass ich niemals nach Russland wollte. Ich habe hier nie aktiv um Schutz nachgesucht. Das Außenministerium hat mich in Russland stranden lassen auf meiner Durchreise nach Lateinamerika. Wenn es meinem Ansehen schadet, dass ich hier bin, oder dort, oder irgendwo anders, dann ist das gleichgültig, denn dabei geht es nicht um mich.

Meine Reputation ist egal ... Es geht darum, wie die Menschen über diese Dinge denken, egal, wie sie über mich denken. Worum es geht, das sind ihre Rechte und wie gegen sie verstoßen wird.

Ich habe nie einen Hehl daraus gemacht, dass ich die Mehrzahl der neuen Gesetze in Russland zur Internetzensur und Überwachung missbillige. Ich finde es absolut unangebracht für jede Regierung in jedem Land, sich in die Regulierung einer freien Presse einzuschalten.

Wir wollen nicht, dass Regierungsbeamte darüber entscheiden, was wir als Volk wissen dürfen oder nicht, was wir drucken dürfen oder nicht, und wie wir leben dürfen oder nicht, und dazu stehe ich.

Warum so viele Dokumente

Wenn Journalisten nur über Programme berichten, die Bürgerrechte oder Menschenrechte verletzen und offenbar nicht legitime, gerechtfertigte Programme sind, die uns helfen, sicher zu leben, die uns in Kriegszeiten helfen, die Struktur zu schützen, und wieder solche, die zwar nicht in jedem Detail, aber im Großen und Ganzen ausreichend zeigen, dass sie einem guten Sinn und Zweck dienen, dann würden wir von der Presse in die Irre geführt, und nicht von ihr unterstützt.

Mir ist klar geworden, dass ich nicht die Entscheidung treffen kann über die Eindrücke, die wir geben sollten. Das sollen unabhängige Journalisten tun, entweder ihre Institutionen oder die Redakteure.

Die Pflicht für Geschäftsleute, andere digitale Wege zu gehen

Ein unglücklicher Nebeneffekt der Entwicklung all dieser neuen Überwachungstechnologien besteht darin, dass die journalistische Arbeit unermesslich schwieriger geworden ist, als sie es in der Vergangenheit je war. Journalisten müssen besonders aufmerksam sein für jede Art Netzwerk-Übermittlung, jede Art Verbindung, jede Art Autokennzeichen-Lese-Einheit, an der sie auf dem Weg zu ihrem Treffpunkt vorbeifahren, jede Stelle, an der sie ihre Kreditkarte nutzen, jeden Ort, an den sie ihr Mobil-

telefon mitnehmen, jeden E-Mail-Kontakt, den sie mit ihrer Quelle haben, denn der erste Kontakt, noch bevor die Verschlüsselung der Kommunikation aufgebaut ist, reicht schon aus, um alles zu verraten.

Egal, wie vorsichtig Sie von diesem Zeitpunkt an sind, egal, wie kenntnisreich Ihre Quelle ist, Journalisten müssen sicher sein, dass sie vom ersten bis zum letzten Moment der Beziehung zu ihrer Quelle keinerlei Fehler machen, sonst gefährden sie die Menschen. Rechtsanwälte sind in der gleichen Situation, ebenso Ermittler und Ärzte.

Die Liste wird fortlaufend länger, und wir sind uns bis heute noch nicht einmal bewusst, dass es so eine Liste überhaupt gibt. Ich würde sagen Rechtsanwälte, Ärzte, Ermittler, womöglich sogar Buchhalter. Jeder, der die Pflicht hat, die Privatsphäre seiner Klienten zu schützen, sieht sich einer neuen und herausfordernden Welt gegenüber, und wir brauchen neue Schulungen und neue berufliche Normen, um Mechanismen zu gewährleisten, die sicherstellen, dass der durchschnittliche Bürger unserer Gesellschaft in annehmbarem Maße Vertrauen in die Angehörigen dieser Berufe haben kann.

Wenn wir unserem Priester in der Kirche beichten, dann ist das geheim, aber ist es etwas anderes, wenn wir unserem Pastor eine private E-Mail schicken, in der wir ihm eine Lebenskrise beichten?

Die Zukunft der Geheimdienste
Ich bin äußerst idealistisch, da ich nicht sicher bin, ob es politische Reformen schaffen werden, unsere Rechte zur digitalen Kommunikation in Zukunft effektiv zu schützen. Ich bin nicht sicher, dass die Regierung viel Lust dazu hat, diese Schutzmechanismen gesetzlich zu verankern. Ich denke, dass technische Systeme diese Lücke in weitem Maße füllen können, weil wir unsere Systeme und Werte in die Übertragungsprotokolle einbauen können, die wir nutzen, um [unsere] Beziehungen zu schützen.

Es wird wahrscheinlich vor dem Obersten Gericht landen ... und in Europa. Bevorstehende Gerichtsurteile werden, nach meiner Einschätzung wahrscheinlich zusätzlichen Druck auf die Gesetzgeber ausüben, sinnvolle Reformen zu beschließen.

Wir müssen erkennen, dass Menschen ein individuelles Recht auf Privatsphäre haben, aber sie haben auch ein kollektives Recht auf Privatsphäre. Niemand sollte ihre Kommunikation beschlagnahmen und für unbestimmte Zeit speichern ohne jede Rechtfertigung, ohne jeden Verdacht, in irgendeine Art Kriminalität konkret verwickelt zu sein. Genauso wie das bei jeder anderen Strafermittlung wäre.

Telekommunikationsanbieter müssen erkennen, dass die Rechte ihrer Kunden vor den Interessen irgendeines Staates kommen. Heute lautet ihre Standardantwort auf jede Kritik, die ihnen wegen der Mitwirkung an Abhörprogrammen entgegenschlägt, „wir halten uns an das Recht des Landes X, wenn wir in diesem Land tätig sind."

Das mag stimmen, und mag auch rechtlich gesehen vernünftig sein, aber es heißt nicht, dass sie davon befreit sind, die Rechte ihrer Kunden verteidigen zu müssen. Wenn wir ihnen die intimsten Einzelheiten unserer Leben anvertrauen, wenn wir ihnen unsere privaten Aufzeichnungen zur Verwahrung geben, müssen sie gewährleisten, dass sie ein angemessener Advokat für uns als Kunden sind, nicht nur gesetzlich, sondern auch sozial gesehen. Das heißt, dass sie ihre Lobbymöglichkeiten einsetzen müssen, sie müssen ihre wirtschaftliche Schlagkraft nutzen, um die Regierungen zu zwingen, in welcher Rechtsprechung auch immer, verantwortlicher zu handeln, was die Gewährleistung unserer öffentlichen Interessen angeht.

Soweit der Whistleblower Edward Snowden. Seine Aussagen und Meinungen sind sicherlich im Lichte der damaligen konkreten Gefährdungssituation zu sehen. Man muss auch keineswegs alle seine Ansichten teilen. Aber die Ausführungen des

Insiders als Ergänzung zu den wohl mehr als 1,9 Millionen Dokumenten, die durch ihn an die Öffentlichkeit gelangten, geben einen sehr guten und erschreckenden Einblick in das Vorgehen der staatlichen Geheimdienste auch und gerade auch gegen die eigene Bevölkerung.

Firmen sind die besten Geheimdienste

US-amerikanische Unternehmen sind gesetzlich verpflichtet, der Regierung der Vereinigten Staaten Zugang zu allem zu gewähren, was sie besitzen. Das regelt der sogenannte „USA Patriot Act"[329] (Uniting and Strengthening America by Providing Appropriate Tools Required to Intercept and Obstruct Terrorism Act), der am 25. Oktober 2001 als unmittelbare Reaktion auf die Terroranschläge vom 11. September 2001 in Kraft trat. Dazu gehören auch alle persönlichen Daten, die Unternehmen wie Amazon, Apple, Facebook oder Google über uns sammeln. Diese Unternehmen sind damit viel effizienter in der globalen Massenüberwachung als jeder Geheimdienst.

Dabei sind die USA keineswegs alleine. Auch die Gesetzgebung Russlands sieht ausdrücklich vor, dass die Regierung Zugang zu den Daten russischer Firmen erhält und diese verpflichtet sind, ihr Land zu unterstützen. Der „Fall Kaspersky" steht exemplarisch hierfür.[330] Der erfolgreiche russische Unternehmer Eugene Kaspersky wehrte sich seit 2017 verzweifelt gegen den Verdacht, die von seiner Firma Kaspersky Software weltweit vermarktete Sicherheitssoftware – die sich auch in Deutschland hoher Popularität erfreut – sei in Wahrheit ein Spionageprogramm für den russischen Inlandsgeheimdienst FSB. Das FBI warnte amerikanische Unternehmen im August 2018 vor dem Einsatz von Kaspersky-Software. Die US-amerikanische General Services Administration, unter anderem zuständig für die Versorgung der US-Behörden mit Büromaterial, hat Kaspersky von der Liste der in der Verwaltung einsetzbaren Software genommen.

Die Vereinigten Staaten von Amerika, China, Russland und vielleicht auch Südkorea: Sobald ein Land seine digitalen Fangarme mit Produkten rund um die Welt schlingt, liegt der Verdacht nahe, dass die Geräte und Programme mehr oder minder direkt auch für Spionagezwecke verwendet werden oder zumindest verwendet werden könnten.

Und Deutschland? Wir haben den Digitalgiganten wie Facebook, Google, Samsung, Huawei oder Alibaba nur wenig entgegenzusetzen. Dennoch ist Deutschland in der weltweiten Datensammelwelle keineswegs so schlecht aufgestellt, wie es auf den ersten Blick den Anschein hat. Das Schlüsselwort hierzu lautet mal wieder „Industrial Internet of Things", das industrielle Internet der Dinge. Die deutsche Industrie ist für viele – für sehr viele – technische Produkte auf der Welt ein begehrter Zulieferer industrieller Komponenten. Die Industriekomponenten von Firmen wie Bosch und allen anderen Zulieferern erhalten im Zuge der Entwicklung zum Internet der Dinge nicht nur eine Internetverbindung, sondern sie sammeln ebenfalls Daten und das nicht zu knapp.[331] Damit ist die deutsche Industrie zweifelsohne ein begehrtes Angriffsziel für Hacker, denn wer in die IoT-Komponenten eindringt, der ist auch in den Systemen drin, in denen sie verbaut sind.

Wir sind Hacker

Seit dem 24. August 2017 darf die Bundesrepublik Deutschland offiziell als Hacker aktiv werden. An diesem Tag trat das sogenannte Staatstrojaner-Gesetz in Kraft.[332] Seitdem dürfen Deutschlands Strafverfolger heimlich in Computer und Smartphones eindringen, um Überwachungsprogramme zu installieren. Die Software überwacht entweder die fortlaufende Kommunikation oder sie durchsucht das Zielgerät vollständig – oder sie erledigt gleich beide Aufgaben.

Mit List zum staatlichen Hacking

Äußerst listig hatte die Bundesregierung das neue Überwachungsgesetz durch den Bundestag geschleust. Das Gesetz „zur effektiveren und praxistauglicheren Ausgestaltung des Strafverfahrens" umfasste auf den ersten Blick harmlose Maßnahmen, um Strafverfahren effizienter zu gestalten. So dürfen seitdem von Vernehmungen nicht nur Wort-, sondern auch Videoprotokolle angefertigt werden. Bei Vergehen, die nichts mit dem Straßenverkehr zu tun haben, darf dennoch der Führerschein entzogen werden. Doch kurz vor der Verabschiedung im Deutschen Bundestag wurde dem Gesetz zur Reform der Strafprozessordnung noch ein folgenschweres Papier zur Online-Überwachung hinzugefügt. Es umfasst eine lange Liste von Straftaten, bei denen seitdem staatliche Hacker Schadsoftware auf die Computer, Smartphones und Tablets der Verdächtigen aufspielen dürfen, um dadurch alle Daten mithören und mitlesen und vor allem kopieren zu dürfen.

Die Polizei, dein Freund und Hacker. Das Gesetz von 2017 widersprach unmittelbar einem Urteil des Bundesverfassungsgerichts vom 27. Februar 2008, das ein „Grundrecht auf Gewährleistung der Vertraulichkeit und Integrität informationstechnischer Systeme" (IT-Grundrecht) definiert. Allerdings thematisiert das 2017er-Gesetz die vom Verfassungsgericht gesetzten Grenzen im Sinne einer vorwärtsgerichteten Abwehrstrategie. Es wird also schwer werden, gegen den über die bloße Telefonüberwachung („Großer Lauschangriff") weit hinausgehenden „Megagroßen Lauschangriff" verfassungsrechtlich vorzugehen.

Das Auslesen eines Smartphones geht weit über das Mithören von Telefonaten hinaus. Die meisten Menschen speichern heutzutage auf ihrem Smartphone mehr oder minder ihr gesamtes berufliches und privates Leben. Fotos, Kontakte, Emails, SMS, Standort- und Bewegungsdaten, Notizen, aufgerufene Webseiten – unser Smartphone verrät, wer wir sind, mit wem wir Umgang pflegen, wo wir uns aufhalten, was uns interessiert. Immerhin sieht der Gesetzestext vor, dass „soweit möglich" keine Daten aus dem – laut Verfassungsgericht – geschützten Kernbereich des privaten Lebens erhoben werden. Sofern dies dennoch „aus Versehen" passiert, sollen sie gelöscht oder einem Richter zur Beurteilung vorgelegt werden.

Nach echter Privatsphäre hört sich dieser Text nicht an. Dabei muss man sich klar machen, dass die Strafverfolger nicht nur Zugang zu intimsten Informationen eines Verdächtigen bekommen – was unter Umständen noch akzeptabel wäre im Sinne der Verbrechensbekämpfung –, sondern es wird auch das gesamte Umfeld, also alle Personen, mit denen derjenigen in Kontakt steht, gleich mit einbezogen. Eingehende E-Mails und Nachrichten, ausgehende E-Mails und Nachrichten, alle weiteren Personen auf den Fotos, in den Notizen und Dokumenten genannte Personen – einfach alles.

Wer Smartphones ausspioniert, forscht die Gedankenwelt des Besitzers und seines Freundeskreises aus und kann damit Persönlichkeitsbilder erstellen, die umfangreicher und gläserner nicht sein können.

Ein weiteres Argument gegen staatliches Hacking ist ebenso gravierend. Um sich Zugang zu verschaffen, müssen die staatlichen Angreifer letztlich Sicherheitslücken in den Programmen der Softwarehersteller ausnutzen, wir jeder verbrecherische Hacker es ebenfalls tut. Man würde indes eher erwarten, dass der Staat diese Lücken bei Bekanntwerden an die jeweiligen Softwarehersteller meldet, sodass die Anbieter sie schließen können und alle Nutzer der entsprechenden Programme geschützt sind. Der Staat entdeckt eine Sicherheitslücke und statt sie zum Wohle der Bevölkerung so rasch wie möglich einer Schließung zuzuführen nutzt er sie selbst schamlos aus. Sollte es nicht umgekehrt sein? Sollte nicht der Staat verpflichtet werden, von seinen Behörden erkannte Sicherheitslücken unverzüglich an den Hersteller zu melden, damit sie zügig geschlossen werden können und somit die Bevölkerung vor Angriffen über diese Lücken geschützt sind? Einem Rechtsstaat stünde eine solche Vorgehensweise gut an. In Deutschland ist sie offenbar keine Option. Allein 2019 setzten die hiesigen Polizeibehörden den Staatstrojaner in 357 Fällen ein, um die Geräte von Verdächtigen zu hacken und deren laufende Kommunikation zu überwachen. Zwölf Mal kam 2019 die verschärfte Version zum Einsatz, die Onlinedurchsuchung nach Paragraf 100b Strafprozessordnung. Sie erlaubt auch die Auswertung von Daten, die auf dem gehackten Gerät gespeichert sind, also nicht Bestandteil einer laufenden Unterhaltung sind.

Neben dem Staatstrojaner dürfen die deutschen Strafverfolger auch gemäß Paragraf 100a der Strafprozessordnung die laufende Kommunikation von Verdächtigen direkt an der Quelle überwachen (Quellen - Telekommunikationsüberwachung, Quellen-TKÜ), also auf dem Computer oder Smartphone. [333] Dieses Vorgehen kann nötig sein, wenn die Kommunikation verschlüsselt stattfindet etwa über WhatsApp, die Behörden also während der Übertragung nicht mithören bzw. mitlesen können. Der Zugang zum Gerät des Absenders oder des Empfängers ist in diesen Fällen zwingend notwendig, um die Kommunikation zu überwachen. Das Bundeskriminalamt hat eigens ein Programm namens Remote Communication Interception Software (RCIS) für die Quellen-TKÜ entwickelt. Die erste Version konnte nur Skype-Gespräche auf Windows-Rechnern mitschneiden, die zweite Version hat einen etwas größeren Funktionsumfang. Dennoch hat das BKA 2013 zusätzlich eine Lizenz der Software FinFisher/FinSpy des deutsch-britischen Unternehmens Elaman/Gamma erworben, die seit Anfang 2018 hierzulande eingesetzt werden darf.

Über Paragraf 100a der Strafprozessordnung hinausgehend erlaubt Paragraf 100b der Polizei die Online-Durchsuchung. Hierbei kann die Polizei mithilfe von Überwachungssoftware alle Programme, Daten und Nachrichten auf einem Gerät heimlich aus der Ferne einsehen. Dieser Eingriff ist also noch schwerwiegender als die Quellen-TKÜ. Bis 2017 waren solche Maßnahmen nur zur Terrorabwehr erlaubt. Mit den Paragrafen 100a und 100b erhalten Ermittler diese Befugnisse für einen erweiterten Kreis von mutmaßlichen Straftaten.

Im Mai 2018 gab die Bundesregierung die Auskunft, das einzig das Bundeskriminalamt (BKA) über einen Staatstrojaner verfügt, nicht die Landeskriminalämter. Das BKA darf den Ländern zwar Amtshilfe leisten; dieser Fall sei jedoch noch nicht vorgekommen, jedenfalls nicht in abgeschlossenen Verfahren. Die Ausführungen der Regierung muten befremdlich an, wenn man weiß, dass der Chaos Computer Club (CCC) schon im Jahr 2011 einen unter anderem von Bayern eingesetzten Staatstrojaner entdeckte, der weit mehr konnte, als das Gesetz erlaubt. Der am 12. September 1981 gegründete Hackerclub erlangte erstmals öffentliche Bekanntheit, als er am 19. November 1984 nachwies, dass das Btx-System der Bundespost unsicher ist und er über eine Sicherheitslücke binnen einer Nacht knapp 135.000 DM von der Hamburger Sparkasse abheben konnte. In den darauffolgenden Jahren wurde der CCC bei der Schaffung des Datenschutzgesetzes immer wieder konsultiert. Man darf also den Erkenntnissen des Chaos Computer Clubs durchaus eine hohe Realitätsnähe unterstellen. Vor diesem Hintergrund war es bemerkenswert, dass der CCC bei dem 2011 aufgespürten bayerischen Staatstrojaner herausfand, dass dieser die Daten auf dem infizierten Computer verändern und angeschlossene Mikrofone und Kameras für einen Großen Lauschangriff einschalten kann, was die verfassungsrechtlich vorgeschriebenen Befugnisse in vielerlei Hinsicht überschreitet. Am 10. Oktober 2011 musste der zuständige bayerische Innenminister Joachim Herrmann zugeben, dass die Software tatsächlich vom LKA Bayern stammt.

Das deutsche Spionage-Startup ZITiS

Mit einem Erlass des Bundesinnenministers vom 6. April 2017 wurde die Zentrale Stelle für Informationstechnik im Sicherheitsbereich (ZITiS) errichtet. ZITiS ist eine Art Dienstleister für die Strafverfolgungsbehörden, die unter anderem Überwachungssoftware – also Staatstrojaner – für die Polizei und den Verfassungsschutz entwickelt. Die Bundesbehörde hat also die Aufgabe, Sicherheitslücken in Software und Hardware aufzuspüren, um darauf basierende Schnüffelprogramme zu entwickeln, die genau diese Lücken gezielt ausnutzen, um potenzielle Straftäter, Terroristen und sonstige Staatsfeinde auszuspionieren. ZITiS stellt diese Programme anderen Behörden zur Verfügung, nimmt also selbst keine Aufgaben der Polizei oder Geheimdienste wahr.[334]

ZITiS ist umstritten, weil es wieder einmal darum geht, aufgedeckte Sicherheitslücken zu verheimlichen und nur für eigene Spionagezwecke auszunutzen, statt den Hersteller der fehlerhaften Software zu informieren, sodass dieser schnellstmöglich die Lücke beheben könnte, damit alle Nutzer geschützt sind. WannaCry, der bislang größte Hackerangriff aller Zeiten, ist genau auf so einen Fall zurückzuführen. Allerdings war es bei WannaCry keine deutsche Behörde, sondern die National Security Agency der USA, die eine Software zur Ausnutzung einer Sicherheitslücke entwickelte und nicht verhindern konnte, dass genau diese Software in die falschen Hände geriet. Es ist nicht auszuschließen, dass künftig auch eine von ZITiS entwickelte Spionagesoftware irgendwann einmal von Hackern gegen Personen oder Unternehmen in Deutschland oder irgendwo auf der Welt eingesetzt wird.

Mit bemerkenswerter Offenheit erklärte Wilfried Karl, Präsident Zentrale Stelle für Informationstechnik im Sicherheitsbereich (ZITiS), im August 2018 in einem Interview mit dem Behörden-Spiegel die Aufgaben der neuen Behörde in aller Ausführlichkeit.

Da die ZITiS für das Thema dieses Buches von zentraler Bedeutung ist, wird das Interview nachfolgend im Wortlaut wiedergegeben.[335]

Behörden Spiegel: Herr Karl, ZITiS soll als Dienstleister für deutsche Sicherheitsbehörden tätig werden. Betrifft das nur die Bundesebene?

Karl: Unsere Kunden sind im Errichtungserlass des Bundesinnenministeriums (BMI) explizit genannt. Das sind Bundeskriminalamt (BKA), Bundesamt für Verfassungsschutz (BfV) und Bundespolizei. Über die Zentralstellenfunktion von BKA und BfV erreichen wir auch die Landeskriminalämter und die Landesämter für Verfassungsschutz. Auch wenn Bund- und Länderbehörden unterschiedliche Aufgaben haben, gibt es schließlich kaum Unterschiede bei den technischen Anforderungen in den zentralen Arbeitsbereichen von ZITiS. Wenn es um konkrete Projekte und die entsprechenden Ressourcen geht, stimmen wir uns im Beirat mit den drei Bundesbehörden ab. Aber natürlich sind wir mit den Landesbehörden im regelmäßigen Austausch.

Behörden Spiegel: Was sind Ihre zentralen Arbeitsbereiche?

Karl: Mit Beginn unserer Arbeit haben wir eine Umfrage unter den drei Kunden durchgeführt, welche Probleme sie an ZITiS herantragen würden. Das Ergebnis war ein sehr dicker Katalog mit Bedürfnissen, die sich in vier Kategorien zusammenfassen lassen: digitale Forensik, Telekommunikationsüberwachung (TKÜ), Kryptoanalyse und Big Data – auch in dieser Reihenfolge der Priorität. Für Big Data gab es noch nicht so viele Anfragen. Meines Erachtens wird das aber in Zukunft der wichtigste Themenbereich. Wenn Sie heute z. B. in einem Fall von Wirtschaftskriminalität Daten beschlagnahmen, dann ist das nicht nur einen Aktenordner mit ein paar Blättern Papier. Da kommen schnell hunderte Terabyte an unstrukturierten Daten zusammen. Ein polizeilicher Ermittler muss in vertretbarer Zeit das für den Fall relevante Material identifizieren und sichten. Dafür braucht man immer mehr maschinelle Unterstützung, um Daten zu kategorisieren, zu übersetzen und zu ordnen. Ich glaube, eine Künstliche Intelligenz einzuführen, die die Ermittler bei dieser noch sehr manuellen Arbeit unterstützt, wird eine unserer größten Aufgaben sein.

Behörden Spiegel: Sie sagten digitale Forensik steht an erster Stelle der Bedarfe. Woran fehlt es da aus Ihrer Sicht?

Karl: Wir beschäftigen uns vor allem mit dem Überwinden von Zugangssperren. Beschlagnahmte Festplatten, Notebooks, Handys aber auch Spezialhardware oder Cloud-Speicher sind heute in aller Regel zugangsgeschützt. Die Frage ist: Wie kommen Sie an die Daten, wenn es rechtlich erlaubt und für eine Ermittlung notwendig ist? Das ist nicht neu, aber die technische Entwicklung schreitet ständig voran. Modernere Hardware und modernere Zugangssperren werden uns noch über Jahre immer wieder vor neue Herausforderungen stellen.

Behörden Spiegel: Ähnliches dürfte ja auch für den Bereich Kryptoanalyse gelten. Wie können Sie Ermittler unterstützen, auf verschlüsselte Daten zuzugreifen? Geht es im Kern tatsächlich um Dechiffrierung?

Karl: Es gibt heute Verschlüsselungsmethoden, die mathematisch nicht zu brechen sind. Wir maßen uns nicht an, hierfür eine Lösung zu finden. Aber es gibt durchaus Möglichkeiten, mit entsprechender Hardware und schlauen Algorithmen sowie den entsprechenden Experten zu Ergebnissen zu kommen. Etwa, wenn eine Verschlüsselung nicht ordentlich implementiert wurde oder wenn Anwender Fehler gemacht haben. Wenn wir Methoden finden, dann stellen wir sie unseren Kunden zur Verfügung.

Wir ändern übrigens nichts an der Kryptopolitik der Bundes-regierung. Es geht hier nicht um eine Schwächung von Krypto-verfahren. Weder durch Schlüsselhinterlegungspflichten, noch durch den Einbau von Hintertüren. Es geht darum, im Rahmen von Ermittlungen an relevante Daten zu gelangen, wo es tech-nisch noch möglich ist.

Behörden Spiegel: Für die TKÜ wird gerade beim BKA eine neue Generation eingeführt. Zumindest die Nordländer bauen technologisch auf eine andere Lösung. Wo sehen Sie bei dem Thema noch Verbesserungsbedarf?

Karl: Schlicht ausgedrückt wollen wir der technologischen Entwicklung folgen. Nach der Erfindung des Telefons hat es fast hundert Jahre bis zum Mobilfunktelefon gedauert. Dagegen ging die Entwicklung über das Smartphone, über erste Messenger Apps bis hin zur verschlüsselten Kommunikation für jedermann immer dynamischer vonstatten. Die Nutzungszyklen bei Kom-munikationstechnologien werden immer kürzer und das ist das eigentliche Problem für Polizeien und Nachrichtendienste. Sie müssen der rasanten Entwicklung folgen. Wenn jetzt eine neue Generation von TKÜ-Anlagen eingeführt wird, hat auch diese im nächsten Jahr Weiterentwicklungsbedarf.

Behörden Spiegel: Und perspektivisch wird über ZITiS eine Bündelung angestrebt?

Karl: Es macht natürlich Sinn, dass nicht jede Behörde ein-zeln Lösungen erarbeitet, sondern dass das zentral an einer Stel-le erfolgt. Dafür ist ZITiS gegründet worden. Auf Bundes- und Landesebene gibt es fast 40 Behörden, die als sogenannte berech-tigte Stellen TKÜ-Maßnahmen durchführen dürfen. Darunter sind große Behörden, die sich eine Marktsichtung und Produkte-

valuation bzw. eine Entwicklung leisten können. Es gibt aber auch viele, die schlichtweg nicht die Ressourcen dafür haben. Deutlich wird der Sinn einer zentralen Herangehensweise auch beim Thema Kryptoanalyse. Die notwendige Hardware ist sehr kostenintensiv und muss ständig gepflegt werden. Das Personal, das solche Anlagen warten und reparieren kann, ist knapp. Hier drängt sich der Vorteil einer Zentralisierung für alle Behörden geradezu auf.

Behörden Spiegel: Über das BKA als Zentralstelle wird das Projekt Polizei 2020 zur Verbesserung des gemeinsamen Informationswesens der Polizei verfolgt. Teil dessen sind auch Instrumente in den Bereichen Digitale Forensik, TKÜ und Big Data, die ja gleichzeitig ins Aufgabengebiet von ZITiS fallen. Wie wird die Zusammenarbeit bzw. Aufgabenteilung koordiniert?

Karl: Wir arbeiten nicht ins Blaue hinein, sondern in der Abstimmung mit unseren Kunden. Dazu gehört das BKA. Polizei 2020 ist ein großes Projekt mit vielen Teilprojekten. Wenn in diesem Rahmen Teilprojekte durch ZITiS bearbeitet werden sollen, dann wird das entsprechend abgestimmt. Bisher ist das nicht der Fall, da wir auch erst mit einem kleinen Jahresarbeitsprogramm begonnen haben. Ausschließen will ich es aber nicht, wenn sich z. B. ein Entwicklungsauftrag ergibt oder wenn Forschungsbedarf besteht.

Behörden Spiegel: Gibt es eigentlich auch Überschneidungen mit dem Bundesamt für Sicherheit in der Informationstechnik (BSI)?

Karl: Die Cybersicherheitsstrategie der Bundesregierung umfasst im wesentlichen zwei Säulen. Das eine ist die IT-Sicherheit, dafür gibt es etablierte Stellen: Das BSI ist die wichtigste. Die andere Säule ist die Handlungsfähigkeit der Sicherheitsbehörden. Hierfür wurde ZITiS gegründet. Natürlich gibt es Überschneidungen zwischen den Bereichen. Wenn wir z. B. für ein Projekt eine verschlüsselte Übertragungslösung brauchen, dann müssen wir die nicht selbst entwickeln, sondern gehen natürlich auf das BSI zu, das Dienste zur Verfügung stellen kann.

Behörden Spiegel: Ist auch eine Kooperation mit ausländischen Sicherheitsbehörden angedacht? Europol fungiert ja als Informationsdrehscheibe bei Geldwäsche, Terrorismus und Kinderpornografie. Bei der Datenauswertung werden dort sicherlich die gleichen Probleme bestehen wie bei LKAs und BKA.

Karl: Auch die Zusammenarbeit mit ausländischen Partnern ist ein wichtiges Element für uns. Es soll ja nicht jeder das Rad für sich neu erfinden. In Europa haben wir die glückliche Lage, dass die gesetzlichen Regelungen immer mehr harmonisiert werden. Wenn also Niederländer oder Franzosen eine Lösung für eine Herausforderung haben, vor der bei uns irgendein LKA steht, dann können wir diese in der Regel ohne große Änderungen übernehmen. Wir sprechen bereits mit internationalen Partnern. Die Kanäle befinden sich noch im Aufbau. ZITiS ist weder Polizei noch Nachrichtendienst, wir sind nicht operativ tätig. Im Ausland sind entsprechende Tätigkeiten aber meistens entweder beim einen oder beim anderen verortet. Wir müssen also die Ansprechpartner für die einzelnen Themen, sei es TKÜ, Forensik oder Kryptoanalyse erst einzeln identifizieren. Selbst in Ländern, die sehr zentral organisiert sind, kümmern sich oftmals verschiedene Sicherheitsbehörden um diese technischen Themen.

Behörden Spiegel: Am Ende des Tages müssen Produkte her. Eine relativ enge Zusammenarbeit mit der Industrie ist da unbedingt erforderlich. Wie ist diese Zusammenarbeit strukturiert?

Karl: Es hat natürlich einen Grund, dass wir in München sitzen. Denn hier haben wir die Umgebung, die wir brauchen und nutzen werden: Universitäten, Forschungsinstitute und vor allem Industrieunternehmen. Auch wenn ZITiS eine Zielgröße von 400 Mitarbeitern hat, werden wir selten allein in den genannten Kernbereichen forschen und entwickeln. Wir müssen Aufträge an die Industrie vergeben. Das tun wir jetzt schon. In unserem ersten Jahresarbeitsprogramm haben wir zwölf Projekte und fast alle in Zusammenarbeit mit Instituten und der Industrie. Wir wollen diese Möglichkeiten nicht nur jetzt nutzen, wo wir noch wenige Ressourcen haben, sondern auch im weiteren Aufbau und in der langfristigen Arbeit von ZITiS.

Behörden Spiegel: Dieser kooperative Ansatz steht auch hinter der Entscheidung, ZITiS im geplanten Neubau der UniBw zusammen mit dem Forschungsinstitut Cyber Defence zu verorten?

Karl: Ja. Viele der Themen, die vom Forschungsinstitut Cyber Defence und ZITiS in der Grundlagenforschung bearbeitet werden, überlappen sich fachlich. Da macht es natürlich Sinn, dieses Know-how nicht zwei Mal aufzubauen, nicht zwei Mal das gleiche Labor einzurichten, nicht zwei Mal Fachkräfte auszubilden, sondern gemeinsam an den Problemen zu arbeiten. Entsprechend haben sich das BMI und das Bundesministerium der Verteidigung (BMVg) entschieden, das auch in einem gemeinsamen Gebäude zu tun.

Behörden Spiegel: Bedeutet gemeinsame Arbeit an Problemen, dass Sie nicht nur das Gebäude, sondern auch Labore teilen?

Karl: Ja, wir werden auch gemeinsame Labore haben und an manchen Themen gemeinsam forschen. Die Ausschreibung des Generalunternehmers läuft bis Herbst, sodass der Bau aller Voraussicht nach im 2019 beginnt. Ich bin zuversichtlich, dass wir in wenigen Jahren einziehen können.

Behörden Spiegel: Die Bundeswehr verfolgt die Strategie, über den Cyber Innovation Hub in Berlin gezielt neue Ideen aber auch konkrete Entwicklungen aus dem Start-up-Umfeld ausfindig zu machen. Könnten Polizei und Nachrichtendienste nicht auch von den schnellen Innovationen von Start-ups profitieren?

Karl: Tatsächlich werde ich manchmal gefragt, warum ZITiS nicht in Berlin gegründet wurde, weil es doch dort so eine lebendige Start-up-Szene gebe. Natürlich macht es Sinn, sich mit Start-ups zu beschäftigen und vielleicht sogar solche zu fördern, die sich in ersten Stadien einer Produktentwicklung befinden. Insofern ist der Ansatz der Bundeswehr zu begrüßen. Man darf aber nicht die vielen kleinen und mittleren Unternehmen vergessen, die gerade hier in der Region München ansässig sind. Viele davon bieten wirklich sehr innovative Produkte im Bereich Cyber an. Anders als bei Start-ups finde ich hier eine Industrie vor, die mir die Erstellung eines Produktes auch zusagen kann, wenn ich die Unterstützung brauche.

Behörden Spiegel: Die Start-ups überlassen Sie also eher der Bundeswehr?

Karl: Ich schließe nicht aus, dass wir auch mal mit Start-ups zusammenarbeiten. So im Bereich Forschung oder gerade, wenn es darum geht, von Forschungsergebnissen zu Entwicklungen zu kommen. Unsere Hauptpartner werden aber wahrscheinlich etablierte Unternehmen sein. Da ergänzen wir uns dann mit der

Bundeswehr. Zum einen die Zusammenarbeit mit Start-ups, zum anderen anwendungsbezogen mit der Industrie und als drittes die Grundlagenforschung mit der Universität.

Behörden Spiegel: Wie kommen Ihre Kunden an die Produkte, um die es letztlich geht?

Karl: Das kommt darauf an. Entweder entwickeln wir ein Verfahren oder ein Produkt z. B. in Zusammenarbeit mit einem Institut und übergeben das dann an unsere Kunden. Oder wir finden auf dem deutschen oder internationalen Markt ein Produkt, das sich technisch und vor unserem rechtlichen Hintergrund für den Einsatz eignet. Das können wir dann evaluieren und unseren Kunden empfehlen. Kaufen müssen sie es dann allerdings selbst. Oder wir entwickeln eine Lösung zusammen mit der Industrie und die bietet ein entstehendes Produkt dann direkt an.

Behörden Spiegel: ZITiS ist also nicht als Beschaffungs- oder Vergabestelle gedacht, die teure Innovationen gebündelt für verschiedene Behörden einkauft?

Karl: ZITiS ist auf keinen Fall ein weiteres Beschaffungsamt. Wir können nicht für andere Behörden beschaffen, obwohl schon einige mit diesem Ansinnen an uns herangetreten sind. Wir haben ein eigenes Budget für Forschung und Entwicklung. Wenn es aber um ein Produkt geht, das wir empfehlen oder mit der Industrie entwickelt haben, dann müssen es die Behörden selbst mit ihrem eigenen Budget beschaffen.

Behörden Spiegel: Könnten Sie nicht mit der Industrie Konditionen aushandeln und Rahmenverträge abschließen?

Karl: Das kann man schon. Da werden wir durchaus schon tätig. Bei Rahmenverträgen geht es aber nicht nur um finanzielle Vorteile. ZITiS kann als zentraler Point of Contact gegenüber der akademischen Welt und auch der Industrie auftreten. So können wir die Bedarfe bündeln – auch die der Länderbehörden. Mit Problemen, die manche Behörden vielleicht mit dem einen oder anderen Produkt hatten, können wir auf die Hersteller zugehen. Außerdem können wir nicht nur finanzielle Konditionen aushandeln, sondern auch bewirken, dass ein Produkt speziellen Anforderungen entsprechend angepasst wird. Wir haben da einfach ein ganz anderes Gewicht als eine kleine Behörde mit singulären Problemen.

Behörden Spiegel: Verfolgen Sie eigentlich eine Linie, was den Anteil von Selbstproduktion im Verhältnis zum Einkauf angeht?

Karl: Da möchte ich mich nicht festlegen. Je nach Projekt und je nach Bedarf wird es mal einfacher und mal schwerer sein, etwas einzukaufen. Vielleicht gibt es schon ein Produkt, das ohne weitere Änderungen eingesetzt werden kann. Man muss prüfen, ob es technisch tut, was es soll, und rechtlich auch nicht mehr, als es darf. Wo nötig, wird man mit Herstellern vereinbaren können, dass Produkte an spezielle Bedarfe angepasst werden. Beim Thema Quellen-TKÜ macht es aber z. B. Sinn, so viel wie möglich selbst zu entwickeln. Gerade wenn es um Risikoabwägungen geht dahingehend, ob bestimmte Softwareschwachstellen genutzt und entsprechend offengehalten werden sollen. Solche Fragen kann ich leichter beantworten, wenn ich selbst die Schwachstelle gefunden habe.

Behörden Spiegel: Ein viel diskutiertes Thema ist die aktive Cyber-Abwehr bis hin zum sog. Hackback. Das BMI hat schon gegen Ende der letzten Legislatur einen Fünfstufenplan zur Cy-

ber-Abwehr ausgearbeitet. Diskutiert wird noch, wie man das auf eine gesetzliche Grundlage bekommt. Ist ZITiS in das Thema involviert?

Karl: Wenn überhaupt, dann nur in technologischer Hinsicht. Wenn einem unserer Kunden die Aufgabe im operativen Sinne übertragen werden sollte und er dann mit einem entsprechenden technischen Problem an uns herantritt, dann werden wir natürlich daran arbeiten. Zuvor muss aber politisch entschieden werden, wer überhaupt zuständig sein soll.

Behörden Spiegel: Das Thema Personal-Recruiting war seit der Geburt von ZITiS ein großes Thema. Wir erfolgreich waren Sie denn bis jetzt?

Karl: Dazu möchte ich ein bisschen ausholen. Wenn Sie eine Behörde wie ZITiS gründen, haben Sie zwei Alternativen. Sie können sich Personal aus Abteilungen und Referaten anderer Behörden zusammenholen und unter ein neues Dach setzen. Der Vorteil ist, dass Sie gleich eine Menge Leute haben und loslegen können. Die andere Möglichkeit ist, bei Null anzufangen. Dieses Vorgehen ist zukunftssicherer, denn Sie können die Organisation und Prozesse so etablieren, wie Sie sie brauchen. Ganz wichtig ist, dass Sie auch ein anderes Arbeitsklima schaffen können, das besser für Innovationen geeignet ist, als wenn Sie ganze Bereiche mit ihrer entsprechenden Kultur übernehmen. Wir haben uns deshalb für die zweite Alternative entschieden.

Behörden Spiegel: Es ist aber sicher nicht leicht, entsprechendes Fachpersonal zu finden?

Karl: Als wir im Mai 2017 angefangen haben, waren wir fünf Leute. Ich habe mich über die Berichterstattung der Tagespresse im Sommer gewundert, die sich darüber lustig gemacht hat, dass wir noch nicht 120 Stellen besetzt hatten. So viele Planstellen wurden uns zu Beginn zur Verfügung gestellt, aber natürlich kann man nicht in vier Monaten so viele Leute einstellen. Wir haben zunächst begonnen, die Verwaltung aufzubauen und Leute einzustellen, die weiteres Personal rekrutieren. Jetzt haben wir weit mehr als die Hälfte der Stellen besetzt. Ich habe mal das Ziel ausgegeben, bis Jahresende 80 Stellen zu besetzen. Ich glaube, das schaffen wir schon früher. Darauf können wir alle stolz sein, vor allem diejenigen, die die Arbeit hier gemacht haben.

Behörden Spiegel: Wie viele der Stellen entfallen auf die Administration und wie viele auf die Forschung?

Karl: Am Anfang haben wir nur Administration aufgebaut. Damit müssen Sie loslegen. Jetzt haben wir etwa ein Drittel Fachkräfte im IT-Bereich. Im Augenblick sind alle Anstrengungen zur Personalgewinnung auf den IT-Bereich ausgerichtet. Wir nutzen beim Aufbau der Organisation alles an Dienstleistern, was es in der öffentlichen Verwaltung für den Bund gibt: Dienstleister für die IT-Ausstattung, für Gehaltsabrechnungen oder für Reisekostenmanagement. Das macht es uns möglich, dass wir in der Zielgröße von 400 Mitarbeitern einen geringen Verwaltungsanteil von unter 14 Prozent haben werden. Der Rest sind dann tatsächlich die MINT-Fachkräfte, die wir für unsere Aufgabenerfüllung brauchen.

Behörden Spiegel: Haben Sie bei der Vergütung Sondermöglichkeiten?

Karl: Die Vergütung richtet sich nach TVöD und nach Bundesbesoldungsgesetz, im Rahmen dessen können wir auch einige Zulagen zahlen. Es wird immer pauschal gesagt, der Öffentliche

Dienst finde keine Leute, weil er sie nicht bezahlen kann. Natürlich können wir mit manchen Gehaltssphären in der Industrie nicht mithalten. Aber gerade für Juniorexperten, Seniorexperten und für Absolventen sind wir durchaus attraktiv. Sie interessieren sich für ZITiS, weil wir einen Mix zwischen Start-up und Behörde darstellen. Auf der einen Seite bieten wir den sicheren Arbeitsplatz, flexible Arbeitszeitgestaltung und Vereinbarkeit von Beruf und Familie. Auf der anderen Seite können die Mitarbeiter selbst mitgestalten wie es sonst nur bei Start-ups möglich ist und noch dazu mit interessanter Technologie arbeiten.

Soweit dieses Interview. Es wird interessant sein zu beobachten, wie sich der „Mix zwischen Start-up und Behörde" in der Praxis bewährt. Ob die zum Start gezeigte Offenheit lange anhalten wird, darf indes bezweifelt werden. Schließlich lebt ZITiS davon, in Programmen Geheimnisse zu entdecken, die keiner kennt – nicht einmal der Programmhersteller – und diese dann für ebenso geheime Zwecke zu verwenden.

Auf jeden Fall lässt sich feststellen, dass Deutschland bei der digitalen Gefahrenabwehr kräftig aufgerüstet hat, um im Sturm der Cyberkriminalität, des Cyberterrors und der Cyberkriege zu bestehen.

Bei Cybergefahren geht es in der Regel entweder um Chaos, Macht und Terror – oder wie so oft im Leben um Geld. Dabei ist abzusehen, dass Digitalgeld künftig eine Schlüsselrolle spielen wird – im Alltag der Bevölkerung, aber eben auch im Alltag der Cyberverbrecher. Hierbei geht es nicht nur um Kreditkartendaten, die schon sehr lange ein beliebtes Angriffsziel sind, sondern um eine neue Generation der digitalen Währungen. Vereinfacht gesagt, wird dabei der Geldschein aus Papier durch eine Ziffernkombination ersetzt. Diese Ziffernfolgen sind mit Methoden der Kryptographie verschlüsselt, daher ist auch oft von Kryptowährungen die Rede. Und ebenso wie „in alten Zeiten" Bankräuber den Tresor mit dem Papiergeld geleert haben, besteht künftig die Gefahr, dass die wertvollen Ziffernfolgen aus den digitalen Tresoren gestohlen werden. Diese Form des digitalen Bankraubs ist schon seit Jahren zu verzeichnen, allerdings in Einzelfällen und fast immer ging es dabei um die Kryptowährung Bitcoin. Doch je populärer Bitcoins und künftig sicherlich weitere Kryptowährungen werden, desto größer wird die Angriffsfläche. Es ist wohl abzusehen, dass sich Kryptodiebstahl zu den beliebtesten Kriminalitätsformen der nächsten Jahre und Jahrzehnte entwickeln wird. Nordkorea finanziert heute schon mit dem Raub von Bitcoin-Bergen seinen Staathaushalt. Andere Staaten und vor allem die organisierte Kriminalität werden sich künftig diese sprudelnden Einnahmequellen nicht entgehen lassen. Um zu begreifen, wie das funktioniert, muss man die Grundlagen der Geldwirtschaft und der Kryptowährungen verstehen.

Kryptowährungen – Geld in Gefahr

Wer Geld besitzt, hat Macht; wer Geld herstellt, ist der Allmächtige. Nach diesem Motto haben sich die Staaten durchweg das Monopol des Gelddruckens gesichert. Betrachten wir kurz die geschichtliche Entwicklung, um zu verstehen, warum dieses Monopol vor dem Kippen stehen könnte und weshalb sich die Staaten dagegen wehren.

Tauschhandel, Tauschmittel, Muscheln, Münzen, Papiergeld, staatliche Währungen, Plastikgeld, Bankgeld – die Geschichte des Geldes entwickelte sich über Jahrtausende hinweg vom Tauschhandel verschiedener Produkte („tausche Messer gegen Korb") zu einer Frage des Vertrauens. In der heutigen Zeit ist damit stets das Vertrauen in einen Staat als Hüter einer nationalen Währung verbunden, denn Banknoten sind nichts anderes als Zahlungsversprechen. Auf der britischen 5 Pfund-Note steht neben dem Bild der Queen der schöne Satz: „I Promise to pay the Bearer on Demand the Sum of 5 Pounds."[336] Der Wert des „Fetzen Papier" ergibt sich einzig und allein daraus, dass alle Marktteilnehmer der britischen Königin vertrauen, dass sie sich an ihr Versprechen hält. Und wer seinen Bankauszug in der Hand hält oder am Computerschirm betrachtet, vertraut ebenfalls darauf, dass die Bank auf Anforderung das ausgewiesene Geld tatsächlich auszahlt.

Mit den Kryptowährungen kamen erstmals Währungen in Umlauf, die unabhängig vom Vertrauen in einen Staat oder in eine Bank funktionieren. Was noch vor kurzem als „technischer Schnickschnack" anmutete, wird sich binnen weniger Jahre oder Jahrzehnte als eine umwälzende Zäsur in der Geschichte des Geldes entpuppen.[337]

Zunächst einmal einen Blick auf die historische Entwicklung des Geldes: Zwischen 9.000 und 6.000 vor Christus war der Tauschhandel üblich.[338] Um den Handel zu erleichtern, kamen gegen Ende dieser Periode leichter transportierbare Tauschmittel wie Getreide oder Gemüse auf. Um 1.200 vor Christus begannen sich Muscheln als erste „Währung" durchzusetzen, die etwa 500 vor Christus von Münzen aus Gold, Silber und anderen Metallen abgelöst wurden. In China kam schließlich um 800 nach Christus das erste Papiergeld in Umlauf.

Diese Entwicklung markiert den Übergang vom Warengeld zum Fiatgeld. Warengeld besitzt einen Wert an sich, unabhängig davon, ob Vertrauen in eine Währung existiert oder nicht („eine Kuh bleibt eine Kuh"). Fiatgeld (vom lat. „Fiat", „es werde") besitzt selbst keinerlei Wert, sondern wird nur durch allgemeine Vereinbarung zum Ersatz für das Warengeld, zum neuen Tauschmittel.[339] Ein Staat kann per Gesetz bestimmen, dass jeder, der am öffentlichen Handel teilnimmt, dieses Tauschmittel akzeptieren muss. Die Regierung verspricht im Gegenzug, den Wert der staatlichen Währung zu sichern.

Das gilt übrigens auch für die neuen Kryptowährungen: Erst durch das Vertrauen der Marktteilnehmer entsteht eine Währungsordnung. Die Frage ist: Wer kann das größere Vertrauen auf sich ziehen: Die Bank, der Staat oder eine neue Generation von Kryptowährungen, die, ähnlich wie das Internet, derart dezentral angelegt sind, dass es keinen „Währungshüter" im herkömmlichem Sinne gibt, der das in ihn gesetzte Vertrauen missbrauchen könnte.

Im Rahmen der Hyperinflation in Deutschland im Jahre 1923 wurde für jedermann deutlich was passiert, wenn ein Staat das in ihn gesetzte Vertrauen missbraucht. Damals druckte die

Reichsbank zur Finanzierung des Krieges Geldscheine im Überfluss – von 13 Milliarden Reichsmark am Kriegsanfang bis zu 60 Milliarden Reichsmark zum Ende des Krieges – und zerstörte damit das Vertrauen in die Währung. Bald kostete eine Tasse Kaffee 10.000 Reichsmark, später ein Kanten Brot eine Million Reichsmark.[340]

Heute vertrauen wir hierzulande auf die Bundesbank und auf die Europäische Zentralbank, dass sich eine solche oder ähnliche Entwicklung nicht wiederholt. Gleichzeitig erleben wir in anderen – weniger stabilen – Ländern fortlaufend, wie Währungen schwanken und zerfallen, sobald das Vertrauen schwindet.

Wer ist Satoshi Nakamoto?

Im Jahr 2008 veröffentlichte ein vermeintlicher Satoshi Nakamoto erstmals die Idee einer kryptografischen Währung, weil die Geschichte des staatlich gestützten Geldes voller Verrat am Vertrauen der Bevölkerung stecke, wie bei der deutschen Hyperinflation.[341] Er gilt als Urheber der Kryptowährung, doch es bleibt bis heute unklar, ob sich hinter dem Namen Satoshi Nakamoto eine einzelne Person oder eine ganze Personengruppe verbirgt.

Satoshi Nakamoto schreibt in einem White Paper:

„Das Kernproblem konventioneller Währungen ist das Ausmaß an Vertrauen, das nötig ist, damit sie funktionieren. Der Zentralbank muss vertraut werden, dass sie die Währung nicht entwertet, doch die Geschichte des Fiatgeldes ist voll von Verrat an diesem Vertrauen. Banken muss vertraut werden, dass sie unser Geld aufbewahren und es elektronisch transferieren, doch sie verleihen es in Wellen von Kreditblasen mit einem kleinen Bruchteil an Deckung. Wir müssen den Banken unsere Privatsphä-

re anvertrauen, vertrauen, dass sie Identitätsdieben nicht die Möglichkeit geben, unsere Konten leer zu räumen. Ihre massiven Zusatzkosten machen Micropayments unmöglich.

Eine Generation früher hatten Nutzer von Time-Sharing-Computersystemen ein ähnliches Problem. Vor dem Aufkommen starker Verschlüsselung mussten die User sich auf den Passwortschutz für ihre Daten verlassen und dem Systemadministrator vertrauen, dass er ihre Informationen vertraulich hielt. Diese Privatsphäre konnte jederzeit aufgehoben werden, wenn der Administrator zu dem Schluss kam, dass sie weniger wog als andere Belange, oder auf Anweisung seiner Vorgesetzten. Dann aber wurde starke Verschlüsselung für die Masse der Nutzer verfügbar, und Vertrauen war nicht länger nötig. Daten konnten auf eine Weise gesichert werden, die einen Zugriff durch Dritte – egal aus welchem Grund, egal mit wie guten Entschuldigungen, egal was sonst – unmöglich machten.

Es ist Zeit, dass wir dasselbe mit Geld machen. Mit einer elektronischen Währung, die auf einem kryptografischen Beweis beruht und kein Vertrauen in Mittelsmänner benötigt, ist Geld sicher und kann mühelos transferiert werden."

Man könnte es auch so zusammenfassen: Eine Krypto-Geldeinheit ist ein Stück Computercode, der derart gut geschützt („verschlüsselt") ist, dass außer dem Besitzer niemand (auch kein Staat!) an das Geld herankommt. Es gibt weltweit keine einzige Instanz, der man vertrauen muss und die dieses Vertrauen missbrauchen könnte. Es genügt, wenn alle Marktteilnehmer „der Kryptowährung an sich" ihr Vertrauen entgegenbringen. Hierzu wird diese Kryptowährung ähnlich dezentral wie das Internet organisiert: Das Netz bzw. die Währung bricht nicht zusammen, wenn einzelne Knoten oder Beteiligte ausscheiden.

2009: das Geburtsjahr der Bitcoin

Am 3. Januar 2009 verwirklichte Satoshi Nakamoto seinen Traum mit dem Erschaffen der ersten 50 Einheiten einer Kryptowährung. Der Bitcoin war geboren. Das System besteht aus dem Bitcoin-Protokoll, der Bitcoin-Infrastruktur und dem Bitcoin selbst. Alle drei Komponenten zusammengenommen lösen die wesentlichen Herausforderungen, denen sich jedes digitale Währungssystem gegenübergestellt sieht:[342]

o Es muss sichergestellt sein, dass das Geld nicht gefälscht oder doppelt ausgegeben werden kann.

o Es muss gewährleistet sein, dass nicht unkontrolliert in Unmengen Geld erzeugt und in Umlauf gebracht wird.

o Das Geld muss dezentral und sicher verwahrt werden können.

o Geldtransaktionen müssen sicher durchgeführt werden können, ohne dass dazu eine zentrale Instanz eingerichtet werden muss.

Schwachstellen sorgen für Schwankungen

Die Lösung von Satoshi Nakamoto berücksichtigte von Anfang an alle diese Aspekte sehr gründlich, dennoch gibt es (immer noch) Schwachstellen, die immer wieder ausgesprochen negative Schlagzeilen produzieren. Insbesondere die Digitalbörsen, an denen die Kryptowährungen gehandelt werden, stellen offenbar ein begehrtes Ziel für Kriminelle dar, die diese Schwachstellen ausnutzen.

So kam es Anfang 2014 zum Niedergang der Digitalbörse Mt. Gox, nachdem Hacker den Nutzern der Börse aus Tokio Bitcoins im Wert von rund 500 Millionen Dollar gestohlen hatten.[343] Es war und ist der bisher größte Diebstahl in der Geschichte der Kryptowährung. Anschließend etablierte sich Bitfinex als wichtigster Handelsplatz. Die Bitfinex-Nutzer fielen im Frühjahr 2016 allerdings ebenfalls einem Hackerangriff zum Opfer, bei dem rund 65 Millionen Dollar gestohlen wurden.[344] Angesichts dieser Unsicherheiten unterliegen derzeit alle Kryptowährungen starken Schwankungen, wobei Bitcoins seit Ende 2020 wieder erheblich an Wertsteigerung zulegen.

Daher stehen Kryptowährungen möglicherweise in ihrer Entwicklung heute auf dem Stand, auf dem sich die Telekommunikation im Zeitalter des „Fräuleins vom Amt" befand. Telefonieren konnte man mit der damaligen Handvermittlung indes auch schon. Ebenso wie Bitcoins und zwischenzeitlich mehr als 4.500 weitere Kryptowährungen heute bereits Realität sind.

Längerfristig bergen Kryptowährungen nicht nur das Potenzial, unsere Finanzen vom Staatsmonopol des Gelddruckens abzulösen, sondern auch gleich das gesamte Bankwesen auszuhebeln. Durch kryptografisch abgesicherte – man könnte auch sagen hochverschlüsselte Übertragungsprotokolle und dezentrale Datenhaltung benötigen Kryptowährungen keine Zahlungsinstanzen wie etwa Banken. Wer im Besitz eines Kryptoschlüssels ist, verfügt auch über das entsprechende Guthaben. Eine Notenbank oder eine andere zentrale Organisation wird nicht benötigt. Schließlich ist das System bewusst darauf angelegt, dass gerade kein Beteiligter in die Lage versetzt wird, die Produktion von Währungseinheiten zu beschleunigen, zu beeinträchtigen oder in irgendeiner Weise nennenswert zu missbrauchen. Natürlich haben Kryptowährungen keinen eigenen oder inneren (intrinsischen) Wert. Vielmehr entsteht ihr Wert allein durch die Akzeptanz. Aber das ist schließlich bei dem von den Zentralbanken herausgegebenen Geld auch nicht anders. Die Scheine sind nur Papier – erst die Akzeptanz definiert daraus einen Wert.

In Deutschland wurden bisher nur Bitcoin im Jahre 2013 als „Rechnungseinheiten" und eine Art „privates Geld", welches in „multilateralen Verrechnungskreisen" eingesetzt werden kann, rechtlich und steuerlich von der Bundesregierung anerkannt. Damit ordnet die deutsche Bundesanstalt für Finanzdienstleistungsaufsicht (BaFin) Bitcoin als mit Devisen vergleichbare Werteinheiten ein. Das Kryptogeld ist damit aber weder gesetzliches Zahlungsmittel noch E-Geld, Devisen oder Sorten. Das hinderte den Bitcoin allerdings nicht daran, 2020 erstmals weit über die historische Marke von 25.000 Dollar zu klettern; zeitweise war ein Bitcoin 2021 über 35.000 Dollar wert. Zum Vergleich: Im Jahr 2010 war ein Bitcoin noch für 0,08 Dollar zu haben. Wer sich also im Herbst 2010 für sagen wir 40 Dollar 500 Bitcoins gekauft hatte, konnte sich Anfang 2021 über ein Vermögen in der Größenordnung von 17,5 Millionen Dollar freuen.

Über die Zukunft von Kryptowährungen lässt sich trefflich spekulieren. Die Chance, das herkömmliche System der Banken und Zentralbanken hinter sich zu lassen, ist für viele Investoren, Unternehmen und nicht zuletzt eine immer größere Anzahl von Privatpersonen verlockend. Das hängt sicherlich auch mit dem generellen Vertrauensverlust in das Bankwesen zusammen. Anderseits lassen sich die derzeit noch erheblichen Risiken bei Anlagen in Kryptowährungen nicht leugnen. Wer seinen Geldschlüssel verliert, sei es, weil der PC kaputt geht oder das Smartphone gestohlen wird, ist sein Geld unwiederbringlich los. Darüber hinaus üben die digitalen Währungen natürlich eine magische Anziehungskraft auf Hacker aller Art aus. Warum Tresore knacken oder Geldscheine fälschen, wenn man „einfach" durch Computermanipulationen Millionen oder sogar Milliarden scheffeln kann?

Interessant ist auch ein Blick hinter die Technologie der Kryptowährungen, die sogenannte Blockchain. Vereinfacht ausgedrückt ist die Blockchain eine Art dezentral geführtes Buchhaltungssystem, bei dem zwischen allen Teilnehmern ein Konsens über den ordentlichen Zustand der Buchführung besteht. Man spricht auch von Distributed-Ledger-Technologie oder DLT. Worüber Buch geführt wird, bleibt dabei unerheblich. Kryptowährungen sind dabei nur ein einziges Beispiel für die Anwendung der Blockchain-Technologie. Ebenso ließe sich das Konzept für ein weitverzweigtes Vertragswesen einsetzen, für automatisierte Abrechnungssysteme und viele weitere Einsatzgebiete. Allerdings: Wenn jeder Vertrag und jede Abrechnung durch Blockchain digitalisiert wird, sollte man sicherstellen, dass die Manipulationsgefahr so gering wie möglich gehalten wird.

Der dezentrale Ansatz von Blockchain, Bitcoin und Co. weist konzeptionelle Ähnlichkeiten mit dem Internet auf. Lässt sich daraus eine ähnlich „glorreiche" Entwicklung vorhersagen? Wahrscheinlich schon. Der unkalkulierbare Faktor ist jedoch das Verhalten der Staaten. Letztlich kann natürlich jeder Staat Kryptowährungen schlichtweg gesetzlich verbieten, um sein eigenes Monopol zu schützen. China hat ein derartiges Verbot bereits im Jahr 2017 für den Handel über Kryptowährungsbörsen ausgesprochen.[76] Die Behörden mussten indes feststellen, dass die Händler auf alternative Plattformen ausgewichen sind. Seit Anfang 2018 werden nun auch diese Lücken rigoros gestopft. Ebenso rigoros geht Südkorea gegen Kryptowährungen vor.[77] Auch in anderen Ländern herrscht eine gewisse „Kryptonervosität". Im US-Senat liegt ein Gesetzesvorschlag zur Regulierung vor, der Kryptowährungen unter die bestehenden Gesetze gegen Geldwäsche stellt. Anonyme Bitcoin-Konten an Tauschbörsen sollen in Zukunft illegal werden. Bei Grenzkontrollen sind auch Durchsuchungen elektronischer Geräte nach Bitcoins vorgesehen. In der Europäischen Union macht sich ebenfalls die Erkenntnis breit, dass man Kryptowährungen „nicht einfach so laufen lassen" sollte. Die Staaten sind also auf dem besten Weg, den vermeintlichen „rechtsfreien Raum", dem sie dem Internet in seiner Entstehungsgeschichte und sei es nur aus Unkenntnis über Jahre hinweg eingeräumt haben, bei digitalem Geld zügig zu schließen. Der Wunsch der Staaten, ihre Bürger unter Kontrolle zu halten und vor allem das staatliche Notenbankmonopol zu erhalten, ist naturgemäß groß. Ein globales dezentrales Finanzsystem, das keinem Staat gehört und keine Banken mehr benötigt, gilt daher in den Finanzministerien rund um den Globus eher als Horrorvision. Als Abwehrmaßnahme ist abzusehen, dass die Länder in Zukunft eigene Kryptowährungen, also kryptografische Staatswährungen herausbringen werden. Der „E-Euro" ist längst in der Planung. Abgesehen von der Frage der Akzeptanz in der Bevölkerung stellt sich dabei auch die Frage nach der Sicherheit dieser neuen Generationen von Staatswährungen. Das Portmonee im Smartphone ist zum Greifen nahe.

Sichere Elemente

Wer das Einkaufsverhalten der Menschen kennt, kennt die Menschen. Nach diesem Grundsatz agieren die Kreditkartenunternehmen schon seit Jahrzehnten. Die Digitalkonzerne wollen sich diese Möglichkeiten natürlich nicht entgehen lassen.

Beispielhaft dafür steht Apples Bezahlsystem namens Apple
Pay. 2014 zunächst in den USA gestartet, erreichte es gegen
Ende 2018 auch Deutschland. In dieser Zeitspanne, also in rund
vier Jahren, schaffte es Apple, etwa eine Viertel Milliarde Nutzer für sein Zahlungssystem zu gewinnen, doch worum handelt
es sich bei Apple Pay? Vereinfacht ausgedrückt ersetzt dabei
das iPhone oder die Apple Watch die EC- oder Kreditkarte. Zum
Bezahlen hält der Kunde die Geräte im Geschäft einfach an ein
Terminal. Damit es funktioniert, muss die Kassentechnik kon-
taktloses Bezahlen per NFC-Funkchip (Near Field Communication) unterstützen.

Die Markteinführung erwies sich für Apple als relativ mühse-
lig, weil sich in vielen Ländern die nationalen Banken oder
Gremien der Kreditwirtschaft teilweise massiv gegen den Vorstoß aus den USA wehrten. So versuchten in Deutschland beispielsweise die Sparkassen und Volksbanken, den Ansturm aus
den USA mit einem eigenen Online-Bezahlsystem weitgehend
abzuwehren. Ob es den globalen Erfolg von Apple Pay aufhalten
wird, darf bezweifelt werden. Nach dem US-Start 2014 folgten
im darauffolgenden Jahr Großbritannien, Kanada und Australien. Später kamen viele europäische Länder hinzu, darunter
die Schweiz, Österreich, Frankreich und Spanien und gegen
Ende 2018 schließlich Deutschland.

Apple Pay wächst so explosiv wie kein anderes Produkt im
Apple-Universum. Die über den Bezahldienst abgewickelten
Transaktionen wuchsen Jahr für Jahr um mehrere Hundert
Prozent. 2018 wurde erstmals innerhalb eines einzigen Quar-
tals die Marke von einer Milliarde Finanztransaktionen überschritten. 2020 wurden bereits mehr als fünf Prozent aller Kre-
ditkartenzahlungen weltweit über Apple Pay abgewickelt.[345] Es
versteht sich natürlich von selbst, dass Apple nicht der einzige

Digitalkonzern blieb, der am Payment-Geschäft partizipieren möchte. Ende Juni 2018 kündigte Google den Start des Bezahldienstes *Google Pay* in Deutschland an.

Die deutsche Kreditwirtschaft versuchte unter dem Namen Paydirekt dem US-Ansturm ein nationales Gegengewicht entgegenzusetzen. Der deutsche Dienst verfügte dabei über einen entscheidenden Vorteil: Die fälligen Beträge werden direkt vom hinterlegten Girokonto abgebucht; die Daten bleiben somit bei der Hausbank und auf Servern in Deutschland. Dennoch setzte sich Paydirekt nur schleppend durch. Drei Jahre nach dem Start nutzten lediglich rund zwei Millionen Kunden den Dienst.[346] Konkurrent PayPal bringt es auf rund 20,5 Millionen Kunden in Deutschland. Was zum einen daran liegt, dass nur wenige Handelsunternehmen diese Option anbieten, zum anderen daran, dass es eben extrem simpel ist, als Zahlungsweg lediglich eine Mailadresse anzugeben, die mit Paypal verknüpft wurde.

Geht es nach den US-Digitalgiganten, dann ist beim Zahlungsmittel noch lange nicht Schluss. Ziel ist es, das gesamte Portemonnaie zu ersetzen, von der Kreditkarte bis zum Personalausweis.

Apple meldete bereits beim US-Patent- und Markenamt eine besonders bemerkenswerte Innovation zum Schutz des geistigen Eigentums an, den sogenannten *Apple Pass*. Im Kern geht es darum, die Daten eines E-Personalausweises per Nahfunk in ein iPhone zu übertragen und dort in einem besonders geschützten „Secure Element" des Gerätes zu speichern. Wird das Konzept Realität, würde es also künftig genügen, etwa beim Grenzübertritt sein iPhone dabei zu haben, der althergebrachte Personalausweis oder Reisepass wird gar nicht mehr benötigt.

Die vertraulichen Daten des Ausweises einschließlich der biometrischen Passdaten könnten problemlos ins iPhone übernommen werden. Zudem – so schlägt Apple vor – könnten zusätzlich die von Apple erfassten biometrischen Daten zur Identifizierung herangezogen werden. Etwa durch Touch-ID für die Fingerabdrücke und Face-ID für die Gesichtserkennung. Konkret zeigt das Patent auf, wie die staatlichen erfassten Fingerabdrücke mit den von Apple beim Entsperren des Gerätes erfassten Fingerabdrücke miteinander verglichen werden, um eventuellen Ungereimtheiten auf die Spur zu kommen.[347] Es ist beinahe müßig aufzuzeigen, welches Interesse das Unternehmen damit verfolgt.

Eine enge Zusammenarbeit mit den Behörden wäre dafür natürlich unumgänglich. So sieht das Patent vor, dass die Speicherung erst erfolgt, wenn die ausstellende Behörde dazu die Erlaubnis erteilt.

Offenbar möchte Apple das klassische Portemonnaie mit Ausweisen, Kreditkarten und Geld durch sein iPhone vollständig ersetzen. Es deutet einiges darauf hin, dass dies dem Konzern im Laufe der Zeit tatsächlich gelingen könnte. Gegen Ende 2018 löste das iPhone bereits an ersten Universitäten den Studentenausweis ab, einschließlich der damit verbundenen Funktionen wie etwa den Zugang zu bestimmten Bereichen auf dem Universitätsgelände oder zum Bezahlen des Essens in der Mensa. Die Einführung eines digitalen Impfpasses liegt nach den pandemischen Erfahrungen der Jahre 2020/21 geradezu auf der Hand.

Technischer Mittelpunkt ist übrigens in allen diesen Fällen ein Spezialchip namens *Secure Element*, auf dem sich Kleinstprogramme (Applets) um alle sicherheitsrelevanten Daten kümmern sollen.

Alle diese unterschiedlichen Dienste und Entwicklungen verfolgen das Ziel, Transaktionen transparent zu machen und damit einen möglichst gläsernen Verbraucher zu erschaffen – und schaffen zugleich immer neue Einfallstore für Hacker. Dieser Trend macht auch vor der biometrischen Vermessung der Bürger nicht halt – ganz im Gegenteil. In den USA hat Amazon bereits erste Supermärkte ohne Kassen eröffnet, bei denen die permanente Beobachtung der Kundschaft offiziell zum Geschäftsprinzip erhoben wird.[348] Nach einmaliger Registrierung der Kunden werden diese im Supermarkt fortlaufend detailliert überwacht, jeder Griff ins Regal wird registriert, die Gesichtserkennung sorgt für die korrekte Zuordnung. Das besitzt natürlich durchaus Vorteile für den Einkäufer: Er kann den Supermarkt einfach verlassen, ohne sich an einer Kasse zum Bezahlen anzustellen. Die Kameras erfassen alles, was er an sich genommen hat und beim Verlassen des Marktes erhält er den Abrechnungsbeleg einfach auf sein Smartphone. Das spart Zeit, ist bequem und mithin ein guter Grund, sich auf die Dauerüberwachung im Supermarkt einzulassen. Auch hier gilt wieder, unsere Bequemlichkeit sorgt für einen weitaus sorgloseren Umgang mit unseren sensiblen Daten, als wir normalerweise bereit wären, von uns preiszugeben. In Europa ist übrigens Schweden führend beim bargeldlosen Bezahlen, mit Karte oder Handy kann man dort fast alles erwerben.

Für Staat und Wirtschaft ist die Zurückdrängung des Bargelds ideal. Schließlich geht damit auch jene Anonymität verloren, die durch das Bargeld zwangsläufig garantiert wird. Wenn wir mit Bargeld bezahlen, weiß kein Staat und kein Konzern, wann, wo und wofür wir unser Geld ausgeben. Aber genau diese

Anonymität ist natürlich weder von der Regierung noch von der Wirtschaft gewünscht. Neben der Bequemlichkeit, die schon mit der Kreditkarte anfing und sich mit dem digitalen Bezahlen fortsetzt, gibt es ein weiteres handfestes Argument gegen Bargeld, den Kampf gegen Korruption, schwarze Kassen und die Schattenwirtschaft. Mit dieser Begründung hat die EU mit Beschluss vom 4. Mai 2016 den 500-Euro-Schein aus dem Verkehr gezogen. Indien hat ebenfalls 2016 auf einen Schlag rund 85 Prozent seiner Banknoten ausrangiert.

Die Deutschen gelten zu Recht weiterhin als Bargeldfans. Doch die Corona-Krise 2020/21 hat ein Umdenken ausgelöst. „Bitte zahlen Sie ohne Bargeld" hieß es unisono während der Pandemie aus hygienischen Gründen: Über Münzen und Scheine könnte sich das Virus verbreiten, war die Befürchtung. Und siehe da: Es funktionierte beinahe überall. Ob Supermarkt, Bäckerei, Apotheke oder Lieferdienst – viele Menschen zahlten mit Plastikkarte oder kontaktlos mit dem Smartphone. Bei Aldi Süd beispielsweise stieg der Anteil der Kartenzahlungen in der Krise um rund 20 Prozent; bei kontaktlosem Bezahlen lag der Anstieg sogar bei fast einem Drittel. Banken und Sparkassen verzeichneten eine erhöhte Nachfrage nach bargeldlosen Bezahlverfahren. Damit überwanden Millionen von Menschen erstmals die psychologische Hürde bei der Umstellung von Bargeld auf bargeldloses Bezahlen: Die Frage „warum soll ich nicht bar zahlen?" bekam erstmals eine plausible Antwort. Einmal ausprobiert, werden viele feststellen, wie leicht es ist, einfach das Smartphone ans Bezahlterminal zu halten und den Bestätigungston abzuwarten – fertig. Viele werden diese neu erlernte Gewohnheit nach der Krise nicht ablegen, zumal der Trend zum bargeldlosen Bezahlen ohnehin zu verzeichnen war. Schon 2018 entfiel knapp die Hälfte des Umsatzes (48,3 Prozent) im deutschen Einzelhandel bereits auf Kartenzahlung. Die Barzahlung lag mit 48,6 Prozent nur knapp davor (Rest: Rechnung und Finanzkauf). Der Einzelhandel geht davon aus, dass spätestens bis 2025 der Bargeldanteil nur noch bei etwa 20 Prozent liegen wird.[349]

Vor diesem Hintergrund bereiten die Notenbanken schon seit langen Jahre ihr Wiedererstarken vor. Keineswegs sind sie bereit, den digitalen Zahlungsverkehr und vor allem die digitalen Währungen der Wirtschaft oder gar Algorithmen wie dem Bitcoin zu überlassen. Die Kampflinie wird künftig zwischen den staatlichen Notenbanken auf der einen und den Cyberkriminellen auf der anderen Seiten verlaufen; die Sparkasse um die Ecke wird hingegen in Zukunft so bedeutungsvoll sein wie heute schon die „Tante-Emma-Läden", nämlich ohne Bedeutung.

„Riders on the Storm"

Das wichtigste Welttreffen der Notenbanker begann 2019 mit einem düsteren Titel: „Riders on the Storm" hatten die kalifornischen Ökonomen Alan Taylor und Oscar Jorda ihren Vortrag genannt, nach einem alten Song der Rockband The Doors. Es war eine Anspielung auf eine wildgewordene Welt, vom Sturm gepeitscht, in dem die Banker nur noch den großen Strömungen des Weltgeschehens folgen können, dieses aber nicht mehr bestimmen. Früher galt die Macht von Zentralbanken als unermesslich. Sie waren die Herrscher über Kurse, Zinsen und Konjunktur, deren Entscheidungen das Wohl und Wehe ganzer Volkswirtschaften bestimmten. Doch schon vor 2020 waren die Waffen von EZB und Fed längst stumpf geworden. Tatsächlich dominieren die großen politischen und auch die technologischen Strömungen das Weltgeschehen.

Der drohende Zerfall der Europäischen Union, immerhin hat Großbritannien die EU bereits verlassen, der Handelskrieg zwi-

schen den USA und China, das Wiedererstarken Russlands, die
steigenden Weltmachtansprüche Chinas, das weltweite Wett-
rüsten, die schwer vorhersagbare Ausweitung der Kryptowährungen, die Digitalisierung, Künstliche Intelligenz und das
Internet der Dinge, die Umwälzungen in der Automobilindustrie durch neue Antriebe und vor allem durch Smart Cars, also
selbstfahrende Autos, der um sich greifende Technologiekrieg,
der sich anbahnende Kampf um den Weltraum, die mutmaßli-
che Klimakatastrophe und die Virus-Pandemie, das scheinbar
zügellose „Spiel" der Hacker und dadurch schwebende Gefahr
für das Finanzwesen – die Liste der Faktoren, die das Weltgeschehen bestimmen, ist lang und vielfältig. Die Rolle der Zentralbanken ist daran gemessen vergleichsweise überschaubar.
Mit staatlichen Kryptowährungen werden sie alsbald ihre einst
dominante Rolle wenigstens ein Stück weit zurückerobern wollen. Das Vorgehen dazu lässt sich am Beispiel Chinas am besten darlegen, weil die Volksrepublik China wohl am weitesten
vorangeschritten ist oder jedenfalls am offensten damit umgeht.
Daher lohnt sich ein kurzer Ausflug nach Osten, um die Dimension nationaler Kryptowährungen zu begreifen – und das damit
einhergehende Risiko durch Hackerbanden.

Kurzer Ausflug nach China

Schon im Sommer 2019 schreckte die chinesische Zentralbank
PBOC die Finanzwelt auf mit der Ankündigung einer bahn-
brechenden Innovation: des „E-Yuan". Der Begriff steht für eine
staatliche Digitalwährung der Volksrepublik China. Es wäre
eine Antwort auf den Bitcoin, vor allem aber auf die wenige
Monate zuvor erfolgte Ankündigung von Facebook, in den
2020ern eine eigene Kryptowährung namens Libra auf den
Markt zu bringen. Angesichts der milliardenfachen Nutzer-
schaft von Facebook könnte eine eigene Währung des sozialen

Netzwerkes den Weltmarkt für Digitalwährungen weitgehend für sich vereinnahmen. Das käme einer Dominanz der Digitalwelt durch den US-Dollar gleich, einer weltweit erfolgreichen Digitalwährung, die von US-amerikanischen Unternehmen kontrolliert wird und damit unter der politischen Einflussnahme der USA steht. Diese Befürchtung dürfte auch die chinesische PBOC bereits 2019 zu der erstaunlichen öffentlichen Aussage veranlasst haben: „Die digitale Währung der Zentralbank kann als fertig bezeichnet werden". Damit schien China weltweit führend zu sein: Bis dato hatte noch kein anderes Land eine eigene Kryptowährung zu präsentieren.

Eine nationale Digitalwährung ist ein überaus machtvolles Instrument – vor allem für den Staat. Der chinesischen Regierung scheint es im ersten Schritt darum zu gehen, das Bargeld aus dem Verkehr zu ziehen. Die offizielle Begründung: Schutz vor Betrug. Tatsächlich lassen sich die im Umlauf befindlichen Barzahlungsmittel vergleichsweise einfach fälschen und Falschgeld stellt ein immenses Problem in China dar. Wer mit einer 100-Yuan-Banknote zahlen will, das entspricht etwa 13 Euro und ist der größte Schein in China, wird häufig einer schnellen Kontrolle unterzogen. Vor diesem Hintergrund ist anzunehmen, dass die chinesische Zentralbank bei der Digitalwährung zunächst den privaten Sektor im Fokus hat. Langfristig könnte die Kryptowährung auf das Großkundengeschäft und den Kapitalmarkt ausgeweitet werden.

Lange wurde spekuliert, ob China den E-Yuan vor 2025 einführen wird. 2020 wurde klar: Mitten in der größten Weltkrise gab die chinesische Zentralbank CBDC den Startschuss für die nationale chinesische Kryptowährung, die seitdem sukzessive ausgerollt wird. Das digitale Zentralbankengeld der Volksrepublik kam erstmals im April 2020 lediglich im Bezirk Xiang-

cheng in Suzhou in der Gehaltsauszahlung bei Regierungs-
beamten zum Einsatz. Seit Mai 2020 wurden die Auszahlungen
sukzessive ausgeweitet. Im Rahmen des Projekts arbeiteten die
Bank of China, die China Construction Bank, die Industrial and
Commerical Bank of China sowie die Agricultural Bank of China eng zusammen. Die technologische Ausführung dieser ersten
Implementierung wurde über den chinesischen Bezahldienst
Alipay abgewickelt. Das digitale Zentralbankengeld ist sowohl
rückverfolgbar als auch verschlüsselbar. Ferner sind die zuge-
hörigen digitalen Brieftaschen je nach Anwendungstyp aus-
gestaltbar. Das erleichtert die Überwachung im Hinblick auf
finanzielle Risiken erheblich.[350]

Die chinesische Digitalwährung ist bei der Drucklegung dieses Buches bereits Realität. Das Hauptmotiv dahinter dürfte –
neben dem unbedingten Bestreben, eine US-Dominanz bei Digitalwährungen unter allen Umständen im Keim zu bekämpfen –
die Transparenz sein, die eine staatliche kontrollierte Krypto–
währung mit sich brächte. Steuerhinterziehung, Geldwäsche,
politisch unliebsame Finanzierungen – die staatliche Kontrolle
wäre derart umfassend, dass derartige Tatbestände sofort auf–
fliegen würden.

Was aus deutscher Sicht eher abschreckend klingt, ist für die
chinesische Bevölkerung im Grunde nichts Neues. Schon lange
sammelten Technologiefirmen wie Tencent über den digitalen
Allrounddienst WeChat und Alibaba über Alipay massenhaft
Daten über das Verbraucherverhalten. Der chinesischen Zentralbank ging es neben der Aufdeckung bzw. Verhinderung von
Verbrechen wohl eher um die makroökonomische Feinsteue-
rung der Wirtschaft. Die Vorteile eines digitalen Zentralbankgeldes sind indes vielfältig; bessere Verfügbarkeit, schnellere
Zahlungsabwicklungen bei geringeren Kosten und eben eine

bessere Überwachung der Geldströme. So könnte die Zentralbank beispielsweise bestimmte Transaktionen einschränken oder mit höheren Kosten belegen, etwa auf dem Immobiliensektor, um eine Blase zu verhindern. Zudem wäre die Zentralbank taggenau über Kapitalflüsse zwischen Banken und Schattenbanken informiert, was derzeit, wenn überhaupt, nur mit deutlicher zeitlicher Verzögerung der Fall ist. Das Bestreben vieler Chinesen nach Divisentransfers ins Ausland ließe sich mit einer digitalen Währung ebenfalls viel leichter kontrollieren und gegebenenfalls unterbinden. Zudem kann langfristig der Automatisierungsgrad der Industrie durch programmierbares Geld profitieren.

Doch das Modell, so es Realität würde, ginge deutlich weiter: Theoretisch wäre es mit einer digitalen Währung möglich, sämtliche Transaktionen in einer Volkswirtschaft in Echtzeit zu beobachten. Verknüpft mit Künstlicher Intelligenz, die aus den Transaktionen ebenfalls in Echtzeit Schlussfolgerungen zieht, kommt das einer totalen Überwachung des Finanzwesens und des Finanzgebarens jedes Einzelnen gleich. Das passt durchaus in die chinesische Politik, sich auf möglichst vielen strategischen Gebieten zum Technologieführer aufzuschwingen, und diese Dominanz zu nutzen, um erstens die einheimische Bevölkerung zu kontrollieren und zweitens die geostrategische Rolle des Landes sukzessive auszuweiten.

Für diese Strategie ist China gewillt, in beinahe unvorstellbarem Ausmaß in neue Technologien zu investieren. Doch eine Digitalwährung allein auf Grundlage der Blockchain-Technologie, dem für Kryptowährungen üblichen Verfahrung zur Herstellung digitalen Geldes, ist selbst für China auf absehbare Zeit kaum vorstellbar. Keine noch so große Rechenfabrik wäre in der Lage, mit Blockchain die enorme Anzahl an Transaktionen technisch zu bewältigen. Allein für den Privatkundensektor müsste ein solches Systems rund 300.000 Transaktionen pro Sekunde verarbeiten – vor 2030 gilt eine solche Dimension noch als unmöglich. Doch China wird alles daransetzen, so rasch wie möglich eine staatliche Digitalwährung einzuführen. Dazu könnte eine verteilte Strategie dienen, bei der die Digitalwährung zwar von der chinesischen Notenbank ausgegeben und garantiert wird, die Geschäftsbanken und andere Zahlungsdienstleister die Guthaben aber im Auftrag der Notenbank verwalten. Der Start 2020 in zunächst einem Stadtbezirk (Xiangcheng) in der bezirksfreien und für chinesische Verhältnisse mit rund einer halben Million Einwohnern eher kleinen Stadt Xiangyanm deutet auf diese verteilte Strategie hin.[351]

Europa wird China folgen

Soweit China. Doch es wäre töricht zu glauben, dass sich Deutschland von dieser Entwicklung abkoppeln könnte. Es war wie ein Paukenschlag, als der Bundesrechnungshof Ende 2020 eine Bargeld-Obergrenze forderte. In einem nicht für die Öffentlichkeit bestimmten Bericht empfahl er ein Bargeldverbot für Immobilienverkäufe und eine Obergrenze von 5.000 Euro für andere geschäftliche Barzahlungen gesetzlich zu verankern.[352] Die Angst des Staates, dass die Bürger Zahlungen vornehmen, von denen er nichts weiß, ist offenbar groß.

Allein aus diesem Grund werden wir in Zukunft auch in Europa eine digitale Währung bekommen, also einen E-Euro – es sei denn, wir überlassen das Feld gänzlich den Chinesen und Amerikanern, und können uns künftig nur noch zwischen E-Yuan einerseits und den Währungen der US-Digitalanbieter wie Libra von Facebook und vergleichbaren Projekten anderer US-Konzerne entscheiden.

Die Europäische Union und damit auch Deutschland steuert auf einen geostrategischen Wettbewerb zu, den viele hierzulande noch gar nicht erfasst haben. Facebook ist mit Libra vorgeprescht, aber Amazon, Alphabet/Google und Apple werden mit Sicherheit folgen. China bereitet sich vor und versucht, der US-amerikanischen Dominanz bei digitalen Währungen mit einer eigenen Alternative entgegenzutreten. Von der deutschen Politik ist wohl eher kein Konzept dazu zu erwarten; Bundesbank-Präsident Jens Weidmann warnte noch 2019 mit der Plattitüde: „Die Einführung digitalen Zentralbankgeldes sollte auf jeden Fall wohlüberlegt sein." Seine Begründung: Es könnte die Geschäftsmodelle von Banken und die Finanzstabilität insgesamt gefährden. Seine Gefahrenanalyse läuft auf das Szenario heraus, dass die Bürger massenhaft ihr Geld von den Banken abziehen und in Digitalgeld anlegen könnten – ein „Bankrun".

Dafür gäbe es tatsächlich einen guten Grund: Bei einer Bankpleite sind die Einlagen grundsätzlich nur bis zu 100.000 Euro je Kunde gesetzlich garantiert. Hingegen ist das von der EZB ausgegebene Bargeld, also Euro-Scheine und Münzen, pleitesicher. Würde die EZB also Digitalgeld herausgeben, wäre das durchaus eine Versuchung für Kunden, ihre Bankkonten zu räumen und es stattdessen in die staatliche Digitalwährung umzuschichten. Es wäre wohl das Ende des heutigen Bankensystems. Das dürfte auch der Grund sein, warum sich die deutschen Banken und Sparkassen vorläufig bei der Einführung digitalen Geldes querstellen.[353] Selbst in einem durchregierten Land wie China wirft die Einführung einer nationalen Digitalwährung gewaltige Herausforderungen auf. Umso größer werden die Hürden in einem demokratischen Staaten-Konglomerat wie der Eurozone sein.

Deutlich progressiver ist allem Anschein nach die Europäische Union. So verblüffte die EU-Kommissionspräsidentin Ursula von der Leyen viele Zuhörer, als sie überraschenderweise schon bei ihrer Antrittsrede in Brüssel im Sommer 2019 die Blockchain als eine Zukunftstechnologie herausstellte. Anfang 2020 begann die Europäische Zentralbank EZB offiziell mit der Prüfung zur Einführung eines E-Euro. Die Bank für Internationalen Zahlungsausgleich BIZ stellte in einem fast 100seitigen Bericht im Frühjahr 2020 klipp und klar heraus, dass sie an einem digitalen Euro sowie mindestens 16 weiteren staatlichen Kryptowährungen arbeitet, die als Alternative zum Bargeld fungieren sollen.[354] Die Währungshüter sprechen von Central Bank Digital Currencies, kurz DBDCs. Die in der Öffentlichkeit wenig bekannte BIZ ist eine Art Zentralbank der Zentralbanken.[355] Die Analysen der BIZ, englisch als Bank of International Settlement und manchmal auch als „Vatikan der Hochfinanz", „Weltweite Finanzregierung" oder ähnlich dramatisch tituliert, sind bei der US-amerikanischen Federal Reserve und der europäischen EZB gefürchtet, weil sie als schonungslos gelten. Alle zwei Monate treffen sich die wichtigsten Notenbanker aus aller Welt bei der BIZ in Basel, ohne Protokolle, ohne Transparenz für die Außenwelt, was im Hauptquartier der Hochfinanz wirklich gesprochen wird. Doch es gibt öffentliche Verlautbarungen, die man besser beachten sollte. Obwohl man diese für die Öffentlichkeit gedachten Kommuniqués wohl als geschönt einstufen darf, ist höchste Alarmstufe angeraten, wenn sich dort eine Warnung findet.

Das Jahr 2020 nutzte die BIZ für eine überdeutliche Kampfansage an alle privatwirtschaftlichen Anbieter digitaler Zahlungssysteme, aber durchaus auch an die Willkür politscher Entscheidungsträger. Nicht zufällig wurde dem Frankfurter Kaufmann und Bankier Mayer Amschel Rothschild schon im

18. Jahrhundert der Ausspruch zugeschrieben: „Gib mir die Kontrolle über die Währung einer Nation, dann ist es für mich gleichgültig, wer die Gesetze macht".[356] Konsequenterweise soll es daher neben einem digitalen Euro und Schweizer Franken künftig auch eine E-Krone für Dänemark, Norwegen und Schweden sowie einen E-Schekel für Israel geben. In der Schweiz, Singapur und Hongkong laufen Stand 2020/21 bereits Pilotprojekte.[357] Es wird nicht zuletzt von den Kryptowährungsstrategien in China und in den USA abhängen, wie schnell die Europäische Union und andere Länder nachziehen werden.

Dabei ist abzusehen, dass sich die Europäer das Bargeld nicht freiwillig abnehmen lassen werden. Dafür gilt das Geld unterm Kopfkissen zu vielen Menschen als ultimative Sicherheit nach dem Motto „Was man hat, das hat man". So stieg in den ersten Monaten der Pandemie 2020 der Umlauf von Scheinen und Münzen im Euroraum um beinahe 100 Milliarden Euro. Zum Vergleich: In das Jahr 2020 ist die Bevölkerung in Deutschland mit insgesamt 253 Milliarden Euro Bargeld gegangen. Das entsprach immerhin mehr als 3.000 Euro in bar für jeden Bundesbürger und stellte mehr als eine Verdoppelung gegenüber den Bargeldbeständen Anfang 2014 dar. Seit immer deutlicher wurde, dass das Geld auf der Bank ohnehin keine Zinsen mehr bringt, könnte man es genauso gut auch zu Hause aufbewahren, dachte offenbar eine breite Mehrheit der Deutschen – oder an der Börse vermehren.[358] Daher floss seit 2020 ein erheblicher Teil des Bargeldes in die digitale Welt – denn nichts anderes ist die Börse in unserer Zeit. Kaum ein Aktionär besitzt noch tatsächlich Aktien, also Papiere, die eine Firmenbeteiligung verbriefen. Die Mehrzahl der Aktionäre vertraut ihr Geld einer Bank oder einem Smartbroker und liest den Wert des eigenen Vermögens am Smartphone oder Computer ab. Doch was, wenn auf dem Display über Nacht „null" steht – entweder weil die

Anzeige von Hackern manipuliert oder, noch schlimmer, das Geld schlichtweg von Hackern aus der Bank entwendet wurde. Ist ein solcher digitaler Bankrun undenkbar? Mitnichten! Ist er wahrscheinlich? Auf jeden Fall! Das „ob" steht kaum außer Frage, nur das „wann" ist noch nicht geklärt.

Wie wenig sich selbst die Notenbanken vor Hackern schützen können, machte bereits der „Bangladesh Cyber Heist", der „Digitale Bankraub von Bangladesch" im Jahr 2016 deutlich. Der Verweis auf Bangladesch, ein armes und wenig strukturiertes Land, ist insofern irreführend, als es digitalen Bankräubern gelungen war, das internationale Zahlungsverkehrssystem Swift zu überlisten, das von praktisch allen Banken inklusive Zentralbanken genutzt wird. Swift stellt das Rückgrat des globalen Finanzwesens dar. Was war passiert? Hacker hatten seit dem Bankraub bereits 2015 Bankkonten auf den Philippinen und in Sri Lanka eröffnet. Monate später überwiesen sie unberechtigt mit Dutzenden von Transaktionen Millionen von Bangladeschs Zentralbankkonto in New York auf ihre eigenen Konten. Zur Klarstellung: Angegriffen wurde nicht die Bank in Bangladesch, sondern die Federal Reserve Bank of New York, eine von zwölf US-Notenbanken, bei der Bangladeschs Zentralbank Geldreserven lagerte. Die Datendiebe nutzten dabei ein langes Wochenende aus, das gleichermaßen in New York und Bangladesch stattfand, und den Montag umfasste, an dem in Asien zur Vorbereitung des Chinesischen Neujahrsfestes geschlossen ist. Dadurch erhielten die Cybergauner mehr Zeit, um die illegalen Geldtransfers über mehrere Wege hinweg vorzunehmen. Ein Teil des Geldes floss auf die Konten auf den Philippinen und in Sri Lanka, ein anderer Teil in eine „Casino Connection" in China. Alle Geldströme wurden von einem halben Dutzend Banken gemäß dem von der in Belgien ansässigen „Society for Worldwide Interbank Financial Telecommunication" (Swift) für den internationalen Zahlungsverkehr festgelegten Transferprotokolle genehmigt. [359] Die Hacker hatten also nicht etwa nur die Zentralbank von Bangladesch manipuliert, sondern weitere renommierte Banken. Aufgefallen war der Schwindel, weil bei einer der Überweisungen über die Deutsche Bank in Höhe von 20 Millionen Dollar an eine vermeintlich gemeinnützige Organisation in Sri Lanka das englische Wort „Foundation" falsch geschrieben war. Das machte die Deutschbanker offenbar stutzig und führte zu einer Nachfrage und schließlich zur Aufdeckung des Schwindels[360]

Die Summe aller illegalen Überweisungen lag bei fast einer Milliarde Dollar. Zwei Transfers über 101 bzw. 20 Millionen Dollar waren erfolgreich, die anderen über insgesamt 850 Millionen Dollar wurden aufgrund des Rechtschreibfehlers geblockt. Ein Teil des Geldes konnte zurückgeholt werden, rund 18 Millionen Dollar sind bis heute verschwunden.[361]

Es bleiben zwei Erkenntnisse. Erstens sind selbst vermeintlich hochsichere Institutionen wie die Zentralbanken und Systeme wie Swift, die als „unknackbar" gelten, vor Hackern nicht sicher. Und zweitens: Hacker sind auch nur Menschen, die Fehler machen, in diesem Fall einen Rechtschreibfehler bei „Foundation". Ersteres gibt Grund zur Sorge, letzteres ist ein Schimmer Hoffnung. Im ewig währenden Kampf zwischen Gut und Böse – wobei es manch einem schwerfallen mag, die Notenbanken auf die Seite „gut" zu setzen – gewinnt am Ende immer das Gute, weil die Gegenseite über menschliche Schwächen stolpert. Wer das glaubt, vergisst indes, dass sich die Hackerszene künftig verstärkt algorithmischer Methoden wie der Künstlichen Intelligenz bedienen wird. Eine KI-Software wird vermutlich nicht mehr durch einen simplen Rechtschreibfehler auffliegen.

Bleibt die Frage, ob staatliche Kryptowährungen die Sicherheit erhöhen? Die Antwort darauf muss „mit Sicherheit nicht" lauten! Bei Kryptowährungen liegt das Vertrauen einzig und allein auf der technisch korrekten Abfolge von Einsen und Nullen. Die Verschlüsselung des Geldes ist derart komplex, dass sie von keinem Menschen mehr kontrollierbar ist, sondern nur von Computern. Man muss also gar nicht das Geld – die Kryptos – „knacken" oder entwenden, sondern es genügt für illegales Treiben völlig, die Kontrollcomputer zu hacken. Der „Bangladesch-Bankraub" hätte eigentlich ein Weckruf für die internationale Finanzwelt sein sollten. Doch die Verlockungen von Kryptowährungen, insbesondere die völlige Transparenz und damit die lückenlose Kontrolle, sind augenscheinlich derart verführerisch, dass sie jedwede Sicherheitsbedenken hinwegwischen. Wenn man bedenkt, dass Geld eine ähnlich „kritische Infrastruktur" wie etwa Strom darstellt, sind dies keine beruhigenden Zukunftsperspektiven. Allein im Jahr 2020 waren mehr als 120 Hackerangriffe auf Kryptowährungen zu verzeichnen. Das von den Datendieben 2020 entwendete Kryptovermögen wird auf 3,78 Milliarden Dollar geschätzt. Sogenannte Blockchain Wallets, also elektronische Geldbörsen für Kryptos, waren die profitabelste Geldquelle für die Hacker.[362]

Rund 20 Prozent der Anfang 2021 weltweit existierenden 18,5 Millionen Bitcoins gelten als verschollen. Das entspricht einem Gegenwert von rund 140 Milliarden Dollar an Bitcoin. Hauptgrund für die hohe Summe waren allerdings nicht die Hacker, sondern die Vergesslichkeit der Anleger: Wer den Zugangsschlüssel zu seinem Kryptovermögen vergisst oder verliert, kommt nie mehr an das Geld heran – es sei denn, er wird selbst zum Hacker.

Es gibt nämlich keine Möglichkeit, das Passwort zu einem
Krypto Wallet zurückzusetzen oder sonst irgendwie wieder herzustellen. Als abschreckendes Beispiel gilt der San Francisco
lebende deutsche Programmierer Stefan Thomas. Seit Wallet
umfasst 7.002 Bitcoins, Stand Anfang 2021 ein Vermögen von
rund 220 Millionen Dollar. Das Problem: Vor einigen Jahren
verlor Stefan Thomas den Zettel, auf dem er das Passwort no-
tierte. Bei zehn fehlerhaften Versuchen wird der Inhalt für immer verschlüsselt. Bis 2021 hat er acht seiner am häufigsten
verwendeten Passwortformulierungen ausprobiert – ohne Erfolg. Danach hat er die Festplatte sicher weggeschlossen und
hofft entweder auf eine Eingebung oder eine neue Möglichkeit,
die Daten zu entschlüsseln.[363] Der an anderer Stelle in diesem
Buch vermerkte Tipp, wirklich wichtige Informationen nicht
nur in digitaler Form vorzuhalten, sondern sie ganz altmodisch
auf Papier festzuhalten, hat Thomas Stephan also befolgt. Nur
beim zweiten Teil des Tipps, nämlich das Papier sich aufzubewahren, war er nachlässig.

Doch gleichgültig, ob es um Hacking oder die eigene Vergesslichkeit geht, die digitale Welt hält Gefahren bereit, die weit
über Geld hinausgehen. Dazu gehört die digitale Identität.

Unsere digitale Identität ist in Gefahr

Lange Zeit war die Europäische Union blauäugig von der Fiktion ausgegangen, dass das hohe Datenschutzniveau der EU auch in anderen Ländern und insbesondere auch in den USA gelte. Spätestens seit 2020 ist aufgrund eines Urteils des Europäischen Gerichtshofs klar: Das ist mitnichten der Fall.

Die Mär vom globalen Datenschutz

Die europäische Datenschutzrichtlinie 95/46/EG aus dem Jahre 1995 verbot es grundsätzlich, personenbezogene Daten aus den Mitgliedsstaaten der EU in Länder zu übertragen, deren Datenschutz kein dem EU-Recht vergleichbares Schutzniveau aufwies. Dazu zählten auch die Vereinigten Staaten, denn das US-amerikanische Recht kennt keine umfassenden gesetzlichen Regelungen, die den EU-Standards auch nur annähernd entsprechen würden. Damit der Datenverkehr zwischen der EU und den USA nicht zum Erliegen kam, wurde zwischen 1998 und 2000 ein besonderes Verfahren entwickelt.

US-Unternehmen konnten dem sogenannten Safe Harbor beitreten. Dazu mussten sie sich verbindlich selbst verpflichten, die Safe Harbor Principles („Grundsätze des sicheren Hafens") zu befolgen. Außerdem mussten sie sich in eine Liste des US-Handelsministeriums eintragen. Eine Überprüfung war nicht vorgesehen. Daher bestanden von Anfang an Zweifel, ob es die USA tatsächlich ähnlich ernst mit dem Datenschutz meinen wie die Europäische Union. Fünf Jahre lang war diese Praxis dennoch geltendes Recht und personenbezogene Daten konnten praktisch ungehindert aus der EU in die USA abfließen. Bis September 2015 waren etwa 5.500 amerikanische Unternehmen dem Safe-Harbor-Abkommen beigetreten, darunter so bekannte „Datensammler" wie Amazon, Google und Facebook.

Es waren fünf Jahre, in denen die EU mit einer Naivität ohnegleichen dem Abfluss der Daten ihrer Bürger in die USA nicht nur tatenlos zusah, sondern diese Situation sogar zum geltenden Recht erklärt hatte. Dabei hatten Juristen bereits im April 2010 erklärt, dass sich Datenexporteure in Deutschland nicht auf die Behauptung einer Safe-Harbor-Zertifizierung von US-amerikanischen Unternehmen verlassen dürften, und forderten konkrete Mindeststandards, die gewährleistet und auf Nachfrage der Aufsichtsbehörden auch nachgewiesen werden müssten. Da im Rahmen des US Patriot Acts US-Sicherheitsbehörden unter Umständen auch ohne Benachrichtigung der Dateninhaber Zugriff auf die in den Vereinigten Staaten gespeicherten Daten gewährt werden muss, geriet das Safe-Harbor-Abkommen immer mehr in die Kritik.

Das unabhängige Landeszentrum für Datenschutz in Schleswig-Holstein stellte alsbald fest, Safe Harbor ist „das Papier nicht wert, auf dem es geschrieben steht". Nach den Snowden-Enthüllungen hatten die deutschen Datenschutzbeauftragten am 24. Juli 2013 die deutsche Bundesregierung und die Europäische Kommission aufgefordert, das Safe-Harbor-System zu überprüfen und bekannt gegeben, dass sie bis auf Weiteres keinen Datenexport in die USA unter dem Safe-Harbor-System zulassen. Die EU-Justizkommissarin Viviana Reding kündigte am 6. September 2013 eine Reform des EU-Datenschutzes an, in dem Unternehmen „mit Strafen von bis zu zwei Prozent des weltweiten Jahresumsatzes" rechnen müssen, wenn sie „etwa illegal Daten übermitteln".[97]

Aber erst im Herbst 2015 hat der Europäische Gerichtshof dem Votum des Generalanwalts folgend das Safe-Harbor-Abkommen zwischen den USA und der EU für unwirksam erklärt. Spätestens mit der Veröffentlichung der Praxis der US-Geheimdienste durch Edward Snowden wurde deutlich, dass in den USA kein mit der EU vergleichbares Datenschutzniveau gewährleistet ist. Schon damals haben deutsche Datenschutzbehörden erhebliche Bedenken geäußert. Allerdings war es zweifelhaft, ob die nationalen Datenschutzbehörden berechtigt sind, die Entscheidung der EU-Kommission eigenständig zu prüfen. Mit dem EuGH-Urteil trat endlich Klarheit ein.

Unternehmen, welche Datenübertragungen personenbezogener Daten mit Unternehmen in den USA auf Basis des Safe-Harbor-Abkommens vereinbart hatten, mussten ihre Verträge auf neue Grundlagen stellen, gegebenenfalls die Zusammenarbeit mit dem amerikanischen Unternehmen beenden. Betroffen war eine Vielzahl von Unternehmen, die Cloud-Angebote amerikanischer Anbieter nutzten und dabei personenbezogene Daten in die USA transferieren bzw. dort speicherten und verarbeiteten. Die EU stand nach dem EuGH-Urteil unter erheblichem Druck, Rechtssicherheit zu schaffen.

Anfang 2016 verkündeten die EU-Kommissare Vera Jourová und Andrus Ansip die Einigung zwischen der EU und den USA über neue Regeln zu Datenaustausch und Datenschutz. Allerdings missachtete die neuerliche Einigung weiterhin in weiten Teilen die Entscheidung des Europäischen Gerichtshofs vom Oktober 2015, wonach die vorherigen Regeln zum transatlantischen Datenaustausch (Safe Habor) ungültig sind. Der sogenannte EU-US Privacy Shield war von Anfang an als Mogelpackung zu erkennen. Es handelte sich dabei keinesfalls um einen Schutzschild für die Privatsphäre, sondern gab und gibt den

US-Behörden ganz im Gegenteil ausdrücklich grünes Licht für die weitere Überwachung mit der lächerlichen Auflage der gegenseitigen Überwachung von US-Behörden untereinander.

Es blieb weiterhin völlig im Dunkeln, in welchem Umfang die US-Geheimdienste auf Daten von europäischen Unternehmen zugegriffen haben und weiterhin zugreifen. Die Behauptung, der vorgesehene Ombudsmann sei unabhängig von den Geheimdiensten, schafft keinerlei Klarheit über die Machtbefugnisse dieser Position. Die USA hatten sicherlich ihre Gründe, sich nicht dazu zu verpflichten, europäisches Datenschutzrecht zu beachten. Akzeptabel wäre nur ein Klagerecht europäischer Unternehmen und Bürger vor amerikanischen Gerichten. Genau dieser Rechtsweg soll aber nicht eröffnet werden.

Die Datenschutz-Grundverordnung (DSGVO) hat dieses Problem zwar mit aufgenommen, drückt sich jedoch mit schwammigen Formulierungen vor klaren Aussagen. Zwar benennt Artikel 45 der DSGVO deutlich die Voraussetzungen für die Datenübermittlungen in Drittländer außerhalb der EU. Diese ist demnach zulässig, wenn die EU-Kommission beschlossen hat, dass das betreffende Drittland (oder ein Teil davon) ein angemessenes Schutzniveau bietet. Ist der Beschluss gefasst, bedarf die Datenübermittlung dorthin keiner besonderen Genehmigung. Die EU-Kommission kann solche Angemessenheitsentscheidungen hinsichtlich gesamter Rechtssysteme für Drittländer vornehmen, wie beispielsweise für Argentinien, Israel, Neuseeland und die Schweiz. Sie kann aber auch sektorspezifische Beschlüsse fassen. So gelten die USA insgesamt aus Datenschutzsicht als "unsicheres Drittland". Der Angemessenheitsbeschluss bezieht sich hinsichtlich der USA ausschließlich auf unter den Privacy Shield fallende Datenübermittlungen. Anders ausgedrückt: Die USA sind aus Datenschutzsicht unsicher, abgesehen von denjenigen Unternehmen und Organisationen in den USA, die unter den EU-US Privacy Shield fallen. Praktischerweise legte die US-Regierung selbst fest, welche Firmen und Organisationen die EU als sicher anzusehen hatte. Die Zuständigkeiten hierfür lagen beim US-amerikanischen Handelsministerium und beim Heimatschutzministerium.

Der Privacy Shield hatte sich zu einer der wichtigsten Rechtsgrundlagen für die Übermittlung personenbezogener Daten an entsprechend zertifizierte US-Unternehmen entwickelt. Im Durchführungsbeschluss vom 16. Juli 2016 waren die Kriterien definiert, um ein ausreichendes Datenschutzniveau vonseiten der US-Firmen anzunehmen. Hatten die US-Unternehmen erst einmal diese Zertifizierung erlangt, konnten sie personenbezogene Daten aus der EU ohne weitere Hürden übernehmen.

Es wäre falsch, den massenhaften Datenabfluss aus der EU in die USA unter Safe Harbor und später dem Privacy Shield als Hacking zu bezeichnen, denn er war von der EU-Kommission für legal erklärt worden. Aber faktisch kam es „legalem Hacking" gleich, wie der Europäische Gerichtshof 2020 feststellte.

Ist die EU naiv?

Spätestens seit 2018 stellte sich allerdings die Frage: War die EU einmal mehr naiv, als sie den Privacy Shield ins Leben rief. Die skandalösen Vorgänge des millionenfachen Datenmissbrauchs rund um Facebook – immerhin eine zertifizierte Firma – haben deutlich gemacht, dass die Zertifizierung offenbar löchrig ist, möglicherweise sogar ein einziges großes Loch. Mit der Verabschiedung des Cloud Acts durch den US-Kongress Anfang 2018 haben die Vereinigten Staaten ebenso klar gestellt, dass sie sich einen grundsätzlichen Rechtsanspruch auf alle Daten auf der Welt gleichgültig in welchem Land und unabhängig davon, welchem anderen Rechtssystem diese unterliegen, einräumen. Donald Trumps damaliges „America first" ließ sich auch als „Uns gehört die Welt" und das hieß auch „Uns gehört die digitale Welt" interpretieren. Die Biden-Regierung hält diesen Kurs bei, wenngleich rhetorisch angenehmer zu ertragen.

Angesichts dieser Lage nahm das Europäische Parlament am 26. Juni 2018 eine Entschließung zur Angemessenheit des vom EU-US-Datenschutzschild (Privacy Shield) gebotenen Schutzes an. Diese forderte die EU-Kommission unmissverständlich auf, gemäß Artikel 45 Absatz 5 der Datenschutzgrundverordnung (DSGVO) tätig zu werden, damit die in der Entschließung (und anderen Berichten) näher aufgeführten Umsetzungsanforderungen aufseiten der USA bis spätestens 1. September 2018 realisiert würden. Anderenfalls forderte das Parlament eine Aussetzung des Privacy Shields. Es ist wohl kaum nötig zu erwähnen, dass die USA diese Frist weitgehend ungenutzt verstreichen ließen.

Die Hintergründe für den EU-Beschluss sind aus dem Beschlusstext klar ersichtlich. Vor allem sind es die Ergebnisse des ersten Revisionsberichtes der EU-Kommission vom 18. Oktober 2017. Dort wird zwar ein allgemein positives Bild gezeichnet – sicherlich auch, um die politische Stimmung nicht von Anfang an einzutrüben –, aber es werden auch sehr konkrete Sicherheitslücken aufgezeigt und zügige Abhilfemaßnahmen angemahnt. So hatte die Kommission in ihrem ersten Bericht zur jährlichen Überprüfung der Funktionsweise des EU-US-Datenschutzschilds festgestellt, dass die US-Behörden die erforderlichen Strukturen und Verfahren geschaffen haben, damit der Datenschutzschild ordnungsgemäß funktioniert.

Daraus wurde gefolgert, dass die USA weiterhin ein angemessenes Schutzniveau für personenbezogene Daten gewährleisten, die im Rahmen des EU-US-Datenschutzschilds übermittelt wurden. Indes wurden gleichzeitig zehn deutliche Empfehlungen an die US-Behörden ausgesprochen. Insbesondere gab es erhebliche Bedenken, ob das US-Handelsministerium bei der Überwachung der Zertifizierung von Firmen und Organisationen im Hinblick auf den Datenschutz die notwendige Sorgfalt walten lässt. Weitere Bedenken betrafen die angemessene Berücksichtigung des Datenschutzes, wenn es um die nationale Sicherheit der USA geht.

Dazu gehörte beispielsweise die Genehmigung der Anwendung von Abschnitt 702 des Gesetzes über die Auslandsaufklärung (Foreign Intelligence Surveillance Act, FISA), die Ernennung einer Ombudsperson und die Tatsache, dass die Mitglieder des Privacy Civil Liberties Oversight Board (PCLOB, Stelle zur Überwachung des Schutzes der Privatsphäre und der bürgerlichen Freiheiten) schlichtweg nicht im Amt waren. Es drängte sich der Verdacht auf, die US-Regierung war bereit, mehr oder minder alle Papiere zu unterzeichnen, in denen sie Datenschutz garantiert, obwohl sie an die Umsetzung kaum einen Gedanken verschwendete, sobald es entweder um wirtschaftliche Interessen oder um die nationale Sicherheit geht. Indes: In den USA war und ist kaum ein Thema vorstellbar, das sich nicht unter Wirtschafts- oder Sicherheitsaspekten darstellen lässt, sodass der Datenschutz faktisch obsolet wird.

Schon 2017 kamen Fragen zum Zugang der US-Behörden zu den unter dem Datenschutzschild an das Land (entweder zu Strafverfolgungszwecken oder zu Zwecken der nationalen Sicherheit) übermittelten Daten auf, mit denen sich sowohl die Kommission als auch die US-Behörden befassen sollten. Die entsprechende Arbeitsgruppe hatte die umgehende Erstellung eines Aktionsplans gefordert, um zu zeigen, dass sämtliche Bedenken angegangen werden, und zwar spätestens bei der nächsten gemeinsamen Überprüfung 2018.

Neben Datenübermittlungen auf Grundlage des Privacy Shield an zertifizierte US-Unternehmen sieht die DSGVO zwar auch andere Möglichkeiten vor. Diese sind prinzipiell: Vertrag oder Einwilligung des Betroffenen, Garantien wie die Verwendung von Standardvertragsklauseln, die Verabredung verbindlicher Verhaltensregeln (CoC) gemäß Artikel 40 DSGVO oder gemäß Artikel 42 DSGVO und zertifizierte Verfahren gemäß Artikel 46 DSGVO sowie verbindliche Datenschutzvorschriften (Binding Corporate Rules) gemäß Artikel 47 DSGVO.

Allerdings war damals schon klar, dass die Möglichkeit von Datenübermittlungen an zertifizierte US-Unternehmen eine der wichtigsten Optionen darstellt und ein Entfall – ähnlich wie bei Safe Harbor – zu erheblichen Problemen führen würde. Der Privacy Shield und die Standardvertragsklauseln, die am häufigsten die Grundlage für die Übermittlung privater Daten in die USA darstellten, waren bereits Gegenstand von Überprüfungen vor dem Europäischen Gerichtshof (EuGH).

In einer Entschließung wies das EU-Parlament ausdrücklich auf das Risiko hin, dass der dem Privacy Shield zugrunde liegende Durchführungsbeschluss der EU-Kommission (EU 2016/1250) schon in absehbarer Zeit durch den Europäischen Gerichtshof für ungültig erklärt werden könnte. Unternehmen könnten sich dann – wie schon einmal geschehen – von heute auf morgen nicht mehr auf die Zertifizierung eines US-Unternehmens bei transatlantischen Datenübermittlungen berufen. Genau so kam es denn auch.

Am 16. Juli 2020 erklärte der Europäische Gerichtshof (EuGH) das transatlantische Datenschutzabkommen EU-US Privacy Shield für ungültig. Europäische Unternehmen, die US-Anbieter für die Speicherung personenbezogener Daten verwendeten, waren durch das Urteil der Gefahr ausgesetzt, gegen die Datenschutzbestimmungen der EU zu verstoßen. Deutsche Unternehmen waren gut beraten, ihre Datenbestände so schnell wie möglich von US-Diensten abzuziehen und auf deutsche Anbieter umzuleiten. Die Richter des EuGH wiesen in ihrer Urteilsbegründung ausdrücklich darauf hin, dass die Datenschutzbehörden verpflichtet sind, Datenübermittlungen auszusetzen oder zu verbieten, wenn zu vermuten ist, dass der Datenschutz in den USA nicht eingehalten wird. Faktisch erklärten die Richter damit die Standardvertragsklauseln, mit denen viele US-Anbieter das absehbare Kippen des Privacy Shield kaschieren wollten, für unsicher, auch wenn sie nicht grundsätzlich als ungültig befunden wurden. Mit Rechtssicherheit hat das jedenfalls nichts zu tun. Das EuGH-Urteil stellte die USA in Bezug auf den Datenschutz im Grunde auf eine Stufe mit sagen wir China, Nordkorea und Namibia.

Die Idee eines globalen Datenschutzes galt schon immer als utopisch. Doch seit 2020 muss auch die Idee eines mehr oder minder einheitlichen Datenschutzes über die beiden westlichen Industrieländerblöcke Europa und Nordamerika als gescheitert betrachtet werden. Das stellt indes sämtliche Versuche einer globalen digitalen Identität in Frage, die seit der Pandemie 2020/21 erneut Auftrieb bekommen hat im Zusammenhang mit digitalen Impfpässen.

Digitale Identität

Vor diesem Hintergrund ist es angebracht, einen Blick auf die Digital Identity Alliance zu werfen. Die von Bill Gates, Microsoft, Accenture und der Rockefeller Foundation sowie der Impfallianz Gavi und anderen finanzierte Digital Identity Alliance hat ein bemerkenswertes Ziel: Sie will eine globale biometrische digitale Identität für alle Menschen auf Lebenszeit einführen.[364] Damit sollen sich Menschen über Grenzen hinweg identifizieren können und gleichzeitig die Kontrolle über ihre eigenen Daten haben. Die Allianz nennt es eine personalisierte, portable, biometrisch verbundene digitale Identität, die auf Lebenszeit besteht. Die Vision lässt sich mit wenigen Worten erklären: Jeder Mensch wird nach der Geburt anhand eines mit seinem Körper fest verknüpften Merkmals, zum Beispiel eines Fingerabdrucks, mit einer digitalen Identität versehen, die auch die dauerhafte Speicherung von Gesundheitsdaten wie chronische Erkrankungen oder Impfungen umfasst. Diese Daten sollen ihm gehören, also nicht in einer staatlichen Datenbank gespeichert werden. Die Staaten können in bestimmten Situationen, also beispielsweise bei einem Grenzübergang oder in einer medizinischen Notlage, auf die Daten zugreifen.

Die Krux: Die Daten sollen zwar nicht bei den Staaten, wohl aber in einer wie auch immer gearteten Datenbank der Digital Identity Alliance gespeichert werden. Die fundamentale Frage dabei lautet also: Vertrauen wir den Digitalkonzernen und privaten Stiftungen mehr als den Regierungen? Das mag vom jeweiligen Land abhängen, aber in vielen demokratischen Staaten dürfte das Vertrauen in die Regierung stärker sein als in US-dominierte wirtschaftsnahe Organisationen. Letztlich geht es darum, ob wir einen weltweit gültigen digitalen Personalausweis akzeptieren, den eine transnationale Konzernallianz ausstellt als Ergänzung oder langfristig möglicherweise sogar Alternative zu einem nationalen Ausweis.

Projekt ID2020

Die Allianz nennt ihr Projekt ID2020 und mahnt zur Eile, die digitale Identität in den 2020er Jahren umzusetzen. Das Projekt wird vom Flüchtlingshilfswerk der Vereinten Nationen unterstützt. Die UNO beruft sich dabei auf den Artikel 6 der Allgemeinen Erklärung der Menschenrechte, in dem es heißt, dass jeder Mensch das Recht hat, überall als rechtsfähig angesehen zu werden.[365] Eine digitale Identität – also eine UNO-Weltidentität – könnte eine wesentliche Grundlage hierfür darstellen.

ID2020 wirbt mit eingängigen positiven Beispielen, um aufzuzeigen, in welchen Situationen digitale Identitäten helfen könnten. Dabei steht ein Flüchtling ohne Ausweisdokumente an der Grenze und kann seine Identität nicht nachweisen, eine Mutter bekommt keine Impfung für ihr Kind, da sie keine Geburtsurkunde vorlegen kann, und ein Tourist verliert seinen Pass im Ausland, muss aber dringend nach Hause zurückkehren. Weitere Beispiele verweisen auf den Nachweis von Impfungen über Grenzen hinweg, den Identitätsnachweis einer Flüchtlingsfamilie unabhängig von ihrem Heimatland sowie auf chronisch Kranke, die immer eine Kopie ihrer Akte zur besseren Behandlung bei sich haben könnten. Die Kernaussage: Eine digitale Identität ist praktisch, kann nicht vergessen werden, ist notwendig zur Ausübung grundlegender Rechte und kann in einem Ernstfall sogar Leben retten.[366]

Bereits im Jahr 2017 stellten Accenture und Microsoft auf dem ID2020-Gipfel bei den Vereinten Nationen einen ersten

Prototypen einer digitalen Ausweislösung vor. Hierbei dienten Fingerabdrücke und Scans der Augeniris der biometrischen Bestimmung; die Speicherung der dazugehörigen persönlichen Informationen erfolgte mittels Blockchain-Technologie in einer Azure genannten Datenplattform von Microsoft. Seit September 2019 arbeitet ID2020 mit der Regierung Bangladeschs im Rahmen des Access-to-Information-Programms (a2i) an der Einführung digitaler Identitäten. Die Problemstellung: 80 Prozent der Kinder besitzen keine Geburtsurkunde und haben damit auch keinen Zugang zum Gesundheitswesen. Die digitale Identität könnte Abhilfe schaffen. Der für das Projekt zuständige Minister berichtete in einem Beitrag für das Weltwirtschaftsforum, dass bis Anfang 2020 rund 100 Millionen digitaler Identitäten angelegt wurden. Dies erfolgte – und hier schließt sich der Kreis zur Coronavirus-Pandemie der Jahre 2020/21 – durch die „Digitalisierung des Impfprozesses" für Säuglinge.[367] Dabei werden die Neugeborenen über kontaktlose Fingerabdrücke biometrisch identifiziert.[368] Dieser nachgewiesenen Identität werden digitalisierte Impfnachweise zugeordnet. Das Projekt erfasst 95 Prozent aller Kinder in Bangladesch, die Basisimpfungen erhalten.

Nun ist Deutschland nicht Bangladesch. Aber das Konzept eines grenzübergreifenden Impfnachweises für möglichst die gesamte Bevölkerung ist hierzulande seit 2020/21 längst Regierungspolitik. Schon am 15. April 2020 stellte Bundeskanzlerin Angela Merkel klar: „Ein Impfstoff ist der Schlüssel zu einer Rückkehr des normalen Alltags. Sobald ein Impfstoff vorhanden ist, müssen auch schnellstmöglich genügend Impfdosen für die gesamte Bevölkerung zur Verfügung stehen." Und natürlich ist ein Impfnachweis der Beleg dafür, dass die einzelne Person keine Gefährdung darstellt, beispielsweise bei einem Grenzübertritt oder dem Betreten eines Flugzeugs. Es gibt also durchaus gute Gründe, eine grenzüberschreitende Identität zusammen mit einem digitalen Impfpass einzuführen.

Quantenpunkt-Tattoo

Und die Feststellung, dass Deutschland nicht Bangladesch ist, bedeutet zugleich, dass wir hierzulande künftig wohl nicht auf den Fingerabdruck als biometrische Identität angewiesen sind, sondern in Zukunft die Impfinformationen unter der Haut gespeichert werden könnten.

Diese sogenannte „on-patient"-Speicherung befindet sich längst in der Entwicklung. So hat das renommierte Massachusetts Institute of Technology (MIT) beispielsweise einen Weg gefunden, die Daten als ein Farbmuster in der Haut zu speichern, das für das menschliche Auge unsichtbar ist, aber von einer Kamera erkannt werden könnte.[369] Die Forscher nennen diesen Biochip „Quantenpunkt-Tattoo". Dabei wird mit zuckerbasierten, selbstauflösenden Mikronadeln ein Impfstoff und gleichzeitig fluoreszierende „Quantenpunkte" auf Kupferbasis injiziert, die in biokompatible Kapseln im Mikrometermaßstab eingebettet sind. Nachdem sich die Mikronadeln unter der Haut aufgelöst haben, hinterlassen sie die eingekapselten Quantenpunkte, deren Muster von speziell ausgerüsteten Smartphones gelesen werden können, um den verabreichten Impfstoff zu identifizieren.

Das Verfahren funktioniert schon, es geht nur noch darum, die Speicherkapazität des Biochips zu erhöhen, um möglichst viele Informationen unterzubringen.[370]

„The Known Traveller Digital Identity"

Die Vision, dass jedes Neugeborene auf der Welt von Geburt an mit einer Art Biochip als digitale Identität versehen wird, ist also keineswegs absurd, sondern der Realität möglicherweise näher, als manch einem lieb ist. Dabei ist überdeutlich, dass es mittel- bis langfristig keineswegs nur darum geht, eine Art Impf- oder Gesundheitspass mit sich zu führen. Für einen Datenspeicher im Körper lassen sich zahlreiche weitere Einsatzfelder finden.

Bereits 2018 hat das Davoser Weltwirtschaftsforum in Zusammenarbeit mit der US Homeland Security das Pilotprojekt „The Known Traveller Digital Identity" vorgestellt. Es sieht vor, dass international Reisende aus Sicherheitsgründen angehalten werden, persönliche Daten bei Grenzübertritten herauszugeben. „Globale Weltbürgerschaft" hat die Weltbank diese Idee einer biometrischen digitalen Identität genannt, die über ein herkömmliches Ausweisdokument hinausgehend alles umfasst, was es an Interessantem über eine Person, ihre Aktivitäten und ihre Vorlieben zu wissen gibt. Reisepässe, Gesundheitsdaten, Bankinformationen, Kryptogeld – die vorstellbare Liste ist lang. Fehlt – zugespitzt formuliert – nur noch, dass uns Google oder wer auch immer kostenlose Flüge, Fahrten oder Übernachtungen spendiert, wenn wir im Gegenzug unsere digitale Identität für Werbezwecke – verbrämt als „bessere persönliche Services" bezeichnet – zur Verfügung stellen.

Daraus entstünde ein Zerrbild des „mündigen Weltbürgers", das zwar den Nationalstaat in den Hintergrund rückt, aber dafür die Digitalwirtschaft umso deutlicher in den Vordergrund schiebt. Es käme einer Duplizierung der einstmals großen Vision der „globalen Informationsgesellschaft" gleich, die sich dank

Firmen wie Google und Facebook eher als ein durch Werbung trivialisiertes weltweites Lügennetzwerk erwiesen hat. Bei einer ähnlichen Entwicklung digitaler Identitäten würde der „globale Weltbürger" dann zur „gläsernen Marionette" mutieren. Puppenspieler wäre, um im Vergleich zu bleiben, die US-Digitalmacht, also die sogenannte GAFAM-Gang, zu der Google, Amazon, Facebook, Apple und Microsoft gezählt werden (wobei künftig weitere Firmen dazukommen werden). Dirigent wäre übrigens in erster Linie die US-Regierung, deren Gesetzgebung diese US-Firmen unterliegen. Es käme einer Entmachtung der Regierungen beinahe aller anderen Staaten gleich – abgesehen von Ländern wie Russland oder China, die sich sicherlich nicht einem solchen US-Digitaldiktat unterwerfen würden.

Digitale biometrische Identität auf Lebenszeit

Eine digitale biometrische Identität auf Lebenszeit mag vielen als Horrorvision erscheinen. Mit einem Bedeutungsverlust öffentlich-nationaler Identitätsverfahren zugunsten privatisierter globaler Identität ist unweigerlich eine Machtverschiebung von den Staaten zu den Konzernen verbunden. Die Coronakrise 2020/21 und der damit verbundene „Impfdruck", also die These, dass die Rückkehr zur Normalität nur mit Impfungen möglich ist, nährte das Narrativ von der Impfung zur digitalen Identität hin zur Machtverlagerung in Richtung US-dominierter Konzernkonglomerate. Wie an anderer Stelle in diesem Buch erläutert, haben Apple und Google die Krise 2020/21 schon überdeutlich ausgenutzt, um klarzustellen, dass sie bei der Verfolgung von Infektionsketten mittels Technologie mehr zu sagen haben als die Nationalstaaten. Die Initiative ID2020 um Bill Gates und Microsoft geht zwar einen anderen Weg, aber man muss kein Verschwörungstheoretiker sein, um zumindest skeptisch in Bezug auf die Zielsetzung und die Machtverhältnisse zu sein.

Dass ausgerechnet mitten in der Pandemie die Bundesdruckerei Ende 2020 verkündete, ihr Projekt „Optimos 2.0" sei weit genug gediehen, um Smartphones mit fälschungssicheren digitalen Personalausweisen zu bestücken, war nicht gerade zur Beruhigung der Gemüter geeignet.[371]

Wenn Cyberterror und Biochips zusammenkommen

Was hat das alles mit dem Thema des vorliegenden Buches zu tun? Viel, denn jede digitale Identität – gleichgültig, wer sie besitzt und wo sie gespeichert wird – stellt ein lohnenswertes Ziel für Hacker dar. Das gilt sowohl für staatliche Hacker, legale – also Länder mit niedrigem Datenschutzniveau –, wie auch kriminelle etwa aus China, Russland oder Nordkorea, als auch für Unternehmen mit sagen wir Interesse an den Daten für Marketingzwecke. Erst recht gilt es natürlich für Hackerbanden, die auf eigene Rechnung Kasse machen wollen.

Das Fatale daran: Wir können uns nicht wehren, wenn die Gesetzeslage eines Tages vorsieht, dass jeder Säugling eine digital-biometrische Identität erhält. 2020 hat der Gesetzgeber festgelegt, dass jedes Neugeborene bereits eine bundesweit einheitliche Nummer erhält – vorläufig nur im Computer. Die biometrischen Daten dazu erfassen die Behörden noch nicht beim Säugling, weil die Fingerkuppen und das Gesicht dazu zu wenig ausgeprägt sind. Doch sobald das Kind heranwächst, wird es heute schon biometrisch erfasst, etwa für den Personalausweis. Wer sollte den Gesetzgeber daran hindern, diesen Ausweis zunächst im Smartphone und später als Chip unter Haut zuzulassen. Die Hackergefahr besteht auf allen Ebenen, vom Computer bis zum Hautchip.

Besonders erschreckend wird dieses Szenario, wenn digitale Identitäten und Cyberterrorismus zusammenkommen werden. Sollten die digitalen Identitäten irgendwann einmal im Körper durch einen Biochip implantiert sein, ist die Katastrophe vorprogrammiert. Dann besteht nämlich die ernsthafte Gefahr, dass unsere digitalen Identitäten in die Hände von Cyberterroristen fallen. Das ist ein Szenario der Zukunft, aber es könnte eine Herausforderung werden, der sich künftige Generationen zu stellen haben.

Zur Klarstellung: Diese Überlegungen wollen *nicht* implizieren, dass eine illegale „Verchippung" der Menschheit bevorsteht, schon gar nicht im Zusammenhang mit Impfungen, wie seit Beginn der Corona-Impfwelle seit 2021 gelegentlich spekuliert wird. Die Recherchen zu diesem Buch haben keinerlei Hinweise dazu zutage gefördert; „Corona-Chipping" gehört ins Reich der Fabeln. Indes hat nicht erst seit 2020/21 das „Reich der Fabeln erheblichen Zulauf erfahren. Verschwörungstheorien, und seien sie noch so abstrus, reichen mittlerweile bis in die Mitte unserer Gesellschaft. Dabei spielen die Medien und vor allem die sogenannten „sozialen Medien" eine Schlüsselrolle. Diesen Umstand machen sich Hacker zunutze; Social Hacking ist ebenso „in" wie Social Media, wie an anderer Stelle in diesem Buch erläutert.

Wie nah allerdings manchmal Fakten und Fabeln beieinander liegen können, zeigte die Ankündigung des Multiunternehmers Elon Musk Anfang 2021: Sein Firma NeuraLink könnte schon in diesem Jahr beginnen, Chips in die Gehirn von Menschen versuchsweise einzupflanzen, ließ er verlauten. Schon im Sommer 2020 hatte der umtriebige Tausendsassa während einer Präsentation ein Schwein namens Gertrude vorgestellt, das bereits den Chip von Neuralink implementiert hatte. Im Anschluss betitelte die Internetseite MIT Technology Review die Ankündigungen von Musk als „Neuroscience Theater", während BBC hinterfragte, ob Elon Musk seine neuartige Technologie „zu hochjubelt?".[372] Das mag schon sein, aber es zeigt doch, dass vermeintliche Science Fiction näher an der Realität liegt, als es manchmal vorstellbar erscheint. Sicherlich wird es noch ein paar Jahre dauern, bis Menschen ernsthaft mit Chips im Gehirn ausgestattet werden. Doch die Hacker könnten sich heute schon auf diese Zeiten freuen.

Neue Regeln für die Digitalgesellschaft

Es war ein großer Hebel, den die Regierungen in den USA und in Europa 2020 umlegten, um die Macht der Digitalgiganten zu beschneiden.

Es glich einem Weckruf für die Digitalwirtschaft, als die US-Bundeshandelskommission 2020 die Zerschlagung von Facebook forderte. „Facebook hat seine Monopolmacht genutzt, um kleinere Rivalen zu vernichten und die Konkurrenz auszulöschen, alles auf Kosten alltäglicher Nutzer", sprach New Yorks Justizministerin Letitia James aus, was sich schon länger als Stimmungslage nicht nur in Bezug auf Facebook, sondern auch bezüglich anderer Digitalriesen wie Apple, Amazon oder Google abzeichnete.[373] Es mag nicht zur Zerschlagung kommen, aber sicherlich zur Eindämmung der Digitalgrößen. Das gilt nicht nur für die USA, sondern auch für Europa.

20 Jahre nach Verabschiedung der E-Commerce-Richtlinie im Jahr 2000 stellte die EU-Kommission 2020 den Digital Services Act (DSA) und den Digital Markets Act (DMA) vor, um die ausufernde Macht der Digitalkonzerne einzudämmen. Die beiden neuen Gesetze sollen verhindern, dass die dominierenden US-Techriesen so groß und mächtig werden, „dass sie ihre eigenen Regeln schaffen können", wie die EU-Wettbewerbskommissarin Margrethe Vestager formulierte.[374] Dabei geht es um digitale Märkte und Dienste. Der DSA will vor allem die so genannten „Vlops" regulieren; das Akronym bezeichnet „Very Large Online Platforms" mit mindestens 45 Millionen monatlich aktiven Nutzern in der EU. Im DMA geht es um digitale Gatekeeper, also beispielsweise Suchmaschinen, soziale Netzwerke, Videoplattformen, Betriebssysteme, Clouddienste und Werbenetzwerke, sofern sie eine gewisse Größe und Marktmacht aufweisen. Als

Verordnungen gelten DSA und DMA unmittelbar in allen EU-Staaten. [375] Der Kampf um die Weltherrschaft zwischen den Staaten und den supranationalen Digitalkonzernen, die sich selbst als Weltmächte begreifen, wird sich die gesamte Dekade 2020 bis 2030 hindurchziehen.

Wie drängend die Begrenzung der Macht der Digitalkonzerne Anfang der 2020er Jahr war, verdeutlicht ein Blick auf das Netzwerk Facebook Anfang der Dekade. Google mag die Datenkrake mit den meisten und längsten Fangarmen sein, um seine Nutzer auszuspionieren, wie an anderer Stelle in diesem Buch dargeestellt, aber bei Weitem nicht die einzige. Facebook steht dem in nichts nach. Übrigens: Mit mehr als 2 Milliarden „Bürgern" wäre Facebook in der realen Welt die größte Volkswirtschaft auf der Erde. Und diese „Weltmacht" entstand binnen zehn Jahren.

Wenn mehr als zwei Milliarden aktive Facebook-Nutzer – etwa 1,5 Milliarden davon sind täglich (!) in diesem sozialen Netzwerk aktiv[376] – ihr Privatleben freiwillig mehr oder minder vollständig in Facebook eingeben, mag man noch denken, sie seien alle „selbst schuld". Was viele jedoch nicht einmal ahnen: Facebook weiß viel mehr über einen, als man je freiwillig verraten würde. Ein Beispiel: Sobald die Facebook-Seite geöffnet wird und man sich eingeloggt, erfährt Facebook automatisch und ohne, dass man es verhindern kann, welche weiteren Seiten man besucht. Wer also seine Facebook-Seite dauerhaft im Browser geöffnet hält, gibt sein gesamtes Surfverhalten weiter. So verrät man damit in der heutigen Online-Welt unbeabsichtigt wesentliche Aspekte seines privaten und beruflichen Lebens an Facebook.

Der Facebook-Skandal, der im Zuge der Wahl des früheren US-Präsidenten Donald Trump zutage trat, gab einen ersten Einblick in die Macht der Datenwelt. Was war passiert? Das Wahlkampfteam von Trump hatte offenbar über die britische Datenanalysefirma Cambridge Analytica die Profile von bis zu 87 Millionen Facebook-Nutzern weit über das rechtlich zulässige Maß ausgewertet, um die Wahlchancen ihres Kandidaten zu erhöhen. Obgleich es um den US-Wahlkampf ging und somit der Schwerpunkt der rechtswidrigen Spähattacke auf den USA lag, wurden dennoch in Deutschland bis zu 310.000 Nutzer ebenfalls unerlaubt unter die Lupe genommen.[377] Es waren keine kriminellen Banden, aber es war zweifelsohne Hacking.

Behörden in den USA wie in Großbritannien führten deshalb Ermittlungen durch. Facebook-Chef Mark Zuckerberg entschuldigte sich für den Datenmissbrauch und kündigte eine Reihe von Reformen seines Onlinenetzwerkes an. Er gab indes zu, es werde „einige Jahre" brauchen, um die Probleme mit dem Schutz von Nutzerdaten zu beheben. Wie glaubwürdig das ist, mag jeder selbst entscheiden; schließlich besteht das Geschäftsmodell von Facebook ähnlich wie bei Google letztlich darin, die Nutzer auszuspionieren und Daten über sie zu verkaufen. Es ist sicherlich zu begrüßen, wenn Regierungen und Regulatoren diesem ungezügelten Treiben einen Riegel vorschieben.

Werden sich die Hacker an diese Regeln halten? Eher nicht. Die Kriminellen sowieso nicht. Aber man muss schon sehr naiv sein, um zu glauben, dass sich die Staaten selbst daran halten. Die Staaten stellen die Regeln auf – für andere, nicht für sich selbst, schon gar nicht für die Hacker im Auftrag ihrer Geheimdienste.

Wie man sich schützen kann

Angesichts der in diesem Buch dargestellten Bedrohungs- und Gefährdungslage kommt beinahe zwangsläufig die Frage auf: Wie kann man sich schützen?

Im privaten Bereich

Acht grundlegende Antworten darauf lassen sich für den privaten Bedarf einfach formulieren:

Erstens: Geben Sie keine Daten von sich preis, wenn es nicht notwendig ist.

Konkrete Beispiele: Bei allen Online-Formularen nur notwendige Eingabefelder ausfüllen. In den sozialen Netzwerken keine wirklich wichtigen privaten Informationen bekanntgeben.

Zweitens: Nehmen Sie bei aller Software, die Sie verwenden, zügig neue Updates vor, sobald diese verfügbar sind.

Konkrete Beispiele: Automatisches Update einschalten, soweit verfügbar. Es ist davon auszugehen, dass beinahe mit jedem Update auch Sicherheitslücken geschlossen werden. Verwenden Sie keine Software, die so alt ist, dass der Anbieter den Update-Support eingestellt hat.

Drittens: Speichern Sie Ihre wirklich wichtigen Daten und Dokumente als Kopien in einer Form und an einem Ort ab, so dass sie einen Cyberangriff auf Ihren Computer auf jeden Fall überstehen.

Konkrete Beispiele: Überlegen Sie, welche Informationen Ihnen fehlen, wenn Ihr Computer von jetzt auf gleich vollständig ausfällt und nicht mehr wiederbelebt werden kann. Sichern Sie diese Informationen außerhalb des Computers, beispielsweise auf einer externen Festplatte oder als Papierausdruck. Das können beispielsweise sein: Kontakt-/Telefonverzeichnis, Logins und Passworte für Bankkonten und sonstige Accounts usw.

Viertens: Setzen Sie Schutzsoftware ein, insbesondere Antiviren- und ähnliche Schädlingsabwehrprogramme.

Konkrete Beispiele: Am besten verwenden Sie die populärsten Schutzprogramme, weil diese in der Regel auch die aktuellste Schutzwirkung aufweisen.

Fünftens: Seien Sie misstrauisch.

Konkrete Beispiele: Öffnen Sie keine E-Mails, deren Absender Sie nicht kennen. Öffnen Sie Anhänge in E-Mails erst, nachdem sie den Haupttext durchgelesen haben und es für notwendig halten. Bei unbekannten Absendern oder zweifelhaften Inhalten gilt: Zügeln Sie Ihre Neugier. Das gilt sinngemäß natürlich auch für andere Übertragungswege wie beispielsweise WhatsApp. Und: Besuchen Sie keine dubiosen Webseiten.

Alternative für Neugierige: Verwenden Sie einen älteren Rechner, der außer an das externe Internet nicht an Ihr internes Computernetz angeschlossen ist, um Webseiten zu besuchen, auf die Sie neugierig sind. Es versteht sich, dass Sie auf diesem „Neugier-Computer" keinerlei persönliche Daten von Belang speichern.

Sechstens: Achten Sie auf sichere Passworte, Pins und Zugänge.

Konkrete Beispiele: Wählen Sie Passworte und Pins sorgfältig unter dem Gesichtspunkt aus, dass sie nicht leicht zu erraten sein sollen. Der Name Ihres Hundes, den sie in sozialen Netzwerken nennen, ist ebenso wenig geeignet wie Ihr Geburtsjahr als Pin-Code. Ein Passwort sollte zudem mindestens zwölf Zeichen lang sein; Zeichenfolgen ohne Bedeutung sind am besten. Ebenfalls wichtig: Verwenden Sie nicht für alle Ihre Zugänge ein- und dieselben Passworte und Pins. Denn wenn ein Zugang von Hackern erbeutet wird, soll er nicht gleich Zugang zu allen Ihren Logins bekommen. Zum Aufbewahren der Passworte, Pins und sonstigen Zugangsdaten bietet sich eine entsprechende Passwort-Managementsoftware; alternativ ganz altmodisch auf einen Zettel geschrieben, der zu Hause sorgfältig geschützt aufbewahrt wird. Grob fahrlässig ist es sicherlich, Zugangsdaten auf einen Zettel zu notieren, der im Büro unter der Tastatur liegt oder am Bildschirm angeheftet klebt. Soweit es möglich ist, verwenden Sie Zwei-Faktor-Authentifizierung: In diesem Fall muss jeder Zugang auf einem zweiten Gerät, typischerweise Ihrem Smartphone, bestätigt werden.

Siebtens: Halten Sie einen Notfallplan bereit.

Konkrete Beispiele: Was wollen Sie tun, wenn Ihr Computer urplötzlich komplett ausfällt? Wenn Sie auf diese Frage eine Antwort haben, die für Ihren Bedarf funktioniert, sind Sie auf einen potenziellen Hackerangriff vorbereitet. Zudem sollte man alle wesentlichen Informationen parat halten, um Kreditkarten, Bankkonten und sonstige wichtige Zahlungsmittel und Zugänge im Fall der Fälle per Telefon sperren zu können.

Achtens: Vermeiden Sie am Telefon das Wort „ja". Seit Anfang 2021 sind nämlich wieder verstärkt Telefonbetrüger unterwegs, die mit Fragen wie „hören Sie mich?" den Angerufenen zum Ja-Sagen drängen wollen. Das „ja" wird später von den Betrügern sozusagen „umfunktioniert" als Zusage zu einem nicht gewollten Abonnement oder einer ähnlichen Bestellung. Besser antwortet man also mit „ich höre Sie" oder ähnlich – alles ist besser als „ja".

Wer überprüfen will, ob seine E-Mailadresse schon einmal in einem Datenleck entdeckt wurde, kann dies über die Website *https://haveibeenpwned.com* feststellen. Auf derselben Seite findet sich auch ein stets aktualisierter Überblick über alle bekannt gewordenen Datenverbrechen. Anfang 2021 wies die Seite rund 10,6 Milliarden gehackte Onlineaccounts auf.

Unternehmerische Sicherheit

Alle für den privaten Bereich aufgeführten grundlegenden Sicherheitsmaßnahmen gelten selbstverständlich auch für Unternehmen. Aber das reicht nicht. Firmen sollten zusätzlich folgende Grundregeln beachten:

o   IT-Sicherheit gehört auf die Agenda der obersten Führungsebene.

o   Die Verantwortung für die Sicherheit der IT- und Telekommunikationssysteme muss eindeutig geregelt sein. Eine Pro-forma-Ernennung etwa eines Datenschutzbeauftragten ist nicht genug.

o   Ein Notfallplan für einen IT-Angriff sollte eine Selbstverständlichkeit sein.

o Social Engineering gehört zu den besonders perfiden Methoden, wie in diesem Buch erläutert. Daher sind Firmen gut beraten, alle Mitarbeitenden auf diese Gefahrenquellen hinzuweisen und beispielsweise regelmäßig Anti-Hacking-Seminare für die Beschäftigten durchzuführen.

o Jedwede Vorsorgeplanung sollte sich an der Erkenntnis ausrichten: Das Unternehmen wird mit hoher Wahrscheinlich angegriffen, nur die Frage, wann das der Fall sein wird, ist ungewiss.

Der Trend zum Home Office, deutlich verstärkt in den Pandemiejahren 2020/21, stellt auch neue Anforderungen an die IT-Sicherheit der Unternehmen. Bei vielen Firmen scheint auf diesem Gebiet ein gewisser Nachholbedarf zu bestehen.

Das lässt sich wohl auch beim Thema Mobile Security sagen. Die IT-Verantwortlichen in den Unternehmen müssen sich darüber im Klaren sein, dass viele Mitarbeitende sensible Firmendaten auf ihren Smartphones mit sich herumtragen. Ein betriebliches IT-Sicherheitskonzept muss berücksichtigen, dass Smartphones häufiger verloren gehen oder gestohlen werden als herkömmliche Computer.

Letztlich geht es für die Unternehmen darum, IT-Sicherheit als eine Art Firmenwert, einen Teil der Firmenkultur, zu etablieren. Der erste Schritt besteht darin, den erforderlichen Handlungsbedarf überhaupt erst einmal zu erkennen. Dazu gehört eine solide und vor allem ehrliche Bestandsaufnahme. Im zweiten Schritt sollte die Festlegung einer IT-Sicherheitsstrategie erfolgen. Dazu gehören formale Regeln für die IT-Sicherheit, die Implementierung in Geschäftsprozesse und die Schulung aller Beschäftigten sowie letztlich die Etablierung einer Sicherheits-

kultur im Unternehmen. Bei der Umsetzung sollten zeitgemäße
Authentifizierungsverfahren, eine strikte Netzwerksegmentie-
rung und modernes E-Learning zum Einsatz kommen. Es versteht sich, dass alle diese Schritte regelmäßig neu durchgeführt
und die Verfahren immer wieder aktualisiert werden müssen.

Lexikon der Cyberkrimininalität

Antivirenprogramm ist eine Software, die einen Computer vor dem Virenbefall schützt. In der Regel wird über Computerviren hinaus auch andere Schadsoftware abgewehrt, beispielsweise Computerwürmer oder Trojanische Pferde.

Backdoor bezeichnet eine „Hintertür" in einem Programm, die bei der Programmierung bewusst eingebaut wurde, um nachträglich unter Umgehung aller Sicherheitsmaßnahmen Zugang zu erhalten. Häufig wird die Backdoor vom Entwickler selbst in seinen Programmcode geschrieben. Es gab über Jahrzehnte das Gerücht, Microsoft sei von der US-Regierung gezwungen wurden, Windows mit einer Backdoor zu versehen, zu der die US-Geheimdienste Schüssel besitzen. Diese Behauptung wurde nie widerlegt und nie bewiesen.

Bitcoin Mining macht sich zunutze, dass die Kryptowährung Bitcoins mittels komplexer Algorithmen geschaffen wird, in der Fachsprache „Mining" genannt. Die dafür erforderliche Rechenleistung ist hoch. Daher bietet es sich für Kryptokriminelle an, fremde Rechner unbemerkt zu kapern, zu einem Botnetz zusammenzuschalten und sie dann im Hintergrund für Bitcoin Mining zu nutzen. Experten gehen davon aus, dass sich damit Währungen von rund einer Million Dollar pro Stunde erschaffen lassen.[378]

Botnet oder Botnetz bezeichnet eine Gruppe von Computern, auf denen eine Schadsoftware läuft, die so programmiert ist, dass sie weitere Computer ansteckt und diese mit ins Botnet hinein holt. In der Regel arbeitet das System so geschickt, dass der Benutzer eines befallenen Rechners gar nicht merkt, dass er Teil eines Botnets geworden ist. Ein derart zusammengestelltes

Botnets kann für vielfältige Formen der Computerkriminalität verwendet werden, zum Beispiel die Rechenressourcen auf den infizierten Computern nutzen oder Websites gemeinsam angreifen, etwa durch DDoS-Attacken oder Klickbetrug. In der Regel können die befallenen Rechner von einer zentralen Stelle aus gesteuert werden; sie heißen deshalb im Fachjargon auch *Zombies* als Synonym für „willenlose Rechner".

Brute Force Attack beschreibt ein Angriffsszenario, bei der ein Passwort per Computer erraten wird, indem eine Software einfach alle möglichen Kombinationen ausprobiert, bis eine passende gefunden wird. Daher spricht man auch von „roher Gewalt" („Brute Force"). In der Informatik, der Kryptologie und der Spieltheorie ist diese „Lösungsmethode" auch als „erschöpfende Suche" bekannt.

CERT steht für „Computer Emergency Response Team". Die mit öffentlichen Mitteln finanzierte Organisation wurde 1987 gegründet, um bei bekannt werdenden Sicherheitslücken und Angriffswellen möglichst zeitnah Warnungen herauszugeben.

Chaos Computer Club (CCC) ist der Name des über die nationalen Grenzen hinausgehend berühmtesten Hackerclubs Deutschlands, der „hoffähig" ist. Der White-Hat-Hackerclub wurde 1981 gegründet, um Hackern eine Plattform zu geben, so dass sie über Aktivitäten und entdeckte Sicherheitslücken berichten können, ohne Strafverfolgung befürchten zu müssen. Seitdem fungiert der CCC in erster Linie als Mahnstelle für die Datensicherheit, den Datenschutz und die Informationsfreiheit. Die Mahnungen und Warnungen des CCC finden in den Medien und teilweise sogar in der Politik Gehör.

Computervirus ist ein Programm, das sich selbst verbreitet, indem es seinen Code in andere Programme einfügt. Siehe *Virus*.

Cracker bezeichnet einen böswilligen Hacker, also einen Black-Hat-Hacker, in Abgrenzung zu White-Hats, also Hackern, die helfen wollen, Sicherheitslücken aufzuspüren und zu beheben.[379] Der Begriff „Cracker" hat sich jedoch kaum durchgesetzt

Cyber wird häufig als Synonym für das Internet oder ein Netzwerk mit dem Internet verbundener Computer verwendet. Gelegentlich wird auch der Begriff Cyberspace genutzt, um den durch vernetzte Computer geschaffenen „Raum" bzw. das Internet zu beschreiben.

Cybercrime ist am besten mit Computerkriminalität übersetzt. Der Oberbegriff fasst alle Arten kriminellen Handelns zusammen, die über Computer ausgeübt werden.

Cyberversicherungen sind ein probates Mittel, um sich gegen die Folgen von Computerkriminalität abzusichern.

Cyberwar oder Cyberkrieg wird die Auseinandersetzung zwischen den Betreibern von IT-Systemen und Hackern jedweder Coleur genannt. In den 2020ern zeichnet sich zusehends eine gewandelte Bedeutung ab: Der Kampf der Staaten mittels Computertechnik statt herkömmlicher Waffensysteme. Dazu gehört nicht nur das Hacken gegnerischer IT-Infrastrukturen, sondern beispielsweise auch die automatische Steuerung von Waffen durch Künstliche Intelligenz (KI).

Darknet bezeichnet ein anonymes Netz, in dem man Informationen und digitale Waren austauschen kann, ohne sein Gegenüber zu kennen. Dadurch bietet ein Darknet im Grunde ein höheres Sicherheitsniveau. Genau aus diesem Grund steht der Begriff Darknet jedoch heute in erster Linie für Netzwerke, die außerhalb jedweder staatlicher Kontrolle einen Tummelplatz für Kriminelle bieten. Tatsächlich wird im Darknet heutzutage beinahe alles angeboten, was verboten ist: Drogen, Waffen, Raubkopien, Menschenhandel, geklaute Kreditkarten- und Zugangsdaten oder Kinderpornographie. Andererseits ist zu bedenken, dass verschlüsselte Netzwerke für Journalisten, Menschenrechtsorganisationen, Whistleblower oder Regimekritiker von hoher Bedeutung sind, um etwa in totalitären Staaten offen kommunizieren zu können, ohne Repressionen befürchten zu müssen.

DDoS ist die Abkürzung für „Distributed Denial of Service" und bezeichnet eine Attacke, bei der eine Website von unterschiedlichen Rechnern gleichzeitig so häufig angesteuert wird, dass sie wegen Überlastung aus dem Netz verschwindet. Die Bekämpfung ist schwierig, weil die Angriffe von einer Vielzahl von Computern ausgehen. Häufig werden DDoS-Attacken über *Botnets* gefahren; dabei werden Rechner per Fernsteuerung zu Angriffswaffen umfunktioniert, ohne dass die rechtmäßigen Nutzer dieser Computer überhaupt davon erfahren. DDoS-Angriffen werden von Aktivistengruppen teilweise als ein legitimer Protest gegen ein unethische Verhalten von Unternehmen oder gegen ein politische Regime propagiert.

Defcon ist die alljährliche Hackerkonferenz in Las Vegas, die 1993 erstmalig stattfand. Auf dem Treffen finden zahlreiche mehr oder minder öffentliche Vorführungen statt, wie IT-Sicherheitshürden überlistet werden können. Teilnehmer sind nicht nur Hacker, sondern auch viele Sicherheitsfachleute aus Behörden und Unternehmen, um von den Hackern zu lernen oder zu versuchen, diese für eigene Zwecke abzuwerben.

Exploit bezeichnet eine Sicherheitslücke in Standardsoftware, die von Kriminellen ausgenutzt werden kann, um unberechtigt in Computer und Netzwerk einzudringen. Auf dem Schwarzmarkt werden haufenweise sogenannte „Exploit Kits" angeboten. Diese suchen im Internet gezielt nach Rechnern mit Sicherheitslücken, um diese auszunutzen. Zeitnahe Updates helfen, Exploits zu beheben.

Fake Shop bezeichnet eine verbrecherische Website, die vortäuscht, die echte Website eines seriösen Anbieters zu sein. Wer sich täuschen lässt, bestellt Waren, die er niemals erhält, und gibt an der Kasse seine Kreditkartendaten preis, die von den kriminellen Betreibern des Fake Shops missbraucht werden. Häufig lassen sich Fake Shops an einer merkwürdigen URL in der oberen Leiste des Browsers erkennen. Häufig werden durch Werbemails in Fake Shops gelockt, indem in der Mail der Link zur verbrecherischen Website angegeben wird. Zur Prüfung genügt es manchmal, den entsprechenden seriösen Anbieter über Google zu suchen und den von Google bereitgestellten Link zu besuchen. Google fällt in der Regel nicht auf Fakes Shops herein.

Firewall bezeichnet ein Schutzsystem, das einen Computer oder ein Netzwerk vor unerwünschten Netzwerkzugriffen etwa durch Hacker schützt.

Grabber sind Programme, die von Kriminellen unauffällig auf einem Rechner installiert werden und im Hintergrund laufen mit dem Ziel, Passworte und sonstige Logins abzugreifen, sobald sie vom Benutzer eingetippt werden. Die entwendeten Informationen werden per Internet an die Verbrecher übermittelt.

Hacker steht für eine Person, die unbefugt in fremde Computer oder Netzwerke eindringt, in der Regel über eine Internetverbindung.

Identitätsdiebstahl ist insofern eine irreführende Bezeichnung, als der Geschädigte zwar seine Identität behält, diese jedoch von Kriminellen missbraucht wird. Letztlich fällt jeder Diebstahl personenbezogener Daten darunter, weil sie sich alle nutzen lassen, um sich an irgendeiner Stelle als das Opfer auszugeben. Viele Menschen geben einen Großteil ihrer Identitätsmerkmale freiwillig in den sozialen Netzen preis, so dass der Diebstahl eher eine Fleißarbeit darstellt und keiner besonderen Kenntnisse bedarf.

Injection-Angriffe heißen unberechtigte Zugriffe auf Datenbanken.

IoT kürzt das „Internet of Things" ab. Es bedeutet, dass seit Jahren immer mehr Geräte, die gar keine Computer sind, an das Internet angeschlossen werden. Dadurch können alle diese Geräte auch von Hackern erreicht und missbraucht werden. IoT-Geräte sind häufig weniger gut gesichert und werden schlechter überwacht als Computer.

IT-Forensik oder Computerforensik untersucht kriminelle Vorfälle in IT-Systemen, um die Täter durch die Erfassung und Auswertung digitaler Spuren zu ermitteln. Man könnte auch von der „Computer-Spusi" sprechen, als der Spurensicherung in der Informationstechnologie.

Keylogger bezeichnet eine Technik zum heimlichen Aufzeichnen von Tastatureingaben, in der Regel, um an Zugangsdaten zu gelangen.

Klickbetrug liegt vor, wenn man ein Konto bei einem Onlinedienstleister, der seine Werbepartner für Klicks auf Werbebanner oder die Vermittlung von Besuchern vergütet, eröffnet und anschließend durch Täuschung Klicks erzeugt, um die Vergütung zu kassieren. In der Regel werden *Botnets* eingesetzt, um von Tausenden von *Zombie*-Rechnern vermeintliche Interessenten vorzutäuschen, die die Werbebanner anklicken.

Malware ist ein Sammelbegriff für alle Art von Software, die schädlich ist. Das Wort setzt sich aus „malicious" („bösartig") und „Software" zusammen. Es ist somit ein Schachtel- oder Kofferwort, also ein Kunstwort, das aus mindestens zwei morphologisch überlappenden Wörtern entstanden ist, die zu einem inhaltlich neuen Begriff verschmolzen sind. Bekannte Wortverschmelzungen im Alltag sind *Brunch* (aus „Breakfast" und „Lunch") oder „Denglisch" (aus „Deutsch" und „Englisch").

Man-in-the-Middle bedeutet, dass sich ein Dritter ungewollt in die Kommunikation zwischen zwei Parteien einschaltet. Weit über bloßes Abhören hinaus kann der Mittelsmann die Kommunikation nicht nur einsehen, sondern auch manipulieren, indem er sich als Sender oder Empfänger ausgibt. Dies wird zum Beispiel für das Abfangen von Daten genutzt, die ein Nutzer bei einer Bankwebsite eingibt.

Penetrationstest ist der professionelle Versuch, in ein IT-System einzudringen mit Billigung des Betreibers, um die Systemsicherheit zu prüfen.

Phishing setzt sich aus den englischen Worten „Password" und „Fishing" („Angeln") zusammen – und genau das ist es auch. Es sind Datendiebe auf der Suche nach unbedarften Nutzern, die sie mit vielerlei Tricks dazu bringen, ihre Passwörter und sonstige Login-Daten zu verraten. Typisches Beispiel ist eine E-Mail, die in etwa lautet „Ihr Konto wurde gesperrt. Um es wieder zu entsperren". Wer auf den dazu gehörigen Link klickt, landet auf einer Fake Seite, die wie ein namhafte Online-Händler oder eine bekannte Bank aussieht und die angeforderten Daten eingibt, verrät den Verbrechern seinen kompletten Zugang dazu. Im Grunde ist Phishing eine Form des *Social Engineering*, weil es schlichtweg die Vertrauensseligkeit von Menschen ausnutzt.

Phreaking geht bis auf die Anfänge des Hacking im Jahr 1971 zurück. Das Kunstwort aus „Phone" und „Freak" steht für die illegale Überwindung von Sicherheitsbarrieren im Telefonnetz, um kostenlos telefonieren zu können.

Physischer Zugang ist die häufig unterschätzte Möglichkeit, dass Unberechtigte in die Räumlichkeiten gelangen, in denen sich sicherheitskritische Hardware befindet.

Ransomware („*ransom*", „Lösegeld") bezeichnet Schadprogramme, die in einen fremden Computer eindringen, die Daten zumindest teilweise verschlüsseln und damit die Benutzung durch den rechtmäßigen Eigentümer unmöglich machen. Erst nach Zahlung einer verlangten Summe versprechen die Kriminellen, den Rechner wieder freizugeben. Ob das „Versprechen" eingehalten wird, nachdem das Lösegeld bezahlt wurde, ist natürlich ungewiss. Ebenso ungewiss ist, ob der Rechner nicht erneut mit demselben Trick überfallen wird. Man spricht auch von Erpressungssoftware oder Erpressungstrojaner. Da das Lösegeld in der Regel in einer Kryptowährung wie Bitcoin verlangt wird, ist auch von Kryptotrojanern die Rede.

Schadprogramm, Schadsoftware oder Malware ist ein Sammelbegriff für Programme, die auf einem Computer Aktionen durchführen mit dem Ziel, den rechtmäßigen Besitzer zu schädigen. Typische Schädigungen sind das Manipulieren oder Löschen von Dateien, das Sammeln von Daten für Marketingzwecke, die Ausnutzung der Rechenkapazität zum Beispiel für Bitcoin Mining, das Ausschalten von Sicherheitsprogrammen und generell die Ausführung unerwünschter Funktionen.

Rootkits zählen zu den schlimmsten Vertretern von Schadsoftware. Sie zeichnen sich dadurch aus, dass sie sich besonders tief im Computerbetriebssystem verankern. Ein Spezialfall der Rootkits sind Bootkits: Sie sind zu einem festen Bestandteil des Betriebssystems geworden und reißen schon beim Start bzw. Neustart des Rechners die Kontrolle an sich. Root- und Bootkits werden in der Regel über *Trojaner* ins System geschleust. Der berühmteste industrielle Computerwurm Stuxnet, der Kraftwerke lahmgelegt und das iranische Atomprogramm gestoppt hat, ist aus einem Rootkit entstanden.[380]

Scriptkiddies ist ein abwertend gemeinter Begriff für Hacker, die nicht selbst über genügend Kenntnisse verfügen, sondern ihre Taten lediglich nach vorgegebenen Anweisungen durchführen können, einem „Skript" folgend.

Sniffer ist ein Programm, dass die Aktivitäten in einem Netzwerk ständig überprüft und Alarm schlägt, wenn es ungewöhnliche Aktivitäten etwa durch einen Cyberangriff entdeckt Es dient als der Abwehr. Sniffer werden allerdings auch von Kriminellen genutzt, um Netze auszukundschaften.

Scareware (vom englischen „Scare", „Schrecken") ist ein selten verwendetes Wort für Software, die dem Benutzer Angst und Schrecken einjagen will, um ihn zu unüberlegten Handlungen zu bewegen. Dazu gehören beispielsweise kostenlose vermeintliche Virenscanner, die einen tatsächlich gar nicht vorhandenen Schädlingsbefall melden, um den Benutzer zu veranlassen, die Vollversion zu kaufen, die die Schadsoftware beseitigen kann. Diese Vollversion ist ebenfalls funktionslos bis auf eine einzige Funktion: sie schaltet die Warnung einfach aus. Unter Umständen fängt man sich mit der gekauften „Vollversion" einen Virus ein, der danach erst richtig im System wütet.

Social Engineering ist das Gegenteil von Technical Engineering. Es wird überhaupt kein technisches Know-how benötigt, sondern die Täter nutzen schlichtweg die Gutgläubigkeit der Opfer aus. Die deutsche Übersetzung „soziale Manipulation" beschreibt das Angriffsschema präziser; andere sprechen von „Social Hacking". *Phishing* gehört zu dieser Form der Cyberkriminalität, aber beispielsweise auch das sogenannte „Dumpster Diving", das Wühlen im Müll, um Angriffsflächen zu finden, etwa das weggeworfene Schreiben einer Bank mit Pin-Codes, das zerknüllt im Papierkorb landet, nachdem das dazugehörige Konto mit dem Code freigeschaltet wurde.

Spyware bedeutet Spionage-Software und wie es der Begriff vermuten lässt, sammelt sie Daten im befallenen Computer. Spyware installiert sich heimlich im Rechner und will möglichst lange unentdeckt bleiben, um Daten wie beispielsweise Passworte auszukundschaften und über das Internet an den oder die Täter zu senden. Spyware gibt es nicht nur für Computer, sondern auch für Smartphones.

Trojaner ist ein Schadprogramm, das sich in einem anderen auf den ersten Blick nützlichen Programm verbirgt. Einmal auf dem Zielrechner gelandet, beginnt der Trojaner sein schändliches Werk. Der Begriff Trojaner bezieht sich auf das „Trojanische Pferd", in der griechischen Mythologie ein hölzernes Pferd vor den Toren der von Griechenland belagerten Stadt Troja, in dessen Bauch griechische Soldaten versteckt waren. Die Griechen schenkten den Einwohnern Trojas das Pferd als Symbol des Friedens, die es daraufhin auf dem Markplatz als Zeichen ihres Sieges aufstellten. Doch in der Nacht kletterten die Soldaten aus dem Holzpferd und eroberten die Stadt.

Update steht für die Aktualisierung einer Software, in der Regel über das Internet.

USB Drop ist eine sehr alte Methode: Der Täter lässt einen USB-Stick gezielt herumliegen, zum Beispiel in einem Büro, und hofft, dass ein Mitarbeitender den Stick aus Neugier in seinen PC steckt, um den Inhalt zu überprüfen. Das Verfahren geht natürlich auch mit einem USB-Stick als Werbegeschenk.

Virus ist ein Schadprogramm, das sich automatisiert weiterverbreitet, indem es Dateien infiziert. 1972 wurde von dem Computerwissenschaftler Veith Risak im Artikel „Selbstreproduzierende Automaten mit minimaler Informationsübertragung" der erste funktionierende Computervirus beschrieben.[381] Der Begriff wurde 1981 durch Leonard Adleman etabliert, der die Bezeichnung erstmals öffentlich verwendete.[382] Vergleiche von Programmcodes mit biologischen Viren gab es allerdings schon vorher. Der erste bekannte Computervirus war Elk Cloner für den Personal Computer Apple II im Jahr 1982.[383] Als erster Virus mit bösartiger Funktion gilt der 1087 entdeckte Jerusalem-Virus, auch bekannt als „Friday the 13th", Israeli-

oder PLO-Virus, der jeden Freitag den 13. Programme löschte. 1988 wurde das erste „Virus Construction Set" veröffentlicht, mit dem es auch Laien möglich war, Computerviren zu erstellen.[384] Es wurde eigentlich nur für Journalisten entworfen, um die mit dem damals neuen Konzept des Computervirus vertraut zu machen, doch schnell machten Raubkopien die Runde und eine Generation von Hobbyhackern ging an den Start.

VPN ist die Abkürzung für „Virtual Private Network". Eine VPN-Verbindung gilt als sicherer als eine Kommunikation über öffentliche Netze. Ein „virtuelles privates Netzwerk" lässt sich mittels Software über das Internet realisieren.

Vulnerability Scanner prüfen ein IT-System fortlaufend auf mögliche Schwachstellen und Einfallstore für Hacker.

Whistleblower ist eine Person, die für die Allgemeinheit wichtige Informationen aus einem geheimen oder geschützten Zusammenhang an die Öffentlichkeit bringt. Whistleblower gab es schon lange, bevor Computerkriminalität die Runde machte. Doch durch die Enthüllungen des Whistleblowers Edward Snowden über die weltumspannende Cyberspionage der NSA ist der „Hinweisgeber", „Aufdecker", „Enthüller" oder wie immer man die Funktion übersetzen will, in der Computerwelt erneut ins Rampenlicht gerückt

Wurm oder genauer gesagt Computerwurm ist ein Programm, das sich selbst repliziert und weiterverbreitet. Der Begriff „computer worm" geht auf den Endzeitroman „Der Schockwellenreiter" von John Brunner aus dem Jahr 1975 zurück.[385] Als Erfinder des theoretischen Konzepts der Selbstreplikation von Programmen gilt der Mathematiker und Computerpionier John von Neumann im Jahr 1953.[386] Der Unterschied zwischen einem Wurm und einem Virus wird häufig so definiert, dass der Wurm auf dem befallenen Rechner ein bereits installiertes Hilfsprogramm benötigt, um sich auf ein anderes System zu kopieren. Das kann beispielsweise ein E-Mail-Programm sein, über das sich der Wurm an alle dort eingetragenen Adressaten selbstständig verteilt.

Zero-Day-Exploit bezeichnet eine Attacke, bei der eine Schwachstelle ausnutzt, die dem Hersteller nicht bekannt ist. Der Begriff leitet sich davon ab, dass der Schaden bereits vor dem ersten Tag, an dem der Hersteller Kenntnis von der Sicherheitslücke erhält, entstanden ist – also an einem fiktiven Tag Null (Day Zero).

Zeus, manchmal auch ZBot genannt, ist eine besonders weit verbreitete Schädlingsfamilie. Hauptaufgabe der meisten Zeus-Schadsoftware ist das Sammeln von Zugangsdaten, insbesondere zum Onlinebanking. Zeus basiert auf einem Baukastensystem, mit dem sich Cyberkriminelle einen Schädling nach eigenen Vorstellungen zusammenstellen können. Dadurch gibt besonders viele und vielfältige Varianten, die über beinahe alle denkbaren Wege auf die Zielrechner gelangen.

Zombie bezeichnet einen Computer, der von Verbrechern gekapert wurde, ohne dass der rechtmäßige Benutzer dies bemerkt hat. Die Zombie-Rechner werden von den Kriminellen aus der Ferne gesteuert, meistens als Bestandteile von Botnets, so dass eine ganze „Zombie-Armee" entsteht. Der Benutzer des Zombies wird ungewollt mit seinem Computer Teil eines Verbrechernetzes.

Nachwort

Das vorliegende Buch geht bewusst weit über die eigentliche „Hackerszene" hinaus, um die großen Zusammenhänge aufzuzeigen. Dieser Blick auf das große Ganze ist nicht beruhigend. Je digitaler unser Alltag, unsere Gesellschaft, unsere Wirtschaft und unsere Politik wird, desto größer werden die Angriffsflächen für Hacker. Und diesen immer größeren Angriffsflächen steht ein wachsendes Heer und zunehmend professioneller ausgerichteter Hackerbanden gegenüber. Längst sind es nicht mehr nur pubertierende Jugendliche, die sich beweisen wollen, sondern es sind „hauptberufliche" Cyberkriminelle, denen es vor allem um die Kasse geht. Und es sind zusehends staatliche Hacker, entweder „Mitarbeiter" bei Regierungsbehörden oder Cybersöldner im Behördenauftrag.

Es ist abzusehen, dass sich die Bedrohungslage in den nächsten Jahren und Jahrzehnten weiter verschärfen wird. Dafür gibt es mehrere Gründe. Erstens nimmt unsere Abhängigkeit von digitalen Infrastrukturen auf allen Ebenen weiter zu. Je mehr und umfassender wir digitalisieren, desto verletzlicher werden wir. Zweitens spielt der technische Fortschritt den Angreifern in die Hände, weil sie beispielsweise ohne Skrupel Künstliche Intelligenz für ihre Attacken einsetzen können, während vor allem in demokratischen Staaten gesellschaftliche und gesetzliche Hürden beim KI-Einsatz zu überwinden sind. Drittens wird die geopolitische Auseinandersetzung der Staaten zusehends durch „Cyberpolitik" bestimmt – man könnte auch von „Cyberwar" sprechen. Und viertens spielt den Cyberkriminellen in die Hände, dass der Unterschied zwischen Wahrheit und Fälschung immer mehr verschwindet; das Treiben in den sozialen Netzwerken steht beispielhaft für diese Entwicklung. Damit wird es zusehends schwieriger, digitalen Trickbetrug gleich welcher Art überhaupt zu erkennen. Fünftens muss man wohl hinzufügen, dass der Cyberterrorismus erst am Anfang steht.

Die Erkenntnis der Autoren: Man kann sich vor Hackern nicht schützen. Das gilt für Staaten, Unternehmen und Einzelpersonen. Aber man kann sich darauf vorbereiten. Es ist möglich, den „Tag X" vorherzusehen, statt sich von ihm überraschen zu lassen. Dann ist es gut, eine Notfallplanung in der Schublade zu haben. Dazu gehört, essenzielle Informationen in Papierform aufzubewahren. Wenn die digitalen Daten gestohlen, gelöscht oder missbraucht werden, hilft es, immerhin einen Grundbestand an Informationen auf Papier vorweisen zu können.

So muss man die einstige Idee vom „papierlosen Büro" wohl um den Grundsatz ergänzen: Daten mögen vergänglich sein, Papier bleibt!

Bücher im DC Verlag

Denken 4.0 – Welt im Umbruch. Was die klügsten Köpfe eines globalen Think Tank über unsere Zukunft denken. Buddhi K. Athauda, Thi Thai Hang Nguyen, Andreas M. Dripke, 332 Seiten, Hardcover, ISBN 978-3-947818-00-6

Mein Atomknopf ist größer – America vs. North Korea, Jamal Qaiser, 184 Seiten, Hardcover, ISBN 978-3-947818-01-3

Stasi 2.0 – Wie wir durch den staatlich-industriellen Digitalkomplex zu gläsernen Bürgern werden und was das für unsere Zukunft bedeutet. Andreas Dripke, Markus Miksch, 444 Seiten, Paperback, ISBN 978-3-947818-05-1

Rechtsruck - Wie das Wiedererstarken des Nationalismus Deutschland in die Katastrophe führt, Anonyme Autoren, 504 Seiten, Paperback, ISBN 978-3-947818-06-8

Pandemie – Die Welt im Corona-Krieg, Andreas Dripke, Markus Miksch, 148 Seiten, Paperback, ISBN: 978-3-947818-13-6

Covid-19 Falsche Pandemie – Die fatalen Fehler der WHO und ihre verhängnisvollen Folgen, Jamal Qaiser, Markus Miksch, 234 Seiten, Paperback, ISBN: 978-3-947818-15-0

75 Jahre UNO – Macht und Ohnmacht der Vereinten Nationen, Andreas Dripke, Hang Nguyen, 330 Seiten, Paperback, ISBN 978-3-947818-07-5

Die Dekade 2020-2030 – Das kommt auf uns zu!, Andreas Dripke Hang Nguyen, 362 Seiten, Paperback, ISBN 978-3-947818-17-4

Corona und Impfen, Andreas Dripke et al., 188 Seiten, Paperback, ISBN 978-3-947818-18-1

Hacker – Angriff auf unsere digitale Zivilisation, Anonyme Autoren, 436 Seiten, Paperback, ISBN 978-3-947818-23-5

Künstliche Intelligenz (KI) – Wir werden gedacht, Dr. Horst Walther, Andreas Dripke, ca. 280 Seiten, Paperback ISBN 978-3-947818-25-9

Interim Manager berichten aus der Praxis: Automotive, Reihe „Von Interim Managern lernen", Hrsg. Dr. Harald Schönfeld, Jürgen Becker, ca. 160 Seiten, ISBN 978-3-947818-29-7

Quellenangaben und Anmerkungen

[1] http://www.gnu.org/philosophy/rms-hack.html

[2] https://web.archive.org/web/20080112091258/http://www.haecks
en.org/index.php/Hauptseite

[3] https://www.bsi-fuer-
buerger.de/BSIFB/DE/Risiken/Hacker/hacker.html

[4] https://de.statista.com/statistik/daten/studie/12802/umfrage/intern
et-kriminalitaet-in-deutschland-anteile-der-delikte/

[5] https://de.statista.com/themen/1834/internetkriminalitaet/

[6] https://it4e.de/cyberkriminalitaet/

[7] Stasi 2.0 – Wie wir durch den staatlichen-industriellen Digital-
komplex zu gläsernen Bürgern werden und was das für unsere
Zukunft bedeutet, Andreas Dripke, Markus Miksch 2. aktualisierte
Auflage 2021, DC Publishing, ISBN 978-3-947818-05-1

[8] https://www.weforum.org/reports/the-global-risks-report-2020

[9] https://www.bka.de/DE/UnsereAufgaben/Deliktsbereiche/Cybercri
me/cybercrime_node.html

[10] https://www.intercyberguard.de/Blog/Cybercrime/Cybercrime-
in-Zahlen

[11] https://de.wikipedia.org/wiki/Blackout_–
_Morgen_ist_es_zu_spät

[12] https://dejure.org/gesetze/StGB/202a.html

[13] https://www.welt.de/geschichte/article114608214/Wie-viele-
Spitzel-hatte-die-DDR-Staatssicherheit.html

[14] https://www.michaelmauel.de/datenschutz-fuer-jedermann-die-
geschichte-des-datenschutzes/

[15] http://faculty.uml.edu/sgallagher/harvard__law_review.htm

[16] https://www.justice.gov/opcl/privacy-act-1974

[17] https://datenschutz.hessen.de/ueber-uns/geschichte-des-
datenschutzes

[18] https://dsgvo.expert/wp/die-
datenschutzgrundverordnung/entstehungsgeschichte/

[19] https://www.e-recht24.de/artikel/datenschutz/11329-e-privacy-verordnung-die-dsgvo-war-erst-der-anfang.html
[20] https://de.wikipedia.org/wiki/Griswold_v._Connecticut
[21] https://www.termsfeed.com/blog/caloppa/
[22] https://www.menschenrechtserklaerung.de
[23] https://www.echr.coe.int/Documents/Convention_deu.pdf
[24] https://www.bpb.de/nachschlagen/lexika/recht-a-z/22671/persoenlichkeitsrecht
[25] https://www.grundrechteschutz.de/gg/recht-auf-informationelle-selbstbestimmung-272
[26] https://www.grin.com/document/55790
[27]
https://www.bfdi.bund.de/DE/Datenschutz/Ueberblick/Was_ist_Datenschutz/Artikel/InformationelleSelbstbestimmung.html
[28] https://www.internetworld.de/social-media-marketing/facebook/us-regierung-bundesstaaten-zerschlagung-facebook-2615547.html#gref
[29] https://blog.wiwo.de/look-at-it/2018/08/15/345-milliarden-suchanfragen-am-tag-86-prozent-schauen-nur-auf-1-google-ergebnisseite/
[30] https://www.bpb.de/politik/hintergrund-aktuell/262861/lauschangriff
[31]
http://www.barksbase.de/deutsch/bbload.htm?bbid=cdd&bbmain=httP%3A//www.barksbase.de/deutsch/dd117.htm&bbselect=bbcsel.htm
[32] https://deacademic.com/dic.nsf/dewiki/832602
[33] https://www.zeit.de/digital/datenschutz/2013-10/hintergrund-nsa-skandal
[34] https://www.dw.com/de/merkel-ausspähen-unter-freunden-das-geht-gar-nicht/a-37580819
[35] https://rsw.beck.de/aktuell/meldung/eugh-behoerdlicher-zugang-zu-kommunikationsdaten-kann-auch-bei-weniger-schweren-straftaten-zulaessig-sein)
[36]
https://dejure.org/dienste/vernetzung/rechtsprechung?Gericht=EuGH&Datum=02.10.2018&Aktenzeichen=C-207%2F16

37
https://web.archive.org/web/20071014011230/http://www.webcru
nchers.com/crunch/esq-art.html
[38] https://info.arte.tv/de/geschichte-des-hackens
[39] https://de.wikipedia.org/wiki/WarGames_–_Kriegsspiele
[40] https://www.stern.de/digital/online/geheime-botschaft-auf-der-
website-des-weissen-hauses-entdeckt-30011010.html
[41] https://de.wikipedia.org/wiki/Stuxnet
[42] https://www.spiegel.de/netzwelt/web/i-love-you-prozess-onel-
de-guzman-ist-frei-a-89973.html
[43] https://de.wikipedia.org/wiki/Chaos_Communication_Congress
[44] https://de.wikipedia.org/wiki/Kevin_Mitnick
[45] https://www.wired.com/2014/09/kevin-mitnick-selling-zero-
day-exploits/
[46] https://www.computerwoche.de/a/es-war-ein-spiel-und-ich-
wollte-der-beste-sein,2516454
[47] https://www.kingpin.cc/about/
[48] https://www.digitalwelt.org/themen/hackerethik/hackers-
manifesto
[49] https://www.imdb.com/name/nm1940094/
[50] https://www.pcmag.com/archive/qa-hackings-boy-wonder-
212515
[51] https://www.dailymail.co.uk/news/article-2262831/Revealed-
Aaron-Swartz-prosecutor-drove-hacker-suicide-2008-named-
cyber-crime-case.html
[52] https://www.spiegel.de/spiegel/print/d-8027997.html
53
https://web.archive.org/web/20080502173938/http://abcnews.go.
com/Technology/Story?id=4694808&page=3
[54] https://www.computerwoche.de/g/hacker-aus-der-it-
geschichte,106652
[55] https://www.computerwoche.de/g/hacker-aus-der-it-
geschichte,106652,2#galleryHeadline
[56] https://www.computerwoche.de/g/hacker-aus-der-it-
geschichte,106652,3#galleryHeadline
[57] https://www.computerwoche.de/g/hacker-aus-der-it-
geschichte,106652,4#galleryHeadline

[58] https://www.wired.com/2010/05/lamo/

[59] https://www.welt.de/wissenschaft/article156735048/Warum-erfolgreiche-Hacker-wie-Autisten-denken.html

[60] https://www.nytimes.com/2010/11/14/magazine/14Hacker-t.html

[61] http://news.bbc.co.uk/2/hi/technology/4761985.stm

[62] https://www.businessinsider.com/12-most-infamous-hackers-of-all-time-2016-5?r=DE&IR=T#gary-mckinnon-6

[63]

https://de.wikipedia.org/wiki/Hackerangriff_auf_private_Fotos_von_Prominenten_2014

[64] https://www.heise.de/newsticker/meldung/The-Fappening-Vierter-Promifoto-Hacker-verurteilt-4150789.html

[65] https://www.buzzfeednews.com/article/ellievhall/emma-watson-other-female-celebs-victims-of-new-photo-leaks#.wp3LVMV3B

[66] https://arstechnica.com/uncategorized/2006/05/6789-2/

[67] https://www.businessinsider.com/12-most-infamous-hackers-of-all-time-2016-5?r=DE&IR=T#max-ray-iceman-butler-9

[68] https://www.businessinsider.com/12-most-infamous-hackers-of-all-time-2016-5?r=DE&IR=T#guccifer-1

[69] https://de.qaz.wiki/wiki/Hillary_Clinton_email_controversy

[70] Stasi 2.0 – Wie wir durch den staatlich-industriellen Digital-komplex zu gläsernen Bürgern werden und was das für unsere Zukunft bedeutet. Andreas Dripke, Markus Miksch, ISBN 978-3-947818-05-1

[71] https://www.wsj.com/articles/SB888360434859498000

[72] https://eu.usatoday.com/story/cybertruth/2013/08/30/syrias-cyber-retaliation-signals--new-era-of-warfare/2740457/

[73] https://www.businessinsider.com/12-most-infamous-hackers-of-all-time-2016-5

[74] https://www.zeit.de/digital/internet/2020-12/cyberangriff-usa-hacker-daten-diskussion-russland

[75] https://www.hdg.de/lemo/bestand/objekt/alltagskultur-fawkes-maske.html

[76] https://www.newyorker.com/magazine/2014/09/08/masked-avengers

[77] https://www.gdv.de/de/themen/news/der-mittelstand-im-fadenkreuz-von-cyberkriminellen-31276

[78] https://www.forbes.at/artikel/den-hackern-auf-der-spur-2184.html

[79] https://www.bild.de/digital/internet/internet/walker-jagt-wannacry-hacker-nordkorea-trainiert-sie-wie-olympia-sportler-73307782.bild.html

[80] https://en.wikipedia.org/wiki/Black_and_white_hat_symbolism_in_film

[81] https://www.kaspersky.de/resource-center/definitions/white-hat-hackers

[82] https://www.iphone-ticker.de/clubhouse-audio-grundgeruest-erlaubt-manipulativen-zugriff-170398/

[83] https://www.stern.de/digital/technik/sea-dragon--chinesische-hacker-erbeuten-streng-geheime-us-waffen-plaene-8186588.html

[84] https://www.heise.de/security/meldung/Spectre-NG-

[85] https://www.pcwelt.de/news/Telegram-Bot-verkauft-533-Mio.-Facebook-Nutzerdaten-10965913.html

[86] https://blog.avast.com/de/wannacry-auch-ein-jahr-danach-ist-es-noch-zum-heulen

[87] https://www.wiwo.de/technologie/weltweite-attacke-auf-computersysteme-microsoft-gibt-regierungen-mitschuld-an-hackerangriff/19801106.html

[88] https://m.bild.de/digital/internet/internet/walker-jagt-wannacry-hacker-nordkorea-trainiert-sie-wie-olympia-sportler-73307782.bildMobile.html

[89] https://web.archive.org/web/20101004002621/http://kurier.at/techno/2037523.php

[90] http://www.golem.de/news/cyberwar-kaspersky-identifiziert-die-ersten-fuenf-stuxnet-opfer-1411-110474.html

[91] https://www.nytimes.com/2012/06/01/world/middleeast/obama-ordered-wave-of-cyberattacks-against-iran.html?_r=1

[92] https://www.spiegel.de/politik/ausland/us-general-james-cartwright-soll-stuxnet-virus-verraten-haben-a-908298.html

[93] https://www.heise.de/newsticker/meldung/Stuxnet-Berichte-ueber-weiteren-Geheimnisverrats-Fall-in-den-USA-1902235.html

[94] https://www.griechenland.net/nachrichten/tv-tipps/24162-das-trojanische-pferd-mythos-und-realität

[95] https://blog.malwarebytes.com/threat-analysis/2016/04/petya-ransomware/

[96] https://blog.malwarebytes.com/threat-analysis/2016/04/petya-ransomware/

[97] https://www.heise.de/security/meldung/Goldeneye-Ransomware-greift-gezielt-Personalabteilungen-an-3562281.html

[98] https://www.heise.de/security/meldung/Petya-NotPetya-Kein-Erpressungstrojaner-sondern-ein-Wiper-3759293.html

[99] https://securelist.com/destructive-malware-five-wipers-in-the-spotlight/58194/

[100] https://www.heise.de/tp/features/Cyber-Krieg-im-Nahen-Osten-3395617.html

[101] http://securityaffairs.co/wordpress/8332/malware/rasgas-new-cyber-attack-against-an-energy-company.html

[102] https://www.wired.com/story/notpetya-cyberattack-ukraine-russia-code-crashed-the-world/

[103] https://www.br.de/nachrichten/deutschland-welt/made-in-israel-hacking-tools-fuer-den-lauschangriff,SNTteWq

[104] https://www.br.de/nachrichten/deutschland-welt/opfer-entdeckte-die-spionagesoftware-selbst,68rkgdht64u32e9q6ru3ce1p70u3g

[105] https://www.netzwelt.de/news/185589-whatsapp-fiese-malware-lockt-nutzer-google-play-falle.html

[106] https://www.iphone-ticker.de/the-great-ipwn-ios-sicherheitsluecke-hat-komplettueberwachung-ermoeglicht-167810/

[107] https://www.macrumors.com/2021/01/28/messages-blastdoor-ios-14-security-system/

[108] https://www.futurezone.de/digital-life/article216183177/AirPods-Hack-geht-viral-Das-macht-mir-Angst-sagen-Nutzer.html

[109] https://www.wmn.de/business/innovation/donald-trump-wurde-von-russen-gehackt-schon-wieder-id20938

[110] https://www.zeit.de/digital/internet/2020-12/cyberangriff-usa-hacker-daten-diskussion-russland?utm_referrer=https%3A%2F%2Fwww.google.com

[111] https://t3n.de/news/trojaner-orion-hack-1345406/

[112] https://www.sueddeutsche.de/digital/it-sicherheit-cyberspionage-usa-russland-joe-biden-hacker-1.5201146

[113] https://www.spektrum.de/news/solarwinds-ein-hackerangriff-der-um-die-welt-geht/1819187

[114]

https://securityaffairs.co/wordpress/112512/malware/supernova-backdoor-solarwinds-hack.html

[115] https://www.sueddeutsche.de/digital/it-sicherheit-cyberspionage-usa-russland-joe-biden-hacker-1.5201146

[116] https://www.msn.com/de-de/nachrichten/other/cyberangriff-hacker-haben-offenbar-auch-us-atomwaffenbehörde-attackiert/ar-BB1c1fyb

[117] https://www.tagesschau.de/ausland/usa-cyberangriff-101.html

[118] https://www.silicon.de/41682739/microsoft-mehr-als-1000-entwickler-an-solarwinds-hack-beteiligt

[119] https://us-cert.cisa.gov/ncas/current-activity/2021/01/08/cisa-releases-new-alert-post-compromise-threat-activity-microsoft

[120] https://www.heise.de/news/US-Ermittler-Massiver-Hackerangriff-geht-weit-ueber-SolarWinds-hinaus-5041427.html

[121]

https://www.theregister.com/2020/03/29/microsoft_azure_usage_surge_coronavirus/

[122] https://www.zdnet.de/88247826/aktualisierte-microsoft-statistikseite-erwaehnt-12-milliarden-office-nutzer/

[123] https://de.statista.com/themen/783/betriebssysteme/

[124] https://www.msn.com/de-de/nachrichten/digital/angriffe-auf-software-lieferketten-nehmen-zu/ar-BB1dyBfQ

[125] https://www.br.de/nachrichten/deutschland-welt/ema-cyberangriff-ermittler-gehen-von-staatlichen-akteuren-aus,SJRyJl2

[126] https://www.ntg24.de/Cyberangriff-auf-Pfizer-16022021-Aktien

[127] https://www.spiegel.de/netzwelt/web/nordkorea-hacker-wollten-angeblich-corona-impfstoff-von-biontech-pfizer-ausspionieren-a-56910520-753b-4fbc-845a-96e0b86f22ca

[128] https://www.datensicherheit.de/eset-threat-report-q4-2020-ransomware-ziel-angriffe-nutzung

[129] https://www.landtag.nrw.de/portal/WWW/dokumentenarchiv/Dokument/MMV17-3855.pdf

[130] https://www.pressebox.de/pressemitteilung/g-data-software-ag/Allianz-Risikobarometer-2020-Betriebsunterbrechungen-Pandemien-Hackerangriffe-sind-die-groessten-Bedrohungen/boxid/1040961

[131] https://www.cruisetricks.de/aida-und-costa-sind-opfer-eines-hackerangriffs-geworden-aida-sagt-kreuzfahrten-bis-mitte-januar-ab-3/

[132] https://de.wikipedia.org/wiki/Ransomware

[133] https://www.kaspersky.de/blog/ransomware-angriffe-sind-weiterhin-auf-dem-vormarsch/20449/

[134] https://www.reuters.com/article/hurtigruten-cyberattack/norwegian-cruise-liner-hurtigruten-sustains-cyberattack-idUKKBN28O1E5?edition-redirect=uk

[135] https://www.ship-technology.com/news/three-carnival-cruise-brands-cyberattack/

[136] https://www.zdnet.com/article/ransomware-the-key-lesson-maersk-learned-from-battling-the-notpetya-attack/

[137] https://www.cruisetricks.de/aida-und-costa-sind-opfer-eines-hackerangriffs-geworden-aida-sagt-kreuzfahrten-bis-mitte-januar-ab-3/

[138] https://www.heise.de/news/Kanada-erforscht-IT-Sicherheit-auf-hoher-See-5041584.html

[139] https://www.chip.de/news/Mehr-als-drei-Milliarden-gehackte-E-Mail-Adressen-und-Passwoerter-veroeffentlicht_183295344.html

[140] https://www.stern.de/digital/online/megaleak-verteilt-zugangsdaten-von-3-milliarden-nutzern-im-netz---so-schuetzen-sie-ihre-accounts-30364028.html

[141] https://veranstaltungen.handelsblatt.com/cybersecurity/die-groessten-cyberattacken-der-vergangenen-zwei-drei-jahre/

[142] https://winfuture.de/news,121212.html

[143] https://winfuture.de/news,120992.html

[144] https://www.ovb-online.de/weltspiegel/politik/google-weiss-mehr-eigene-ehefrau-7180299.html

[145] https://irights.info/artikel/metadaten-fotos-anbringen-loeschen-bearbeiten/26353

[146] https://www.smartdroid.de/das-allsehende-auge-google-will-haeufiger-zugriff-auf-unsere-kamera/

[147] https://lens.google.com/intl/de/

[148] https://www.iphone-ticker.de/apple-warnt-mit-fallbeispiel-das-geschieht-mit-euren-daten-169404/

[149] https://www.zdnet.de/88390876/apple-weist-facebooks-kritik-an-neuen-anti-tracking-regeln-zurueck/

[150] https://www.sueddeutsche.de/digital/apple-facebook-tracking-ios-14-1.5158746

[151] https://www.bundestag.de/dokumente/textarchiv/2021/kw04-de-registermodernisierung-818730

[152] https://www.golem.de/news/personenkennziffer-bundestag-beschliesst-einheitliche-buergernummer-2101-153765.html

[153] https://de.wikipedia.org/wiki/Volkszählungsurteil

[154] https://www.tecchannel.de/a/datenmengen-explodieren-durch-sensordaten,2056615

[155] https://blog.wiwo.de/look-at-it/2019/09/09/internet-of-things-knapp-27-milliarden-vernetzte-geraete-oder-3-iot-gadgets-je-mensch/

[156] https://www.dhs.gov/fusion-centers

[157] https://publicintelligence.net/fusion-centers/ und https://www.wired.com/2012/03/ff-nsadatacenter/

[158] https://www.pen-deutschland.de/de/2013/12/10/internationaler-aufruf-gegen-massenueberwachung/

[159] https://www.churchlawcenter.com/church-law/church-committees/

[160] https://www.zeit.de/thema/daniel-ellsberg

[161] https://programm.ard.de/TV/Programm/Sender/?sendung=287255 53065808

[162] https://www.zeit.de/kultur/2019-04/wikileaks-gruender-julian-assange-enthuellung-transparenz/seite-3

[163] https://www.lto.de/recht/hintergruende/h/zehn-jahre-patriot-act-the-american-way-of-terrorbekaempfung/

[164] https://www.sueddeutsche.de/thema/Bradley_Manning

[165] https://www.heise.de/newsticker/meldung/Bradley-Manning-als-Wikileaks-Informant-Es-sind-die-wichtigsten-Dokumente-unserer-Zeit-1814335.html

[166] https://www.sueddeutsche.de/politik/wikilieaks-deutsche-enthuellunge-yes-he-s-the-man-fdp-findet-ihren-maulwurf-1.1031358

[167] https://www.sueddeutsche.de/politik/chelsea-manning-freilassung-whistleblowerin-1.4843333

[168] https://www.zeit.de/2020/07/wikileaks-gruender-julian-assange-haftbedingungen-gesundheit-lebensgefahr/komplettansicht

[169] https://www.pen-deutschland.de/de/2020/07/03/offener-brief-forderung-nach-sofortiger-freilassung-julian-assanges/

[170] https://www.br.de/nachrichten/bayern/elektronische-patientenakte-viel-geld-fuer-nichts,SOhkuTS

[171] https://www.swr.de/swraktuell/vorschlag-des-staedte-und-gemeindebunds-daten-als-oel-des-21/-/id=396/did=21475998/nid=396/1hsknun/index.html

[172] https://www.sueddeutsche.de/politik/datenschutz-gegenwind-fuer-forderung-nach-kommunalem-handel-mit-daten-dpa.urn-newsml-dpa-com-20090101-180409-99-809873

[173] https://www.staedtetag.de/themen/vermessung-und-geoinformation

[174] https://www.wz.de/politik/inland/streit-um-kommunalen-handel-mit-buerger-daten_aid-25642623

[175] https://www.google.com/search/howsearchworks/algorithms/

[176] https://www.horizont.net/marketing/nachrichten/warc-analyse-globaler-werbemarkt-waechst-nur-dank-google-facebook-und-amazon-178486

177
https://de.statista.com/statistik/daten/studie/459039/umfrage/volum
en-des-werbemarktes-in-deutschland/
178 https://netzpolitik.org/2018/apple-chef-tim-cook-fordert-eine-
datenschutzgrundverordnung-fuer-die-usa/
179
https://www.businessinsider.de/gruenderszene/business/apple-
ceo-cook-heizt-streit-mit-facebook/
180 https://blog.wiwo.de/look-at-it/2018/02/14/im-jahr-2021-
stammt-95-prozent-des-gesamten-datenverkehrs-in-
rechenzentren-aus-der-cloud/
181 https://de.wikipedia.org/wiki/Cloud_Computing
182 https://www.telekom.com/de/konzern/details/einfach-erklaert-
m2m-484528
183 https://fas.org/sgp/crs/intel/IF11451.pdf
184 https://www.heise.de/select/ix/2018/7/1530927567503187
185 https://www.businessinsider.de/wirtschaft/finanzen/amazon-
tueftelt-heimlich-an-einer-erfindung-die-ganze-industrien-
veraendern-rb/
186 https://www.businessinsider.de/wirtschaft/finanzen/amazon-
tueftelt-heimlich-an-einer-erfindung-die-ganze-industrien-
veraendern-rb/
187 https://www.security-insider.de/iot-geraete-und-ddos-angriffe-
eine-gefaehrliche-symbiose-a-982797/
188
https://www.kritis.bund.de/SubSites/Kritis/DE/Home/home_node.ht
ml
189 https://www.tagesschau.de/ausland/amerika/florida-
trinkwasser-101.html
190 https://www.pwclegal.de/datenschutz/beschlussfassung-
ueber-das-it-sicherheitsgesetz-2-0/
191 https://www.welt.de/wirtschaft/article225025323/IT-
Sicherheit-Wirtschaft-fuerchtet-sich-vor-neuem-Hacker-
Gesetz.html
192 https://netzpolitik.org/2020/update-bei-google-und-apple-
kontaktverfolgung-soll-bald-auch-ohne-app-klappen/
193 https://www-bloomberg-
com.cdn.ampproject.org/c/s/www.bloomberg.com/amp/news/article

s/2020-04-10/apple-google-bring-covid-19-contact-tracing-to-3-billion-people

[194] https://www.pepp-pt.org

[195] https://t3n.de/news/pepp-pt-technologie-spahn-fuer-1272839/

[196] https://www.tagesschau.de/inland/coronavirus-app-107.html

[197] Stasi 2.0, Andreas Dripke, Markus Miksch, ISBN 978-3947818051

[198] https://www.forschung-und-lehre.de/zeitfragen/immer-mehr-menschen-leben-in-staedten-630/

[199] https://www.spiegel.de/wirtschaft/soziales/deutschland-die-extreme-landflucht-der-jungen-und-ihre-gruende-a-1292981.html

[200] https://www.zukunftsinstitut.de/artikel/urbanisierung-die-stadt-von-morgen/

[201] https://www.itu.int/en/ITU-T/ssc/Pages/info-ssc.aspx

[202] https://de.statista.com/statistik/daten/studie/36582/umfrage/anzahl-der-satelliten-im-all-verteilt-nach-laendern/

[203] https://www.starlink.com

[204] https://www.planet.com

[205] https://www.focus.de/panorama/diese-himmelskoerper-wecken-aengste-koennen-neue-us-spionagesatelliten-durch-waende-sehen_id_12796175.html

[206] https://de.wikipedia.org/wiki/Winslow_Peck

[207] https://de.wikipedia.org/wiki/Echelon

[208] https://netzpolitik.org/2017/geheimes-projekt-absinth-der-bnd-arbeitet-an-einer-erheblichen-erweiterung-seiner-satelliten-ueberwachung/

[209] https://gruene.berlin/blogs/christianstroebele/geheimes-projekt-absinth-der-bnd-arbeitet-einer-erheblichen-erweiterung

[210] https://netzpolitik.org/2015/strategische-initiative-technik-wir-enthuellen-wie-der-bnd-fuer-300-millionen-euro-seine-technik-aufruesten-will/

[211] https://netzpolitik.org/2015/strategische-initiative-technik-wir-enthuellen-wie-der-bnd-fuer-300-millionen-euro-seine-technik-aufruesten-will/

[212] https://www.horizont.net/planung-analyse/nachrichten/online-special-mobilitaet-connected-car-markt-175375

[213] https://www.sae.org/standards/content/j3061_201601/

[214] https://www.spiegel.de/netzwelt/web/elon-musk-auf-der-defcon-tesla-setzt-auf-open-source-sicherheitssoftware-a-1222788.html

[215]

https://www.autoservicepraxis.de/nachrichten/autobranche/zukunft-der-hu-auch-software-muss-geprueft-werden-2534652

[216] https://www.cash-online.de/versicherungen/2020/wachsende-gefahr-grosser-hackerangriffe-auf-autos/538140

[217] https://t3n.de/news/2-displays-gestensteuerung-apple-1282354/

[218] https://www.sueddeutsche.de/wirtschaft/coronavirus-usa-arbeitslose-1.4885973

[219] https://www.zeit.de/digital/internet/2014-06/turing-test-eugene-goostman-kritik

[220] https://www.springerprofessional.de/intelligence-quotient-and-intelligence-grade-of-artificial-intel/12291888

[221]

https://www.springerprofessional.de/echzeitsysteme/softwareentwicklung/wie-intelligent-ist-eigentlich-eine-ki-/15131566

[222]

https://www.businessinsider.de/gruenderszene/business/google-assistent-duplex-telefonate/

[223] https://www.businessinsider.de/tech/stephen-hawking-warnt-vor-den-folgen-kuenstlicher-intelligenz-2018-3/

[224] Ray Kurzweil: Menschheit 2.0. Die Singularität naht. Berlin 2013, ISBN 978-3-944203-04-1

[225]

http://www.gletschertraum.de/Lehrmaterialien/KT/23_Skriptum_Daktyloskopie.pdf

[226]

http://www.bbc.co.uk/history/historic_figures/faulds_henry.shtml

[227] https://galton.org/books/finger-prints/galton-1892-fingerprints-1up.pdf

[228] https://www.sueddeutsche.de/reise/mehr-biometrie-bei-der-us-einreise-haende-her-1.225550

[229] https://de.wikipedia.org/wiki/IPhone_5s

[230] https://www.golem.de/news/iphone-5s-im-test-ein-ring-zum-abschaffen-der-passwoerter-1309-101725-3.html

[231] https://www.ccc.de/de/updates/2013/ccc-breaks-apple-touchid

[232] https://www.logitel.de/glossar/face-id.html

[233] https://nzzas.nzz.ch/wissen/die-mimik-sagt-dem-smartphone-alles-ld.1342249

[234] https://apps.apple.com/us/app/measurekit-ar-ruler-tape/id1258270451

[235] https://www.nature.com/articles/s41598-020-79310-1?fbclid=IwAR2V5D89MyLBHnN-x4IMNBIcyrKO8jn1S3oaguqGeJV6vy4OcREeNhpSlgk

[236] https://www.haz.de/Nachrichten/Digital/Facebook-startet-automatische-Gesichtserkennung

[237] https://www.handelsblatt.com/unternehmen/it-medien/datenschutz-facebook-laesst-nutzer-selbst-ueber-gesichtserkennung-entscheiden/21019590.html

[238] https://1e9.community/t/flickr-bilder-werden-fuer-gesichtserkennungssysteme-missbraucht-diese-website-zeigt-ob-eure-fotos-betroffen-sind/9184

[239] https://www.auswaertiges-amt.de/de/service/fragenkatalog-node/08a-biometrischerpass/606300

[240] https://www.biometrisches-passbild.net

[241] https://www.heise.de/news/Polizei-Hamburg-stoppt-G20-Randalier-Fahndung-mit-Gesichtserkennung-4768299.html

[242] https://netzpolitik.org/2020/unfreiwillig-in-der-tagesschau/

[243] https://netzpolitik.org/2018/videoueberwachung-in-bahnhoefen-13-milliarden-fuer-ein-paar-kameras/

[244] https://www.die-eid-funktion.de/tag/elektronischer-identitaetsnachweis/

[245] https://www.welt.de/wirtschaft/webwelt/article196852009/Online-Ausweis-Das-bringt-die-eID-Funktion-des-Personalausweis.html

[246] https://www.spiegel.de/netzwelt/gainsborough-grossbritannien-polizei-will-gesichtsausdruecke-von-passanten-auswerten-a-6808082a-ca9e-4f86-a54f-913706e60117

[247] https://www.spiegel.de/netzwelt/netzpolitik/china-kuenstliche-intelligenz-erkennt-menschen-an-ihrem-gang-a-1237157.html

[248] https://www.all-electronics.de/gestenerkennung/2/

[249] https://www.focus.de/digital/multimedia/kuenstliche-intelligenz-ausgetrickst-ein-gesicht-fuer-zwei_id_11490946.html

[250] https://freiheitsrechte.org/automatisierte-passbildabfrage/

[251] https://en.wikipedia.org/wiki/HAL_9000

[252] https://www.computerbild.de/artikel/cb-News-Software-Deepmind-Google-KI-kann-Lippenlesen-16753827.html

[253] https://www.handelsblatt.com/technik/it-internet/spracherkennung-lautlose-passwoerter-als-ersatz-fuer-die-pin/13430242-2.html

[254] https://www.heise.de/mac-and-i/meldung/Vein-ID-iPhone-koennte-Venen-im-Gesicht-erkennen-4050142.html

[255] https://www.maclife.de/news/apple-watch-sleep-cycle-soll-schnarchen-verhindern-100102200.html

[256] https://www.kardiologie.org/acc-kongress-2019/mega-studie-apple-heart--wie-gut-spuert-die-apple-watch-vorhoffl/16553738

[257] https://www.iphone-ticker.de/apple-watch-duerfte-an-100-millionen-handgelenken-sitzen-170112/

[258] https://curved.de/news/bonusprogramm-diese-krankenkassen-bezahlen-fitnesstracker-oder-apple-watch-643033

[259] https://de.statista.com/themen/4648/wearables-in-oesterreich/

[260] https://www.ingenieur.de/technik/produkte/apple-erhaelt-patent-fuer-fitness-kopfhoerer/

[261] https://www.heise.de/mac-and-i/meldung/AC-Wellness-Apple-richtet-Kliniken-fuer-Mitarbeiter-ein-3980860.html

[262] https://www.focus.de/finanzen/news/medizinische-versorgung-direkt-in-der-firma-us-sender-nach-apple-plant-nun-auch-amazon-eigene-kliniken-fuer-ausgewaehlte-mitarbeiter_id_9394400.html

[263] https://mixed.de/oculus-rift-hilft-kranken-kindern-das-krankenhaus-zu-verlassen/

[264]
https://www.personalausweisportal.de/Webs/PA/DE/buergerinnen-und-buerger/der-personalausweis/daten-im-chip/daten-im-chip-node.html

[265]
https://www.bgbl.de/xaver/bgbl/start.xav?start=//*%5B@attr_id=%27bgbl109s1346.pdf%27%5D#__bgbl__%2F%2F*%5B%40attr_id%3D%27bgbl109s1346.pdf%27%5D__1609143085305

[266]
https://www.bsi.bund.de/SharedDocs/Bilder/EN/Topics/ElectrIDDocuments/GRT.html

[267] https://www.golem.de/0608/46966.html

[268] https://wiki.piratenpartei.de/Elektronischer_Personalausweis

[269] https://www.news.at/a/paesse-deutschland-fingerprint-datenschuetzer-sicherheitsluecken-185013

[270] https://www.gesetze-im-internet.de/pauswg/BJNR134610009.html

[271] https://www.heise.de/newsticker/meldung/Umstrittenes-RFID-Implantat-fuer-den-Menschen-836053.html

[272] https://www.iknews.de/2014/01/13/neue-euro-banknoten-rfid-chip-in-den-scheinen/

[273] https://www.rfid-wiot-search.com/de/handel-expertenwissen/

[274] https://www.aerzteblatt.de/nachrichten/101254/Zustimmung-fuer-Chipimplantate-in-der-Bevoelkerung-nimmt-zu

[275] https://www.nzz.ch/digital/gesichtserkennung-verwechselt-abgeordnete-mit-verbrechern-ld.1407050

[276] https://aws.amazon.com/de/rekognition/the-facts-on-facial-recognition-with-artificial-intelligence/

[277] https://www.dw.com/de/amazon-stoppt-polizei-kooperation-bei-der-gesichtserkennung/a-53771230

[278] https://de.bitterwinter.org/glaeubige-auch-durch-smart-locks-in-miethaeusern-ueberwacht/

[279] https://www.golem.de/news/gesichtserkennung-us-firma-baut-heimlich-datenbank-mit-milliarden-fotos-auf-2001-146138.html

[280] https://g2k.ai/en/

[281] https://www.stern.de/digital/gefaelschte-ausweise--gestohlene-identitaeten--der-darknet-handel-mit-biometrischen-daten-8200052.html

[282] https://www.diplomatic-council.org/de/node/851

[283] https://www.diplomatic-council.org/de/node/851

[284] https://www.br.de/nachrichten/netzwelt/biometrische-daten-sind-nicht-sicher-100,QzqxW02

[285] https://www.heise.de/news/Gesetzentwurf-Online-Ausweis-soll-aufs-Handy-wird-aber-teuer-5049183.html

[286] https://www.br.de/br-fernsehen/sendungen/dokthema/biometrischer-datenhandel-darkweb-paesse-kriminelle-100.html

[287] https://www.n-tv.de/reise/Fotos-aller-zehn-Finger-article339380.html

[288] Die dunkle Dekade, Andreas Dripke, Hang Nguyen, DC Publishing, ISBN 978-3-947818-17-4

[289] https://www.mdr.de/wissen/faszination-technik/wenn-mensch-und-technik-verschmelzen-100.html

[290] https://www.zeit.de/politik/ausland/2017-03/usa-obamacare-krankenversicherung-gesundheitssystem-faq

[291] https://www.rfid-grundlagen.de

[292] https://www.mobilegeeks.de/news/implantierte-rfid-chips-in-schweden-mehr-als-nur-ein-trend/

[293] https://www.derwesten.de/panorama/vermischtes/tui-mitarbeiter-packen-aus-darum-tragen-sie-mikrochips-unter-der-haut-schweden-id227415069.html

[294] https://www.golem.de/news/vaunt-intels-datenbrille-wird-wohl-nie-erscheinen-1804-133941.html

[295] https://www.derbrutkasten.com/us-unternehmen-omega-ophthalmic-linse-augmented-reality-funktion/6/

[296] https://de.statista.com/statistik/daten/studie/36378/umfrage/anzahl-der-lasik-operationen-in-deutschland/

[297] https://www.bundesregierung.de/breg-de/aktuelles/zustimmung-corona-massnahmen-1769540

[298] https://www.heise.de/tp/features/Coronavirus-Das-Versagen-der-alternativen-Medien-4695112.html

[299] https://www.nzz.ch/feuilleton/covid-der-virus-stuerzt-westliche-demokratien-in-den-abgrund-ld.1554390

[300] https://www.wz.de/panorama/wissenschaft/gestorbene-corona-patienten-alle-mit-vorerkrankungen_aid-50187935

[301] https://www.ndr.de/nachrichten/hamburg/Rechtsmediziner-Pueschel-Angst-ist-ueberfluessig,pueschel306.html

[302] https://www.spiegel.de/panorama/ken-jebsen-attila-hildmann-xavier-naidoo-die-unheimliche-macht-der-verschwoerungstheoretiker-a-00000000-0002-0001-000
https://www.swr.de/wissen/spacex-crew-dragon-start-100.html 0-000170923490

[303] https://www.humanresourcesmanager.de/news/dunning-kruger-effekt-was-ist-das.html

[304] https://lexikon.stangl.eu/1500/dunning-kruger-effekt/

[305] https://www.businessinsider.com/nearly-half-of-reopen-america-twitter-accounts-are-bots-report-2020-5

[306] https://www.msn.com/de-de/nachrichten/finance-top-stories/automatisierte-bots-kaufen-zum-verkaufsstart-der-ps5-große-stückzahlen-der-konsole-ist-dies-bald-strafbar/ar-BB1d9C10

[307] https://futurezone.at/digital-life/deepfake-barack-obama-schimpft-in-video-ueber-donald-trump/400023301

[308] https://www.forbes.com/sites/robtoews/2020/05/25/deepfakes-are-going-to-wreak-havoc-on-society-we-are-not-prepared/

[309] https://www.dw.com/de/studie-militärausgaben-steigen-weltweit/a-52382220

[310] https://www.verdict.co.uk/youtube-coronavirus-ban-who

[311] https://www.dailymail.co.uk/news/article-8269475/YouTube-accused-censorship-removing-videos-criticize-shutdowns.html

[312] https://www.stuttgarter-nachrichten.de/inhalt.tagesschau-2020-mit-quotenhoch-corona-pandemie-befluegelt-qualitaetsjournalismus.7e88cf1e-dcd1-4569-946b-e1ad228b80d2.html

[313] https://www.spiegel.de/politik/ausland/ex-general-richard-barrons-ueber-den-krieg-der-zukunft-kampfroboter-bekommen-keine-pension-a-058c61c5-e4c2-4845-9d0e-33f3a7a3e4cc

[314] https://www.zeit.de/politik/ausland/2018-07/deutsch-chinesische-regierungskonsultationen-angela-merkel-li-keqiang

[315] https://t3n.de/news/nicht-nur-black-friday-shopping-events-876411/

[316] https://www.manager-magazin.de/unternehmen/black-friday-bilanz-amazon-meldet-rekordumsatz-fuer-black-friday-wochenende-und-cyber-monday-a-9135d52b-a68b-4f39-a4d3-6b447832d5ab

[317] https://www.e-commerce-magazin.de/e-commerce-umsatz-onlinehaendler-wieder-auf-wachstumskurs-nach-corona-bedingtem-einbruch/

[318] https://www.diplomatic-council.org/de/node/198

[319] https://www.bloomberg.com/news/features/2018-10-04/the-big-hack-how-china-used-a-tiny-chip-to-infiltrate-america-s-top-companies

[320] https://www.sueddeutsche.de/digital/propaganda-im-us-wahlkampf-manipuliert-mit-gruessen-aus-st-petersburg-1.3732249
[321] https://www.psw-group.de/blog/hackerangriffe-2018/6673
[322] https://www.zeit.de/news/2018-10/05/auch-die-bundesregierung-sieht-russland-hinter-cyberattacken-181005-99-245098
[323] https://www.bild.de/digital/internet/internet/walker-jagt-wannacry-hacker-nordkorea-trainiert-sie-wie-olympia-sportler-73307782.bild.html
[324] https://www.stern.de/digital/online/nordkorea--diese-drei-hacker-gruppen-bringen-kim-jong-un-milliarden-ein-8906512.html
[325] https://www.futurezone.de/digital-life/article211395299/Studie-Nordkorea-hat-vermutlich-Devisen-aus-Suedkorea-im-Blick.html
[326] https://www.stern.de/digital/online/steckt-nordkorea-hinter-dem-angriff-auf-sony--3231666.html
[327] https://www.spiegel.de/politik/deutschland/bnd-chef-schindler-geraet-in-der-spaehdebatte-in-die-kritik-a-912430.html
[328] https://www.theguardian.com/world/2014/jul/18/-sp-edward-snowden-nsa-whistleblower-interview-transcript
[329] https://www.congress.gov/107/plaws/publ56/PLAW-107publ56.pdf
[330] https://www.brandeins.de/magazine/brand-eins-wirtschaftsmagazin/2018/sicherheit/kaspersky-lab-der-albtraum
[331] https://industrie-wegweiser.de/internet-der-dinge-iot/
[332] https://www.zeit.de/digital/datenschutz/2017-06/staatstrojaner-gesetz-bundestag-beschluss
[333]
https://www.bka.de/DE/UnsereAufgaben/Ermittlungsunterstuetzung/Technologien/QuellentkueOnlinedurchsuchung/quellentkueOnlinedurchsuchung_node.html
[334] https://www.zitis.bund.de/DE/Home/home_node.html
[335] Quelle: Behördenspiegel, Interviewer: Uwe Proll
[336] https://en.numista.com/catalogue/note203696.html
[337]
https://www.mme.ch/de/magazin/kryptowaehrungen_geschichte_funktionsweise_potential/

[338] https://www.geo.de/geolino/wissen/19044-rtkl-geschichte-des-geldes-wie-das-geld-die-welt-kam

[339] https://blockchainwelt.de/fiat-geld/

[340] https://www.planet-wissen.de/geschichte/deutsche_geschichte/weimarer_republik/pwiediehyperinflationvon100.html

[341] https://de.wikipedia.org/wiki/Satoshi_Nakamoto

[342] https://btcdirect.eu/de-at/geschichte-von-bitcoin

[343] https://de.wikipedia.org/wiki/Mt.Gox

[344] https://news.bitcoin.com/hacker-from-the-2016-bitfinex-breach-transfers-21m-worth-of-bitcoin-to-unknown-wallets/

[345] https://www.macwelt.de/news/Weltweit-Fuenf-Prozent-aller-Zahlung-laufen-ueber-Apple-Pay-10753724.html

[346] https://www.paydirekt.de

[347] https://curved.de/news/iphone-wird-zum-fuehrerschein-apple-will-mehr-dokumente-digitalisieren-676886

[348] https://www.faz.net/aktuell/wirtschaft/unternehmen/amazon-go-ein-supermarkt-ohne-kasse-16651170.html

[349] https://www.welt.de/finanzen/article207157509/Zahlungsverhalten-Das-Bargeld-verschwindet.html

[350] https://www.btc-echo.de/weltpremiere-china-startet-digitales-zentralbankengeld-cbdc/

[351] https://www.btc-echo.de/weltpremiere-china-startet-digitales-zentralbankengeld-cbdc/

[352] https://www.tagesschau.de/investigativ/ndr/bargeld-obergrenze-bundesrechnungshof-101.html

[353] https://www.fondsprofessionell.de/news/maerkte/headline/start-von-e-euro-rueckt-in-weite-ferne-196806/

[354] https://de.reuters.com/article/schweiz-snb-idDEKBN28D1P3

[355] https://www.bundesbank.de/de/aufgaben/finanz-und-waehrungssystem/internationale-zusammenarbeit/biz/bank-fuer-internationalen-zahlungsausgleich-biz--600040

[356] https://www.heise.de/forum/Telepolis/Kommentare/Die-EZB-Eine-Notenbank-mit-politischer-Agenda/Gib-mir-die-Kontrolle-ueber-das-Geld-einer-Nation/posting-25287860/show/

357 https://www.finanzen.net/nachricht/devisen/digitales-zentralbankgeld-jetzt-also-doch-zentralbanken-arbeiten-offenbar-an-e-euro-e-franken-co-8590392

358 https://www.focus.de/finanzen/banken/doppelt-so-viel-wie-vor-sechs-jahren-konten-um-6-milliarden-erleichtert-deutsche-horten-massiv-bargeld-zuhause_id_11927796.html

359 https://www.dhakatribune.com/uncategorized/2016/03/12/the-great-bangladesh-cyber-heist-shows-truth-is-stranger-than-fiction

360 https://www.independent.co.uk/news/world/asia/spelling-mistake-stops-hackers-stealing-1-billion-bangladesh-bank-heist-a6924971.html

361 https://nypost.com/2016/03/22/congresswoman-wants-probe-of-brazen-81m-theft-from-new-york-fed/

362 https://www.finanzen.net/nachricht/devisen/hackerangriffe-hacker-erbeuteten-im-jahr-2020-kryptowaehrungen-im-wert-von-mehreren-milliarden-us-dollar-9708269

363 https://m.bild.de/regional/hamburg/hamburg-aktuell/bitcoin-pechvogel-das-200-millionen-passwort-von-stefan-thomas-74930828.bildMobile.html###wt_ref=https%3A%2F%2Fwww.google.com&wt_t=1612532399977

364 https://id2020.org

365 https://www.cio.de/a/id2020-die-uno-weltidentitaet,3600553

366 https://www.heise.de/tp/features/Ueber-Impfstoffe-zur-digitalen-Identitaet-4713041.html

367 https://www.weforum.org/agenda/2020/02/digital-inclusion-made-bangladesh-stand-out/

368 https://gatesopenresearch.org/articles/3-1477/v2

369 https://news.mit.edu/2019/storing-vaccine-history-skin-1218

370 https://norberthaering.de/die-regenten-der-welt/id2020-ktdi-apple-google/

371 https://www.iphone-ticker.de/bundesdruckerei-sichere-identitaeten-kommen-auf-smartphones-167788/

372 https://www.msn.com/de-de/nachrichten/finance-top-stories/musks-neuralink-könnte-schon-in-diesem-jahr-chips-in-menschen-einsetzen/ar-BB1dAkAS

448

[373] https://www.internetworld.de/social-media-marketing/facebook/us-regierung-bundesstaaten-zerschlagung-facebook-2615547.html#gref

[374] https://www.wiwo.de/my/politik/europa/margrethe-vestager-giganten-duerfen-sich-nicht-klein-machen/26636332.html?ticket=ST-17247110-GjJ2VUEDfBnZLIIBB4EL-ap3

[375] https://www.spiegel.de/netzwelt/netzpolitik/so-will-die-eu-kommission-die-us-techkonzerne-bremsen-a-9a84fe99-dd09-4144-849b-0b59a07092e8

[376] https://de.statista.com/statistik/daten/studie/37545/umfrage/anzahl-der-aktiven-nutzer-von-facebook/

[377] https://www.spiegel.de/netzwelt/netzpolitik/donald-trump-und-der-facebook-skandal-um-cambridge-analytica-a-1199047.html

[378] https://t3n.de/news/bitcoin-miner-1-million-1347450/

[379] http://www.catb.org/jargon/oldversions/jarg211.txt

[380] https://www.researchgate.net/profile/Tarang_Dave/publication/263239079_Stuxnet/links/02e7e53a40325b28f6000000/Stuxnet.pdf

[381] https://www.ceilers-news.de/serendipity/67-Viren-Infektioese-Schadsoftware-mit-langer-Ahnenreihe.html

[382] https://www.welivesecurity.com/2017/11/01/professor-len-adleman-explains-computer-virus-term/

[383] https://priceonomics.com/who-invented-the-computer-virus/

[384] https://www.stcarchiv.de/hc1988/05_vcs.php

[385] https://www.heise.de/tr/blog/artikel/Klassiker-neu-gelesen-Der-Schockwellenreiter-4454928.html

[386] https://www.ceilers-news.de/serendipity/67-Viren-Infektioese-Schadsoftware-mit-langer-Ahnenreihe.html